가족복지론(2판)

강윤경 권향임 김덕주 김현옥
박미정 박정숙 이영실 조미숙 공저

신정

머 | 리 | 말

한국임상사회사업학회는 사회복지를 전공하는 학생들에게 실질적으로 필요한 지식을 전달하기 위해 실천경험이 많은 교수와 현장 전문가를 중심으로 꾸준히 교재를 개발하고 있다. 우리 학회는 한국사회복지실천의 학문적 토대구축과 정체성 확립을 위한 새로운 도전에 직면하면서 지속적인 성장을 추구할 것이며, 동료 학자들과 현장실천가 및 학생들에게 귀감을 줄 수 있도록 더욱 정진할 것이다.

우리나라는 급속도로 저출산 · 고령화 사회가 되고 있으며, 이러한 현상은 빈부 양극화 현상과 맞물려 가족체계와 국가의 가족정책에 많은 영향을 주고 있다. 가족해체 및 변화 현상이 두드러지게 나타나고 있는 가운데 결혼하지 않은 동거가족, 기러기 아빠 등 별거가족, 동성애가족, 다문화가족 등 다양하고 새로운 가족 형태가 우리 사회에서도 등장하고 있다. 그리고 국가적으로도 여성부가 여성가족부로 확대 개편되어 가족정책의 중요성이 부각되고 있다. 이러한 가족복지를 종합적으로 연구하는 일은 더욱 중요시되고 있다고 해도 과언이 아니다.

건강한 가족의 건설은 사회사업의 중요한 목적 중에 하나이다. 따라서 가족복지라는 과목은 사회복지전공 학생들이 중요하고 집중해서 공부해야 하는 과목이다. 이번 교재를 통해 학생들이 가족복지에 대한 이론과 분석틀을 이해하고 건강한 가족을 위한 실천의 함의를 얻기를 기대한다.

2017년 1월

한국임상사회사업학회 회장

| 차 | 례 |

Chapter 03

[가족복지정책]

Chapter 04

[가족복지정책의 실제]

Chapter 09

[빈곤가족]

Chapter 10

[이혼 및 재혼가정]

Chapter 11

[폭력 및 학대가정]

Chapter 12

[다문화가족]

Chapter 13

[알코올 중독 가족]

CHAPTER 01

가족의 이해

1. 가족의 정의와 기능
2. 가족의 변화
3. 한국가족의 변화
4. 가족연구의 관점

CHAPTER 01 가족의 이해

1 가족의 정의와 기능

1) 가족의 정의

인간에게 가족과 가정은 불가분의 관계이다. 인간은 부모로부터 태어나면서 가장 먼저 가정을 접하게 되고 가족이라는 테두리 속에서 성장한다. 비록 시간이 지나면서 그 형태나 성격이 바뀔지라도 가정은 개인의 일생에서 가장 사적이고 익숙한 장소로 인식되어 가장 친밀한 장소가 되고 있다.

가족의 사전적 정의는 "부부를 중심으로 그 근친인 혈연자가 주거를 같이하는 생활공동체" 또는 "한 문화권에서 생물학적인 관계나 결혼, 입양, 기타 관습 등으로 친척의 지위를 얻은 친족 집단의 일부" 등으로 제시되고 있다. 그러나 속한 사회와 문화에 따라 가족의 형태가 다양하며 시대에 따라 변화하기 때문에 가족의 정의가 시간이 지남에 따라 어떻게 달라지고 있는지 살펴볼 필요가 있다.

(1) 가족의 전통적 정의

가족에 대한 고전적 정의를 내린 대표적 학자인 Murdock(1949)은 "가족은 부부와 그들의 자녀로 구성되고, 주거와 경제적인 협력을 같이 하며 자녀의 출산을 특징으로 하는 집단으로, 사회적으로 인정된 성관계를 갖는 최소한 2명의 성인남녀와 그들의 친자녀나 입양에 의한 자녀를 포함한다."고 정의하였다. 이 개념은 가족을 혈연이나 혼인이라는 제도적 측면에서 법적 지위를 중심으로 부여받은 핵가족적 정의에 초점을 두고 있다.

Levi-Strauss(1956)는 가족의 유대 · 관계 · 결합 등 운명 공동체적 성격을 중요 요소로 생각하여 "가족은 결혼에 의해 출발하며, 이것은 부부와 그들 사이에서 출생한 자녀로 구성되지만 이들 외에 다른 근친자가 포함 될 수 있으며, 가족구성원은 법적 유대 및 경제적 · 종교적 · 그 외의 다른 권리와 의무, 성적 권리와 애정, 존경, 경외 등 다양한 심리적 정감으로 결합되어 있다."고 하였다. Levi-Strauss는 가족구성원의 심리적 정감을 결합시키면서 가족의 범위를 Murdock보다 확대한 확대가족적 정의에 초점을 두고 있다.

Burgess와 Locke(1963)는 "혼인, 혈연 또는 입양에 의해 결합된 집단으로 하나의 가구를 형성하고 남편과 아내, 아버지와 어머니, 아들과 딸, 형제와 자매라는 각각의 사회적 역할 속에서 상호작용을 하며 의사소통하고 공통의 문화를 창조, 유지하는 집단"으로 정의하였다. 이들의 정의는 전통적인 가족의 정의에 가족구성원 내의 사회적 역할과 문화를 강조하면서 가족의 개념을 보다 확장시키고 있다. Barker(1987)는 "가족은 혈연, 결혼, 입양 등으로 관련된 둘 이상의 사람들로 구성된 집단으로 동일한 가구에서 함께 거주하는 사람들의 집단"으로 정의하고 있으며, 이것은 매우 좁은 의미에서의 가족 정의라고 할 수 있다.

우리나라는 지난 30여 년 간 전체 가구의 4/3 가량이 핵가족을 이루고 있고, 핵가족의 추세는 해가 가면서 다소 둔화되고 있으며, 부부만으로 이루어진 1세대 가족의 증가가 눈에 띄게 높아지고 있으나(통계청, 2008), 여전히 가족의 이상형을 확대가족으로 정의하고 있는 것을 알 수 있다. 민법 제4편 친족 제779조에서(법률 제9650호, 2009.5.8 일부개정)에서는 가족을 "배우자, 직계혈족 및 형제자매, 직계혈족의 배우자, 배우자의 직계혈족 및 배우자의 형제자매"로 명시하고 있으며, 최재석(1966)은 "가계를 공동으로 하는 친족집단"으로, 김두헌(1969)은 "일반적으로 영속적인 결합에 의한 부부와 거기에서 생긴 자녀로 구성된 생활공동체"로 가족을 정의하고 있다.

이상의 전통적인 가족의 정의들을 종합해보면 가족을 혈연, 혼인, 자녀양육의 측면에서 가족의 관계의 질이나 기능 면에서가 아닌 구조나 법적 지위에 의해 규정하면서, 전형적으로 부부와 자녀로 구성된 핵가족의 형태를 전제로 하고 있음을 알 수 있다.

(2) 가족의 현대적 정의

일반적으로 가족을 묘사하면, 부모와 자녀의 가족구성 그리고 밖에서 일하는 아버지와 살림하는 어머니의 전통적인 모습을 떠올리기 쉽다. 전통적이었던 확대가족에서 핵가족으로 변한 뒤 많은 가족들이 부부와 자녀로 구성된 핵가족이 된 것은 사실이나, 통계적으로 보면 1980년 이후로 현재까지 핵가족의 수치가 매년 조금씩 줄고 있고(통계청, 2008), 부부로만 구성된 1세대 가족(딩크가족), 한부모 가족이나 1인 가족, 위탁가족 등 다양한 형태의 가족이 등장하고 있다. 심지어 강아지나 고양이 등 애완동물을 키우는 일부 사람들은 동물에게 '엄마, 아빠'라는 호칭을 스스로 써가며 동물을 가족으로 여기며 살고 있다.

2007년 8월에 87세를 일기로 세상을 떠난 미국 부동산 업계의 거물 리오나 헴슬리가 손자보다 더 큰 금액의 유산인 1,200만 달러(약 126억 원)를 자신의 애완견인 트러블에게 물려주었다.
또한 트러블(애완견)이 죽으면 내 곁에 같이 묻어야 한다고 유언장에 적었을 정도로 애완견을 가족 이상으로 아꼈다.

출처: 서울신문(2009. 4. 22). "부동산 재벌 헴슬리, 개처럼 벌어 개들에게".

이처럼 전통적인 가족의 개념이 적용되지 않는 현대의 많은 가족형태가 등장함에 따라, 핵가족 중심의 협소한 개념으로 가족을 정의하게 되면 현대에 등장한 다양한 가족들은 비정상 또는 문제로 취급되게 된다. 따라서 가족의 정의를 내릴 때 가족의 구조보다는 가족의 기능이나 관계의 질적인 면에서 가족을 정의할 필요가 있겠다.

Hartman과 Laird(1983)는 "둘 이상의 사람이 서로 친숙한 한 가족이라 여기고, 밀접한 감정적 유대와 '가정'이라는 생활공간 그리고 생물학적 · 사회적 · 심리학적 요구의 충족에 필요한 역할과 과제를 공유할 때 가족이다."라고 정의하고 있다. Olson과 DeFrain(2003)은 "가족은 2인 이상의 가족원들이 서로 돕고 몰입되어 있으며, 애정과 친밀감, 가치관, 의사소통과 자원을 서로 나누는 집단"으로 정의하고 있다. 이효재(1998)는 가족을 "일상적인 생활을 공동으로 영위하는 부부와 자녀들, 그들의 친척, 입양이나 기타 관계로 연대의식을 지닌 공동체 집단"이라 하여 비혈연적인 관계라도 연대의식을 갖고 지속적인 관계를 유지하는 집단을 가족으로 볼 수 있다고 하였다. 따라서 이상을 토대로 가족에 대한 현대적 정의를 내려보면 가족이란 "애정과 친밀감을 갖는 가족원들이 지속적으로 공동생활을 하며 신체적, 사회적, 심리적 욕구 충족을 추구하는 집단"으로 정의할 수 있다.

2) 가족의 기능

가족의 기능은 시대와 지역, 문화적 배경에 따라 다르게 나타나게 되며, 동일한 시대의 동일한 국가에 속한 경우라도 개인차와 생활환경 등에 따라 상이하게 나타날 수 있다. 가족은 그들의 구성원들을 위한 기능과 가족이 포함되어 있는 더 큰 사회를 위한 고유 기능을 수행한다. 따라서 가족이 수행하는 기능을 고유기능, 기초기능, 부차적 기능으로 나누어 가족구성원 개개인과 사회전체에 대한 공동의 조직적 측면으로 살펴볼 수 있다.

표 1-1 가족의 기능과 상호관계

<table>
<tr><th>성격</th><th>대내적 기능
(가족원 개개인에 대한 기능)</th><th colspan="2">대외적 기능
(사회 전체에 대한 기능)</th></tr>
<tr><td rowspan="2">고유기능</td><td>애정, 성</td><td colspan="2">성적인 통제</td></tr>
<tr><td>생식, 양육</td><td colspan="2">종족보존(자손의 재생산, 사회구성원 보충)</td></tr>
<tr><td rowspan="2">기초기능</td><td>생산(고용 충족, 수입 획득)</td><td colspan="2">노동력 제공, 분업에 참가</td></tr>
<tr><td>소비(기본적 · 문화적 욕구 충족, 부양)</td><td colspan="2">생활보장, 경제질서의 유지</td></tr>
<tr><td rowspan="5">부차적 기능
(파생적 기능)</td><td>교육(개인의 사회화)</td><td colspan="2">문화전달</td></tr>
<tr><td>보호</td><td rowspan="2">심리적 · 신체적</td><td rowspan="4">사회의 안정화</td></tr>
<tr><td>휴식</td></tr>
<tr><td>오락</td><td rowspan="2">문화적 · 정신적</td></tr>
<tr><td>종교</td></tr>
</table>

출처: 정영숙 외(1997). 가정학 개론. p. 159.

(1) 고유기능

고유기능에는 가족원에 대한 대내적인 기능으로, 성 · 애정의 기능과 생식 · 양육의 기능을 들 수 있으며, 사회전체에 대한 대외적 기능으로서는 성적 통제와 종족보존의 기능이 있다.

가족은 부부의 사랑을 기초로 하여 이루어지며 가족 구성의 중심이 되는 부부간의 성적(性的) 욕구의 충족을 사회적으로 인정하는 기능을 한다. 사회적으로 인정된 가족의 성적 욕구 충족은 결과적으로 사회적인 성적 통제의 의미를 갖게 된다. 또한 출산을 통해 사회를 이루는 핵심요소인 사회구성원을 생산하고 양육함으로써 종족보존과 사회가 원활하게 유지되도록 하는 중요한 기능을 수행한다.

(2) 기초기능

가족의 기초기능이란 경제적 기능을 뜻한다. 대내적으로는 생산 · 소비의 기능을 들 수 있으며, 대외적으로는 노동력의 제공과 생활보장 기능이 있다.

가족은 고대로부터 생산과 소비의 경제적 기능을 담당해 왔다. 과거의 농경위주의 사회에서 현대의 산업화사회로 넘어오면서 가족의 경제적 기능도 생산 중심에서 소비 중심으로 변화하게 되었다. 그러나 가족의 경제적 기능이 과거 생산중심에서 현대의 소비중심으로 변화했을 뿐 과거와 현재 모두 생산과 소비의 두 가지 기능을 여전히 중요하게 담당하고 있다. 또한 가족이 사회적인 분업에 종사하여 노동력을 제공하므로, 거기서 벌어들이는 임금은 새로운 형태의 생산이라고 할 수 있으며, 의식주 생활에서 기본적 소비, 문화적 욕구충족, 가족부양 등의 소비는 가족을 기본적으로 사회생활을 할 수 있도록 보장하는 것이 되므로 이러한 기초기능들은 매우 중요한 가족기능이라 할 수 있다.

(3) 부차적 기능

가족의 부차적 기능이라 함은 고유기능과 기초기능으로부터 나온 것을 의미하며 파생기능이라고도 한다. 파생기능의 대내적 기능으로는 교육 · 보호 · 휴식 · 오락 · 종교 등의 기능을 들 수 있으며, 대외적 기능으로는 교육에는 문화전달 기능이, 보호 그 외 기능에는 사회 안정화의 기능이 있다.

첫째, 가족의 교육 기능은 자녀에게 사회생활에 필요한 지식과 기술을 가르치며 가족 문화를 전달하고 건강한 사회인이 되도록 전인교육을 담당하는 것이다. 이러한 기능은 다른 사설 교육기관에서 이루어질 수 없는 가족의 고유 기능이라고 볼 수 있다. 둘째, 가족은 가족구성원의 신체적, 정신적 안전과 재산을 보호하는 기능을 한다. 과거뿐만 아니라 현재에도 가장 가까운 곳에서 사회적 약자와 일반인을 보호하는 역할을 한다. 셋째, 가족은 가족원의 몸과 마음의 긴장과 피로를 풀어주는 휴식의 기능을 한다. 사회생활을 통하여 쌓인 스트레스를 풀어주어 일을 지속적으로 할 수 있게 하며 안정감을 갖게 하여 궁극적으로 사회를 안정시키는 역할을 한다. 넷째, 가족은 오락의 기능을 수행한다. 삶이 편리해지고 윤택해지면서 현대인들의 여가활동에 대한 생각이 긍정적으로 변화하게 되었다. 가족원이 함께 모여 여가활동을 즐기면서 삶의 스트레스와 가족 간의 갈등을 해소하며 가족구성원 간의 결속력을 향상시키는 역할을 한다. 다섯째, 가족은 종교적 욕구를 충족시켜 주는 기능을 한다. 전통사회에서는 제사라는 종교적 의례를 통해 종교 공동체로서의 특성을 유지하고 있으며, 제사의 의례는 현대에도 남아있는 전통이 되고 있다. 특히 제사의 경우는 단순한 하나의 종교의식을 넘어 조상으로부터 자손에 이르는 대대손손의 가족관계의 연속성을 강조하고 가족문화를 계승하는 데 일조하고 있다. 종교적 기능은 가족구성원 더 나아가 사회구성원 간의 공동체 의식 형성 및 정신적·문화적 측면에서 사회의 안정에 기여하는 기능을 하고 있다.

2 가족의 변화

가족은 사회환경과 역동적인 상호작용을 끊임없이 가짐으로써 지속적으로 변화하고 있다. 가족의 변화 양상은 단일 가족의 발달 주기에 따른 변화를 통해 살펴볼 수 있으며, 또한 사회적으로 다양하게 등장하고 있는 다양한 가족들의 기능과 구조적인 변화를 통해 살펴볼 수 있다.

1) 가족의 생활주기의 변화

한 개인이 시간이 지남에 따라 발달주기를 겪듯이 가족도 시간의 흐름에 따라 그 구성원과 성격이 변화하게 되고 특정 주기에 따라 새로운 경험을 하게 된다. 일반적인 가족은 두 사람의 결혼으로 형성되어 자녀를 가짐으로써 확대되었다가 자녀의 결혼, 분가로서 축소되어, 최후에는 부부의 사망으로 소멸하게 되는데, 이처럼 가족이 형성되는 시기부터 해체되는 시기까지의 시간적 연속을 가족생활주기라고 한다. 가족생활주기는 가족치료를 발달 이론에 접목시킨 것으로 사회학로부터 차용한 모형이다(Nichols & Schwartz, 2001).

계속되고 변화하는 가족생활이지만 가족마다 비슷한 발달과정을 겪게 되므로 그 주기는 비교적 명확한 단계를 나타내고 있다. 기본적으로 가족을 이루고 있는 구성이 부부와 자녀라고 보는 관점에서, Duvall(1977)은 첫아이의 나이와 학년을 기준으로 여덟 가지로 구획을 이룬 원을 이용하여 가정의 전통적인 생활주기를 제시하였다. 이 주기는 단계별 평균 기간을 나타낸 것으로 모든 가정에 똑같이 적용시킬 수는 없으나 일반화된 가족이 거치게 되는 단계와 단계별 도달기간을 참고할 수 있다. 이를 그림으로 정리하면 다음과 같다.

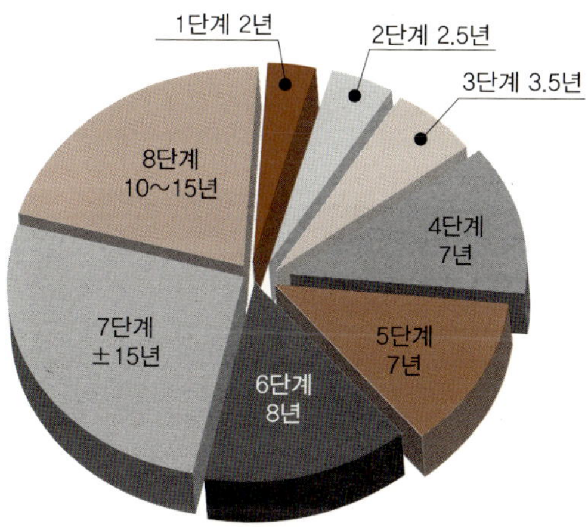

구분			평균 시간
1단계	신혼부부 가족	부부확립기, 무자녀	2년
2단계	자녀출산 및 영아기 가족	첫아이 출산~30개월	2.5년
3단계	유아기 가족	첫아이 2.5세~6세	3.5년
4단계	학동기 가족	첫아이, 6세~13세	7년
5단계	청년기 가족	첫아이, 13세~20세	7년
6단계	독립기 가족	진수기 가족: 첫아이가 떠날 때부터 마지막 아이가 떠날 때까지	8년
7단계	중년기 가족	부부만 남은 가족~은퇴기까지	±15년
8단계	노년기 가족	은퇴 후~사망까지	10~15년

▌그림 1-1▌ Duvall의 가족생활주기

가족들은 이러한 연속적 과정에서 각 단계마다 다음 발달단계로 넘어가기 위해 달성해야 할 과업을 갖게 된다. 각 단계마다 얼마나 잘 적응할 수 있는가의 문제는 각 가족이 그 전 단계에서 요구된 과제를 얼마나 잘 달성하였느냐에 달려있다. Carter와 McGoldrick(1988)은 가족생활주기를 6단계로 나누어 설명하면서, 각 가족의 생활주기에 따른 발달과업들과 각 생활주기에 성공하는 데 필요한 가족 기능들을 제시하였다. 이를 표로 정리하면 〈표 1-2〉와 같다.

표 1-2 가족생활주기와 관련된 발달과업과 가족기능

가족생활주기	주요 발달과업	성공을 위해 가족에게 요구되는 기능
1단계 자녀독립기: 집을 떠남, 독립된 젊은 성인 단계	자신에 대한 정서적·재정적 책임감을 받아들임	• 원가족과의 관계에서 자아분화 • 친밀한 동료관계의 발달 • 재정적인 독립과 자아의 확립
2단계 결혼을 통한 가족구성: 새로운 부부	새로운 가족체계에 대한 적응과 헌신	• 부부체계의 형성 • 배우자와의 성숙한 관계를 유지하기 위해 친구와 확대가족과의 관계 재형성
3단계 부모기: 어린 자녀를 둔 단계, 아동기 가족	체계 내의 새 가족구성원을 받아들임. 체계변화에 적응	• 자녀에게 공간을 주기 위한 부부체계의 조정 • 자녀양육·재정·가사에서 협력 • 부모·조부모 역할을 포함하기 위한 확대가족과의 관계 재조정
4단계 청소년기 가족: 사춘기 자녀를 둔 단계	자녀의 독립과 조부모의 노쇠를 수용하기 위한 가족 경계선의 융통성 필요	• 사춘기 자녀가 가족체계의 안과 밖으로 이동하는 것을 허락하기 위한 부모-자녀관계의 변화 • 중년기 사회적 역할 추구와 부부생활의 위기에 대한 점검 • 노부모를 함께 보살피기 위한 변화 시작
5단계 자녀진수기: 자녀가 집을 떠나 세상이라는 바다로 나가는 단계	가족체계로부터 가족구성원들의 잦은 출입을 받아들임	• 두 사람만의 부부체계로서의 재협상 • 성장한 자녀와 부모 간에 성인 대 성인관계로 발전 • 인척과 손자를 포함하기 위한 관계의 재조정 • 부모(조부모)의 신체적 노화와 죽음을 다룸
6단계 노년기	세대역할의 전환을 받아들임	• 생리적인 쇠퇴에 직면하여 자신과 또는 부부간의 기능과 관심을 유지하는 것, 새로운 가족의 사회적인 역할에 대한 탐구 • 중간세대의 더 많은 중심적인 역할에 대한 지지 • 노인들의 지혜와 경험을 위한 자리를 내드리는 것

		과 지나친 노인들의 역할기능 없이 노인세대를 지지하는 것 • 배우자, 형제, 동료의 사망을 다루는 것과 자신의 죽음에 대한 준비, 삶의 회고와 통합

출처: Carter, B., & McGoldrick, M. (1988). *The change of family life cycle-A framework for family therapy.* p. 15.

2) 가족 구조와 기능의 변화

가족은 가족의 구조와 기능으로 이해할 수 있다. 대부분의 문화권에서 가족은 상호간의 의무와 애정에 근거한 집단이므로 어느 사회제도보다 우리의 욕구를 충족시켜 줄 잠재력을 가지고 있다. 이러한 가족의 잠재력이 가족의 기능이다. 그러나 가족의 기능은 사회적 환경의 변화에 따라 다양하게 변화한다. 예를 들면, 가족은 물리적인 근접성(proximity)을 제공하지만, 취업이나 유학, 직장 등으로 인해 가족원의 일부가 떨어져 사는 분거 가족은 이런 물리적인 근접성이 제공되지 않는 구조이다. 다시 말하면 가족의 구조가 변하였으나 여전히 과거의 전통적인 기능이 수행되기도 하며, 동시에 사회의 변화에 따라 새로운 기능이 첨가되기도 한다. 즉, 가족은 구조와 기능이 변화되고 수정되고 다시 적응하는 변화과정에 있는 사회제도이다. 사회변화에 의해 과거에 수행되던 기능이 가족에서 제공되지 않을 때 외부의 지원이 필요하다.

전통적인 가족의 기능 중 현대 가족에서는 성관계 통제의 기능과 재생산의 기능, 자녀의 사회화 및 경제적인 협조 등의 기능이 중요하게 남아있다. 그러나 무자녀가족에서는 자녀의 사회화 기능을 수행하지 않으며, 이스라엘의 키부츠에서는 경제적인 협조와 자녀의 사회화가 집단으로 이루어지기도 한다. 따라서 가족은 구조와 기능에 따라 [그림 1-2]와 같이 구분되어 다양하게 변화하고 있다(Steinmetz & Stein, 1988).

기능 \ 구조	전통적 구조	새로운 구조
전통적 기능	핵가족 (1)	확대가족 편부모가족 재혼가족 (2)
새로운 기능	개방결혼* 집단결혼** (3)	동성애부부 자발적 무자녀부부 동거가족 독신가족 (4)

* 개방결혼(open marriage, swinging marriage): 부부가 서로의 사회적 · 성적 독립과 자유를 승인하는 결혼 형태로 자유결혼이라고도 함.

** 집단결혼(group marriage): 원시사회에서 행해지던 혼인 형태 중 하나로, 두 명 이상의 남자와 두 명 이상의 여자의 집단적 결혼으로 군혼(群婚)이라고도 함.

❚그림 1-2❚ 가족의 구조와 기능에 따른 가족형태의 분류

전통적인 핵가족은 동거, 무자녀부부, 동성애부모와 같이 다른 생활방식의 필요에 따라 다양한 가족의 유형으로 새롭게 바뀌고 있다. 높은 이혼율과 재혼율에도 불구하고, 핵가족은 연속적인 일부일처제의 형태로 계속적으로 자녀들에게 경제적인 지원과 사회화를 제공함으로써 새로운 가족유형이 전통적 기능을 그대로 수행하기도 한다. 그러나 다른 남성이 아버지 역할을 수행하기도 하며, 경제적 지원이 사회복지의 혜택으로 이루어지기도 하는 등 새로운 가족구조에 의해 새로운 가족기능이 부여된다.

그러나 가족구성원의 수나 구조와는 상관없이 가족체계는 전체로서의 가족을 위해서나 가족구성원들 각자를 위해서도 명확한 가족의 정체감을 형성하는 것이 중요하다. 또한, 가족 구조와 기능의 다양성을 인정하여 가족을 포괄적으로 정의하는 것은 사회에서 각 가족의 건전한 성장을 위해서도 필수적이다. 사회에서 하나의 유일한 가족유형만 인정하고 다른 가족은 사회의 일탈로 간주하며 사회적 편견과 함께 법적인 보호를 받지 못하는 결과를 야기하면 사회적으로 큰 혼란이 가중될 것이다.

현대사회에서 볼 수 있는 다양한 가족과 결혼유형은 〈표 1-3〉에서 정리하는 바와 같다.

표 1-3 다양한 가족유형과 결혼유형

	종류	구성
가족 유형	핵가족(nuclear family) 생식가족(family of procreation)	남편/아내와 그들의 미혼자녀(부부들에게는 결혼을 통해 자신이 새로 형성하는 생식가족이 됨)
	확대가족(extended family) 원가족(family of origin)	핵가족과 조부모(자녀들에게는 원가족, 즉 자기가 태어나서 자란 가족이 됨)
	복합가족(composite family)	두 명 이상의 핵가족이 한 명의 공동 배우자를 공유
	동거가족(cohabitation)	남녀, 자녀가 인정되지 않는 법적인 관계로 같이 사는 것
	코뮨(commune)	집단이 각기 부여된 역할과 책임(대부분 핵가족과 관련된)을 가지고 공동의 목표를 공유하며 함께 사는 것
	재혼가족(remarried family)	남편과 아내, 적어도 한 명은 결혼한 경험이 있으며, 이전의 결혼에서 자녀가 있음
	한부모가족(single parent family)	부모 중 한 쪽의 사망이나 이혼, 별거 등의 이유로, 아버지나 어머니 한쪽과 미혼의 자녀로 구성된 가족
	1인가족(single family)	결혼을 하지 않고 혼자 사는 젊은 싱글족 또는 가정해체에 따라 혼자 사는 사람이나 독거노인
	딩크가족(Double Income Nokids family)	남녀가 맞벌이를 하면서 아이를 갖지 않는 부부
	위탁가족(foster family)	일정기간 동안 다른 사람의 자녀를 위탁양육하는 가족
	공동체 가족	사람들이 가족처럼 집단으로 모여서 함께 사는 것으로, 자원, 시설, 가사, 아동양육의 역할을 서로 공유
결혼 유형	일부일처제(monogamy)	부부와 자녀
	연속적 일부제(serial monogamy)	결혼, 이혼, 재혼으로 한 시점에는 한 배우자와 결합
	사실혼(common-law)	법적인 관계가 없는 일부일처제
	복합혼(polygamy)	여러 명의 배우자
	일처다부제(polyandry)	한 명의 부인과 여러 명의 남편
	일부다처제(polygyny)	한 명의 남편과 여러 명의 부인
	집단결혼(group marriage)	두 명 이상의 남자와 두 명 이상의 여자의 집단적 결혼

3 한국가족의 변화

산업화에 따른 사회구조의 변화는 전통적인 가족 구조와 기능에도 많은 영향을 미쳐 현대의 가족은 이전의 전통적인 가족의 형태와 많은 차이를 보이고 있다. 특히 우리나라는 매우 급격한 고령화 및 저출산의 인구 변화 문제를 겪고 있다. 따라서 국가의 가족정책에 의해 1960, 1970년대의 가족계획과 정반대로 인구증가를 위한 출산장려정책을 적극적으로 펼치고 있다. 정책변화와 관련하여 가족에 대한 인식변화와 사회적, 환경적 여건으로 인한 가족규모의 축소, 가족세대의 단순화, 다문화가정의 증가 등 한국가족 변화의 실태에 대해 살펴보기로 한다.

1) 가족 인식에 대한 변화

사회적 분위기가 개방적이고 자유로워지면서 가족에 대한 인식이 바뀌게 되었다. 전통적 가족이 가부장 중심의 수직적 조직이라는 인식이 있었다면, 현대는 부부 중심의 수평적 조직이라는 인식이 일반화되어가고 있다. 또한 가정을 위해 희생하던 여성들이 사회진출을 선택하면서 자신의 능력을 개발하게 되고, 자식을 낳아 대를 이어야 한다는 전통적 생각보다 자신의 사회적 자아실현에 더 많은 관심을 보이고 있다.

또한 전통적인 의미에서 혼인은 성인이 되면 누구나 치르는 통과의례라고 생각했다면, 최근에는 결혼이 선택이라는 인식이 확산되고 있다. 일반적으로 혼인을 긍정적인 선택으로 보는 사람들이 많지만, 필수적이라고는 생각하지 않는 젊은이들이 늘어나고 있는 것이다. 2016년 통계청의 자료에 의하면, 결혼은 '반드시 해야 한다'고 응답한 비율은 남자 13.4%, 여자 11.7%, '하는 것이 좋다'라고 응답한 비율은 남자 42.9%, 여자 35.9%, '해도 좋고 하지 않아도 좋다'라고 응답한 비율은 남자 38.9%, 여자 46.7%, '하지 않는 것이 좋다 또는 하지 말아야 한다'라고 응답한 비율은 남자

2.2%, 여자 3.6%로 나타났다. 또한 결혼은 하지 않는 것이 좋겠다는 응답만을 놓고 비교하더라도 2006년도 남자 1.3%, 여자 3.1%, 2008년도 남자 2.2%, 여자 3.6%, 2016년도 남자 1.9%, 여자 3.2%라는 수치상의 변화(통계청, 2016)는 상대적으로 크게 달라지고 있는 사회적 인식의 변화를 보여 준다.

표 1-4 결혼에 대한 견해

2014							
계		반드시 해야 한다	하는 것이 좋다	해도 좋고, 하지 않아도 좋다	하지 않는 것이 좋다	하지 말아야 한다	잘 모르겠다
계	100.0	14.9	41.9	38.9	1.6	0.4	2.2
남자	100.0	16.3	45.2	34.4	1.3	0.4	2.4
여자	100.0	13.5	38.8	43.2	2.0	0.4	2.0
2016							
계		반드시 해야 한다	하는 것이 좋다	해도 좋고, 하지 않아도 좋다	하지 않는 것이 좋다	하지 말아야 한다	잘 모르겠다
계	100.0	12.5	39.3	42.9	2.5	0.6	2.2
남자	100.0	13.4	42.9	38.9	1.9	0.6	2.3
여자	100.0	11.7	35.9	46.7	3.2	0.6	2.0

출처: 통계청(2016). 한국의 사회지표.

2) 가족규모의 축소

통계청에서 발표한 자료를 보면, 30년 동안 우리나라의 6인 이상 가구분포는 19.5%에서 2.5%로, 5인가구의 분포는 19.5%에서 1.5%로 급격히 줄어들었다. 반면에 1인가구의 분포는 6.9%에서 27.2%로, 2인가구의 분포는 8.3%에서 22.2%로 증가하였다. 평균 가구원수도 4.1명에서 2.5명으로 크게 감소했다.

표 1-5 가구원수별 전국 가구분포와 평균 가구원 수

연도	가구수	1인	2인	3인	4인	5인	6인	평균가 구원 수
1985	9,571	6.9	12.3	16.5	25.3	19.5	19.5	4.1
1990	11,355	9	13.8	19.1	29.5	18.8	9.8	3.7
1995	12,958	12.7	16.9	20.3	31.7	12.9	5.5	3.3
2000	14,312	15.5	19.1	20.9	31.1	10.1	3.3	3.1
2005	15,887	20	22.2	20.9	27	7.7	2.3	2.9
2010	17,339	23.9	24.3	21.3	22.5	6.2	1.8	2.7
2015	19,111	27.2	26.1	21.5	18.8	4.9	1.5	2.5

출처: 통계청 인구 총조사(각 년도).

우리나라의 출산율은 2015년 기준 1.26명으로 OECD 주요국가 중에 가장 낮다. 다음으로는 포르투갈(1.28명), 스페인(1.32명), 그리스와 헝가리(각각 1.34명) 등이 출산율이 낮은 국가이다. 한편, 출산율이 가장 높은 국가는 이스라엘(3.05명)이며, 다음은 멕시코(2.29명), 터키(2.10명), 뉴질랜드(2.05명), 아일랜드(2.01명) 등의 순으로 나타났다.

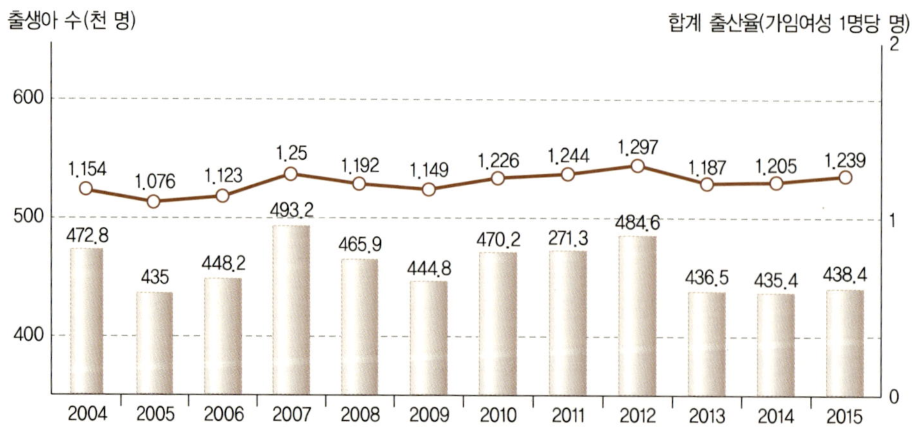

그림 1-3 합계 출산율

출처: 통계청(2015). 출산통계.

북유럽 국가들의 출산율을 살펴보면, 아이슬란드 1.96명, 스웨덴 1.92명, 노르웨이 1.80명, 핀란드 1.75명으로 나타났다.

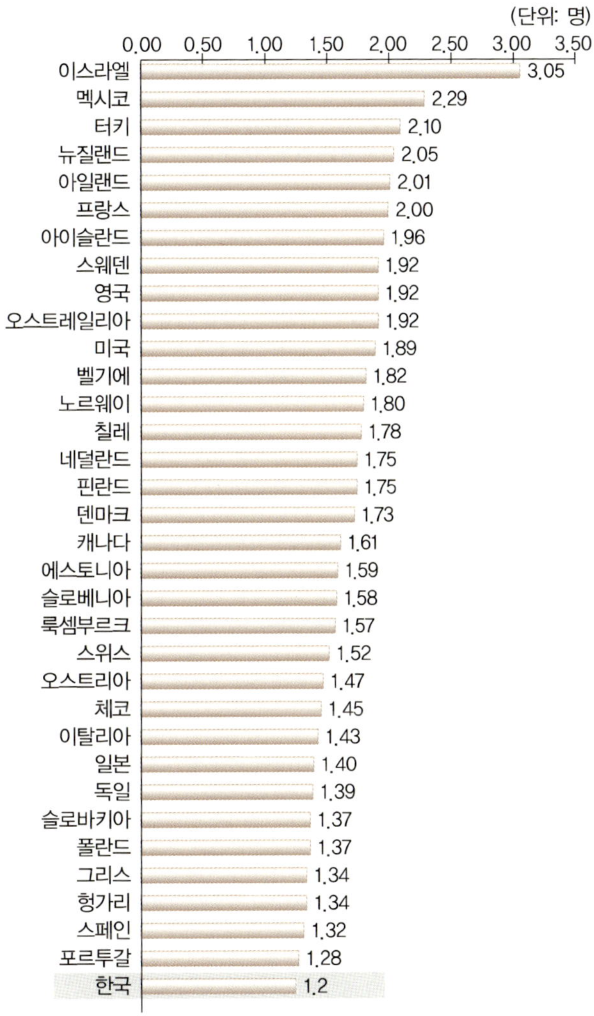

▌그림 1-4▌ OECD 국가의 합계 출산율

출처: UN(2015).

3) 가족세대의 단순화

〈표 1-6〉을 보면 2010년 기타가족 비율은 2000년에 비해 약간 증가하였으며, 직계가족 비율은 감소하였다. 지난 30년간 핵가족 비중은 지속적으로 증가한 반면, 3대가족 등 직계가족 비중은 감소하였으며, 핵가족비중은 1970년 71.5%에서 2010년 82.3%로 증가하였고, 직계가족은 1970년 18.8%에서 2010년 6.2%로 감소하였다.

표 1-6 가족의 형태별 분포[1)]

혈연가구수		5,576	6,367	7,470	8,751	10,167	11,133	11,928	12,490	12,995
핵가족(%)	부부	5.4	5	6.4	7.8	9.3	12.6	14.8	18	20.6
	부부와 미혼자녀	55.5	55.6	56.5	57.8	58	58.6	57.8	53.7	49.4
	편부모와 미혼자녀	10.6	10.1	10	9.7	8.7	8.6	9.4	11	12.3
직계가족(%)	부부와 양(편)친	1.4	0.5	0.6	0.8	0.9	1.1	1.2	1.2	1.2
	부부와 양(편)친과 자녀	17.4	10.9	10.4	9.9	9.3	8	6.8	5.7	5
기타가족(%)		9.7	17.9	16.1	14	13.8	11.2	10.1	10.4	11.6

출처: 통계청(2015). 인구주택 총조사.

4) 고령화 사회

통계청(2015)의 자료에 따르면, 우리나라는 저출산의 영향으로 2010년대에 65세 이상 인구가 11%를 넘었고, 2020년대에 15.7%를 넘어 고령사회가 된다. 한국의 인

1) 가족의 형태를 핵가족, 직계가족 등으로 구분하여 그 분포를 파악하는 지표임
- 핵가족 비율: 핵가족(부부, 부부+미혼자녀, 한부모+미혼자녀) / 혈연가구
- 직계가족 비율: 직계가족(부부+양(편)친, 부부+양(편)친+자녀) / 혈연가구
- 기타가족 비율: 3세대, 4세대, 기타 / 혈연가구

구의 65세 이상 비율은 2010년 11.0%에서 2050년 40.1%로 크게 높아져, 65세 이상인 사람의 구성비는 2010년에는 30개 경제협력개발기구(OECD) 회원국 중 27위이지만 2050년에는 1위로 올라가 가장 늙은 나라가 될 것으로 전망되고 있다(통계청, 2009). 이에 따라 노인부양비가 급증하게 되며, 노인복지문제가 심각하게 대두될 것이다.

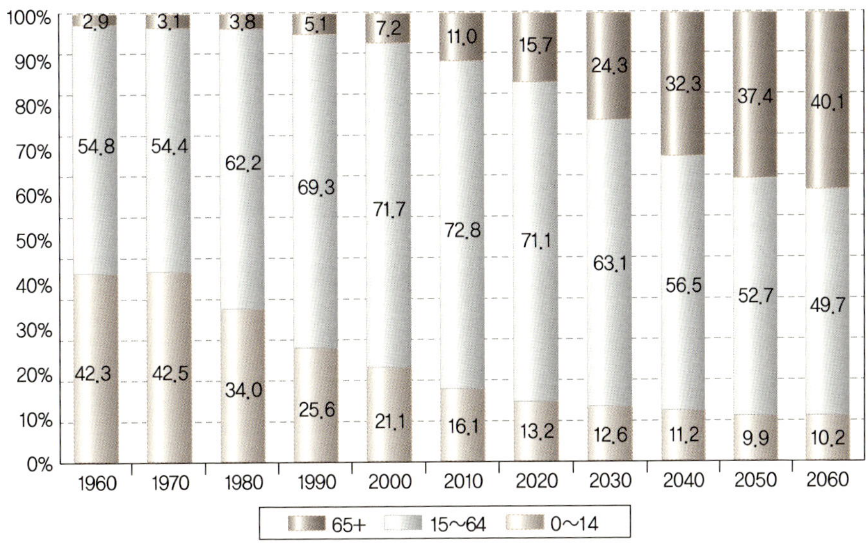

| 그림 1-5 | 연령계층별 인구구성비 추이

출처: 통계청(2015).

5) 다문화 가정의 증가

2015년 외국인과의 혼인은 총 21,274건으로 2014년보다 2,042건 감소하였다. 외국인과의 혼인은 총 혼인(30만 2천 8백 건) 중 7.0% 수준이며, 한국 남성과 외국 여성의 혼인은 1만 4천 7백 건으로 전년보다 9.1% 감소하였고, 한국 여성과 외국 남성의 혼인은 6천 6백 건으로 전년보다 7.9% 감소하였다. 거주 외국 여성의 국적은 중국, 베트남이 62.7%, 거주 외국 남성의 국적은 미국, 중국, 일본이 58.3%를 차지하였으며, 한국 남성과 혼인한 외국 여성의 국적은 베트남(31.7%), 중국(31.0%), 일본(7.0%) 순이며, 상위 2개국이 차지하는 비중이 62.7%를 차지하였다. 한국 여성과 혼인한 외국 남성의 국적은 미국(24.4%), 중국(21.7%), 일본(12.2%) 순이며, 2007년 베트남 남자와의 혼인은 증가(52.7%)한 반면, 일본(−31.3%), 중국(−9.2%), 미국(−7.8%) 등은 감소하였다.

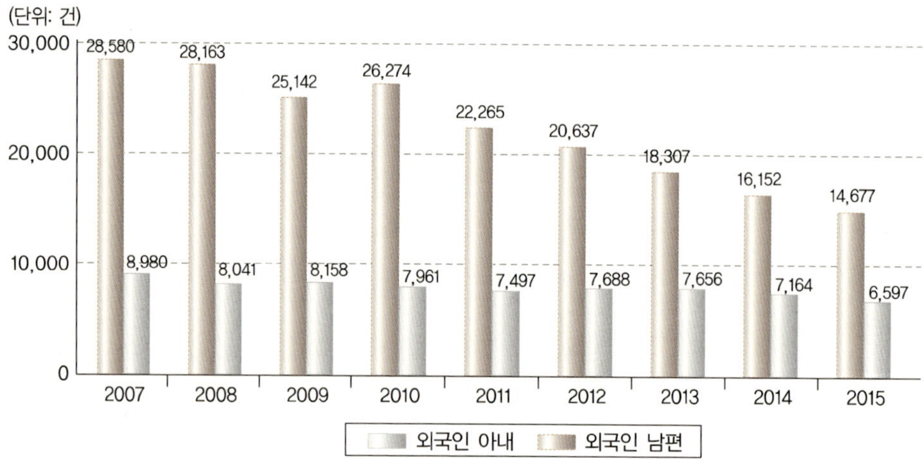

| 그림 1-6 | 국제결혼 현황

출처: 보건복지가족부(2008). 보건복지통계연보.

4 가족연구의 관점

현재와 미래의 가족의 특징은 가족의 구조, 성역할, 성적기호, 문화, 계층, 그리고 생애주기 양상에 있어 다양성의 증가로 설명할 수 있다. 주변상황이 변화함에 따라 가족구성원의 변화가 있는 일부 가족들은 실질적이고 상징적인 손실로 어려움을 겪는 경우가 많다. 많은 전환기 가족에서 이상적인 가족에 대한 전통적 생각은 자기 가족의 부족함과 실패감을 가중시키고 가족관계의 구조와 의미에 대한 분열감과 혼란감을 확산시키는 데 기여할 수 있다. 그러나 혼란과 불안을 경험하고 있는 어떤 사람들은 평정심을 잃지 않으려고 노력하면서 그들의 상황을 최상으로 만들고 인간관계의 새로운 모델을 고안해가며 놀랄만한 적응을 보여 주고 있는 경우가 있다. 이들은 현재 상황, 그들의 욕구 및 도전에 적합하지 않은 과거의 정형화된 가족모델에 의문을 제기하게 하는데 좋은 모델이 된다. 이들을 새로운 환경의 적응으로 이끄는 힘, 즉 적응유연성의 개념과 적응유연성이 갖고 있는 체계적 관점에 대해 살펴보자.

1) 적응유연성의 개념

적응유연성(Resilience)은 역경으로부터 다시 일어나 강해지고 자원을 더 풍부하게 할 수 있는 능력으로 정의할 수 있다. 즉, 적응유연성이란 위험한 환경이나 문제에도 불구하고 긍정적인 결과를 가져오는 능력(Masten, Best, & Garmegy, 1990; Rutter, 1990)으로 이해할 수 있다. 이는 생존하는 것뿐만 아니라 괴로운 시련을 통과하거나 이로부터 벗어나는 것을 포함하여(Walsh, 1998), 위기와 도전에 대한 반응을 인내하고 자정하며 성장해 가는 역동적 과정이다. Ford(1994)는 적응유연성을 "스트레스와 위험상황에 대한 개인의 반응을 수정하는 능력"이라고 정의했고, Gordon(1995)은 "역경이나 장애 국면에서 유능감을 증대하고, 번영시키며, 성숙하는 능력"이라고 정의했다. 적응유연성의 또 다른 개념은 위험요인이나 악화될 수 있는 상황에 처해 있음에도 불구하고 성공적인 적응을 한 상태(Wolin & Wolin, 1993)를 일컫는다.

적응유연성의 사전적 의미는 '다시 되돌아오는 경향', '회복력', '탄성'으로서, '상처받지 않음(invulnerable)'과는 구분되는 개념이다. 적응유연성이란 역경이나 어려움 속에서 그 기능 수행을 다시 회복한다는 의미이기 때문에 '상처받지 않음'이라는 개념과 동일하게 사용할 수 없다. 즉, 적응유연성이란 역경을 겪으면서 개인이 자신의 힘과 능력을 잃었지만 이전의 적응 수준으로 돌아오고 회복할 수 있는 능력을 의미한다. 적응유연성에 대한 연구들의 중심개념은 이와 같이 회복력과 스트레스 이전의 적응수준으로의 복귀능력에 맞춰져 있다(김정희, 2007; 박현선, 1998; Garmezy, 1993).

지금까지 적응유연성 개념은 개인의 한 특질로 고려되어져 왔었다. 그러나 최근에 와서 연구자들은 적응유연성을 곤경에도 불구하고 긍정적인 기능을 유도하는 개인이 적응하는 반응임을 강조하는데, 적응유연성에 관한 많은 정의들의 공통분모를 도출하면 적응유연성이란 "적응이나 발달상의 심각한 문제의 상황에서 능력을 명확히 하는 것"이라고 할 수 있다(Masten & Coastworth, 1998). 따라서 적응유연성의 개념을 개인이 한때 가졌을 특질이라기보다는 궁극적으로 긍정적 결과로 유도하는 상호작용과 결합, 개인 · 외부환경 지지 안에서의 특성으로 보아야 할 것이다.

2) 적응유연성의 관점

적응유연성의 이해를 위해서는 복잡한 관계의 상호작용 모델이 요구되는데, 여기에는 체계적 관점, 생태학적 관점, 발달적 관점이 관련된다.

체계이론은 개인의 적응에 대한 관점을 확장시켜서 가족과 사회체계에서의 더 넓은 교환과정에 초점을 두며, 상호작용을 통해 서로에게 영향력을 행사하는 것에 주목하도록 도와준다. 2인관계의 유대와 인생 초반부의 결정요인을 넘어서서 관점을 넓힌다면, 적응유연성은 관계의 망에서 얻어지는 것이며 인생주기의 과정과 세대에 걸쳐 경험하게 되는 것이라는 점을 알 수 있게 된다. 또한 생태학적이고 발달학적 관점은 사회적 맥락과 시간의 흐름 속에서 적응유연성을 이해하는 데 필수적인 관점이다.

(1) 체계적 관점

탄력적인 개인에 대한 연구는 체계적 관점의 중요성을 강조하고 있다. Werner(1993)는 '불행한 아동에 대한 연구들을 통해 가장 의미 있고 긍정적인 영향력은 그들을 믿어주고 동일시할 수 있는 대상이 되어주며, 그들을 위해 옹호자로서 활동하고, 어려움을 극복하도록 힘을 모아 줄 수 있는 성인과의 친밀하고 보살펴 주는 관계를 형성하는 것'이라는 것을 발견하였다.

지금까지 대부분의 적응유연성 이론과 연구는 위험 아동과 의미 있는 한 사람의 영향력이라는 2인 관계 측면에서 적응유연성의 관계 맥락을 협소하게 접근해 왔다(Bowlby, 1988). 그러나 적응유연성의 완전한 이해를 위해서는 복잡한 관계의 상호작용 모델이 요구된다.

체계적 관점이 제시하는 개념적 틀에 의하면 개인과 사회의 문제는 원인-결과의 관계로 해석되기보다 상호연결된 전체로 파악된다. 즉, 개인과 환경은 어느 한쪽이 다른 한쪽에 일방적인 영향을 끼치는 것이 아니라, 양자가 모두 원인인 동시에 결과인 상호적 원인관계(reciprocal relationships)로 형성된 전체로 파악한다. 따라서 체계이론은 개인의 적응에 대한 우리의 관점을 확장시켜서 가족과 사회체계에서의 더 넓은 교환과정에 초점을 두며, 상호작용을 통해 서로에게 영향력을 행사하는 것에 주목하도록 도와준다.

(2) 생태학적 관점

생태학은 유기체와 환경 간의 관계를 연구하는 생물과학으로, 생태학적 관점은 종래의 단선적 사고와는 현격한 차이가 있다. 생태학적 관점은 환경과 유기체가 역동적인 평형상태를 유지하면서 성장하는 과정에 관심을 두고 있으므로, 일생에 걸쳐 경험하는 위험과 적응유연성에 대해 많은 영향요인들을 설명해 줄 수 있는 유용한 관점이다. 가족, 동료집단, 학교 또는 직장, 시간과 장소, 문화와 환경, 그리고 더 큰 사회체계는 사회적 능력에 영향을 미칠 수 있는 다양한 맥락이다(Bronfenbrenner, 1979). Bronfenbrenner(1979)는 인간발달에 대한 사회생태학을 "인간발달 생태학(ecology of human development)"이라는 용어를 사용하여 하나의 학문적 관점으로 체계화하면서, 인간발달 생태학이란 능동적으로 성장 발달해 가는 인간 유기체와 그가 살고 있는 변화하는 즉각적 환경의 속성 사이에서 전 생애에 걸쳐 일어나는 점진적인 상호작용을 과학적으로 연구하는 학문으로 소개하였다.

Bronfenbrenner(1979)는 인간발달 생태학의 정의에서 개인을 능동적이고 역동적인 실체이며, 환경은 직접적으로 즉각적 환경과 상호작용을 하지만 더 큰 맥락까지 포함하며 또한 인간과 환경은 상호호혜적인 관계가 있음을 강조하였다. 유기체와 환경의 상호작용 결과인 행동은 순간적이고 의미가 없는 단순한 분자적 행동(molecular behavior)이기보다는 심리적 성장의 내적인 기제와 외적인 표현을 모두 포함하는 원자적 행동(molar behavior)에 초점을 맞춘다. 생태학적 관점은 종전의 연구를 보완함으로써 새롭게 맥락 내 발달(development-in-context) 연구에 접근하고 있다(박아청 · 이승국, 2000). 인간은 개인의 특성이나 가족, 친구, 문화적 요인과 같은 맥락적 조건들이 어떠한가에 따라 달라질 수 있는 것이다(권이종, 2000).

환경이란 유기체를 외적으로 둘러싸고 유기체와 일정한 접촉을 유지하고 있는 경험적, 인지적 현상으로 인간행동이 일어나는 배경이 된다(Bubolz, Eicher & Sontag, 1979). 인간은 그들이 처한 환경과 상호작용하는 과정에서 여러 가지 수준의 체계들과 동시에 교류한다는 점에 주목할 때, 사회복지실천의 시야는 개인의 가장 가까운 환경에서부터 시작하여 각종 수준의 사회환경, 그리고 자연환경, 나아가 생태환경에까지 확대될 수 있다. Rutter(1987)는 적응유연성의 보호기제를 이해하고 촉진하기 위해서는 개인과 그 가족이 망하거나 번성하는 곳인 가정과 가족, 정치, 경제, 사회, 문화 그리고 인종 상황 안에서 일어나는 일들 간의 상호작용에 주목해야 한다고 강조하였다. 개인과 환경 모두는 특정 상황 속에서 양자가 끊임없이 영향을 주고받는 관계 측면에서 관찰되고 파악되어야만 충분히 이해될 수 있다. 이러한 상호성은 인간과 그 주변환경이 동일 생태체계 안에서 영향을 주고받으며 생활해 가는 가운데 공동의 운명을 형성해 감을 의미한다.

사회복지실천에서는 위험에 처한 아동과 가족의 적응유연성을 강화시켜서 개인적으로 어려움을 물리치도록 하는 것만으로는 충분하지 않다. 여기서 더 나아가 그들에게 고통을 주는 환경을 변화시키기 위한 사회적인 노력이 함께 수반될 필요가 있다. 성공이나 실패가 개인과 그 가족 내 강점과 결함에 의해 결정된다는 논리에 근거하여 적응유연성의 개념이 공공정책에서 사회보장을 보류하거나 불평등을 유지시키는 데 사용되지 않도록 주의해야 할 것이다.

(3) 발달적 관점

발달적 관점 또한 적응유연성을 이해하는 데 필수적이다. 대처와 적응에는 고정적 형태의 속성보다는 시간에 걸쳐 일어나는 다중결정과정이 포함되기 때문이다. 대부분의 스트레스 형태들은 단기간의 단일자극과 같이 단순한 것이 아니라 과거의 역사와 미래의 과정을 포함하며 변화하는 복잡한 산물이다(Rutter, 1987). 이런 복잡성이 시간에 걸쳐 주어지기 때문에 단일 대처 반응만으로는 언제나 성공적일 수는 없다. 다른 방식으로 출현하는 도전들에 대응하기 위해서는 다양한 대처전략을 갖는 것이 더 중요하다는 것이다(Pearlin & Schooler, 1978).

개인과 가족의 발달에 대한 생활주기 관점도 적응유연성에 대한 이해를 위해 필요하다. 아동기와 청소년기의 적응기능은 일반적으로 성인기의 적응을 예견할 수 있게 하는 좋은 요인이 될 수 있지만, 역경을 극복할 수 있는 성인기의 능력을 결정하는 요인으로서 초년기 생활 경험의 비중은 과거에 가정되었던 것보다는 덜 중요할 수 있다(Cohler, 1987). 성별 차이 또한 다른 발달단계에서 취약성으로 발견되는데, 소년들은 아동기에, 소녀들은 청소년기에 더 높은 위험요소를 가지고 있다(Elder, Caspi, & Nguyen, 1985; Werner & Smith, 1982). 이러한 사실은 시간에 걸쳐 나타나는 적응유연성의 역동적 본질을 강조하는 것이다. 여러 해에 걸쳐 이루어지는 개인과 환경 사이의 긍정적 상호작용은 긍정적 삶의 궤도나 상승 나선구조 안에서 지속적이고 상호적인 강화효과를 가져온다. 따라서 오랜 시간을 두고 이루어지는 발달적 관점에서, 인생의 하강궤도의 어떤 순간에 방향을 선회할 가능성이 있는 적응유연성의 역동적 본질을 잘 이해할 필요가 있다.

참 | 고 | 문 | 헌

권이종 (2000). **청소년교육개론-신세대의 이해와 지도**. 파주: 교육과학사.

김두헌 (1969). **한국 가족제도 연구**. 서울: 서울대출판부.

김은영, 임승희, 박소영 (2009). **가족복지론**. 파주: 학현사.

김정희 (2007). 알코올중독자 대학생 자녀의 대학생활 적응. 서울여자대학교 박사학위논문.

박성석, 오정아, 이영주, 최경화, 최금해 (2009). **가족복지론**. 파주: 양서원.

박아청, 이승국 (2000). 청소년의 성과 연령에 따른 자아정체감 발달에 영향을 미치는 생태학적 변인들의 구조분석. **교육학 총론**, 20(2), 255-282.

박현선 (1998). 빈곤청소년의 학교적응유연성. 서울대학교 박사학위논문.

보건복지가족부 (2008). 보건복지통계연보.

성정현, 여지영, 우국희, 최승희 (2009). **가족복지론**. 파주: 양서원.

이영호 (2006). **정신건강론**. 일산: 공동체.

이효재 (1998). **가족과 사회**. 서울: 진명출판사.

서울신문 (2009. 4. 22). "부동산 재벌 헴슬리 개처럼 벌어 개들에게". http://www.seoul.co.kr/에서 2009년 6월 10일 인출.

정영숙, 이정순, 김기남, 김향숙, 김운주. (1997). **가정학개론**. 파주: 교문사.

정옥분, 정순화, 홍계옥 (2005). **결혼과 가족의 이해**. 서울: 시그마프레스.

정현숙, 유계숙 (2001). **가족관계**. 서울: 신정.

조휘일 외 (2005). **사회복지실천기술론**. 파주: 학현사.

최재석 (1966). **조선가족제도사연**. 서울: 일지사.

통계청 (2008). 한국의 사회지표.

통계청 (2009). 세계 및 한국의 인구 현황.

통계청 (2015). 출산통계, 인구주택총조사.

통계청 (2016). 한국의 사회지표.

Barker, R. S. (1987). *The social work dictionary.* Silver Spring, MD: National Association of Social Workers.

Bowlby, J. (1988). *A secure base: Parent-child attachment and healthy human development.* New York: Basic Books.

Bronfenbremmer, U. (1979). *The ecology of human development.* Cambridge, MA: Harvard University Press.

Bubolz, M. M., Eicher, J. B., & Sontag, M. S. (1979). The human ecosystem: A model. *Journal of Home Economics, 71*(1), 28-31.

Burgess, E. W., & Locke, H. J. (1963), *The family: From institution to companionship.* New York: American.

Carter, B., & McGoldrick, M. (1988). *The change of family life cycle-A framework for family therapy.* p. 15.

Cohler, B. (1987). Adversity, resilience, and the study of lives. In E. J. Anthony & B. Cohler (Eds.), *The invulnerable child.* New York: Guilford Press.

Duvall, E. M. (1977). *Marriage and family development.* NY: Lippincott.

Elder, G., Caspi, A., & Nguyen, T. V. (1985). Resourceful and vulnerable children: Family influences in hard times. In R. K. Silbereisen & K. Eyferth (Eds.), *Development in context.* New York: Springer.

Ford, D. (1994). Nurturing resilience in gifted Black youth. *Roeper Review, 17*(2), 80-85.

Garmezy, N. (1993). Vulnerability and resilience. In D. C. Funder, R. D. Parker, C. Tomlinson-Keesey, & K. Widaman (Eds.). *Studying lives through time: Approaches to personality and development.* Washington, DC: American Psychological Association.

Gordon, K. (1995). Self-concept and motivational patterns of resilient African-American high school students. *Journal of Black Psychology, 21*(3): 239-255.

Hartman, A., & Laird, J. (1983). *Family-centered social work practice.* New York, London: The Free Press.

Levi-Strauss, C. (1956). The family, In Sapiro, H.L. (Ed.), *Man, Culture and Society.* New York: Oxford University Press.

Masten, A. S., & Coastworth, J. D. (1998). The development of competence in favorable and unfavorable environment: Lessons from research on successful children. *American Psychologist, 53*(2), 205-220.

Masten, A. S., Best, K. M., & Garmezy, N. (1990). Resilience and development: Contributions from the study of children who overcome adversity. *Development and Psychopathology, 2,* 425-444.

Murdock, G. P. (1949). *Social Structure.* New York: Free Press.

Nichols, M., & Schwartz, R. (2001). *Family therapy: Concepts and methods (5th ed.).* Boston: Allyn & Bacon.

Olson, D. H., & Defrain, J. (2003). *Marriage and families (4th de.).* New York:

McGraw-Hill.

Pearlin, L., & Schooler, C. (1978). The structure of coping. *Journal of Health and Social Behavior*, *19*, 2-21.

Rutter, M. (1987). Psychosocial resilience and protective mechanisms. *American Journal of Orthopsychiatry*, *57*, 316-331.

Steinmetz, S., & Stein, K. (1988). Traditional and emerging families: A typology bases on structure and functions. *Family Science Review*, *1*(2), 103-114.

Walsh, F. (1998). Families in late life: Challenges and opportunities. In B. Carter & M. McGoldric (Eds.), *The expanded family life cycle*. Needham Heights, MA: Allyn & Bacon.

Werner, E. E. (1993). Risk, resilence, and recovery: Perspectives from the Kauai longitudinal study. *Development and Psychopathology*, *5*, 503-515.

Werner, E. E., & Smith, R. S. (1982). *Vulnerable but invincible: A Study of resilient children*. New York: McGraw-Hill.

Wolin, S., & Wolin, S. (1993). *The resilient self: How survivors of troubled families rise above adversity*. Ney York: Villard.

국가통계포럼(www.kosis.kr).

CHAPTER 02

가족복지의 이해

1. 가족복지의 개념
2. 가족복지의 필요성
3. 가족복지의 대상
4. 가족복지의 관점
5. 가족복지의 접근방법

CHAPTER 02 가족복지의 이해

1 가족복지의 개념

가족은 사회의 기본적 단위로 인간의 성장, 발달은 물론 사회화에 필요한 모든 것을 전수하게 된다. 이와 같은 의미에서 가족은 사회 유지 및 발전을 위한 필수적인 제도로 오랫동안 전승되어 왔다. 그러나 현대에 와서 가족제도는 현대 산업화 사회로 진입하게 되면서 보다 빠른 변화의 과정을 겪고 있다.

가족에 대한 개념적인 정의는 시대와 문화에 따라 변화되어 왔으나, 개개인의 감정적인 지원과 만족감을 유지할 수 있도록 하는 안식처로서의 가족의 중요성은 점점 더해졌다. 그러나 인간의 상품화를 전제로 하는 시장영역이 확대되어 갈수록 전통적인 가족구성원의 보호 기능은 점차 약화되고 있다. 사회복지 영역에서는 전통적으로 가족 및 가족문제가 주요 초점이 되었다. 사회복지 영역에서 가족이 중요시되는 까닭은 가족이 사회의 기본 단위로 일차적으로 가족의 구성원을 보호, 보장하며 복지서비스를 제공하는 대상으로 삼고 있기 때문이다. 현대사회에서 가족은 전통적 의미로써 상부상조의 복지기능은 축소되었으나 여전히 사회의 기본제도이며 정서적 욕구를 충족시켜 주는 곳으로서의 기능을 담당하고 있다. 또한, 사회문제의 해결을 일차적으로는 가족이 담당할 수밖에 없기에 가족에게 기대되는 복지의 책임은 크다고 할 수 있다. 하지만 현대 가족은 자본주의의 구조적 모순, 산업화, 가족규모와 기능의 축소와 약화, 가족 형태의 다양화, 가부장주의 가치와 양성 평등주의 가치의 혼재 등의 요인들로 인해 결손가족 문제, 가족폭력 문제, 비행청소년가족 문제, 노인

가구가족 문제, 장애인가족 문제, 알코올가족 문제, 다문화 가족 문제 등 다양한 문제를 경험하고 있다. 그러므로 전통적 가족형태에서 이루어져 왔던 부양과 보호의 기능이 점차 축소, 약화되면서 가족을 중심으로 일어나는 다양한 사회문제를 해결하기 위해서는 가족복지가 점차 확대되어야 하는 시점이라고 할 수 있다.

현대의 여러 가지 다양한 가족문제를 Kamerman과 Kahn(1978)은 가족 병리현상으로 보았다. 예를 들자면 가족해체나 아동의 인권침해, 한부모가족의 급속한 증가, 버려지는 아동의 증가 등 예전에는 볼 수 없었던 사회적 병리 현상이 급증함에 따라 가족의미의 재발견을 위해 가족에 대한 일관성 있는 사회복지 대응에 관한 국민적 합의와 가족에 대한 체계적인 접근이 필요하다. 즉, 가족 및 아동의 양육을 위해 어떠한 접근이 이루어져야 할 것인지, 그러한 접근을 어떻게 적용해 나가면 좋은 것인지, 사회보장제도와는 어떻게 관련지을 수 있을 것인지 등의 과제가 제기될 수 있다. 이를 위해 가족이 건강하게 자녀들이 좀 더 나은 환경에서 살아갈 수 있도록 가족에 대한, 가족을 위한 사회적 가족정책 및 서비스가 모색되어야 할 것이다.

가족복지란 가족이 전 생애에 걸쳐 행복하고 안정된 바람직한 삶을 추구하는 사회 구성원 전체의 집단적 노력이라고 할 수 있다. 즉, 건강한 가족에게는 더욱 안정적이고 질 높은 생활을 영위할 수 있도록 지지해 주고, 당면한 문제를 스스로 극복하거나 해결하기 어려운 위기에 처한 가족에게는 다양한 지원 방법 및 사회복지차원의 노력이 지원되어야 한다. 이러한 상황에서 사회복지정책이나 행정체계, 사회복지 기관에서 전개되는 가족에 대한 사회복지 기능은 가족구성원 개개인에게 초점이 맞춰지는 것이 아닌 '가족 전체'에 주목하면서 가족의 보호, 보장, 기능을 강화하는 데 그 목적을 두어야 한다.

한 개인이 가족구성원으로서의 의무를 실천하느냐 실천하지 못하느냐는 우리 사회나 개인 모두에게 중요한 문제라고 할 수 있다. 일반적으로 가족복지의 목적은 건강한 가족관계를 활성화하고 가족구성원 개개인의 건전한 인격발달을 추구하며 사회인으로서의 기능을 수행할 수 없는 개인과 가족을 원조의 대상을 삼는다. 그러나 이때도 가족복지는 가족 전체를 대상으로 하기 때문에 가족조사 및 가족진단도 개인단위로 이루어지는 것이 아니라 가족단위로 이루어져야 한다.

가족복지의 개념에 대해 여러 학자들은 다양한 정의를 전제하고 있다. 이에 대해 살펴보면 다음과 같다.

Feldman과 Ssherz(1968)는 가족복지란, 전체로서의 가족은 물론 그 구성원들의 사회적 기능수행을 효과적으로 증진시킴으로써 가족구성원들 모두에게 행복을 도모하도록 하기 위한 사회복지의 한 분야라고 정의하였다.

김영모(1960)는 가족복지란 가족의 생활을 강화하고 가족 내의 관계를 강화시키며 가족성원의 사회적응 기능을 강화하기 위해 정부와 민간이 개입을 행하는 사회적 대책이라고 하였다.

전준우(1988)는 가족복지란 가족이 안고 있는 여러 가지 문제 상황에서 가족을 통합시키고 적응하도록 서비스를 제공하기 위한 사회적 집단의 노력으로 수행되는 조직적 활동을 의미한다고 하였다.

조홍식(1995)은 가족복지의 목적면에서는 국민의 생활권의 기본 이념에 입각하여 가족의 행복을 유지시키고자 하는 것이며 주체 면에서는 가족을 포함한 사회구성원 전체가 되고, 대상 면에서는 가족구성원 개개인을 포함한 '한 단위로서의 가족 전체'가 되며 수단 면에서는 제도적 · 정책적 · 기술적 서비스 등 조직적 제반 활동이 되고, 범위에 있어서는 사회복지의 한 분야이며 사회복지 개념은 추상적 목적 개념이 아닌 복지라는 목적 달성을 위한 현실적 수단으로서 실체 개념을 갖는 것으로 정의하고 있다.

이상과 같이 가족 복지에 대한 여러 가지 개념을 정리해 보면 가족복지란 가족의 복지를 추구하기 위한 사회구성원들의 공동체적 노력을 의미하는 것으로, 가족문제의 해결, 예방, 인간의 사회적 기능 수행의 활성화, 생활의 질적 향상 등의 다양한 사회복지서비스 및 실천과정을 포함한다. 즉, 가족복지는 가족의 욕구를 충족할 수 있도록 가족구성원으로서 개인이나 가족에 대한 서비스 및 가족제도를 강화하고 변화에 대한 구체적인 실천적 노력까지 포괄한다.

2 가족복지의 필요성

사회의 가장 기본적 체계인 가족은 현재까지도 사회의 발전과 안정을 위해 매우 중요한 역할을 수행하고 있다. 가족이 수행하는 기능은 노동력의 재생산, 가족원의 보호, 사회 활동을 참여할 수 있도록 가족구성원을 사회화 시키는 것 등이 있다. 산업화가 가속화되면서 전통적인 가구 형태에서 벗어나 핵가족의 형태가 전형적인 가족형태로 자리잡아감에 따라 가족은 규모나 기능면에서 많은 변화를 겪게 되었다. 특히 1997년 외환위기 이후에는 가족의 부양기능 약화 및 위기 가족이 급속하게 증가되고 있다. 이러한 사회적 현상과 더불어 최근에는 저출산 및 고령화가 급속하게 늘어남에 따라 돌봄의 문제가 크게 사회적인 문제로 대두되고 있다. 이러한 가족문제로 점차 가족구성원의 부양과 돌봄을 가족 내의 문제로만 볼 것이 아니라 사회 전체에서 함께 책임지고 분담해야 한다는 공감대가 확산되고 있다.

현대사회에서 가족복지의 필요성에 대해 정리해 보면 다음과 같다(김경자 외, 2008).

첫째, 가족과 사회관계에 대한 관점의 변화로 현대 가족은 과거 가족이 지닌 주요 기능이 약화되어 스스로의 힘으로는 해결할 수 없는 많은 문제를 안고 있는 한편 가족에 대한 책임은 더욱 더 강조되고 있다. 가족 기능은 약화되었으나 책임은 오히려 증가하고 있기 때문에 가족의 책임을 잘 수행할 수 있도록 다양한 가족복지정책 및 서비스가 이루어져야 한다.

둘째, 가족에 대한 개입관점이 변화되었다. 1980년대 이전까지는 가족성원의 돌봄은 가족 내에서의 책임이라 여겼기 때문에 국가는 가족에 대한 개입을 최소화 했으나 핵가족화와 기혼여성의 취업 증가는 가족에게 적극적인 개입을 해야 하는 계기가 되었다.

셋째, 다양한 가족 형태의 등장과 가족 욕구의 다양화를 들 수 있다. 맞벌이 가족, 독신 가구와 1세대 부부가족, 이혼 · 재혼 가족의 증가와 소년소녀가장 가구, 동거가구, 동성애가구, 공동체 가족 등의 다양한 형태의 가족유형 등장과 증가는 보다 다양한 가족의 욕구를 충족시켜야 하는 등 광범위한 가족복지 대책을 필요로 하게 되었다.

넷째, 사회문제해결 단위로서 가족의 유용성이 높아졌다. 즉, 가족이 인간과 사회문제를 해결하는 데에 효율적인 단위라는 사실이 강조되고 있다. 인간의 문제를 해결하는 데 개인을 대상으로 한 개별적인 접근보다는 가족을 단위로 한 접근이 보다 효과적이고 유용한 것으로 본다.

가족복지의 궁극적 목적은 가족성원을 위해 건강하고 만족할 수 있는 환경을 발전시키는 것이다. 이러한 측면에서 가족복지는 복잡하고 다양한 측면을 가지고 있으나 모든 가족 성원의 권리와 욕구가 충족될 수 있도록 최선의 노력이 있어야 한다.

3 가족복지의 대상

가족복지의 대상은 가족구성원 전체이다. 인간에게 가족은 다른 사회제도에서 발견할 수 없는 사회적 가치를 지닌 사회적 집단이다. 그러나 가족은 사회경제적 체계에 직접적으로 연계되어 있는 사회집단이기 때문에 가족 외부의 사회경제적 체계는 가족 내부에 중요한 영향을 미치게 된다.

1970년대 미국에서는 가족복지의 대상영역으로 첫째, 가족의 스트레스 상황, 즉 정상적인 능력을 가진 가족일지라도 가족구성원의 갑작스러운 사망, 이혼, 가장의 전근, 낯선 지역으로의 이사, 가족 중 생계유지자의 실직 등으로 인한 스트레스 상황에 놓여 있을 경우, 둘째, 경제적 빈곤 및 사회적 자원이 가족 내 유입에 곤란을 겪는 경우 등 경제적 · 사회적 욕구를 충족할 수 없는 상황인 경우, 셋째, 가족관계, 가족구성원의 개인적 기능의 장애 상황, 즉 가족구성원 중 누군가의 이상성격으로 곤란한 문제가 발생해 가족의 사회적 기능을 수행하는 데 제한이 있는 경우를 지적하고 있다.

가족복지의 대상은 구체적으로, 가족복지가 이루어지는 과정에서 국가의 정책이나 법 그리고 행정조직에 따라 규정된다. 현행 우리나라 가족복지의 대상은 요보호대상자 중심의 가족구성원인 개인이며, 가족문제란 빈곤과 이로 인한 소득의 상실 및 질병, 자녀양육문제 및 여성의 모성보호문제 그리고 노후대책 문제, 장애인 가족문제 등으로 분류될 수 있다.

가족의 욕구가 충족되지 않는다면 가족문제가 사회문제가 되기 때문에 욕구와 문제는 밀접한 관련을 가진다. 가족복지의 대상에 대해 세 가지 기준으로 분류하면 다음과 같다.

첫째, 가족구조의 특성에 따른 대상이다. 가족구조상의 특성에 따라 가족복지의 대상을 규정하는 것으로 맞벌이 가족, 미혼모가족, 이혼 및 재혼 가족, 소년소녀가족, 노인가족, 핵가족 등, 가족 구조상의 다양화를 고려해 각 가족이 지닌 특성에 따라 복지 개입을 달리하는 경우이다.

둘째, 가족기능상의 문제에 따른 대상이다. 가족의 기능상의 문제에 따라 가족복지의 대상을 규정하는 것으로 학대, 알코올중독이나 약물중독, 청소년 비행 및 실직으로 인한 소득의 상실 등 가족이 지닌 병리적이거나 경제적 측면에서 기능상의 결손을 경험하는 가족과 장애로 인한 심리적 · 의료적 문제를 겪고 있는 가족의 경우이다.

셋째, 가족의 주기에 따라 발생하는 다양한 욕구에 따른 대상이다. 가족의 주기에 따라 가족은 다양한 변화와 문제 또는 위기를 경험하게 된다. 부부만의 시기, 자녀출산 및 양육기, 미취학아동기, 학년기, 청소년기, 독립기, 중년기, 노년기 등 가족생활주기에 따라 가족구성원인 개개인은 물론 가족 전체가 당면하게 되는 복지 욕구는 다양하다. 그러므로 이러한 가족 생활주기에 따라 복지 개입은 다르게 접근하게 된다. 부부만의 시기에는 일반적인 결혼의 형태가 아닌 경우 가족구성원 상호 간에 불균형 상태에 빠질 수 있어 가족복지 대상 영역으로 설정될 수 있다. 자녀 양육기에 가족복지의 대상은 건강한 육아 기능의 수행과 관련된다. 즉, 이 시기에는 가족 내에서 건전한 신뢰감을 키우고, 사랑하고 사랑받는 능력을 훈련시킬 수 있도록 한다. 노년기에는 가족복지 대상영역은 노후문제가 초점이 될 수 있다.

1) 가족문제

문제란 욕구를 유발시키는 불만족스러운 상태 또는 조건을 지칭하며 가족복지에서 문제란 우선적으로 가족의 욕구와 관련된다. 문제와 욕구는 일대일의 대응관계를 가지며 가족복지를 통한 욕구 충족은 문제해결과 예방으로 연결되며 인간다운 생활의 보장이라는 목적과 연결된다.

(1) 가족문제의 개념

가족문제에 대한 사회적 인식과 개입 형태의 변화는 해당 시대의 지배적인 가치와 사상, 사회경제적 상황 등과 밀접한 관련을 가진다. 우리나라의 가족문제에 대한 사회적 관심은 현대사회가 걸어온 사회변동 과정에 따라 가족관, 가족문제의 유형, 내용, 대처 방안 등에 많은 변화를 경험해 왔다. 급속한 경제성장 등을 통한 현대화라는 사회변동을 겪으면서 전통적 가족관계의 변화나 가족생활주기의 변화, 가족의식의 변화 등을 초래하게 되었다. 이로 인해 청소년 약물남용의 문제, 가정폭력문제, 한부모가족문제, 소년소녀가족의 문제, 장애인 문제, 노인문제와 미혼모 및 그 자녀의 문제, 배우자 부정의 문제, 별거 · 이혼 등 가족해체 문제 등 가족과 관련된 다양한 문제들이 나타나게 되었다.

가족문제를 포괄적인 관점으로 볼 때 사회문제의 하나로 볼 수 있다. 사회문제란 특정 사회현상을 두고 그것이 사회적 가치에 저해하는 것으로 규정할 때 존재하게 되며 이러한 현상은 다수의 사람에게 영향을 미치게 된다. 따라서 공동의 노력에 의해서 해결될 수 있는 것으로 간주된다. 그러므로 가족문제는 영향력 있는 집단에 의해 사회적 가치에 위배되는 것으로 판단되고 다수의 사람에게 영향을 미치는 것으로 공동의 노력에 의해 해결될 수 있는 문제라고 할 수 있다. 여기에서 영향력 있는 사람이란 가족구성원뿐만 아니라 가족 외부 사람도 포함된다. 따라서 가족 문제는 가족구성원뿐만 아니라 사회적 노력에 의해 해결될 수 있다.

(2) 가족문제의 성격

우리나라 가족문제의 성격에 대해서 다음과 같이 분류해 볼 수 있다.

① 경제적 부양문제

가족소득의 문제로 가정의 빈곤문제, 가족구조상 취업여성의 증가, 가족 간의 빈부차이에 의한 상대적 박탈감 등은 가족의 경제적 부양문제일 수 있다.

② 가족의 보호 기능 약화 문제

핵가족화에 따른 가족구성원 중 약자에 대한 가족보호 기능의 약화에서 비롯된 문제가 증가하고 있다. 이와 더불어 가족공동체로서의 사회화, 정서적 지지의 기능 수행 또한 점점 약화되고 있다.

③ 가족의 통제 기능 약화 및 상실의 문제

가족의 통제 능력이 약화되거나 통제 기능이 상실되는 것에서 오는 가족관계 및 가치관의 문제가 있다. 도시에서의 잦은 이사로 인한 가족생활의 불안정성, 세대차이 문제, 부부불화, 부모역할 모델의 부족, 가족 간의 대화 부족 등으로 원활한 가족기능 수행에 문제를 가진다. 즉, 부부불화문제, 고부관계문제, 배우자 부정의 문제,

배우자학대 및 아동학대 등의 가정폭력 문제를 이와 같은 문제의 예로 들 수 있다.

④ 결손가정의 증가에 따른 문제

부부의 별거 혹은 이혼의 증가, 배우자의 부정 또는 결손가정의 증가로 인한 정신적 · 정서적 · 심리적 문제아동 수가 증가하고 있다. 또한 가출 및 비행청소년 등의 문제와 더불어 이들 가족원의 다양한 심리적 · 경제적 · 사회적 문제 등이 증가하고 있다.

이외에도 현재 우리나라의 가족문제로는 이혼 · 별거 · 가출 등의 해체문제, 비행청소년 · 청소년미혼모 · 가정폭력 등의 탈선문제, 빈곤가족 · 노인부양 · 맞벌이가족의 아동부양 등의 가족구조적인 문제, 한부모가족 · 소년소녀가족 등의 결손문제 등이 있다.

4 가족복지의 관점

오늘날 가족 현상은 점차로 이전의 견고했던 가족 구조의 형태를 상실해 가고 있는 상황이다. 즉 과거와 같은 건강함을 찾아보기 어렵고 허약한 상태에 놓이게 되었다. 결국 산업의 발달과 도시생활은 과거의 전통적인 가족 구조와 기능에서 변화하도록 압력을 받고 있다는 것을 알 수 있다. 그러므로 현대사회에 새롭게 적용할 수 있는 가족구조모형을 개발하고, 가정에서 가족구성원 각자의 책임과 역할에 대한 인식의 변화와 상호 간의 역할에 대한 이해를 증진시키기 위한 가정교육 프로그램을 개발하여 보급하는 정책방향을 모색해야 한다. 따라서 가족복지정책으로 고려되어야 할 사항은 가정교육의 제도적 기반을 마련해 주는 일이다.

현대에 와서 전통적인 가족의 기능이 축소되고 있다 하더라도 자녀들은 가정에서 태어나 예절이나 가정교육을 통해 건전한 사회인으로 성장·발전하게 될 수 있다. 그러므로 일반 학교교육과 더불어 사회교육을 통한 가정생활교육이나 부모교육을 제대로 활성화할 수 있는 제도적 방안이 모색되어야 한다. 그리고 주택정책에서도 소규모의 핵가족 주거용 주택을 건설할 것이 아니라, 건강한 가족구조의 새로운 형태 마련을 위해 3세대가 함께 생활할 수 있는 아파트나 주택이 건설되어야 할 것이다. 특히 전통적 가정의 장점을 계승하여 노인문제를 해결하는 동시에 올바른 가족생활이 영위되도록 주택보장서비스가 고려되어야 할 것이다.

과거 전통사회에서는 다른 사람들로부터 존경을 받는 일에 많은 가치를 두었다. 그러나 현대인들은 보다 내면적이고 자기중심적인 것에서 만족감을 느끼고 가치의 근원을 찾는다. 즉 인생의 의미를 '친밀한 인간관계에서 오는 순수한 기쁨'에서 찾는 경우가 늘고 있다. 사회적 성공을 위해 비인간적인 삶을 선택하기보다는 개인의 행복과 보람을 위해 부와 명예 대신 소박한 삶을 선택하는 사람이 늘고 있는 것이다. 이 과정에서 가족과 부부관계는 개인의 삶에 더욱 중요한 의미를 부여해 주고 있다.

어떤 가족형태이든 나름대로의 장단점을 가지고 있다. 하나의 가족형태를 기준으로 다른 가족형태를 평가 절하하는 것은 가족형태를 선택하고 유지해 가는 데 아무런 도움을 주지 않는다. 보다 중요한 것은 어떠한 가족형태를 구성하든 각자의 가족이 개인의 욕구를 충족하는 데 필요한 조건을 만들어 주는 일이며, 가족의 관계는 보다 평등주의적이고, 보다 유연하며 포괄적인 가족형태를 전제로 "역할개혁"(role reform)을 지향해야 한다.

우리가 직면하고 있는 가족문제는 개별가족이 해결할 수 있는 한계를 넘어선 것으로 상당 부분 국가나 사회의 개입을 필요로 하는 것이다. 즉 건전한 가정을 유지하고 가족윤리를 정립하는 것을 가족 자체의 책임으로만 볼 것이 아니라 국가가 이 같은 목표를 위해 무엇을 해야 하는가 하는 문제제기가 필요하다.

가족이 아동이나 노인, 장애인 등을 보호하는 데 소요되는 경제적·정서적 부담을 지원해 줄 수 있는 방안이 마련되어야 하며, 특히 여성의 가족보호부담을 덜어줄 수 있는 다양한 사회복지서비스나 정책 프로그램이 마련되어야 한다.

우리사회에서는 가족복지를 초점으로 하는 가족정책의 중요성이 더욱 확대되어야 할 것이다. 가족문제는 단순히 개별가족의 차원에서 해결 가능한 문제가 아니라 사회구조적 변화 속에서 파생되는 문제임이 명백해진 만큼, 이의 해결은 가족원의 도덕성 강화나 가족의 기능강화를 위한 정책 마련에 그쳐서는 안 될 것이다. 동시에 개별 가족성원들 간의 불평등이 해소되는 방향을 신중히 검토하여 과거와 같은 정책은 지양되어야 할 것이다. 가능하다면 가족의 사회경제적 지위, 가족주기, 다양한 가족형태, 그리고 성별 · 연령별 가족경험의 차이를 충분히 반영하는 복지정책을 다양하게 개발할 필요가 있다.

앞으로의 우리의 삶속에서도 "보다 나은 삶의 방식"을 구현하려는 노력으로서의 가족의 중요성은 결코 감소되지 않을 것이다. 결국 우리가 지향하는 가족이란 개인의 정서적 요구와 사회의 안정적 요구가 충돌하지 않는 상황에서 자유롭고 평등한 인간관계를 실현해 가는 가족, 정상가족의 이데올로기에서 자유로운 다양한 가족생활 속에서 "관계성"이라는 인간의 욕구를 충족시킬 수 있을 것이다.

그러나 가족의 형태는 빠른 속도로 핵가족화되고 있으며 그간 사회복지의 주된 역할에서 희생적으로 주요한 역할을 담당했던 여성의 사회진출도 급증하면서 가족보호의 주요한 역할을 더 이상 전적으로 담당하기 어려운 실정이다. 이런 상황에서 아동의 양육과 점점 더 급증하는 노인의 부양문제는 어떻게 해결할 것인지? 가족의 정체성을 잃은 채 가족구성원들은 점차 개인주의화되어 가는 사회현상을 단지 현대사회의 가족풍토라고 하면서 가족이념 형성과 가족문화 형성과제를 개별기업의 영리추구에만 맡길 것인지? 또한 결손가족, 가정폭력 등 사후문제에 대한 대처만을 가족복지의 주요 과제로 삼을 것인지에 대한 문제를 깊이 있게 논의해야 할 필요성이 있다.

진정한 가족복지를 위해서는 세제정책, 가족법, 연금, 노동시장정책 등 가계소득을 보충하거나 대체하는 복지 프로그램과 가족계획, 사회부조 등과 같은 가족서비스

프로그램, 가족을 대신하는 노인에 대한 가정봉사 프로그램, 가족정체성 확립과 문화형성을 위한 프로그램 등이 가족의 안정과 복리증진이라는 목적 하에 통일성을 갖추어야 할 것이다. 이러한 실천은 우리나라 고유의 가족 중시풍토를 변화 · 발전시킬 수 있기에 사회복지에 크게 기여할 것이다.

5 가족복지의 접근방법

가족복지는 다양한 가족 문제에 의도적으로 간접적인 거시적 방법으로나 직접적인 미시적 방법으로 개입하게 된다. 거시적 방법아래 가족 문제에 대해 접근하는 것은 가족이 전체 사회의 제도적 구조하에서 그 구조가 유지될 수 있는 조건 혹은 환경을 조성해 가는 접근방법으로, 직접적인 가족과의 만남이 아닌 간접적인 정책적 차원에서 이루어지는 것을 말하며, 직접적 미시적 접근방법은 가족 내의 문제로 인해 어려움을 당하고 있는 가족에게 직접적으로 접근하는 방법이라고 할 수 있다.

그러나 거시적 방법이나 미시적 방법은 가족의 사회적 기능 수행의 향상 및 가족의 행복을 추구한다는 점에서 별개의 방법으로 접근하는 것이 아닌 상호보완적 관계에 있다고 볼 수 있다.

1) 정책적 접근방법

가족복지에서 정책적 접근방법은 문제가족에 대해 사후적인 대책마련을 위한 접근방법이 아닌 예방적 처우의 관점에서 사회의 구조적 문제에 대해 제도적, 환경적, 거시적인 방법으로 접근하는 것이라고 하겠다. 그러므로 가족 정책은 정부가 가족을 위해 시행되는 모든 활동을 의미하는 것이다.

역사적으로 가족정책에 대한 용어는 변화되어 왔다. 유럽에서는 포괄적으로 가족에 대한 가족수당, 보편적인 가족급여, 소득세제 등과 같은 가족형태를 유지하도록 하는 소득재분배의 의미로 처음 사용되었다. 이후 가족정책은 인구정책 및 장기간에 걸친 인구계획의 맥락에서 사용되었으며, 부적응가족으로 불리는 가족 즉, 결손가족, 장애가족, 노인가족, 빈곤가족, 무주택가족 등을 대상으로 하는 맥락에서 사용되었다. 최근에는 아동의 인권옹호 및 주부를 위한 사회에 다양한 정책의 맥락 속에서 가족정책이 강조되고 있다.

가족복지정책은 가족복지를 현장에서 실천하는 제도적 · 법적인 틀을 제시하고 다른 영역과의 상호작용을 통해 가족복지의 효율성을 높이는 정책이다. 가족에 대한 공공개념에 기초한 가족정책은 '구성원들의 삶의 질을 높이기 위해 사회가 가족에 대해 원하는 바가 무엇인가를 묻고, 원하는 것과 현재 가지고 있는 것을 구별함으로써, 필요로 하는 새로운 인간유대의 실현을 추구하는 의도적인 일련의 정책'을 의미한다(김혜경, 2011; 이혜경, 1996).

(1) 가족정책의 영역

가족정책은 가족복지 발전을 위한 또 하나의 수단이 되기 때문에 가족정책을 평가할 때는 다음과 같은 몇 가지 대상영역을 중심으로 초점이 맞춰진다. 그중에서도 대인복지 서비스를 사회정책의 중요한 과제로 삼게 된다.

① **소득유지정책과 관련된 분야**: 사회보장, 금전부조, 물품부조, 각종 세금공제혜택 등
② **인구정책과 관련된 분야**: 가족계획 등
③ 고용 및 노동시장의 촉진정책과 관련된 분야
④ 주택정책과 관련된 분야
⑤ 아동양육 프로그램 및 서비스에 관련된 분야
⑥ 보건 및 의료보호정책과 관련된 분야

⑦ **대인복지서비스와 관련된 분야:** 상담, 가정원조 서비스, 급식서비스, 보육 서비스 등

하지만 국가의 가족정책에 대한 평가를 위해서는 그 나라의 사회제도 및 역사적 배경에 대한 충분한 검토가 있어야 한다. 왜냐하면 여러 나라의 사회제도는 역사적 배경에 따라 가족에 대한 사회복지적 대응 정책의 구조와 기능에 여러 가지 차이를 가지기 때문이다.

(2) 가족정책 수립 시 고려해야 할 요소

가족정책의 전체적인 계획은 그 사회가 추구하고 있는 사회적 비전, 사회적 목표를 바탕으로 결정되며 전체 가족복지 서비스 체계를 구성하는 요소는 가족정책에 의해 반영된다. 가족정책 수립에 있어서 고려해야 할 요소를 살펴보면 다음과 같다.

① 가족정책의 목표가 갖는 가족구성원 개개인의 보호 측면과 전체가족의 유지측면의 균형이 있어야 한다. 즉, 가족의 문제에 있어서 그 목표가 가족구성원 개인 중심적으로 이루어질 것인지, 아니면 가족단위 중심적으로 이루어질 것인지에 대한 균형의 문제이다.
② 가족정책의 대상이나 중점 프로그램 선정에 있어서 보편주의와 선별주의의 균형이다. 누구나 서비스를 이용할 수 있도록 할 것인지, 아니면 긴급한 문제나 욕구를 가진 사람만을 대상으로 그들만을 위한 서비스를 제공할 것인지에 대한 고려가 있어야 한다. 여기에서 보편주의란 정책의 모든 대상이 자신의 요구와 관계없이 무차별적인 서비스가 주어지는 것을 말한다. 선별주의란 도움을 요청하는 경우에 한해 가장 조속한 기간 내에 자립할 수 있도록 서비스를 제공하는 것을 목적으로 하는데 이는 일정부분 범주적이며 열등처우의 원칙을 기본으로 한다.

③ 재가가족중심 프로그램과 가족 외부의 가족 대체 프로그램과의 균형에 대한 고려가 있어야 한다.

④ 전문주의 개입을 할 것인지 일반주의 개입을 할 것인지에 대한 고려가 필요하다.

⑤ 예방 대 치료의 균형문제이다.

⑥ 가족정책 주관기관에 대한 부분으로 주관기관은 정부기관, 민간기관, 영리기관으로 구분되는데 주관기관 중 누가 주관할 것인지, 아니면 어떤 혼합에 의해 가족 정책이 실시되는 것이 바람직할 것인지에 대한 고려가 있어야 한다.

⑦ 단기 비용과 장기 수익의 균형에 대한 고려가 있어야 한다.

2) 전문 서비스적 접근방법

가족복지서비스는 가족이 다양한 생활상의 곤란, 즉 빈곤, 질병, 실업, 가족관계의 붕괴 등으로 가족구성원 개개인의 존엄성이 상실되고 가족생활이 중대한 위기에 직면했을 때 이에 개입하여 가족의 문제를 해결하고 가족생활을 강화하기 위한 사회적 제반 활동이라고 할 수 있다. 즉, 가족복지서비스는 가족복지의 직접적인 접근방법에 해당되는 것으로 가족을 대상으로 이루어지는 다양한 전문적 실천 활동을 의미한다.

가족복지서비스는 주로 인간관계와 관련된 과학적 지식과 기술에 기반을 둔 전문적 서비스이며, 또한 그것은 가족의 기능회복과 사회적응능력의 향상을 위해 원조하는 것을 의미한다. 가족에 대한 사회복지실천의 목표는 가족 내의 개인이나 구성원이 가족생활을 원만하게 수행하도록 도와주는 것에 있다. 대표적인 가족복지서비스의 프로그램에 대해 다음과 같이 살펴보고자 한다.

(1) 가족에 대한 직접적 개입

가족에 대한 직접적 개입활동은 가장 대표적인 전문적 활동이다. 이는 가족복지기관에서 부부갈등, 부모-자녀관계의 문제, 세대 간 갈등과 같은 문제에 대해 특별히 전문가가 개입하는 방법이다. 이와 같은 서비스는 상황에 따라서 장기적 개입이나 단기적 개입으로 나누어 이루어지며 실천방법에 있어서는 직접적 면담을 통해 이루어지는 상담을 그 예로 들 수 있다. 경우에 따라서는 가족에 대한 직접적 개입은 가족구성원 개인이나 가족 집단 전체에 개입하여 가족의 변화를 도모하고자 한다.

(2) 가족보호

가족보호는 가정 내에서 발생하는 다양한 돌봄의 문제에 대해 보호를 제공함으로써 가족의 원활한 역할수행과 가족기능을 향상시킬 수 있도록 개입하는 것이다. 이에는 발달장애아동을 가진 가족이나 치매노인 가족, 만성질환자를 가진 가족, 복합적인 중증 장애인 가족 등에 대한 여러 가지 서비스가 해당된다.

(3) 가정생활교육

가정생활교육은 가족구성원이 집단경험을 통해 인간관계와 사회기능을 향상시키기 위한 교육적 프로그램과 서비스로, 부모역할훈련 프로그램을 그 예로 들 수 있다.

(4) 가족계획사업

가족계획사업은 재생산적 건강보호서비스의 한 부분으로 임신 전 위험, 임신중절, 성병에 대한 보호, 산모의 영양, 자녀수에 대한 계획, 임신을 위한 서비스 등을 제공함으로써 건강한 가족을 만들도록 돕는다. 또한 예방 및 치료적 의미를 가진 혼전·

후 상담서비스가 있는데 이는 전문 훈련을 받는 사람이 혼전 · 후에 일어날 수 있는 여러 가지 문제를 해결할 수 있도록 하여 행복한 결혼 생활과 만족한 부부관계를 유지할 수 있도록 하는 사업이다.

(5) 가족 보존과 가정 기반 서비스

가족복지기관들은 다양한 가족의 욕구충족과 가족 보존을 위해 여러 가지 서비스 프로그램을 개발하고 있다. 그 내용은 다음과 같다.

- 도우미 서비스
- 형제자매결연서비스
- 가정법률상담
- 가정방문상담서비스
- 여행보조
- 학령 전 아동, 노인 및 정신질환자를 위한 주간보호서비스
- 그룹홈서비스
- 재무상담
- 캠핑
- 청소년 · 노인 · 장애인을 위한 상황적 보호 프로그램
- 저소득층을 위한 치과진료 및 보건유지 프로그램
- 개별학습 지원 프로그램
- 직업안내
- 학령 전 아동의 인지기술과 사회성 및 정서적 발달을 도모하기 위한 모자 프로그램
- 공공부조 기준에 해당되지 않는 저소득층 가족의 특수한 욕구 및 경제적 원조 제공 등이 있다.

이러한 가족 보존과 가정 기반을 위한 서비스는 다양한 접근 및 치료방법, 상호보완적인 서비스의 결합 형태로 이루어지기 때문에 다양한 전달체계 내에서 이루어진다.

(6) 가족치료

가족치료는 가족진단을 기초로 가족문제를 해결하여 정상적인 기능을 수행할 수 있도록 원조하는 전문적인 개입활동이다. 가족치료는 가족체계관점에서 가족구성원의 역기능적 문제는 가족구성원 중 한 개인의 문제가 아닌 가족 전체 내에서 역기능 때문에 문제가 일어나는 것으로 간주한다. 그렇기 때문에 가족치료자는 개입의 초점을 문제가 있는 가족원에서 가족 전체로 옮겨 가족이 변화의 과정에 참여할 수 있도록 유도하게 된다.

(7) 가족옹호

가족옹호는 지역사회에 필요한 변화를 일으키기 위해 지역민들로 하여금 기술의 적용 및 사회행동의 사명을 가지고 가족욕구에 대한 직접적이고 전문적인 지식을 이용할 수 있게 함으로써 가족의 생활조건을 향상시킬 수 있도록 계획된 전문적 서비스이다. 가족옹호의 목표는 공적 또는 민간 서비스의 전달체계의 향상뿐만 아니라 더 나아가 새롭게 변화된 형태의 서비스를 개발하는 데 있다. 가족옹호 활동은 지역사회의 많은 영향을 미치는 약물중독, 알코올 중독, 정신지체 및 인권남용과 같은 공동의 문제해결을 위해 협력적으로 사회행동을 하기도 한다.

참 | 고 | 문 | 헌

고영복 (1996). 현대사회문제. 서울: 사회문화연구소.
김만두, 한혜경 (1993). 현대 사회복지 개론. 서울: 홍익재.
성영혜, 김연진 (1997). 아동복지. 서울: 동문사.
신건희 (1998). 신사회복지학개론. 서울: 문음사.
박상신 (1999). 사회복지관백서. 서울: 한국사회복지관협회.
박용순 (1999). 사회복지학개론. 서울: 학지사.
이동원 외 13인 (1993). 현대사회학의 이해. 서울: 이화여자대학교 출판부.
전재일 (1998). 사회복지실천의 이해. 서울: 사회복지개발연구원출판부.
정종우 (2000). 신사회복지개론. 서울: 학지사.
최경석 외 5인 (2001). 한국가족복지의 이해. 서울: 인간과 복지.
최선화 외 4인 (2000). 사회문제와 사회복지. 파주: 양서원.
최일섭, 최성재 (1995). 사회문제와 사회복지. 파주: 나남출판.
홍금자 외 11인 (2000). 사회문제와 사회복지. 서울: 인간과 복지.

CHAPTER 03

가족복지정책

1. 가족복지정책의 이해
2. 외국의 가족복지정책
3. 우리나라의 가족복지정책

CHAPTER 03 가족복지정책

1 가족복지정책의 이해

가족복지정책은 개인을 기본단위로 하여 사회복지를 실천하던 방식을 지양하고, 한 가족을 정책대상의 단위로 하여 각종 정책을 전개하게 된 것으로서, 정상적으로 가족이 기능할 수 있도록 돕는 데 의의가 있다. 가족복지정책을 이해하기 위해서 먼저 가족복지정책의 개념과 가족복지정책의 유형화에 대하여 알아보고자 한다.

1) 가족복지정책의 개념

가족복지정책이란 정부가 가족에게 그리고 가족을 위해 행하는 모든 활동을 의미한다. 가족복지정책은 정부가 가족에 대하여 행하는 의도적인 활동으로서 가족이 목표의 대상이 된다.

가족복지정책의 개념은 국가에 따라 다를 뿐만 아니라 학자에 따라서도 견해가 다양하다. 이러한 차이는 가족복지정책이 각 나라의 사회, 경제, 정치, 문화 등 사회적 환경에 따라 발달하기 때문이다. 따라서 가족이란 정치, 경제, 교육, 법, 종교 등과 함께 사회의 가장 기본적인 제도로서 모든 정책들은 가족구성원에게 많은 영향을 미치게 된다.

(1) Kamerman과 Kahn의 정의

Kamerman과 Kahn(1978)은 "가족복지정책이란 정부가 가족에 대해 그리고 가족을 위해 행하는 모든 활동"이라 정의하였다. 이러한 가족복지정책 개념은 세 가지의 관점에서 정의할 수 있다.

첫째, 가족복지정책은 가족에 대해 어떤 구체적 목표를 설정하고 있는 정책 분야를 의미하며, 출산율 증대, 아동건강 증진, 양육부담의 감소, 성 평등 증진 등의 목표를 달성하기 위한 영양 및 고용정책, 주택정책, 건강정책, 현금급여, 고용정책, 아동보호서비스, 여성정책 등이 존재한다. 이러한 제도는 사회정책의 한 부분이 사회변화에 따라 변화된 것으로 볼 수 있다. 즉, 사회에서 새로운 상황이나 변화가 일어날 경우 그 상황에 대한 서로 다른 지각과 정의가 생겨나게 되고 그 중에 가장 적합한 정의가 정책에 반영됨에 따라서 또 다른 새로운 정책이 만들어지는 것이다.

둘째, 가족의 행위를 변화시킴으로써 사회적 · 정치적 목적을 달성하기 위하여 사회통제수단으로 기능한다. 수단으로써의 가족정책은 노동력이나 군병력 공급을 위해 출산을 장려하는 아동수당과 같은 인구정책, 여성을 노동시장으로 유입하기 위한 보육정책과 같은 노동정책, 의료비 상승을 제어하기 위한 재가방문 서비스와 같은 보건의료정책 등이 있다.

셋째, 관점으로써의 가족정책은 특정사회정책의 결정과 정책의 영향 및 결과를 평가하는 범주에서 가족복지라는 관점을 적용하는 정책을 의미하는 것으로, 국가의 모든 사회정책을 가족복지정책의 시각으로 바라보는 것을 강조한다. 즉 사회정책이 가족에게 어떤 영향을 미치는가에 따라 성격이 규정된다는 것이다.

(2) Gauthier의 정의

Gauthier(1999)는 가족정책을 협의와 광의로 나누어 정의하면서 소득보장, 모성보호, 아동보호, 노인보호, 사회복지서비스 등을 협의영역으로, 가족법, 공공정책 등은 광의영역으로 분류하고 있다.

이와 같이 여러 가족복지정책에 대한 정의를 종합해 본다면 가족복지정책이란, '국가가 그 사회가 추구하는 목표를 실현하기 위한 의도를 가지고 가족 및 가족구성원으로서의 개인을 대상으로 행하는 일련의 정책'이라고 정의할 수 있다.

2) 가족복지정책의 유형화

가족복지정책은 국가마다 발달단계, 역사적 조건, 가족문제 등의 상황이 다르기 때문에 동일한 유형으로 분류하기는 쉽지 않다. 그럼에도 불구하고 국가별 공통된 요소나 특징을 기초로 하여 가족복지정책의 기본모델을 분류한 시도들이 있으며 이러한 유형화를 통하여 사회복지정책을 결정하고 평가할 수 있다.

(1) Kamerman과 Kahn의 유형화

Kamerman과 Kahn(1997)은 서구 14개국의 가족복지정책을 정책목적 및 의도의 명시성 정도에 따라 명시적 정책과 묵시적 정책으로 분류한다.

① 명시적 가족정책(explicit family policy)

국가가 특정한 기획이나 정책을 수행할 때 그것은 가족에게 분명하게 관여하는 것이며 가족정책의 목표라고 승인을 얻을 수 있는 것으로 정책의 수혜대상이 가족이라고 분명히 제시하고 가족을 위하여 추구하고자 하는 목표가 구체적이고 명확한 정책이다. 가족을 사회적 관점으로 접근하는 북유럽이나 프랑스 등은 이러한 명시적 가족정책을 따르고 있다. 이러한 나라에서의 가족정책은 육아 서비스, 아동복지 서비스, 가족상담, 생활부조, 가족계획, 다양한 세금혜택, 주택정책 등이 있다.

② 묵시적 가족정책(implicit family policy)

묵시적 가족정책은 여러 가지 목표가 모두 승인되지 않더라도 적어도 가족에 대해 관여하는 기획 또는 정책으로 가족에게 직접적으로 1차적인 관여를 하는 것이 아닌 국가나 행정기관이 행하는 활동이 간접적으로 가족을 위해 중요성을 가지는 정책을 의미한다. 따라서 정책의 의도적인 결과는 아니나 가족에게 뜻하지 않은 영향을 초래함으로써 가족복지 증진에 긍정적 혹은 부정적 정책이 되는 경우도 있다. 그러므로 이러한 정책들을 수행할 때는 가족영향평가를 고려할 필요가 있다. 묵시적 가족정책은 때로는 가족을 통한 사회통제로서의 가족정책으로 이어지기도 한다. 이

표 3-1 가족복지정책의 유형화

영 역	제 도	구체적 프로그램
고용 관련	고용과 양육제도	모성·부성지원정책
		피고용자 급여
소득 관련	조세제도	세율의 차등적 책정
		피부양자를 위한 면세제도
		빈곤자 면세
		근로소득공제
	가족급여제도	미국의 TANF(과거AFDC)
		피부양자 수당
		식권제도
사회서비스	보육제도	–
	모성·아동건강	–
	주택정책	–
	특수 욕구가 있는 가족에 대한 정책	빈곤가족을 위한 보충급여제
		장애 등 특별 욕구가 있는 아동서비스
		아동복지서비스
		아동영양서비스

출처: Kamerman & Kahn(1997).

러한 정책에는 공장 설치를 어디에 할 것인지, 도로와 건물 배치는 어떻게 할 것인지, 관세조정이나 이민정책 등을 그 예로 들 수 있다. 주로 가족의 사적영역을 중요시하는 영국이나 미국, 캐나다, 이스라엘 등의 가족정책들이 이에 포함된다.

한편, Kamerman과 Kahn(1997)은 가족복지정책을 크게 고용 관련, 소득 관련, 사회서비스로 분류하였다. 고용 관련 가족정책은 고용과 양육정책으로서 이에 속하는 구체적인 프로그램으로는 모성·부성지원정책 등이 있다. 소득 관련 가족정책에는 조세제도와 가족급여제도가 있는데, 조세제도에 관한 구체적인 프로그램에는 근로소득공제 등이 있으며, 가족급여제도에는 피부양자 수당 등이 있다. 또한 사회서비스에는 보육제도, 특수 욕구가 있는 가족에 대한 지원 등 다양한 서비스들이 포함하고 있다.

(2) Harding의 유형화

Harding(1996)은 가족의 책임을 국가가 통제·지원하는 방식과 정도에 따라 권위주의모델과 자유방임모델로 분류하였으며 그 가운데 현실적으로 존재하는 국가들에서 발견할 수 있는 중간적 모델을 다시 다섯 가지 유형으로 제시하였다. Harding의 모델은 국가와 가족의 실질적인 역할분담방식에 따라 가족복지정책을 다양하게 세부적으로 분류할 수 있으며 한 국가의 가족복지정책에 전반적인 성격을 이해할 수 있는 틀을 제공해 주고 있다.

① 권위주의모델

가족의 형태나 행동양식을 국가가 원하는 방향으로 강화하기 위한 정책과 법적 조치를 취하는 모델이다. 가족의 개별적 욕구나 선택을 고려하지 않고 국가가 제시하는 방향으로 가족정책을 수행함으로써 가족에 대한 국가의 통제가 매우 높은 모델이다.

표 3-2 가족정책모델

유 형	특 징	통제 정도
권위주의모델 (authoritarian model)	• 국가는 특정 선호하는 가족유형과 가족행위를 장려하고 여타의 것을 금지하는 통제정책을 펼침. • 개인과 가족의 개별적 욕구나 선택은 무시됨.	통제적 ↑
특정 영역에서 가족책임의 강제 (the enforce of responsibilities in specific areas)	• 특정 영역에서 가족생활을 통제함.	
긍정적 인센티브를 사용한 조정 (the manipulation of incentives)	• 국가가 선호하는 가족행동 패턴을 조장하기 위해 조세나 급여체계 등의 경제적 유인책을 병행함.	
제한적 가정하에서 작용 (working within constraining assumption)	• 구체적인 어떤 행동유형을 통제하거나 부정적 제재를 가하는 통제적 가족정책은 없음. • 암묵적으로 정책에서 어떤 가족 유형을 가정함으로써 결과적으로 특정 가정유형을 조장함.	
가족을 대체하거나 지원 (substituting for and supporting families)	• 가족행위에 대해 의도적으로 영향을 미치고자 하는 국가정책은 없으며 현존 가족역할이나 행위가 지속되기를 바람. • 다만, 가족이 실패할 경우 이를 지원하거나 혹은 대체하는 서비스를 제공함.	
수요와 욕구에 반응 (responding to needs and demands)	• 국가는 특정 가족유형에 대한 가정이나 선호가 없으며 가족의 변화에 따라 나타나는 가족의 욕구에 수동적으로 반응함. • 가족유형에 상관없이 모든 가족들이 필요한 서비스를 이용할 수 있음.	
자유방임모델 (laissez-faire model)	• 가족은 개인의 자유영역이고 사적 선택영역으로 간주됨. • 국가는 가족생활에 대해 어떠한 영향력을 행사하지 않음. • 가족에 대한 정책목표는 없으며 선호하는 가족유형이나 행위, 가치, 성도덕 등은 존재하지 않음. 가족정책은 무정책(no policy)이 정책임. • 국가는 가족을 매개하지 않고 단지 개인으로서의 구성원과 관계함.	↓ 방임적

출처: Harding(1996).

② 자유방임모델

국가가 가족에 대한 간섭을 하지 않고 사적인 영역을 보호함으로써 특별한 가족정책을 제시하지 않는 모델이다. 가족은 사적인 영역이므로 국가가 가족생활에 개입하지 않고 가족정책을 기획하지도 않는 경우이다. 따라서 국가가 선호하는 가족가치관이나 가족실천 목표는 존재하지 않으며 개별가족이 자유선택에 따라 가족생활을 영위하게 된다.

③ 중간개입모델

권위주의모델과 자유방임모델의 중간 유형으로 가족에 대한 국가의 책임을 적절한 수준에서 인정하고 가족통제를 시도하긴 하나, 가족의 자율적인 측면은 존중하는 모델이다. 국가와 가족 간의 정책적 협조를 기본으로 가족에 대한 국가의 통제 정도에 따라 특정 영역에서 가족생활을 통제하는 유형, 긍정적 인센티브를 활용함으로써 국가가 원하는 방향으로 가족행동을 촉진시키는 유형, 제한적인 가설 하에서 묵시적인 가족정책을 활용함으로써 직접적인 통제는 없으나 가족에 영향을 미치는 유형, 가족을 대체하거나 가족을 측면에서 지원하는 유형, 그리고 명확한 정책 방향을 정하지 않고 가족의 변화에 따른 수요와 욕구에 대응하는 유형으로 세분화된다.

(3) Esping-Andersen의 유형화

복지국가체제를 탈상품화(decommodification) 정도에 따라 자유주의, 조합주의, 사회민주주의로 유형화하여 국가 간 비교연구를 수행한 Esping-Andersen(1999)은 가족 관련 정책을 변수로 선정하였을 때도 자신의 복지체제 유형화가 유효함을 주장하였다. 그에 따르면 사회복지정책이 가족 중심의 책임을 강조하면 가족주의적 방식으로 설명하고, 가족에 대한 사회적 책임을 강조하면 탈가족화로 규정하였다.

가족화란 개인이 노동시장에서 임금노동을 중단하고 가족 내에서 돌봄이 필요한 가족원을 돌보는 것을 의미하며, 반대로 탈가족화란 개인이 가족 내 돌봄의 책임에서 벗어나는 것을 의미한다. 상품화는 개인이 노동력을 노동시장에 파는 임금노동의 수행을 의미하는데, 탈상품화는 Esping-Andersen(1999)이 정의한 바와 같이 개인의 복지가 시장에 의존하지 않는 정도를 의미한다.

자유주의복지체제는 가족 스스로의 책임과 가족의 기능을 강조하며 국가개입은 최소로 하는 국가들로 미국과 남부유럽의 국가들이다. 조합주의복지체제의 대표적인 국가는 독일과 네덜란드로 여성이 보호와 양육의 기능을 수행하는 책임주체로서, 그 역할을 강화하는 방향으로 가족복지정책을 실시하고 있어 가족주의형으로 분류된다. 탈가족주의적 가족복지정책을 실시하는 국가들은 사회민주주의 복지체제인 덴마크, 스웨덴을 비롯하여 프랑스와 같은 일부 조합주의 국가들이다. 이들 국가는 가족에게 부양과 양육의 책임을 전가하지 않는 것을 원칙으로 하고 있다.

이와 같은 Esping-Andersen(1999)의 유형화는 가족복지정책이 다른 사회적 관계나 사회구성영역들과 밀접한 관계를 가지고 있다. 즉, 국가의 정책역사와 방향, 계급구조와 계층적 특성, 보편적 규범과 가치관 그리고 노동시장의 구조적 특성에서의 변화가 가족복지정책에 같이 고려될 수밖에 없음을 유형화를 통해 알 수 있다.

2 외국의 가족복지정책

오랜 가족정책의 역사를 가진 선진복지국가의 가족정책을 검토해 보는 것은 우리나라의 가족정책의 재정립과 체계화를 위해 필요하다.

1) 스웨덴

스웨덴의 가족정책의 기본이념은 사회연대와 평등이다. 이는 사회구성원은 누구나 공공복지에 기여자가 되어야 하고 동시에 수혜자가 되는 것을 의미한다(김연옥 외, 2008).

스웨덴의 가족정책은 가족친화적 성격이 강하며 그 특징은 다음과 같다. 첫째, 노동시장에서의 양성평등을 통한 여성의 노동과 가족생활의 병행을 가능하게 하는 데 초점이 맞춰져 있다. 둘째, 가족형태의 다양성을 인정하여 동거와 결혼을 똑같이 인정하고 있으며 개인이 어떤 가족유형을 선택하든지 일정 수준 이상의 생활을 보장하며 가족정책의 급여에서도 차별하지 않는다. 셋째, 조세제도에서는 부부를 다 가장으로 인정하여 여성의 시장참여를 유도한다. 스웨덴은 '요람에서 무덤까지 국가가 책임지는 나라'로 아동양육의 기본적 책임을 부모와 국가가 공동으로 책임지고 있다.

(1) 소득지원정책

보장성 연금이나 가족연금 등 연금제도를 중심으로 하는 사회보험, 공공부조, 조세정책 등을 통해 가족에 대한 기본적 소득지원이 이루어지고 있다. 스웨덴의 경우 1948년 가족수당이 처음 도입되었으며 가족수당의 취지는 모든 시민에게 최소한의 생계수준을 보장하고, 아동은 빈곤에서 보호받으며 경제적으로도 만족스러운 양육환경에서 성장해야 한다는 것이다. 원래 가족수당은 양육자의 자녀양육에 대한 보상, 즉 모성보호라는 의미의 측면이 컸으나 스웨덴의 경우 가족의 소득보장이라는 성격이 더 컸다.

(2) 자녀양육지원정책

프랑스나 영국과 달리 스웨덴에서는 0~2세 아동의 공보육에 대한 사회적 저항이 적었고 완전고용을 여성에게도 확대해야 한다는 이념하에 보육서비스가 크게 증가하여 매우 포괄적으로 실시되고 있다. 부모휴가(육아휴직)도 여성의 동등한 노동시장 참여에 중요한 가족정책으로, 부모는 출산 후 6개월 동안 유급육아휴직의 권리를 가지며 통상임금의 90%를 보장받는다. 부모휴가기간은 총 480일이 제공되며, 출산 60

일 전부터 아이가 8세가 될 때까지 사용가능하다(쌍생아일 경우에는 추가로 180일간의 휴가제공). 총 480일의 기간 중 60일간의 부모사용달을 별도로 할당하고 있으며, 이 기간은 양도되지 않으며 부모 각자가 반드시 사용하도록 하고 있다. 나머지 기간은 부모 중 한사람이 사용가능하다. 아버지에게는 추가로 출산시 10일간의 추가 휴가로 부성휴가("daddy days")가 제공된다(한국여성개발원, 2006).

(3) 노인부양지원정책

고령화 사회인 스웨덴에서는 노인부양은 국가의 책임이라는 인식아래 정상화와 자기결정을 기본이념으로 노인부양을 위해 국가가 지원하는 노인복지정책이 포괄적으로 운영되고 있다. 대부분의 스웨덴의 노인은 정부의 지원 아래 다양한 서비스를 제공 받으면서 지역사회에서 생활하고 있다. 지속적인 보호가 필요한 노인들을 위한 양로원, 독립된 주거와 생활지원서비스를 이용할 수 있는 서비스 하우스, 주로 치매노인들을 위한 소규모 인원으로 운영하는 그룹 홈, 의료시설에 해당하는 요양원, 장기요양원 등으로 세분화되어 이용 가능하다.

2) 독일

독일의 가족정책은 제2차 세계대전 이후 이혼율의 증가, 출산율의 감소, 한부모가족의 증가 등 전반적인 사회적 가족위기에 대처하기 위해 여러 가지 가족정책이 발전되어 왔다.

전통적인 보수주의 복지국가로서 독일은 주로 수당제도를 통하여 가족문제에 접근하는 모습을 보였다. 특히 아동 출산·양육 분야에서는 보충성의 원칙에 따라 아동수당(Kindergeld), 아동양육수당(Kindererziehungsgeld), 모성수당(Mutterschaftsgeld), 연방 모자재단(Bundesstiftung Mutter und Kind) 제공 출산 지원금 등 현금급여 지급이 정책의 주류를 이루었다. 반면 사회적 보육을 할 수 있는 시설 구축, 특히 0~3

세 사이 아동 보육을 할 수 있는 시설구축은 정책적 관심사에서 주변에 머무르고 있다. 이는 아동은 가족이 직접 돌보아야 하고 이러한 가족기능이 제대로 발휘되지 못할 때 국가가 개입한다는 보충성 원칙에서, 현실에서는 전통적으로 '돌봄노동은 여성, 취업노동은 남성이 한다.'는 성별노동 분리를 지속시키는 역할을 해왔다.

(1) 소득지원정책

가족의 생활수준을 향상시키고 자녀로 인한 가족의 경제적 부담을 덜어주기 위한 방안으로 '가족부담조정'을 활용하고 있는데 아동수당과 자녀세금공제가 중심이 된다. 자녀가 없는 가구와 자녀를 둔 가족 간의 생활에서 너무 차이가 나지 않도록 양육비용부담을 덜어주고 한부모가정인 경우 최저생계비를 넘는 소득보장이 이루어질 수 있도록 배려하고 있다.

(2) 자녀양육지원정책

독일은 출산율 저하와 평균수명 연장으로 인한 인구구조상의 문제발생을 대비하기 위한 가족정책으로 가족의 재생산 기능을 강화하고자 하는 목표를 가지고 있다. 따라서 결혼한 여성들이 원하는 대로 자녀양육과 취업을 할 수 있게 하며 자녀양육을 위해 고용이 중단될 경우 수입 및 연금과 같은 사회보장급여를 통해 경제적 손실이 최소화될 수 있도록 배려하고 있다.

1979년 모성휴가제도를 도입하여 아동이 만 6개월이 될 때까지 육아휴직을 제공하는 등의 법제화가 이루어졌으나, 1986년 "연방육아수당법" 시행으로 모성휴가제도를 폐지하고 종전의 모성휴가와 모성휴가급여의 기능을 대신하여 육아휴직제도와 육아수당제도를 도입하였다. 이후 2001년 육아 및 부모휴가법(Federal Childcare and Parental Leave Act)의 개정으로 육아의 과제를 부모공동의 책임으로 규정하고 아버지도 제도의 대상으로 포괄시켰다. 이 법의 개정은 육아에 관한 남녀의 전통적인 역할분담을 극복하는 것을 목표로 하고 있으며, 부모들이 육아와 직장의 책임을 보다 유연하게 양립할 수 있도록 지원하는 것을 중요한 목표로 하였다. 14주의 모성휴가(산전 6주 포함)를 제공하며, 휴가급여는 전액 지원된다. 이후 3년간의 부모휴가(parental child-rearing leave)를 제공하고 있다(한국여성개발원, 2006).

(3) 노인부양지원정책

고령인구의 증가에 따라 1995년부터 사회보험방식의 '간병보험'을 실시하고 있다. 급여내용에는 재가보호, 부분시설보호(주간보호, 단기보호), 시설보호로 이루어져 있으며 이 가운데서 재가보호를 우선으로 두고 있다. 또한 노인의 간병을 담당하는 가족구성원은 간병등급과 간병업무의 양에 따라 보험료의 납부 없이 노후연금과 재해보험을 적용받을 수 있다.

가족정책의 전달체계에서 가족정책을 맡고 있는 가족부가 있어서 아동, 여성, 노인과 연계해 가족의 현안과 문제, 가족의 경제적 생활지원 등을 담당함으로써 가족 전체의 복지와 개별 구성원의 복지를 분리하지 않고 통합적으로 다루고 있다.

3) 미국

미국은 스웨덴이나 독일과 다르게 명시적 가족정책을 갖고 있다고는 보기 어렵다. 미국은 국가의 역할보다는 시장의 역할을 중요시한다. Kamerman과 Kahn(1978)은 이러한 자유주의 국가의 가족정책에 대해 "암묵적이고 최소한으로 개입하는"정책으로 묘사하고 있다. 즉, 미국은 현금이나 서비스 지원에서 대해 잔여적인 복지 형태를 실시하고 있어 가족에 대한 지원은 저소득층이나 빈곤층을 위한 공공부조에 집중된다. 그러므로 복지에 대한 책임은 개인이나 가족에게 있고 국가는 단지 사회안전망의 차원에서의 역할을 하게 된다. 이러한 의미에서 명시적 차원의 가족정책보다는 묵시적 가족정책을 추구해 왔다고 할 수 있다.

(1) 소득지원정책

미국의 소득지원정책은 현금부조와 조세정책으로 구분된다. 현금부조의 경우 1996년 복지개혁으로 AFDC가 빈곤가구 일시부조 TANF(Temporary Assistance to Needy Families)로 대체되었다. 1935년 사회보장법에 의해 시작된 AFDC는 부모의 부재나 사망, 무능력으로 아동을 양육할 수 없는 빈곤가정에 대한 공공부조 프로그램으로 저소득 모자가정이 대부분 수혜가정이 되었다. AFDC에서 대체된 TANF는 기존의 AFDC처럼 빈곤가족에 대해 현금부조를 무조건적으로 보장해 주지 않고 수혜기간을 5년으로 한정하고 있다. 또한 이 제도에서는 복지제도에 대한 의존을 줄이고 개인의 책임과 노동을 통한 자활을 주요내용으로 미혼모들이 정부 지원을 받기 위해서는 반드시 직업훈련을 받아야 한다는 내용을 포함하고 있다.

조세정책에 1975년 도입된 근로소득세 환급공제(Earned Income Tax Credit: EITC)는 자녀가 있는 가정에 대해 제공되는 세금혜택으로, 저소득층의 세금 부담을 덜어주고 더 나아가 근로소득이 일정 수준 이하인 가구에 대해 현금급여를 제공하는 제도이다. 이것은 단순히 소득세체계를 통해서 세금을 거두는 것이 아니라, 일을 하면서도 소득수준이 낮아 어려운 생활에서 벗어나기 힘든 계층을 지원하기 위한 '복지'적 성격의 조세제도로 중요한 가족지원정책의 하나라고 할 수 있다.

(2) 자녀양육지원정책

미국은 유럽 국가들과는 다르게 출산과 육아는 주로 개인과 가족이 부담하고 있다. 유럽과 유사한 법정프로그램으로 부모휴가제도가 제도화된 것은 1993년 가족 및 의료휴가법(Family and Medical Leave Act)에 의해서이며, 그 이전에는 주별로 일부 법에 의해 편의적으로 사용하거나 개별기업의 차원에서 제공되는 수준이었다. 미국의 보육정책에서 공립유치원은 보편주의 원칙에 의해 시행되고 있긴 하나 유치원 전 단계에 해당하는 프로그램은 저소득 가족만을 대상으로 하고 있다. 존슨 대통령의 '빈곤과의 전쟁(War on Poverty)'의 시책으로 시작된 빈곤아동을 대상으로 한 일종의 빈곤퇴치운동 헤드스타트(head start)는 저소득가정의 0~5세의 아동과 그 가족을 대상으로 하는 포괄적 아동발달프로그램으로 식품권(food stamp), 의료부조(medicaid), 학교급식(school lunch and breakfast program) 등과 함께 저소득가정의 아동에게 제공되는 대표적인 현물급여이다.

미국은 국가적인 차원의 모성, 부성 또는 부모 휴가정책을 가지고 있지 않으나, 1993년에 도입된 가족 및 의료휴가법(Family Medical Leave Act: FMLA)은 "응급의료사건 발생시, 출산, 입양, 그 외 배우자나 부모가 심각한 건강상태에 있거나, 근로자 자신이 심각한 건강상태에 있을 때 12주의 무급휴가를 제공하는" 제도로 엄밀한 의미에서 부모휴가제도라고 할 수는 없지만 일부 기능을 찾을 수 있다. 그러나 대상이 종업원 50인 이상 기업체를 대상으로 하는 제한이 있기 때문에 제외되는 여성근로자들이 많다. 가족의료휴가제도가 무급인 것에 반해서 일부 주에서는 장애수당 관련 제도를 활용하여 여성의 출산, 초기 양육기 동안 일정한 수당을 받을 수 있도록 하고 있다. 보육과 관련한 제도는 직접 보육서비스를 제공하는 것으로는 직장 내·외 보육센터, 기업 간 공동보육센터, 방학/주말 캠프, 가족 보육 네트워크가 있으며, 이외에 위급한 특별기간만 보육서비스를 제공하는 경우도 있다. 한편 보육비용을 지원하는 보육 바우처, 혹은 보육비용 상환제도(vouchers/reimbursement), 혹은 보육기관과 기업이 합의하여 할인된 가격으로 보육서비스를 제공하는 제도, 가족간호나 보육에 사용한 비용을 소득세 과표에서 제외시켜 주는 제도 등을 활용하고 있다.

(3) 노인부양지원정책

미국에서도 최근 노령화의 가속화와 함께 장기보호를 필요로 하는 노인집단에 대한 가족의 보호역할에 대한 관심과 정책이 증가하고 있다. 노령화가 가속되고 있는 상황에서 미국 정부는 우선적으로는 일상생활에 불편을 겪는 노인에 대한 가족이나 친척들의 노력과 봉사를 강조하고 있으며, 특히 2000년에는 노년법의 개정으로 전국가족간호자지원프로그램(National Family Caregiver Support Program: NFCSP)이 시행되면서 노인보호의 핵심적인 기구로 새로이 자리매김하고 있다. NFCSP에서는 지역사회단체, 종교기구, 자원봉사단체 등의 네트워크를 통해 지역사회에 기반한(community-based) 지원과 훈련을 가족에게 제공하는 역할을 한다. 구체적인 내용으로는, 노인의 가족케어자와 18세 미만의 어린이를 돌보는 60세 이상의 조부모나 친척을 대상으로 서비스 및 접근방법에 대한 정보제공, 상담 및 교육, 가족케어자 지지집단 조직, 단기보호서비스, 가족간호에 대한 지원 등을 제공하고 있다. 이외에 1993년부터 연방법에서 실시되고 있는 노인과 자녀에 대한 가족의 간병과 보호를 위한 가족의료휴가제도(the Family and Medical Leave Act: FMLA)가 제정되어 단기간이기는 하지만 자녀를 포함, 가족의 간병보호를 목적으로 한 휴가제도가 시행되고 있다.

4) 일본

일본은 서구 여러 나라보다 가족유대가 강하게 남아 있다는 점에서 우리나라와 유사한 측면을 가지고 있다. 가족문제의 해결을 개별적인 정책과제로 인식하였기 때문에 일관적이고 통합적인 가족정책이 전개되지는 못하였다. 일본의 가족정책은 출산율 저하와 노인인구의 증가에 초점을 맞추고 있어 노후소득보장과 의료보장 같은 노인가정에 대한 대책과 아동수당 및 보육시설 확충 등 어린 자녀가 포함된 가정에 대한 혜택이 중심이 되고 있다. 인구구조의 고령화라는 사회구조적 문제에 적절히 대응하기 위하여 정부와 지자체는 물론이고 기업과 직장, 지역사회를 포함한 사회전체가 자녀양육과 고령자 개호를 지원하는 체제를 중점과제로 삼고 있다.

빈곤은 생활보호를 통해, 보육과 아동수당은 아동복지의 일환으로, 고령자는 노인복지 등으로 정책의 대상별로 구분하여 입안되어 추진되고 있다. 따라서 가족정책의 주된 흐름이 생활보호, 아동복지, 노인복지, 여성노동정책 등에 분산적으로 편입되어 있는 것이 특징이라고 할 수 있다. 일본가족정책의 성격 및 운영상의 특징은 가족의 자조원칙이 암묵적 전제로 고수되고 있다는 것, 선별주의적 원칙을 전제로 하여 지원대상별 정책을 추진해 왔다는 것, 가족과 사회의 관련성 속에서 가족에 대한 국가의 공적 책임 범위를 제한하고 있다는 것, 가족정책의 수립과 운용방식에 있어서 재원의 효율적 배분과 세대 간의 공평성 추구가 강조되고 있다는 것이다.

(1) 소득지원정책

사회보험에 의한 소득보장으로 연금제도가 보편화되어 있고 저소득가정의 생활보장과 자립지원을 위한 생활보호제도가 있다. 생활보조제도는 국가의 책임으로 자산조사에 입각해 저소득층 국민의 최저생활을 보장하고 이들의 자립을 지원하는 공적부조제도로 생활부조, 교육부조, 의료부조, 개호부조, 출산부조, 생업부조 및 장례부조의 8종류가 있고, 요보호자의 필요에 따라 개별급부 또는 병행급부를 시행하지만 노동능력이나 자산의 활용 및 친족부양 우선원칙에 의해 운영되는 경향이 있다. 1971년에 도입된 아동수당은 전국민을 대상으로 자녀양육 비용을 국가가 지원하는 현금급여의 형태로 수혜기간은 출생 시부터 의무교육 취학 전까지이며 소득제한을 두고 있어서 전체 아동의 85% 정도가 이에 대한 혜택을 받고 있다. 일본의 아동수당은 적용대상에서는 보편적이나 재원조달에서는 고용주에 의한 기여를 포함하는 사회보험형식을 취하는 것이 특징이다.

(2) 자녀양육지원정책

자녀양육을 지원하는 프로그램으로는 보육제도와 육아휴직제를 들 수 있다. 1970년대 여성의 취업증가에 따라 보육제도는 다양한 국공립 보육시설 완비와 소득에 비례한 보육료 산정방식 및 전일제, 야간보호제, 단기보호 등 다양한 프로그램이 실시되고 있다. 또한 2000년에는 신엔젤플랜에 의해 그동안 시설보육 중심으로 추진되었던 보육정책이 보육서비스로 전환되어 재택아동을 포함하였으며 학령기 아동에 대한 서비스 지원을 추진하는 등 보육서비스를 받는 아동의 범위를 광범위하게 확대해 가고 있다.

1991년 제정된 육아휴직법에 따라 1세 미만의 자녀를 양육할 수 있도록 육아휴직 제도가 실시되었으나 2001년에 가정과 노동의 양립을 위한 정책의 일환으로 육아·개호 휴직법으로 확대 개정되었다. 1세 미만의 자녀뿐만 아니라 요보호 가족구성원을 돌보는 근로자는 육아휴직 또는 개호휴업을 할 수 있도록 하였다.

(3) 노인부양지원정책

일본에서 노인은 부양의 대상으로서 아동과 더불어 가족에 관련된 정책의 중요한 지원대상이다. 고령자에 대한 정책적 지원은 1963년 노인복지법의 제정을 시작으로 노인가정봉사원, 노인 홈, 노인복지센터 등이 등장하게 되었다. 1982년에는 노인의 건강을 지원하는 보건사업을 추진하기 위한 노인보건법이 제정되어 건강수첩, 건강진단, 의료비의 지원, 방문지도 등이 실시되었다. 고령자의 부양이 가정 내에서 수행하기 어려운 현실을 감안하여 노인부양에 대한 사회적 지원을 구체화시킨 '골드플랜'이 1989년부터 실시되었으며 '신골드플랜', '골든플랜21' 등의 후속정책으로 이어져 왔다. '골드플랜21'은 지역사회에서 개호서비스 기반의 정비를 포함하여 개호예방, 생활지원 등을 추진하는 것이다.

일본에서는 후생노동성에서 가족과 관련된 정책을 담당하고 있으며 빈곤층, 모자가정, 아동, 노인에 대해 각 개별부서에서 지원하고 있다. 가족에 대해 통합적으로 접근하는 가족정책 전담부서가 존재하지는 않으나 보편적 아동수당과 다양한 보육프로그램을 실시하고 있으며 고령화에 대비해서 개호보험을 실시하고 있다.

3 우리나라 가족복지정책

우리사회는 사회적 변화와 그에 따른 가족 위기가 높아지면서 개별가족의 기능적 결함을 사회가 보완하기 위한 정책적 개입의 확대를 필요로 하고 있다. 그러나 우리나라의 가족지원 관련지출은 여전히 낮은 수준에 머물러 있다. 기존의 가족정책은 독립적인 행정부서에 의해 전반적으로 가족복지를 증진할 수 있는 정책적 비전을 제시한다거나 부처 간 협의를 통한 가족정책의 조율이 원활하게 이루어지지 못함으로, 독자적인 가족복지영역을 확보하지 못한 채 제한된 업무에 국한되는 한계를 가지고 있었다. 즉, 우리나라는 출산율 저하, 이혼율의 증가, 여성의 노동시장 참여의 증가, 가족의 노인부양 기능 약화 등으로 인한 가족체계의 변화과정을 겪고 있으나 체계적인 가족정책은 부족하다고 할 수 있다. 가족의 복지향상을 위한 포괄적인 정책의 틀이 마련된 것은 2004년 '건강가정기본법'의 제정에서 비롯되었다. 2005년 가족에 대한 업무가 '여성부'로 이관되면서 부처명이 여성가족부로 개편되었고 현재까지 가족정책에 대한 전반적인 업무를 전담하고 있다. 여성가족부의 출범은 가족정책을 새롭게 추진하는 계기를 마련하게 되었다. 구체적으로 살펴보면 먼저, 과거 취약가족지원 중심의 소극적 정책에서 보편적 · 통합적 가족정책 추진기반을 마련하고 있다. 여기에는 여성가족부의 출범 및 건강가정기본법의 시행, 한부모가족 · 미혼모가족 · 조손가족 등 다양한 가족형태의 지원을 위한 건강가정지원센터의 확대가 있다. 둘째, 결혼이민자를 위한 가족정책이 도입되면서 결혼이민자를 위한 다양한 정책과 프로그램이 실시되고 있다. 셋째, 직장과 가정의 양립지원 정책의 추진을 통해 일 · 가정 양립을 도모하고 있다. 여기에서는 여성가족부에서 현재 시행되고 있는 가족정책의 내용에 대해 살펴보고자 한다.

1) 가족복지정책의 기본 방향

(1) 생애주기별 · 가족유형별 수요에 따른 맞춤형 가족정책 강화

보편적 가족서비스로서의 가족교육 · 상담, 여가 활동 등을 지원하며, 가족규모의 축소, 맞벌이 가족, 한부모가족 증가 등 가족형태의 다양화에 따라 유형별 가족에 맞춘 정책 및 서비스 지원을 강화한다.

(2) 정부-가족-지역사회 연계를 통한 돌봄지원 강화

자녀돌봄과 노인돌봄에 대한 사회적 책임을 강조하며 이와 동시에 가족, 지역사회의 돌봄책임 분담과 연계를 강조함으로써 다양한 돌봄수요에 따른 지원방식의 다양화를 추구한다. 특히 지역사회를 기반으로 한 돌봄공동체 및 돌봄인프라를 확충하여 이웃 간 돌봄을 활성화하고 지역사회 중심의 자녀양육 친화환경을 조성한다.

(3) 남성과 기업의 참여를 기반으로 일 · 가정양립 실천 강화

배우자 출산휴가, 남성 육아휴직 활성화, 남성 대상 맞춤형 교육 등을 통하여 남성의 일 · 가정 양립 지원 강화하고 가족친화인증제도 내실화 및 일 · 가정 양립 홍보 등을 통하여 기업에서 자발적으로 일 · 가정 양립문화를 실천하도록 유도한다.

(4) 가족정책 환경 변화에 대응한 추진체계 강화

가족정책에 가족구조 및 정책환경 변화를 반영하고, 미래가족의 변화를 예측하여 가족정책의 패러다임을 전환하여 중장기 발전과제를 발굴 · 추진하도록 한다. 또한 가족지원 서비스 전달체계의 접근성과 기능 재정비 등으로 보편적 가족정책 전달체계로서 위상 강화 및 효율적 가족정책 · 서비스 추진한다.

2) 가족복지정책의 비전

우리나라 가족복지정책의 정책목표는 다양한 가족의 삶의 질을 향상하고 남녀 모두 일·가정 양립을 실현하여 모든 가족이 함께하는 행복한 사회를 구현하고자 한다.

표 3-3 가족복지정책의 비전

가족정책	가족정책 내용
가족관계 증진을 위한 서비스 기반조성	- 맞춤형 가족교육 지원 - 가족상담 활성화 - 가족여가활동 확대
가족유형별 맞춤형 서비스 지원강화	- 맞벌이 가족지원 - 한부모가족지원 - 다문화가족지원 - 취약·위기 가족지원
정부-가족-지역사회 연계를 통한 돌봄 지원강화	- 아이 키우기 좋은 여건 조성 - 돌봄 부담 해소를 위한 지역사회 조성 - 가족돌봄 여건 조성
남성과 여성, 기업이 함께 하는 일·가정 양립 실천	- 일·가정 양립제도 정착 - 남성의 일·가정 양립 지원 강화 - 기업의 일·가정 양립 실천 촉진
생애주기별 출산친화적 사회문화 조성	- 고비용 결혼 문화 개선 - 임산부 배려문화 조성 - 양성평등 가족문화 조성
가족환경 변화에 대응한 정책 추진체계 강화	- 가족정책 법·제도 정비 -가족정책 전달체계 강화 - 새로운 가족 환경 변화에 선제적 대응

3) 가족 정책의 추진과제

(1) 가족기능강화

① 아이돌봄 서비스를 통한 가족양육 지원

부모의 야근 · 출장 · 질병 등으로 양육공백이 발생하는 취업부모 가정에 아이돌보미가 찾아가 돌봄서비스 제공하고, 소득수준에 따라서 이용요금을 차등하여 지원한다. 이 서비스에는 만 12세 이하 아동을 필요한 시간만큼 돌보는 시간제와 영아를 하루 종일 돌보는 영아종일제 아이돌봄이 있다.

② 가족에 대한 상담

실직 및 가족기능 약화로 인한 위기가족에 대한 맞춤형 가족상담 등 가족보호지원시스템 구축 운영하고 가족상담 매뉴얼 개발 및 지역센터별 가족상담 연계망 구축하여 가족보호 역량 강화한다.

③ 가족생활 교육

생애주기별로 청소년기 자녀를 둔 가족생활교육, 중년기 가족생활교육, 노년기 생활교육과아버지교육, 예비부부 · 신혼기 부부교육, 가정경영아카데미 등 가족생활교육을 운영한다.

④ 가족친화문화 조성

가족친화문화를 조성하기 위해 가족문화캠페인, 가족여가체험프로그램, 가족봉사단 축제, 지역 내 이웃 간 나누기 및 돕기가 가능한 문화프로그램, 가족생활문화개선 캠페인, 지역축제 등을 활용한다.

(2) 다양한 가족의 자립역량 강화

① 다문화가족 생애주기별 서비스 지원

다문화가족의 안정적인 가족생활 지원을 통해 삶의 질 향상과 사회통합 도모하고 입국 전 결혼 준비기, 입국 초 가족관계 형성기, 자녀양육 및 정착기, 역량 강화기 등 생애주기별로 필요한 서비스 지원한다. 다문화가족지원 서비스 제공 기관은 전국에 217개 다문화가족지원센터를 설치하여 지역사회 내 결혼이민자 및 다문화가족을 대상으로 한국어교육, 다문화사회 이해교육, 가족교육, 상담 자조모임 운영 지원 등 통합서비스 제공하고 있다(여성가족부, 2016).

② 다문화가족 현황

2015년 7월 기준 결혼이민자는 147,382명으로, 2002년 이후 매년 28% 이상의 높은 증가율을 보이던 결혼이민자는 최근 국제결혼 건전화를 위한 결혼이민 사증발급 심사강화 및 국제결혼 안내프로그램 이수 의무화조치 등으로 인하여 최근 3년간 평균 증가율은 0.7%에 그쳤으며 전년에 대비해서 0.41% 증가하는 데 그쳤다.

표 3-4 결혼이민자 및 인지 · 귀화자 현황(2015년 7월 기준) (단위: 명)

연도	계			결혼이민자			혼인귀화자			기타사유국적취득자		
	계	남	여	계	남	여	계	남	여	계	남	여
2015	305,446	51,655	253,791	147,382	22,309	125,073	92,316	4,563	87,753	65,748	24,783	40,965

③ 한부모 · 조손 가족의 자녀 양육지원

소득 인정액 기준 중위소득 52% 이하인 한부모가족에게 아동 양육비 지원 및 생활 안정을 위한 무료 법률 지원을 통해 생활 안정과 자립 기반을 도모한다.

(3) 일과 가정의 양립 지원

민 · 관 협력으로 가족의 건강한 삶의 질을 높이고, 긍정적인 가족의 의미와 역할에 대한 인식을 확산 유도할 수 있도록 한다. 또한 여성의 경제활동으로 가정과 직장생활을 조화롭게 병행할 수 있도록 가족친화적인 직장환경 조성이 필요하다. 이와 더불어 양성 평등한 가정생활 참여를 위한 '부모교육'을 확대한다. 탄력근무제 및 자녀양육, 부양지원, 근로자지원 등 가족친화적인 제도를 모범적으로 운영하는 기업(또는 기관)을 인증 부여하도록 하며, 직장 내 가족친화교육, 가족친화경영 컨설팅 추진을 위하여 전문인력 양성을 통한 가족친화경영을 확산시킬 수 있도록 한다. 그리고 기업 CEO가 가족친화경영의 중요성을 확산시킬 수 있도록 하며 노인부양이나 아동양육 등 가족돌봄을 지역사회 차원에서 분담할 수 있는 환경과 시설, 공간 등 생활여건 개선과 마을환경 조성 등 가족친화적 사회 조성을 위해 노력하도록 한다.

(4) 가족정책 인프라 확충

가족서비스 전달체계의 효율화를 위하여 건강가정지원센터, 다문화가족지원센터의 기능을 다양화하고 건강가정지원센터와 다문화가족지원센터에서는 다양한 수요에 선제적으로 대응하고, 서비스 접근성을 제고한다.

또한 이웃사촌과 한가족 맺기를 통한 가족역량 강화, 지역사회 내 한마음 가족친화마을 조성과 지역공동체의 활성화가 이루어져야 할 것이다. 건강가정지원센터 및 다문화가족지원센터 역량을 강화하고 가족과 지역사회의 소통과 연대 강화, 품앗이 등 상부상조하고 다양한 가족에 대한 문화적 수용 등을 위한 지역사회, 관련 기관 등 가족돌봄자원의 연대를 구축한다.

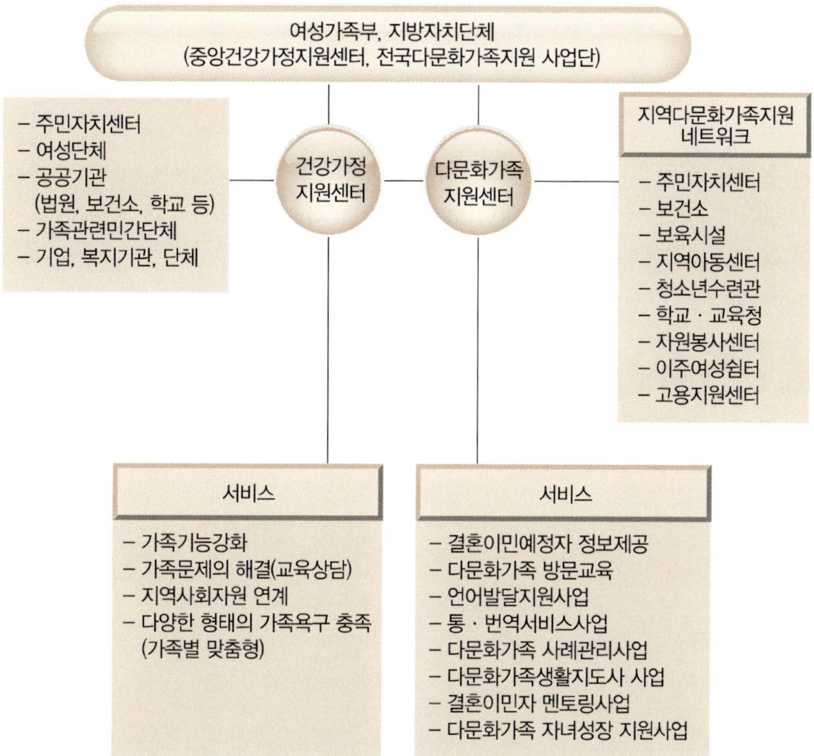

▌그림 3-1▌ 건강가정지원센터와 다문화가족지원센터의 기능

참 | 고 | 문 | 헌

김연옥, 유채영, 이인정, 최해경 (2008). 가족복지론. 파주: 나남출판사.

윤홍식, 송다영, 김인숙 (2011). 가족정책:복지국가의 새로운 전망. 고양: 공동체.

이원숙 (2007). 가족복지론. 서울: 학지사.

Esping-Andersen, G. (1991). *Three Worlds of Welfare Capitalism*. Princeton University Press.

Harding, L. F. (1996). *Family, State and Social Policy*. Macmillan press.

Kamerman, S. B., & Kahn, A. J. (1997). *Family Change and Family Policies in Great Britain*. Canada, New Zealand and the United States, Oxford University Press.

CHAPTER 04

가족복지정책의 실제

1. 한국 가족복지정책의 특성과 실제
2. 한국 가족복지정책 전달체계
3. 가족복지정책의 과제

CHAPTER 04 가족복지정책의 실제

1 한국 가족복지정책의 특성과 실제

1) 사회보험

(1) 국민연금

국민연금은 1988년 국민연금법 제정 이후 국가가 보험의 형태를 빌려 만든 사회보험의 형태로 국민들이 일정한 보험료를 부담하여 이를 재원으로 여러 가지 보험금을 지급함으로써 국민의 생활안정과 복지증진을 도모하고자 하는 사회보장제도이다. 국민연금제도를 통해, 소득활동을 하는 세대의 경제적 부담을 감소시킴으로써 세대 간에 자주적인 경제생활을 이루어갈 수 있도록 하는 기본적 소득지원 가족정책이라고 할 수 있다.

이 제도는 가입자가 불의의 사고나 질병, 퇴직, 장애, 노령 등의 사회적 위험에 처해 있어서 소득이 감소하거나 더 이상의 소득이 없을 때를 대비하여 경제적으로 안정적인 생활을 할 수 있도록 연금급여를 실시하는 것이다. 노인에 대한 부양체계가 점차 쇠퇴하고 있어 노후소득보장제도로서의 성격이 강하다고 할 수 있으며 국민들을 대상으로 사회적 위험으로 분류되는 노령, 퇴직, 폐질, 사망 등에 대해 개인과 가족의 소득 단절을 예방하고 국민의 인간다운 생활을 유지하기 위함이다.

생활수준의 향상과 의료기술의 발달로 인한 평균수명 증가와 출산율 감소로 인해 우리나라는 매우 빠른 속도로 노령화가 진행되고 있다. 65세 이상 노령인구비율이 2000년 7.2%로 고령화사회에 진입한 후 2019년에 전체인구에서 고령사회로 2026년에는 초고령사회로 진입할 것으로 예상되고 있다. 2015년 기준 우리나라 65세 이상 인구는 662만 4천명으로 전체인구의 13.1%가 되었으며, 2030년에는 전체 인구의 24.3%가, 2060년에는 40.1%로 노령인구가 차지하는 비율이 급속히 높아질 전망이다(통계청, 2015). 특히 고령화사회에서 고령사회, 초고령사회로의 이행기간이 각각 19년과 7년에 불과해 세계에서 유사한 사례를 찾아볼 수 없을 정도로 빠르게 진행되고 있다.

표 4-1 고령화사회 이행 기간 비교

구 분	프랑스	독 일	미 국	일 본	우리나라
고령사회	115년	40년	71년	24년	19년
초고령사회	41년	40년	15년	12년	7년

① 재원

국민연금의 재정부담은 전형적인 사회보험형태로 근로자는 사용자와 각각 절반씩 부담하고 자영자와 농어민은 본인이 전액 부담한다.

② 급여

- 노령연금은 가입기간에 따라 완전 노령연금과 감액노령연금으로 나누어지며, 가입기간이 일정기간이 이상이며 소득이 있는 업무에 종사하는 자가 해당 나이가 되면 받을 수 있는 재직자 노령연금, 가입기간이 일정 기간 이상이며 일정기준의 나이가 경과된 자가 연금을 받고자 할 때 받을 수 있는 조기노령연금이 있다. 2007년 국민연금 개혁 이전에는 40년 가입 평균소득자의 경우 소득 대체율

은 60%대였으나 개혁 이후, 하향조정하여 40%대로 낮아졌다.

- 장애연금은 가입자가 가입 중에 질병 또는 부상으로 인해 완치 후에도 신체 또는 정신상의 장애가 남는 경우 장애정도에 따라 지급되는 연금급여이다.
- 유족연금은 가입자의 사망 시 그 유족을 보호하여 사회보장의 목적을 달성하려는 연금이다. 노령연금수급권자, 가입기간이 10년 이상인 가입자였던 자, 장애등급이 2급 이상인 장애연금수급권자 중 어느 하나에 해당하는 자가 사망하면 그 유족에게 유족연금을 지급한다. 다만 가입기간이 1년 미만인 가입자가 질병이나 부상으로 사망할 경우 가입 중에 생긴 질병이나 부상으로 사망한 경우에만 유족연금으로 지급된다.
- 반환일시금은 가입기간이 10년 미만인 자가 60세가 된 때, 국적상실 또는 국외이주한 때, 공무원연금 등 타 공적연금 가입자가 된 때, 가입자 또는 가입자였던 자가 사망한 때 지급한다.
- 사망일시금제도는 가입자 또는 가입자였던 자가 사망한 경우 유족연금규정에 의한 유족이 없을 때에는 그 배우자, 자녀, 손자·손녀, 조부모, 형제자매 또는 4촌 이내의 방계혈족으로서 가입자 또는 가입자였던 자에 의하여 생계를 유지하고 있던 자에게 지급한다.

③ 크레딧 제도 도입

2008년도부터 일정한 사유가 존재하는 기간 동안 연금보험료를 납부하지 않은 경우에도 연금보험료를 납부한 것으로 인정해 주는 제도로 출산 및 군복무 크레딧 제도를 적용하고 있다. 출산 크레딧 제도는 둘째 이상 자녀를 둔 국민연금가입자에게 최소 12개월부터 최장 50개월까지 가입기간을 추가로 인정해 주고 있다. 또한 친생자뿐만 아니라 인지(認知)된 출생자, 민법에 의한 양자 및 친양자, 입양촉진 및 절차에 관한 특례법에 따라 입양된 자녀도 포함하고 있다.

(2) 국민건강보험

국민건강보험은 질병이나 부상이라는 불확실한 사회적 위험의 발생과 분만이나 사망 등으로 일시에 과다한 의료비 지출에 따른 가계의 경제적 부담을 동질의 위험에 처해 있는 다수의 위험집단을 결합하여 사회적 사고가 발생한 사람의 어려움을 덜어주기 위해 국가가 법으로 정하여 실시하는 상부상조제도로 강제가입방식에 따라 가입한 보험가입자의 소득과 재산에 따라 보험료를 산출한다. 이를 통해 국민보건을 향상시키고 사회보장을 증진하기 위한 사회적 의료보장제도이다.

① 건강보험의 특성

첫째, 법률에 의한 강제가입의 성격을 가진다. 일정한 법적요건이 충족되면 본인의 의사에 관계없이 강제 적용된다. 왜냐하면 보험가입을 기피할 경우 국민 상호 간의 위험부담을 통하여 의료비를 공동으로 해결하고자 하는 건강보험의 목적현실이 어렵기 때문이다.

둘째, 부담능력에 따라 보험료의 차등부담이 적용된다. 사보험은 급여의 내용, 위험의 정도, 계약의 내용 등에 따라 보험료를 부담하지만 사회보험방식은 건강보험에서는 사회적인 연대를 기초로 의료비 문제를 해결하려는 것이 목적이므로 소득수준 등 부담능력에 따라 차등적으로 부담하게 된다.

셋째, 보험급여의 수혜가 균등하다. 사보험은 보험료 부과수준, 계약기간 및 내용에 따라 차등급여를 받지만 사회보험인 건강보험은 보험료 부과수준에 관계없이 관계법령에 의하여 균등하게 보험급여가 이루어진다.

넷째, 보험료 납부에 있어서 강제성을 지닌다. 가입이 강제적이라는 점에서 강제보험의 실효성을 확보하기 위하여 피보험자에게는 납부의 의무가 주어지며, 보험자에게는 보험료 징수의 강제성이 부여된다.

다섯째, 단기보험의 형태를 갖는다. 연금보험과는 달리 1년 단위의 회계연도를 기준으로 수입과 지출을 예정하여 보험료를 계산하며 지급조건과 지급액이 보험료 납입기간과는 상관이 없고, 지급기간이 단기이다.

② 건강보험의 내용

국민건강보험의 적용대상은 국내에 거주하는 국민으로서 의료보호법에 의하여 의료급여를 받는 자, 독립유공자예우에 관한 법률 및 국가유공자 등 예우 및 지원에 관한 법률에 의하여 의료보호를 받는 자 외의 자는 건강보험의 가입자 또는 피부양자가 된다.

가입자의 종류는 직장가입자 및 지역가입자로 구분되고 직장가입자는 모든 사업장의 근로자 및 사용자와 공무원 및 교직원 등이며, 지역가입자는 가입자 중 직장가입자와 그 피부양자를 제외한 자를 말한다. 따라서 직장가입자 대상에서 제외되는 자들도 지역가입자가 된다.

국민건강보험급여와 관련 사업에 사용되는 재원은 정기적인 기여금인 보험료와 운영 등에 필요한 비용을 국가에서 부담하는 국가부담, 그리고 일부 수익자 부담의 원칙을 적용하고 있는 본인 일부부담액 등으로 구성된다. 가입자의 보험료율의 결정은 보험제도가 가진 목적과 급여비용의 흐름, 그리고 경제 · 사회적 상황 등을 참고하면서 결정된다. 국민건강보험의 경우 매년 당해 연도에 부과될 보험료를 가지고 국민건강보험사업에 소요될 경비로 지출된다. 따라서 보험재정의 안정성과 보험사업의 효과성을 높이기 위해 보험료율이 결정된다고 할 수 있다. 보수월액보험료는 가입자의 보수월액에 보험료율을 곱하여 보험료를 산정한 후, 경감률 등을 적용하여 가입자 단위로 부과한다.

표 4-2 국민건강보험료 부담비율

구분	계	가입자부담	사용자부담	국가부담
근로자	6.12%	3.06%	3.06%	-
공무원	6.12%	3.06%	-	3.06%
사립학교교원	6.12%	3.06%	1.836%(30%)	1.224%(20%)

③ 급여

건강보험 급여는 가입자 및 피부양자의 질병과 부상에 대한 예방, 진단, 치료, 재활, 출산, 사망 및 건강증진에 대하여 법령이 정하는 바에 따라 현물 또는 현금의 형태로 제공하는 서비스를 말한다.

표 4-3 국민건강보험 급여

급여형태		지급대상
현물급여	요양급여	가입자, 피부양자
	건강검진	가입자, 피부양자
현금급여	요양비	가입자, 피부양자
	장애인 보장구	가입자 및 피부양자 중 장애인복지법에 의해 등록한 장애인
	본인부담액 보상금	가입자, 피부양자
	임신 · 출산 진료비	가입자 및 피부양자 중 임산부

(3) 산재보험

산재보험은 1963년에 도입된 우리나라 최초의 사회보험이다. 일반적으로 산재보험제도가 가진 목적은 첫째, 산재근로자에 대하여 신속 · 공정한 재해보상을 실시하는 것이며 둘째, 필요한 보험시설의 설치, 운영과 재해예방이나 각종 근로복지사업을 추진함으로써 재해를 입은 근로자나 그 가족의 인간다운 생활을 보호하는 데 있고, 셋째, 불의의 재해로 사업주가 과중한 경제적 부담을 지게 되는 위험을 분산 · 경감시켜 안정된 기업활동을 할 수 있도록 도와주고자 하는 데 그 목적이 있다. 산재보험은 개인을 대상으로 하지만 급여내용 가운데 유족급여는 근로자가 업무상 재해로 사망한 경우 유족에게 지급하는 것으로 연금지급이 곤란한 경우 평균임금의 1,300일분을 일시금으로 지급받을 수 있도록 해서 일시금 지급에 따른 가족경제 위험을 예방할 수 있도록 한다(김연옥 외, 2008).

① 내용

산업재해보상보험은 사업의 위험률, 규모 및 장소 등을 고려하여 대통령령으로 정하는 사업을 제외하고 근로자를 고용하는 모든 사업에 적용된다. 산업재해보상보험의 적용을 받는 사업을 당연적용사업이라 하고, 이 사업의 사업주는 당연히 산업재해보상보험의 가입자가 된다.

② 재원

노동부장관의 위탁을 받은 근로복지공단이 보험사업에 소요되는 비용을 충당하기 위하여 보험가입자인 사업주로부터 징수하는 보험사업분담금을 말한다. 다른 사회보험과는 달리 비용을 전액 사업주 부담으로 하는 것은 업무재해를 기업위험의 발현으로 보기 때문에 기업운영의 주체인 사업주에게 비용부담의 사회적 책임을 부과하는 것이다.

③ 급여

산재보험법에 의한 보험급여의 종류로는 요양급여, 휴업급여, 장해급여, 간병급여, 유족급여, 상병보상연금, 직업재활급여 등이 있다. 요양급여는 근로자가 업무상의 사유에 의하여 부상을 당하거나 질병에 걸린 경우에 당해 근로자에게 지급하는 급여이고 휴업급여는 요양으로 인하여 취업하지 못한 기간에 대하여 지급하며, 1일당 지급액은 평균임금의 100분의 70에 상당하는 금액을 지급한다.

또한, 장해급여는 근로자가 업무상의 사유로 부상을 당하거나 질병에 걸려 치유되었으나 신체에 정신적 또는 육체적 장해가 남아 장해급여 지급대상에 해당될 경우 장해등급에 해당되는 지급일수에 평균임금을 곱하여 지급된다. 간병급여는 요양급여를 받은 자 중 치유 후 의학적으로 상시 또는 수시로 간병이 필요해 실제로 간병을 받는 자에게 지급한다. 상병보상연금은 요양개시 후 2년이 경과하여도 치유되지 아니하고 요양이 장기화됨에 따라 해당 피재근로자와 그 가족의 생활안정을 도모하기 위하여 휴업급여 대신에 보상수준을 향상시켜 지급하게 되는 보험급여이다.

(4) 고용보험

우리나라 고용보험은 1993년 12월에 고용보험법이 제정되면서 1995년 7월부터 실시 · 도입되었다. 고용보험은 실업예방, 고용촉진 및 직업능력의 개발을 통하여 근로자 개인의 복지증진과 사회 · 경제적 발전에 기여하는 것을 일차적 목적으로 하는 가장 발전된 형태의 사회보험제도라 할 수 있다. 그리고 과거의 실업보험이 가진 소극적 · 제한적인 기능을 넘어 보다 적극적으로 실업을 예방하고 직업능력을 개발하고, 근로자의 고용안정을 위한 사업까지 포함하는 것이 고용보험제도의 목적이다. 고용보험의 시행을 통해 산업구조조정에 따른 잉여인력이 새로운 산업으로 신속히 이동할 수 있도록 지원하고 국가의 직업안정기능이 체계화되어 구조적인 인력수급의 불균형에 대응할 수 있도록 한다.

① 내용

고용보험 역시 개인을 대상으로 하지만 가족을 배려하는 부분을 찾아볼 수 있다. 가령 구직급여 가운데 개별연장급여는 취직이 특히 곤란하고 생활이 어려운 수급자에 대해 소정급여일수를 초과하여 구직급여를 연장지급하는 것인데, 그 결정에서 재산상환 등과 더불어 부양가족을 고려하도록 하고 있다. 즉, 수급자가 배우자나 기타 가족의 질병 또는 부상으로 부양해야 하는 경우, 부양으로 인해 취업이 곤란한 경우 등이 포함된다.

② 사업의 종류

고용보험은 크게 세 가지로 고용안정사업, 직업능력개발사업, 실업급여로 나눈다.

실업을 예방하기 위한 사업은 고용안정사업과 직업능력개발사업이 있고, 실업급여는 이미 발생한 실업으로 인한 소득상실을 보전하기 위한 급여이다.

고용안정사업과 직업능력개발사업에서 직업알선, 훈련 등 서비스급여와 이에 소요되는 실업급여는 현금급여 형태로 지급되는데, 이때 서비스급여는 고용안정사업과 직업능력개발사업에서 근로자뿐 아니라 사업주에게 제공이 되고 반면에 실업급여는 근로자에 한해 지급된다. 또 고용안정사업과 직업능력개발사업은 가입자 개인의 수요를 보호하는 성격을 가지기도 하지만, 전체적으로 고용구조를 개선하는 대상으로 사업이 이루어진다.

③ 재원

고용보험사업의 재원조달은 사업의 종류에 따라 다르고, 고용안정사업과 직업능력개발 사업은 사업주만 부담하고 있으며, 실업급여사업은 사업주와 근로자가 각자 반씩 부담하고 있다.

(5) 노인장기요양보험

현재 우리나라의 인구 고령화는 여느 선진국에서도 전례를 찾아볼 수 없을 정도로 빠른 속도로 진행되고 있다. 특히 노화는 만성적인 질병을 불러오게 되며 신체적으로 독립적인 삶을 유지하기 어려워지기 때문에 장기간에 걸친 수발을 필요로 하게 된다. 전통적 사회에서 케어를 필요로 하는 노인은 주로 가족에 의해서 부양되어 왔다. 그러나 산업화, 도시화 및 핵가족화로 인해 가족규모의 축소, 여성의 사회적 진출 증가, 노인부부세대 및 단독세대의 증가, 노인부양의식의 변화 등으로 인해 노인의 장기요양보호는 현대 가족구조에서는 과중한 부담이 되어 가고 있다. 이러한 노인의 간병 · 장기요양 문제를 사회적 연대원리에 따라 정부와 사회가 공동으로 해결하기 위한 목적으로 2007년 노인장기요양보험제도를 마련하게 되었다.

장기요양급여는 노인 등의 심신상태 · 생활환경과 노인 및 그 가족의 욕구 · 선택을 종합적으로 고려하여 필요한 범위 안에서 이를 적정하게 제공하고 있다. 보험 수급자에게 배설, 목욕, 식사, 취사, 조리, 세탁, 청소, 간호, 진료의 보조 또는 요양상의 상담 등을 다양한 방식으로 장기요양급여를 제공하고 있다. 우리나라보다 먼저 고령화현상을 겪고 있는 여타 선진국들도 다양한 방식으로 장기요양서비스를 제공하고 있다.

① 가입대상 및 수급자격

가입자는 국민건강보험의 가입자와 동일하여 의료급여 대상자를 제외한 소득이 있는 모든 국민의 직장 및 지역가입자, 그리고 법률에서 규정하는 국내 거주 외국인 및 재외국민이 해당된다.

장기요양 인정을 신청할 수 있는 자는 노인요양보험 가입자 및 그 피부양자와 의료급여 수급권자 중 65세 이상의 노인 또는 64세 이하의 자로서 치매, 뇌혈관질환 등 대통령령이 정하는 노인성 질병을 가진 자이다. 그리고 65세 이상의 노인의 경우 원인과 상관없이 보험급여의 수급권이 발생하지만, 64세 이하인 자가 장기요양 인정을 신청할 경우에는 노화에 따른 질병이 있어서 요양 보호가 필요하다고 판단될 때만 수급권이 발생하게 된다.

② 국민건강보험과의 차이점

국민건강보험은 치매, 중풍 등 질환의 진단, 입원 및 외래치료, 재활치료 등을 목적으로 주로 병·의원 및 약국에서 제공하는 서비스를 급여대상으로 하는 반면, 노인장기요양보험은 치매·중풍의 노화 및 노인성 질환 등으로 인하여 혼자 힘으로 일상생활을 영위하기 어려운 대상자에게 요양시설이나 재가 장기요양기관을 통해 신체활동 또는 가사지원 등의 서비스를 제공하는 제도이다.

표 4-4 노인장기요양보험의 특징

구 분	노인장기요양보험	기존 노인복지서비스체계
서비스 대상	• 보편적 제도 • 장기요양이 필요한 65세 이상 노인 및 치매 노인 등 노인성 질환을 가진 64세 이하의 국민	• 특정 대상 한정 • 국민기초생활보장수급자를 포함한 저소득층 위주
서비스 선택	• 수급자 및 부양가족의 선택에 의한 서비스 제공	• 지방자치단체장의 판단
재원	• 장기요양보험료 + 국가 및 지방자치단체 부담 + 이용자 본인부담	• 정부 및 지방자치단체의 부담
서비스	• 시설급여 • 재가급여(방문요양, 방문목욕, 방문간호, 주·야간보호, 단기보호 등) • 특별현금급여(가족요양비, 특례요양비 등)	• 시설 재가서비스를 제공하나, 서비스 질에 대한 관리 미흡
시설에 대한 지원방식	• 시설급여 및 재가급여 제공자는 수가산정 방식을 적용하여 비용을 국민건강보험공단에 청구 • 건강보험공단은 청구된 장기요양급여 및 비용 등의 적정 여부 심사 후 지급	• 지방자치단체를 통하여 시설 입소인원 또는 연간 운영비용을 기준으로 정액 지급

③ 급여

크게 재가급여, 시설급여, 특별현금급여가 있으며, 재가급여 항목에는 방문요양, 방문목욕, 방문간호, 주·야간 보호, 단기보호, 복지용구(구입, 대여)가 있으며, 시설급여에는 노인(전문)요양시설, 노인요양공동생활가정이 있다. 특별현금급여 항목으로는 가족요양비, 특례요양비, 요양병원간병비가 있으나 특례요양비와 요양병원 간병비는 현재 시행을 유보하고 있다.

④ 등급 판정 및 절차

등급 판정은 심신의 기능상태에 따라 "일상생활에서 도움이 얼마나 필요한가?"를 지표화한 장기요양 인정점수를 기준으로 하며, 장기요양 인정점수를 기준으로 다음과 같은 다섯 개의 등급으로 판정을 한다.[2)]

표 4-5 장기요양보호 등급 판정

등급	심신의 기능 상태	장기요양 인정점수
1등급	일상생활에서 전적으로 다른 사람의 도움이 필요한 상태	95점 이상
2등급	일상생활에서 상당 부분 다른 사람의 도움이 필요한 상태	75점 이상 95점 미만
3등급	일상생활에서 부분적으로 다른 사람의 도움이 필요한 상태	55점 이상 75점 미만
4등급	심신의 기능상태 장애로 일상생활에서 일정부분 다른 사람의 도움이 필요한 상태	51점 이상 60점 미만
5등급	치매(제2조에 따른 노인성질병으로 한정한다)환자	45점 이상 51점 미만

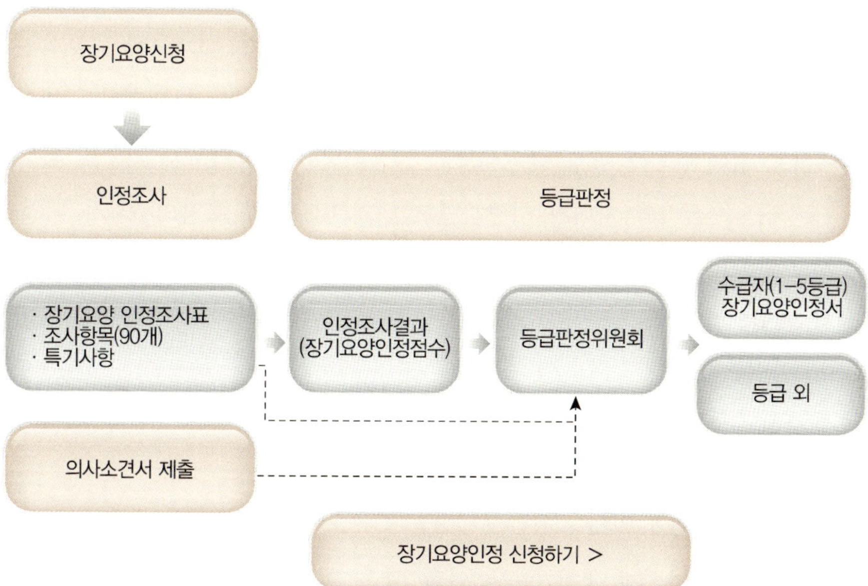

| 그림 4-1 | 등급 판정 절차

2) 공공부조

우리나라의 대표적인 공공부조는 국민기초생활보장제도로 가족이나 스스로의 힘

2) 2014년 7월부터 5개 등급으로 범위가 확대되었다.

으로 생계를 유지할 능력이 없는 최저생계비 이하의 절대빈곤층 국민에게 필요한 급여를 제공함으로써 기본적 생활을 국가가 보장해 주고, 근로능력이 있는 자에게는 체계적인 자활지원 서비스를 제공하여 자활 · 자립을 지원해 주고 있다. 기존의 국민기초생활보장제도에서는 수급자로서 급여를 받기 위해서는 부양의무자가 없거나 부양의무자가 있어도 부양능력이 없거나 부양을 받을 수 없는 자로서, 개별가구의 소득인정액이 최저생계비 이하에 해당되어야 했다. 2015년 7월 국민기초생활 보장법 개정에 따라 '맞춤형 기초생활보장제도'로 전환되면서 수급자 선정기준이 중위소득을 기준으로하여 생계 · 의료 · 주거 · 교육급여 등의 급여별 수급자 선정기준을 다르게 하였다. 맞춤형 급여의 선정기준은 4인 가구 기준으로 생계급여가 중위소득의 28%, 주거급여는 중위소득 43%, 의료급여는 중위소득 40%, 교육급여는 중위소득 50%이하로 정해졌다. 맞춤형 급여제도로 전환되면서 부양의무자 기준도 완화되었다. 기존에는 수급자의 자녀가 사망하면 자녀의 배우자가 부양의무자가 되었으나, 개정제도에서는 수급자의 1촌 직계 혈족이 사망했을 경우 그의 배우자는 부양의무자에서 제외된다.

(1) 급여의 기본원칙

① 최저생활보장의 원칙

생활이 어려운 자에게 생계, 주거, 의료, 교육, 자활 등 필요한 급여를 행하여 이들의 최저생활을 보장한다.

② 보충급여의 원칙

급여수준을 생계 · 주거 · 의료 · 교육급여액과 수급자의 소득인정액을 포함한 총금액이 최저생계비 이상이 되도록 지원한다. 즉, 가구별 최저생계비와 소득인정액의 차액을 급여한다.

③ 자립지원의 원칙

보장기관은 근로능력이 있는 수급자에게 자활사업에 참여할 것을 조건으로 생계급여를 지급한다.

④ 개별성의 원칙

급여수준을 정함에 있어서 수급권자의 개별적 특수상황을 최대한 반영한다.

⑤ 가족부양 우선의 원칙

급여신청자가 부양의무자에 의하여 부양될 수 있는 경우에는 기초생활보장급여에 우선하여 부양의무자에 의한 보호가 먼저 행해져야 한다.

⑥ 타 급여 우선의 원칙

급여신청자가 다른 법령에 의하여 보호를 받을 수 있는 경우에는 기초생활보장급여에 우선하여 다른 법령에 의한 보호가 먼저 행해져야 한다.

(2) 급여 개요

급여의 종류에는 생계급여, 주거급여, 교육급여, 해산급여, 장제급여, 자활급여, 의료급여가 있다.

① 생계급여

수급자의 생계를 유지하기 위해 일상생활에 기본적으로 필요한 의복비, 음식물비 및 연료비 등이 포함된 급여이다. 생계급여의 선정기준은 기준 중위소득의 100분의 30 이상으로 한다.

표 4-6 생계급여 선정기준 및 급여기준(2016년 기준) (단위: 원)

구 분	1명가구	2명가구	3명가구	4명가구	5명가구	6명가구	7명가구
기준중위소득	1,624,831	2,766,603	3,579,019	4,391,434	5,203,849	6,016,265	6,828,680
생계급여 선정 및 급여기준	471,201	802,315	1,037,916	1,273,516	1,509,116	1,744,717	1,980,317

② 주거급여

주거 안정이 필요한 수급자에게 지급되며, 수급자의 주거 안정에 필요한 임차료, 유지·수선유지비, 그 밖의 수급품이 주거급여액으로 지급된다. 주거급여 수급권자는 부양의무자가 없거나 부양의무자가 있어도 부양능력이 없거나 부양을 받을 수 없는 사람으로서 소득인정액이 주거급여 선정기준[3] 이하인 사람으로 하는데, 주거급여 선정기준은 기준 중위소득의 100분의 43 이상으로 한다. 주거급여의 최저보장수준은 임차급여의 경우 기준임대료로 하고, 수선유지급여의 경우 경보수, 중보수, 대보수 등 보수범위별 수선비용을 기준금액으로 한다.

③ 교육급여

교육급여는 학교나 시설에 입학해 입학금, 수업료, 학용품비, 그 밖의 수급품 등이 필요한 기초생활보장수급자에게 지급되나, 의무교육을 받거나 다른 법령에 따라 학비를 감면 받는 경우에는 지급되지 않는다.

표 4-7 교육급여 지급 내용

지급내용	지급대상	지급금액
입학금·수업료	고등학생	연도별·급지별로 학교장이 고지한 금액 전부
교과서대금	고등학생	1명당 129,500(연 1회 일괄지급)
부교재비	초등학생, 중학생	1명당 38,700(연 1회 일괄지급)
학용품비	중학생, 고등학생	1명당 52,600[1학기(1/4분기), 2학기(3/4분기) 2회에 거쳐 26,300원씩 지급]

3) 중앙생활보장위원회의 심의·의결을 거쳐 결정하는 금액

④ 해산급여

해산급여는 생계급여, 주거급여 및 의료급여 중 하나 이상의 급여를 받는 수급자 중 조산을 했거나 분만하기 전후로 조치와 보호가 필요한 기초생활보장수급자에게 지급된다. 해산급여액은 1명당 600,000원이 현금으로 지급되고, 추가 출생영아 1명당 600,000원이 추가로 지급된다.

⑤ 장제급여

장제급여는 생계급여, 주거급여 및 의료급여 중 하나 이상의 급여를 받는 수급자가 사망해 사체의 검안(檢案)·운반·화장 또는 매장, 그 밖의 장제조치가 필요한 경우에 지급되며 1구당 750,000원이 현금으로 지급된다.

⑥ 자활급여

자활급여는 자활을 위해 도움이 필요한 기초생활보장수급자에게 지원되며, 자활근로사업에의 참여, 직업훈련, 취업알선, 창업지원을 위한 자금 대여, 자산형성지원을 위한 희망키움통장개설 등으로 지급된다.

자활급여의 종류에는 자활에 필요한 금품의 지급 또는 대여, 자활에 필요한 근로능력의 향상 및 기능습득의 지원, 취업알선 등 정보의 제공, 자활을 위한 근로기회의 제공, 자활에 필요한 시설 및 장비의 대여, 창업교육, 기능훈련 및 기술·경영지도 등 창업지원, 자활에 필요한 자산형성 지원, 그밖에 자활을 위한 다양한 지원이 있다.

수급자의 자산형성을 돕는 희망키움통장과 내일키움통장은 공통적으로 본인이 매월 일정하게 저축한 금액에 정부와 지방자치단체가 지원금을 추가로 지원하며 자립을 위한 목돈을 마련할 수 있도록 지원해 주는 제도이다.

표 4-8 희망 · 내일키움통장 지원대상 및 지원내용

구분	희망키움통장 Ⅰ	희망키움통장 Ⅱ	내일키움통장
가입 대상	소득인정액이 기준 중위소득의 40% 이하인 일하는 생계 · 의료수급 가구 중 신청 당시 가구 전체의 총 근로사업소득이 기준 중위소득의 40%의 60% 이상인 가구	주거 · 교육급여 수급가구 및 차상위계층 가구 중 소득인정액이 기준 중위소득 50% 이하로서 최근 1년 중 근로활동을 한 사실이 있으며, 총 근로 · 사업소득이 기준 중위소득 50%의 60% 이상인 가구	자활근로사업단 참여자 (최근 3개월 이상 성실 참여자)
월 본인 저축액	10만 원	10만 원	5만원 또는 10만 원(선택)
정부 지원액	월 평균 29만 원 최대 46만 원	월 10만 원	내일키움장려금 본인저축액1 : 1(시장진입형), 1:0.5(사회서비스형 A), 1:0.3(사회서비스형 B) 매칭 지원
추가 지원액	-	-	내일키움수익금 최대 15만원(자활근로사업단 수익금에 따라 차등지원)
지원 조건	3년 이내 탈수급 조건 * 사용관계 증빙서류 제출	통장 3년 유지 및 교육이수 조건 * 사용관계 증빙서류 제출	3년 이내 일반노동시장등으로 취 · 창업 및 교육 이수 조건 * 사용관계 증빙서류 제출

⑦ 의료급여

의료급여는 질병 · 부상 · 출산 등으로 도움이 필요한 기초생활보장수급자에게 지급되며, 지급대상자는 1종 수급권자와 2종 수급권자로 구분된다. 의료급여법이 정하는 바에 따라 질병, 부상, 출산 등에 대해 의료급여서비스(진찰, 치료)를 제공한다.

3) 조세지원

우리나라에서 가족에 대한 소득지원은 직접적 복지급여 방식보다는 간접적 세제지원을 통해 이루어지고 있다. 소득세법 제50조의 기본공제는 소득금액에서 부양가족을 기준으로 일정금액을 공제하게 된다. 조세를 통한 지원은 납세능력을 가진 가족이 대상이 되기 때문에 과세표준 이상의 소득을 가진 계층의 가족에게만 혜택이 지원되나 납세능력이 없는 저소득층 가족은 혜택의 대상이 되지 못한다.

4) 수당을 통한 지원

우리나라는 현재 국가의 정책과 재원에 의해 아동이 있는 가정에 보편적으로 지급되는 수당제도가 실시되지 않고 있다. 대기업이나 공무원들을 중심으로 지급되는 가족수당은 임금보조적 성격으로 임금의 하위 범주에 속한다고 할 수 있다. 복지 선진국에서 가장 보편화된 가족정책인 가족수당은 자녀양육에 대한 경제적 비용을 사회가 분담하고 모든 아동이 빈곤한 환경에서 자라나지 않도록 보호하기 위한 중요한 수단이 될 수 있다는 점에서 우리나라에도 시급히 도입되어야 할 필요성이 있다. 육아휴직수당은 기존의 육아휴직제도를 유급화한 제도로 만 8세 이하 초등학교 2학년 이하의 자녀를 가진 남녀 근로자가 양육을 위해 휴직을 신청하는 경우 급여의 40% 지급받을 수 있는데 최대 월 1백만 원에서 최소 월 50만 원까지 받을 수 있다.

5) 자녀양육지원정책

우리나라에서는 자녀양육을 전통적인 가족의 주요기능으로 여겨 왔으며 이와 관련되어 현재 시행되는 정책에는 영유아보육법에 의한 저소득층 아동에 대한 보육지원, 모부자복지법에 의한 한부모가정지원, 남녀고용평등법에 의한 육아휴직 제도 등이 있다.

(1) 보육지원정책

보육제도는 1961년 아동복리법에서 비롯되어 육아교육진흥법, 남녀고용평등법, 아동복지법을 거쳐 1991년 영유아보육법이 제정되었다. 보건복지부가 주관부처가 되어 탁아서비스로 시작하여 보호와 교육을 통합한 보육서비스로 확대되었다. 2004년에 보육사업이 여성부로 이관되어 여성가족부에서 담당하다 2008년 정부조직개편에 따라 다시 보건복지부에서 담당하게 되었다.

우리나라의 보육정책은 2013년에 큰 변화가 이루어졌다. 정부가 정한 기준액에 의거하여 모든 만 3~5세아의 보육료에 대해, 그리고 모든 0~2세 영아에게 어린이집 이용단가 전액을 지원하기 시작하였으며, 어린이집 미이용 아동 양육수당도 2013년부터 소득수준과 연령에 따른 제한 없이 모든 유아에게 정해진 단가를 지원하고 있다. 이처럼 보육이 공공서비스로 영역이 확대된 만큼 보육서비스의 질 향상과 이를 효율적으로 제공하기 위한 정책 수립이 꾸준히 요구되어 왔으며 수요자 욕구에 맞는 보육서비스를 제공하고자 노력하고 있다. 2003년부터 만 5세 이하의 장애아동은 그 특수성으로 인해 가족의 경제적 부담 완화와 아동의 사회통합을 위해 보육료를 전액 지원하는 장애아 무상보육을 실시하고 있다.

(2) 한부모가족지원

현재 우리나라에서 실시되고 있는 한부모지원정책은 지원의 범위나 수준이 선진국에 비해 매우 낮다. 즉 선정기준에 해당하는 소수의 저소득 한부모가족에 지원이 국한되어 생활안정에 도움이 되기 어려운 낮은 수준에 그치고 있다. 이에 반해 서구에서는 한부모가족의 특수한 욕구를 인정하여 부모가 혼자서 아동을 부양하는 데 어려움이 없도록 급여체계를 수립하고 있으며, 영국과 독일의 경우 모·부자가족 자체가 사회부조나 소득지원의 자격이 있는 것으로 분류하고 있다. 최근 이혼증가와 그에 따른 한부모가족의 증가를 겪고 있는 우리나라에서도 부모의 결혼 여부가 아동의 적절한 성장을 저해하지 않도록 다양한 제도적 뒷받침이 있어야 할 것이다. 2005년 6월부터 여성가족부에서 가족정책을 맡게 되면서 한부모가족 지원확대 및 내실화를 추진과제 중 하나로 제시하고 법적 저소득층 모부자가정에만 지원하던 양육비 지원을 이혼 등으로 경제적 어려움을 겪게 된 가정으로 확대하고 있다. 현재 한부모가족에 대한 일차적 관심은 법적으로는 아동과 양육책임자인 여성이나 생계비 지원을 아동양육 수당 등을 통해 하는 것이 아닌 직접적 생계비 지원 형태로 되어 있어 성인중심의 자녀양육관을 반영하는 것은 앞으로 개선되어야 할 부분이다(김연옥 외, 2008).

한부모가족지원의 내용은 다음과 같다.

① 저소득 한부모가족 자녀 양육비 등 복지급여 지원
② 저소득 한부모가족 복지자금대여
③ 청소년 한부모가족 자립 지원
④ 저소득 한부모가정 주거지원서비스
⑤ 권역별 미혼모·부 지원기관 운영
⑥ 가족역량강화지원사업
⑦ 자녀양육비 이행확보 무료 법률 구조지원
⑧ 이혼위기가족 회복지원사업

(3) 육아휴직제도

육아휴직제도는 근로기준법을 바탕으로 1987년에 도입된 남녀고용평등법의 모성보호 및 자녀양육에 대한 규정과 관련되어 시행된 제도이다. 법제정 당시 사업주는 1년 미만의 영아를 가진 근로여성이 양육을 위해 육아휴직을 신청하는 경우 이를 허용하고 육아휴직을 이유로 불리한 처우를 겪어서는 안된다고 규정하였다. 이후 1995년의 개정에 의해 “근로여성 또는 그를 대신할 배우자인 근로자”가 신청할 수 있도록 함으로 부부의 자녀양육에 대한 책임공유를 명시하였다. 육아휴직제도는 수혜대상이 육아휴직을 필요로 하는 남녀근로자로 규정되어 있긴 하나 기업의 책임에 대한 규제가 약해 그 실효성이 낮으나 점차 사회적 인식 변화로 인해 육아휴직제도를 이용하는 경우가 확대되고 있다. 2010년 법 개정에서는 만 8세 이하 또는 초등학교 2학년 이하의 자녀를 양육하기 위해 육아휴직을 신청할 경우 1년 이내의 육아휴직을 할 수 있도록 하여 육아휴직 신청자의 자격을 확대하였다.

2 한국 가족복지정책 전달체계

한국의 가족복지정책을 추진하는 체계는 공공전달체계와 민간전달체계로 구분할 수 있다. 즉, 공공정책을 집행하는 중앙부처와 지방부서, 국가로부터 위탁받은 민간 차원의 추진체계로 구분된다.

1) 공공전달체계

우리나라에서는 가족정책을 전담부서 없이 보건복지부가 중심이 되어 노동부, 여성부 등에서 가족정책 관련 업무가 다루어지다가 2005년 3월 여성부가 여성가족부로 개편되면서 가족정책의 주무부처가 되었다. 그러나 2008년 2월 다시 정부조직의 개편을 맞아 보건복지부가 보건복지가족부로 변경되면서 가족정책이 이관되는 등 가족복지라는 통합적 시각에서 정책이 이루어지기보다는 분립적 형태로 이루어졌다. 이후 인구의 빠른 노령화와 저출산현상에 따른 사회적 변화 속에서 제기되는 다양한 문제로 인해, 가족문제에 대한 예방과 다양한 가족이 가족공동체로서 제 기능을 다할 수 있도록 지원하는 정책이 시급해짐에 따라 2010년 1월 정부조직법을 개정하여 기존의 보건복지가족부가 수행했던 업무를 여성가족부로 이관하여 가족정책의 주무부처로서의 역할을 하고 있다.

(1) 여성가족부

여성가족부에서는 가족정책에 대한 기본방향을 생애주기별 · 가족유형별 수요에 따른 맞춤형 가족정책, 정부–가족–지역사회 연계를 통한 돌봄지원 강화, 남성과 기업의 참여를 기반으로 일 · 가정양립 실천 강화, 가족정책 환경 변화에 대응한 추진체계 강화로 하고 있다. 가족정책에 관련된 각 과에서 맡고 있는 주요 업무의 내용은 다음과 같다.

① 가족정책과

- 건강가정기본계획의 수립 · 조정 및 연도별 시행계획의 총괄
- 중앙부처 및 지방자치단체 가족정책의 협의 · 조정 총괄
- 가족 및 가족친화 사회환경 관련 법령의 관리 · 운영
- 건강가정정책의 평가
- 중앙건강가정정책위원회의 구성 · 운영
- 가족제도 · 가족실태에 관한 조사 · 연구
- 건강가정사업을 위한 아동업무에 관한 정책의 개발
- 가정의 날 및 부부의 날 운영 등 가족 관련 행사에 관한 사항
- 가족 관련법인 · 단체의 육성 · 지원 및 지도 · 감독
- 건강가정사 · 가정봉사원의 양성 및 교육훈련
- 지역사회 가족기능 강화 관련 자원 연계 및 조정
- 가족친화 사회환경 관련 실태조사 및 계획의 수립 · 시행
- 가족친화 직장 · 마을 환경 조성 지원 및 가족친화기업 등의 인증 · 관리
- 결혼준비교육 · 부모교육 · 가족윤리교육과 가족가치의 실현 및 가정생활과 관련된 교육 등에 대한 지원

- 가족상담 · 교육 프로그램의 개발 · 보급
- 민주적이고 양성평등한 가족문화의 확산 및 건전가정의례의 보급에 관한 사항

② 가족지원과

- 아이돌봄서비스 등 가족의 자녀양육 지원
- 미혼모 및 청소년 한부모의 자립 지원에 관한 사항
- 한부모가족 지원 관련 계획의 수립 및 법령의 관리 · 운영
- 한부모가족 아동양육 · 교육 등 지원
- 한부모가족 복지시설의 지원 · 육성 및 종사자 능력개발
- 한무보가족 복지단체의 지원 및 관리
- 한부모가족 실태조사 계획 수립 · 시행
- 자녀양육비 이행 지원에 관한 사항
- 이혼위기가족에 대한 상담 · 교육 등의 서비스 지원
- 양육비 이행에 관한 계획의 수립에 관한 사항
- 양육비 이행 관련 법령의 관리 · 운영 및 제도개선에 관한 사항
- 양육비 이행 실태에 관한 조사 · 연구에 관한 사항
- 양육비 이행 인식 개선을 위한 교육 · 홍보에 관한 사항
- 양육비가이드라인의 개발 · 활용에 관한 사항
- 양육비이행심의위원회의 운영에 관한 사항
- 양육비이행관리원의 지도 · 관리 및 감독에 관한 사항
- 한시적 양육비 긴급지원 제도의 운영에 관한 사항
- 양육비 이행을 위한 중앙행정기관, 지방자치단체 및 관계기관의 협의 · 조정에 관한 사항

③ 다문화가족정책과

- 중앙부처 및 지방자치단체의 다문화가족지원정책 총괄
- 다문화가족지원법령 제 · 개정
- 다문화가족정책위원회 및 실무위원회 운영
- 다문화가족지원정책 기본계획 및 연도별 시행계획의 수립 · 평가
- 다문화가족지원 중장기 정책 수립, 정책 개발 및 제도 개선
- 다문화가족 관련 각종 계획 · 대책 수립
- 다문화가족 실태조사 실시
- 다문화가족지원센터 운영(방문교육 포함)
- 다문화가족 자녀 언어발달지원 및 통 · 번역서비스, 언어영재교실
- 다문화가족지원센터 평가 및 현장점검, 타부처 연계 업무
- 다문화가족지원 프로그램 개발 및 센터 외부협력에 관한 사항
- 다문화가족지원사업 관련 연구용역
- 다문화가족 전국 네트워크대회
- 다문화가족 자녀 언어발달지원 사업
- 다문화가족 이중언어 가족환경조성사업
- 다문화가족 나눔봉사단, 사례관리 서비스

④ 다문화가족지원과

- 다문화가족에 대한 사회적 인식개선을 위한 시책 추진 및 홍보
- 다국어지원시스템 구축 · 운영 등 다문화가족의 의사소통 지원
- 결혼이민자 전문인력 양성 등 경제 · 사회적 자립 지원
- 결혼중개업 관리에 관한 법령의 관리 · 운영
- 결혼중개업 종사자 및 지방지치단체 관계 공무원의 교육에 관한 사항
- 결혼중개업 등록 · 신고의 관리

- 국제결혼 예정자의 사전 준비 지원에 관한 사항
- 국제결혼이민관의 설치 및 운영에 관한 사항

⑤ 복지지원과

- 가정폭력 예방과 피해자 보호계획의 수립 · 시행
- 가정폭력 예방 및 피해자 보호 관련 법령의 관리 및 제도개선
- 가정폭력 실태 조사 · 연구 및 시설 평가에 관한 사항
- 가정폭력 피해자 보호시설 및 상담소의 지원 · 육성
- 가정폭력 가해자 교정프로그램 및 피해자 치료회복프로그램의 개발 · 운영
- 여성긴급전화의 운영지원에 관한 사항
- 가정폭력 피해자의 의료 · 법률 서비스 지원 및 주거 등 자립 지원에 관한 사항
- 가정폭력 관련 시설 종사자 및 관계기관 담당자 교육
- 가정폭력 예방 등을 위한 대국민 홍보
- 이주여성 폭력피해 예방 및 보호에 관한 사항
- 일본군위안부 피해자에 대한 생활안정지원 및 기념사업에 관한 사항
- 일본군위안부 피해자 관련 조사 · 연구 · 교육 및 홍보

(2) 보건복지부

보건복지가족부의 가족정책 담당부서의 변화를 살펴보면 1981년부터 보건복지부 가정복지국에 가정복지과가 있었으나 1998년 구조조정으로 폐지되어 노인복지과와 복지지원과로 업무가 이전되었다. 2008년 보건복지부에서 보건복지가족부로 개편되면서 저출산고령사회정책국 산하에 가족정책과, 가족지원과, 다문화가족과와 더불어 저출산인구정책과, 노인정책과, 요양보험제도과 등을 두어 가족정책 주무부서로 역할을 맡았다. 이후 2010년 보건복지부로 개편되면서 가족 기능은 여성부로 이관되었으며 정부조직법 개정으로 조직 및 직무 변경되어 인구정책실 산하 출산정책과,

노인정책과, 보육정책과가 가족과 관련된 업무를 담당하고 있다.

① 출산정책과

- 저출산 관련 기본계획 및 시행계획의 수립 및 조정
- 저출산 관련 정책의 총괄
- 다자녀가정의 사회적 지원에 관한 정책의 조정 및 개발
- 임신 · 출산 및 자녀양육의 지원에 관한 정책의 수립 및 조정
- 인구 및 출산지원 관련 종합계획의 수립 및 조정
- 인구 · 출산 관련 정책의 총괄 · 조정
- 출산 · 양육에 유리한 사회환경 조성에 관한 사항
- 출산 장려를 위한 홍보전략의 수립 및 시행
- 출산 및 여성 관련 민간단체의 지원
- 저출산 · 고령화 대비 인력 · 재정 · 금융 등에 관한 정책의 총괄 및 조정
- 저출산 고령사회 노동인력의 확보 및 외국인력 확보 등에 관한 사항
- 인구변동에 따른 적정인구 구조 및 규모 분석에 관한 사항
- 보건복지분야 여성정책 및 다문화가족정책의 총괄 및 조정
- 모자보건에 관한 종합계획의 수립 및 평가
- 모자보건 관련 법령에 관한 사항
- 모자보건에 관한 조사 및 연구
- 모자보건향상 프로그램 개발 및 보급
- 임산부 및 영유아에 대한 관리 및 지원
- 여성 · 어린이 건강정책 종합 및 조정
- 모유수유 장려에 관한 사항
- 산후조리원의 관리에 관한 사항
- 임신 · 출산 등에 관한 종합정보의 제공

- 불임부부 지원사업
- 인공임신중절의 예방대책에 관한 사항
- 가임기 여성 건강증진에 관한 사항
- 모성건강환경 조성 지원에 관한 사항

② 노인정책과

- 노인보건복지에 관한 종합계획의 수립 · 조정 및 조사 · 연구
- 노인보건복지 관련 법령에 관한 사항
- 노인실태조사에 관한 사항
- 경로효친사상 앙양 및 경로우대제에 관한 사항
- 노인의 안전 및 권익향상에 관한 사항
- 노인 관련 법인 · 단체의 지원 및 육성
- 노인보건복지 관련 국제협력에 관한 사항
- 치매 예방 · 관리 등 노인건강증진에 관한 사항
  - 공립치매병원의 확충 및 지원에 관한 사항
- 독거노인 보호 및 노인 돌봄서비스사업에 관한 사항
- 노인 여가 · 교육 등 사회참여 활성화에 관한 사항
- 노인주간 및 노인의 날 행사 지원
- 노인학대 예방에 관한 사항

③ 보육정책과

- 중앙부처 및 지방자치단체의 영유아 정책(유아교육정책은 제외한다. 이하 같다.) 지원 정책 협의 · 조정 · 총괄
- 영유아 정책에 대한 조사 · 연구 · 평가 및 제도개선
- 영유아 정책에 관한 종합계획의 수립 및 연도별 시행계획의 총괄

- 보육정책위원회의 운영
- 보육관련 법령의 관리 · 운영
- 보육재정의 중장기 투자계획 수립
- 보육예산의 편성 · 집행관리 및 정산 · 결산
- 보육서비스 이용권 제도(보육전자바우처)의 운영 및 관리
- 보육행정 전산화
- 지방자치단체 보육공무원 교육
- 보육개발원의 설립 및 지도 · 감독
- 영유아 및 영유아보육 지원 정책에 대한 홍보 및 국민인식 개선사업
- 보육 관련 대외협력 및 교류활성화의 지원
- 보육통계의 생산 및 관리
- 어린이집연합회 등 법인 · 단체의 지도 · 감독
- 어린이집 평가인증 계획 수립 및 평가인증 제도 운영

(3) 고용노동부

고용노동부는 고용정책실 여선고용정책과에서 여성고용확대, 모성보호, 출산급여, 육아휴직제도 등 가족정책 관련주요 업무를 담당하고 있다.

① 여성고용정책과

- 여성고용확대촉진정책 수립
- 산전후 휴가 등 모성보호 제도 운영 및 개선
- 일과 가정의 양립지원 법령 제정 관련 업무
- 육아휴직 및 급여 · 장려금 제도 운영 · 개선
- 직장보육제도 개선
- 직장보육시설의 설치 및 운영

• 여성가장 지원사업 운영

(4) 지방자치단체

중앙부처에서 수립된 가족관련 정책을 집행하고 서비스를 제공하는 지방자치단체의 담당부서는 주로 보육, 아동 · 청소년, 한부모가족을 담당하는 팀, 국 단위의 기구에서 이루어진다. 중앙부처에서는 각각의 부서에서 정책이 입안되며 지방전달체계로 내려오면 업무가 같은 조직 내에서 이루어지므로 실질적인 정책집행자가 된다. 그러므로 지방의 가족정책 관련 조직과 담당인력의 전문성은 가족복지정책의 효과적인 집행을 위한 중요한 요소가 된다.

가족복지정책을 관장하는 지방자치단체의 조직은 광역시 · 도 단위에서는 여성정책국, 보건복지여성국 등으로 구성되어 보건복지부, 여성가족부의 직무를 국(局)내에서 다루고 있으며 시 · 군 · 구 단위에서는 지자체별로 문화복지과, 사회복지과, 여성정책과 또는 가정복지과 등의 명칭으로 다양하게 조직이 운영되고 있다. 읍 · 면 · 동사무소에서는 국민기초생활보장 업무와 함께 아동, 노인, 장애인, 한부모가족 등에 대한 사회복지서비스 업무를 모두 관장하며 종합적 복지행정서비스를 제공하고 있다(송정애 외, 2011).

2) 민간전달체계

민간전달체계는 대부분 사회복지 서비스 부분에 집중되어 왔다. 사회복지공급주체에 따라 다소 상이하나 대부분 정부의 부분적인 재정지원과 행정적 지도 · 감독 아래 다양한 형태와 방법으로 가족복지 서비스의 전달체계를 수립하여 운영되고 있다.

(1) 건강가정지원센터

「건강가정기본법」에 의거하여 가정문제의 예방과 치료를 위한 프로그램 개발, 가족문화사업의 전개, 정보 및 자료제공 등을 위해 중앙, 시·도 및 시·군·구에 '건강가정지원센터'를 두도록 하여 가족복지와 관련된 전문행정 전달체계를 구축하고 있다.

건강가정지원센터는 교육 및 상담, 가정생활문화사업, 정보제공, 지역사회 네트워크 구축 등의 사업을 통해 건강한 가정생활을 영위하도록 하며 가족유지율 저하, 이혼율 증가, 부양기능문제, 위기문제 등 다양한 가족문제에 대처할 수 있도록 하고 있다. 센터 내 조직은 센터장 이하 사업기획팀, 교육·문화팀, 상담팀, 운영지원팀, 아이돌봄지원사업팀 등으로 구성되어 가족돌봄 지원서비스를 제공하고 있다.

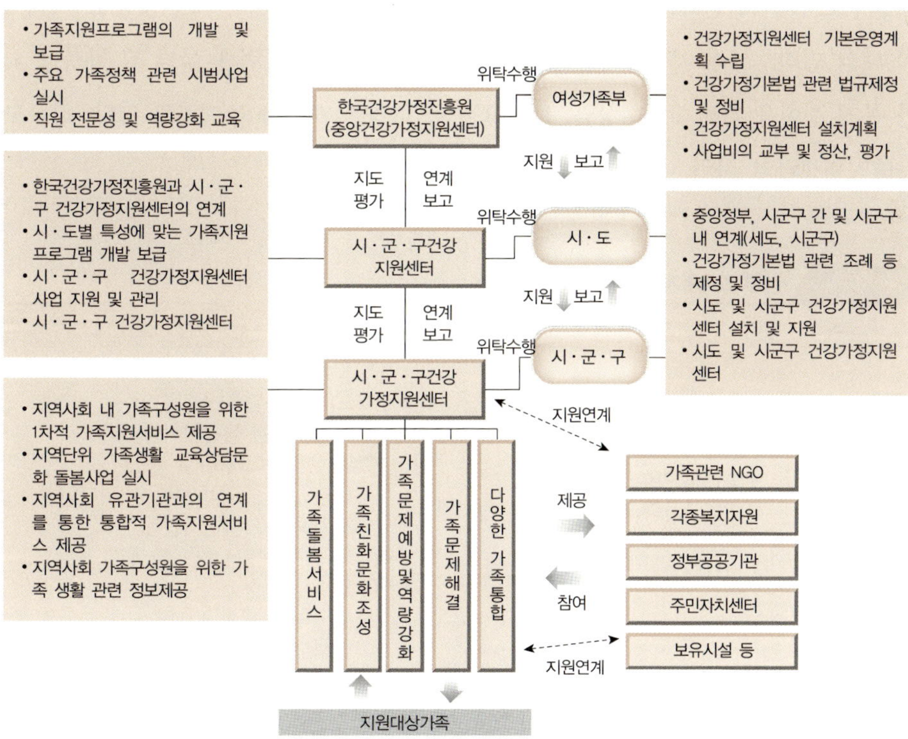

▌그림 4-2▌ 건강가정지원센터 지원체계

(2) 다문화가족지원센터

「다문화가족지원법」에 의거해 다문화가족의 한국사회 조기적응 및 안정적 가족생활지원을 위해 사회적응교육, 상담, 직업교육 등을 위해 중앙, 시 · 도 및 시 · 군 · 구에 '다문화가족지원센터'를 두도록 해 가족복지와 관련된 전문행정 전달체계를 구축하고 있다. 다문화가족지원센터는 다문화가족성원을 위한 사회적응교육, 상담, 직업교육 등 서비스를 제공해 다문화가족의 한국사회 조기적응 및 안정적인 가족생활을 지원하고 있다. 더불어 다문화 사회로의 변화에 맞춰 다문화 가족뿐 아니라 일반가족들에게도 다문화 사회와 관련된 다양한 인식개선서비스를 제공하고 있다.

(3) 한부모가족지원센터

한부모가족지원센터는 지역사회 내에서 일정한 시설과 전문인력을 갖추고 지역사회 내의 인적 · 물적 자원을 통해 한부모가족의 자립기반 마련과 삶의 질 향상을 위한 복지 실현을 위해 교육, 상담, 문화활동 등 다양한 사업을 추진하고 있다. 한부모가족지원센터의 사업 내용을 다음과 같다.

표 4-9 한부모가족지원센터의 사업 내용

주요목표	세부추진과제	단위사업
한부모가족의 생활안정과 자립역량강화 종합지원	• 보편적 한부모가족지원 • 한부모가족 역량강화 및 자립지원 • 한부모가족 맞춤형 서비스 • 한부모가족 상담지원 체계화	• 한부모상담 및 정보제공 • 한부모가족 특별후원사업 • 한부모자립지원 생활밀착형서비스 (한부모생활코디네이터) • 한부모가족 자조모임 지원 및 리더양성 • 한부모가족 주거지원사업 • 한부모 계속 학습지원(도담학교) • 한부모 위기지원 • 미혼모 · 부 초기지원(수탁) • 재가한부모 상담지원 • 시설입소자 상담 · 치료지원(수탁)

한부모가족복지시설 및 기관지원 활성화	• 한부모가족 서비스 총괄지원 • 한부모가족 네트워크 활성화 • 한부모가족 생활교육 프로그램	• 한부모가족복지시설 운영지원 • 한부모가족지원기관 자원연계사업 • 한부모가족 프로그램 개발 및 지원
한부모가족인식개선을 위한 사회환경 조성사업	• 미래지향적 한부모 지원 • 인식개선 사업확대 • 홍보 및 후원사업	• 한부모가족 권익증진 사업 • 한부모 자원봉사단 운영 • 한부모가족 이해교육 • 인식개선 연대사업 • 한부모가족 모두 하나 대축제 • 후원사업

(4) 종합사회복지관

중앙정부 및 지자체의 가족복지 전달체계 안에서 해소되지 않는 사각지대를 해소하는 데 기여하는 민간사회복지기관은 「사회복지사업법」 제2조에 의해 지역사회를 기반으로 일정한 시설과 전문인력을 갖추고 지역주민의 참여와 협력을 통해 지역사회복지문제를 예방하고 지역주민의 복지욕구를 충족시키기 위한 종합적 사회복지사업을 수행하는 사회복지시설을 뜻한다. 종합사회복지관은 사회복지서비스 욕구를 가지고 있는 모든 지역주민을 대상으로 보호서비스, 자립능력배양을 위한 교육훈련의 기회제공 등 그들이 필요로 하는 복지서비스를 제공하고 가족기능 강화 및 주민상호 간의 연대감 조성을 통해 지역사회문제를 예방하거나 치료하는 매개역할을 한다.

3 가족복지정책의 과제

1) 가족정책의 전제 전환

가족정책을 전제함에 가족이 구성원에 책임을 지는 '가족에 의한 복지' 형태에서 벗어나야 할 것이다. 다시 말해 가족복지책임주의에서 벗어나야 한다. 급변하는 사회환경 속에서 가족형태의 변화와 점점 더 축소되는 가족기능 아래에서 더 이상 가족이 구성원에 대해 전적으로 책임질 수 없다. 따라서 가족의 복지를 사적 책임으로 하는 것을 전제해서는 안 될 것이며 가족책임에 대한 사회적 연대책임의 가치를 증대시켜 나가야 할 것이다. 우리나라의 가족정책은 가족의 부양·보호기능 강화를 통해 구성원의 복지를 성취하고자 하는 '가족을 통한 복지'와 한 걸음 더 나아가 가족단위로 만족스러운 삶을 보장하기 위해 가족의 다양한 욕구를 파악하고 적절하게 지원하는 '가족을 위한 복지'의 전제를 추구해야 할 것이다.

2) 남녀 성평등 지향

많은 여성들이 점차 사회경제활동에 참여함에 따라 양성평등을 통한 여성의 취업과 가족생활이 병행될 수 있도록 하는 가족정책이 필요하다. 여성의 부모역할과 취업의 병행이 가능할 수 있도록 하는 일·가정 양립과 관련된 가족정책은 가족수당과 보육, 육아휴직정책이라고 할 수 있다. 현재 우리나라는 보육과 육아휴직 제도는 실시되고 있으나 자녀양육비용을 사회가 분담하는 보편적인 가족수당과 아동수당은 현재 실시되지 않고 있다. 노동시장에서도 여성의 동등한 고용기회와 동등한 수준의 임금보장이라는 면에서 선진국 수준에는 미치지 못하고 있다. 이러한 문제에 대해 보육 및 육아휴직의 확대실시, 보편적 가족수당의 도입, 노동시장에서 모성보호 및 성 평등한 기준적용이 이루어져야 할 것이다. 또한 정부부처와 민간기업체에서 여성이 일·가정 양립이 정착될 수 있도록 남성 육아휴직제도가 안정적으로 자리잡을 수 있도록 제도적인 마련이 되어야 할 것이다. 2016년 현재 기준 남성 육아휴직자의 비율은 7.4%에 불과하다. 1년 전과 비교해 2.3%포인트 증가했다고는 하지만 여전히 저조한 수준이다. 남성 직장인들은 인사상 불이익, 경력 단절, 낮은 휴직급여 등을 우려해 육아와 가정에 크게 신경을 못 쓰고 있기에 스웨덴 등 북유럽 국가처럼 부부가 모두 육아휴직을 쓰도록 권고하는 등 제도적인 장치가 마련되어야 할 것이다.

3) 다양한 가족형태의 인정

우리나라의 가족정책은 친족주의, 규범적 가족 위주로 이루어져 온 경향이 있으나 가족의 급격한 변화에 따라 다양한 유형의 가족을 포괄하는 가족친화적 정책으로 변화되어야 할 것이다. 가족의 다양성을 인정하여 모든 유형의 가족이 기본적인 욕구가 충족될 수 있도록 가족정책에 반영될 수 있도록 해야 할 것이다. 이를 위해 특정 가족형태를 규범적 가족으로 보는 대신 한부모가족, 노인단독가구, 합법적 결혼을 거치지 않은 동거가족 등 여러 유형의 가족의 욕구를 가족정책에 수용하고, 가족의 다양성에 대한 정부의 대응이 통제가 아닌 권리보장의 형태가 될 수 있도록 해야 한다(최경석, 2002).

4) 효율적인 가족정책 추진

그동안 가족정책의 전달체계가 대상별로 분산되어 가족에 관련된 정책에 대한 조정 및 통제기능이 미비하므로 가족에 대해 통합적으로 접근할 수 있는 가족정책 전담부서를 확립하는 방안이 우리나라의 가족정책 전문가들에게 계속적으로 제기되었다. 이런 면에서 가족정책을 총괄했던 보건복지부에서 정부조직개편에 따라 가족정책 관련 업무를 여성가족부에서 이관받아 지속적으로 수행할 수 있게 된 것은 바람직한 변화라고 할 수 있다. 가족정책이 통합됨으로써 사회변화에 따라 발생되는 가족관련 문제들을 가족문제의 틀에서 통합적으로 인식하고 국가가 직접 예방과 실천방안을 마련하여 예방적이고 적극적인 입장으로 가족정책을 전환할 수 있었다. 앞으로 여성가족부는 가족정책의 총괄 및 조정기능을 강화하여 가족관련 업무를 더욱 효율적으로 추진하며 다양한 가족에 대한 지원을 강화해야 할 것이다. 또한 다양한 가족의 변화와 그에 따른 관련법 및 제도가 현실성 있게 개정되어야 하며 그에 따른 다양한 가족복지 프로그램 개발이 필요하다. 이외에도 저출산과 고령화에 따른 출산율을 높이기 위한 아동보육정책, 취업모 지원서비스, 모성보호와 여성의 노동권 보장, 국공립 보육시설 확충, 보육 프로그램의 다양화, 가족수당제도, 노인들의 경제적 자립을 위한 교육 · 훈련, 고용서비스, 노인 일자리 창출, 노인검진 무료실시, 경로연금의 현실화 등 제도적 장치가 마련되어야 할 것이다.

참 | 고 | 문 | 헌

김경자, 임선영 (2008). 가족복지의 이해. 서울: 도서출판 구상.

김만두 (1998). 사회복지법제론. 서울: 홍익재.

김성천 (2000). 한국가족복지정책의 재조명: 문제점과 개혁방안. 한국가족복지학, 5. 가족사회복지학회.

김수정 (2002). 복지국가 가족지원체계의 구조변화에 관한 일 연구. 서울대학교대학원 박사학위논문.

김영화, 이진숙, 이옥희 (2007). 성인지적 가족복지론. 파주: 양서원.

김태성 (2003). 사회복지정책입문. 서울: 청목출판사.

류종훈 (2006). 최신 가족복지론. 파주: 학현사.

박성석, 오정아, 이영주, 최경화, 최금혜 (2009). 가족복지론. 파주: 양서원.

보건복지부 (2010). 정책마당.

성정현, 여지영, 우국희, 최승희 (2008). 가족복지론. 파주: 양서원.

손병덕, 진미애, 황혜원 (2009). 가족복지론. 서울: 학지사

송정애, 정해은 (2011). 가족복지론. 경기: 양서원.

양옥경, 이재경, 윤홍식, 송다영, 김인숙 (2007). 가족복지의 정책과 실천. 서울: 공동체.

유종훈 (2006). 가족복지론. 파주: 학현사.

윤홍식 (2005). 가족정책의 성통합적 재구조화 · 노동 주체의 관점에 근거한 일과 가족의 양립을 중심으로. 한국사회복지학, 57(4).

이소희 외 (2005). 현대가족복지론. 파주: 양서원.

이원숙 (2007). 가족복지론. 서울: 학지사.

이진숙 외(2009). 사회복지정책론. 경기: 양서원.

조추용, 오정옥, 한성심, 이채식 (2006). 가족복지론. 서울: 창지사

조홍식, 김인숙, 김혜란, 신은주 (2006). 가족복지학. 서울: 학지사.

최경석, 김양희, 김성천, 김진희, 박정윤, 윤정향 (2001). 한국가족복지의 이해. 서울: 인간과복지.

한국고용정보원 (2007). 고용보험통계연보.

한국복지행정학회 (2008). 사회복지정책론.

한국임상사업학회 (2006). 사회복지개론.

현외성 (2008). 사회복지정책강론. 파주: 양서원.

통계청(2015). 2015년 고령자 통계.

Fagnani, J. (1998). Recent Changes in Family Policy in France: Political Trade-offs and Economic Constraints. In Drew Emerek khon (Eds.)(1998), *Woman, Work and the Family in Europe*. Routeledge.

Hantrais, L. (1994). Comparing Family Policy in Britain, France and Germany. *Journal of Social Policy, 23*(2).

Kamerman, S. B. (1995). Families Overview. *Encyclopedia of Social Work(19th ed.)*. National Association of Social Workers Press. 927-935.

Sundstron, M. (1997). Managing work and children: part-time work and the family cycle of Swedish Woman. In Hans-Peter Blossfeld & Catherine Hakim (Eds.), *Between Equalization and Marginalization-Woman Working Part-time in Europe and the united States of America*. Oxford University Press.

Walsh, F. (2002). **가족과 레질리언스**. 양옥경, 김미옥, 최명민 공역. 파주: 나남출판사.

통계청(kostat.go.kr)

예방교육통합관리(shp.mogef.go.kr)

법제처(www.moleg.go.kr)

국세청(www.nts.go.kr)

보건복지부(www.mohv.go.kr)

CHAPTER 05

가족복지정책 관련법

CHAPTER 05 가족복지정책 관련법

가족의 제도와 사회의 각 영역은 상호 영향을 주고받는 유기적인 관계를 형성하고 있다. 따라서 둘 중 어느 한 쪽이 불안정하면 다른 한 쪽도 고스란히 그 영향을 미치게 된다. 이러한 상관관계 때문에 가족문제가 사회문제로 이슈화 될 수 있도록 법을 통한 국가사회적 개입행위는 그 필요성이 커지고 또한 국가 개입 행위에 대한 정당성 확보 가능성도 높아지게 된다. 가족을 대상으로 하는 법적 보장이 확실히 존재하지 않았던 과거에 비해 오늘날 가족복지 관련법에 대한 요구도가 증가하는 원인인 크게 두 가지 측면으로 설명할 수 있다.

첫째, 사회와 경제구조 변화에 따라 가족 구조와 형태가 다양화되면서 가족은 기존에 수행해 온 기능들 중 많은 부분을 사회에 이양하였다. 그러함에도 가족생활에 대한 부담요인은 증가하여 가족이 스스로 문제를 해결하기에는 역부족인 상황이 되었다.

가족이 수행하는 보호기능과 정서적 지지기능은 다른 사회집단이 대체하기 어려운 여러 가지 가치를 지니고 있다. 따라서 이 기능들이 원활하게 수행되도록 국가는 가족의 부담을 완화하고 지원해야 할 의무가 있는 것이다.

둘째, 취업모의 증가는 가족 내 관계와 권력구조, 그리고 성역할의 변화를 초래하여 가족과 사회의 관계에 대한 인식에도 변화를 유도하고 있다. 대부분의 국가들은 1970년대까지만 해도 가족의 문제에 대해서는 가족이 책임을 져야 한다는 방임적 태도를 취했으나 가족의 위기가 사회문제화되면서 다양한 복지 프로그램을 통해 가족을 지원하기 시작하였다. 이러한 지원을 통해 현대 국가들은 가족 내 여성문제를 해결함으로서 가족 내에 존재하는 다른 문제들까지도 한꺼번에 해결하고자 하였다. 그러나 이는 가족문제를 근본적으로 해결하기보다는 통합적으로 접근하지 않고 개별 가족구성원의 욕구 해소에 치중된 정책은 결국 불균형적인 복지 배분의 문제를 불러왔고, 이로 인해 여성문제는 더욱 심화되는 부작용이 나타나게 된 것이다.

가족은 사회의 근간이며 사회 안정에 가장 중요한 역할을 수행할 수 있는 능력을 가지고 있다. 앞으로 가족 내에 내재해 있는 다양한 문제들을 균형적으로 해결하기 위해서는 더 이상 가족에게만 책임을 전담시키는 소극적 태도는 사라져야 할 것이며, 국가와 사회의 책임하에 가족을 전체로 보고 문제에 적극적으로 개입하는 가족복지 법안이 요구된다(최경석 외, 2001).

위와 같은 이유로 가족복지 관련법이라 함은 가족 또는 가족보호와 직·간접적으로 관계가 있는 법으로서 가족을 직접 대상으로 하거나 가족보호와 관계된 조항을 포함하는 모든 법령을 의미한다고 볼 수 있다. 우리나라는 실정법에서 가족보호에 대해 명시적으로 선언을 함으로써 가족정책을 정당화하고 있다.

본 장에서는 가족 관련법인 건강가정기본법, 한부모가족지원법, 민법(가족법), 영유아보육법, 모성보호에 관한 3법(근로기준법, 남녀고용평등과 일·가정 양립 지원에 관한 법률, 고용보험법)을 중심으로 살펴보고자 한다.

1 건강가정기본법

1) 법의 의의와 기본이념

가족을 둘러싼 다양한 환경변화는 가족 그 자체의 건강 및 존립에 영향을 줄 뿐만 아니라 개개인의 삶의 질에도 영향을 준다. 적응지체를 일으키거나 부적응하는 가족의 발생은 가족문제를 야기하게 될 것이며, 개인과 사회에 부정적 영향을 미칠 가능성이 높다. 그러므로 이에 대처하는 사회제도적 보완과 가족정책의 체계적 추진이 요구된다. 기존의 노인복지법, 아동복지법,영유아보육법, 장애인복지법,국민기초생활보장법 등의 사회복지관련법이 있으나 이러한 법들은 가족을 건강하게 유지하고 발전시키기 위한 것이라고 보기는 어렵고, 가족을 단위로 하고 있지 않으며, 더 나아가 변화하고 있는 가족환경을 고려한 제도라고 볼 수 없는 한계가 있다. 이에 가족 및 가정과 관련된 새로운 사회입법이 요구되었고, 건강가정기본법이 2004년 2월에 제정되어 2005년 1월부터 시행되었다.

건강가정기본법은 우리 사회의 변화에 따라 가족해체 현상이 급속도로 증가함에 따라 이혼율의 증가, 가족의 부양기능 약화 등의 가족문제에 대처하며 가정을 단위로 한 통합적이고 예방적인 복지서비스를 구현하기 위하여 제정되었으며, 최근 2010년 3월 19일 개정 시행되고 있다. 개정이유 및 주요내용은 보건복지가족부의 청소년 · 가족 기능을 여성부로 이관하여 종합적인 가족정책 기능을 수행할 수 있도록 여성부를 "여성가족부"로 확대 개편하여 기능을 강화 및 변경하는 것이다.

입법목적은 건강한 가정생활의 영위와 가족의 유지 및 발전을 위한 국민의 권리 · 의무와 국가 및 지방자치단체 등의 책임을 명백히 하고, 가정문제의 적절한 해결방안을 강구하며 가족구성원의 복지증진에 이바지할 수 있는 지원정책을 강화함으로써 건강가정 구현에 기여하는 것을 목적으로 한다(건강가정기본법 제1조).

2) 건강가정기본법의 주요 내용

(1) 가족, 가정, 건강가정에 대한 정의

건강가정기본법 제 3조에 의하면 가정관련 용어의 정의는 아래와 같다.

- 가족: 혼인 · 혈연 · 입양으로 이루어진 사회의 기본단위

- 가정: '가정'이라 함은 가족구성원이 생계 또는 주거를 함께하는 생활공동체로서 구성원의 일상적인 부양 · 양육 · 보호 · 교육 등이 이루어지는 생활단위
- 건강가정: 가족구성원의 욕구가 충족되고 인간다운 삶이 보장되는 가정
- 건강가정사업: 건강가정을 저해하는 문제(이하 '가정문제'라 한다)의 발생을 예방하고 해결하기 위한 여러 가지 조치와 가족의 부양 · 양육 · 보호 · 교육 등의 가정기능을 강화하기 위한 사업

(2) 책임주체 및 적용대상

건강가정기본법에 따르면 '모든 국민은 가정의 구성원으로서 안정되고 인간다운 삶을 유지할 수 있는 가정생활을 영위할 권리'를 가지기 때문에 '모든 국민은 가정의 중요성을 인식하고 그 복지의 향상을 위하여 노력하여야 한다'(건강가정기본법 제4조). 따라서 국가 및 지방자치단체는 건강가정을 위하여 필요한 제도와 여건을 조성하고 이를 위한 시책을 강구하여 추진하여야 하고 시책을 강구함에 있어서 가족구성원의 특성과 가정유형을 고려하여야 한다. 또한 민주적인 가정형성, 가정친화적 환경조성, 양성평등한 가족가치 실현 및 가사노동의 정당한 가치평가를 위하여 노력하여야 한다(건강가정기본법 제5조)고 고시되어 있다.

(3) 건강가정사업

건강가정기본법에서는 국가 및 지방자치단체가 추진해야 하는 건강가정사업으로 가정에 대한 지원, 가족단위 복지증진, 가족의 건강증진, 가족부양의 지원, 이혼예방 및 이혼가정지원, 건강가정교육 등(제21조, 제23조, 제24조, 제25조, 제31조, 제32조), 개별복지복지법과 달리 가정을 단위로 한 통합적 접근을 규정하고 있다. 이 법은 여전히 잔존하고 있는 우리나라 사회에서 가부장제적 가치관을 불식하고 양성평등한 가족관계를 증진시키며, 가족단위의 시민적 역할을 강조하고 있으며, 자원봉사활동을

지원하도록 명시하고 있다. 아울러 최근 증가하고 있는 이혼을 예방하고 이혼가정에 대한 적절한 서비스를 지원하기 위한 내용과 가정봉사원 제도에 대하여 근거를 제시하고 있다.

(4) 서비스 전달기관으로서의 건강가정지원센터(건강가정기본법법 제35조)

건강가정기본법은 국가 및 지방자치단체가 가정문제의 예방 · 상담 및 치료, 건강가정의 유지를 위한 프로그램의 개발, 가족문화운동의 전개, 가정 관련 정보 및 자료제공 등을 위하여 중앙, 시 · 도 및 시 · 군 · 구에 건강가정지원센터를 설립하도록 하였다.

센터에는 건강가정사업을 수행하기 위하여 관련분야에 대한 학식과 경험을 가진 전문가로서 건강가정사를 두도록 되어 있다. 건강가정사는 대학 또는 이와 동등 이상의 학교에서 사회복지학 · 가정학 · 여성학 등 여성가족부령이 정하는 관련교과목을 이수하고 졸업한 자로만 가능하게 되었다(동법 제35조).

건강가정센터의 건강가정사의 직무내용은 아래와 같다.

■ 건강가정사의 직무

① 가정문제의 예방 · 상담 및 개선

② 건강가정의 유지를 위한 프로그램의 개발

③ 건강가정 교육(민주적이고 양성평등한 가족관계 교육을 포함)

④ 가정생활문화운동의 전개

⑤ 가정관련 정보 및 자료제공

⑥ 가정에 대한 방문 및 실태파악

⑦ 아동보호전문기관 등 지역사회자원에의 연계

⑧ 그밖에 건강가정사업과 관련하여 여성가족부장관이 정하는 활동

표 5-1 건강가정기본법 주요 내용

구분		조항
목적	제1조	건강한 가정생활의 영위와 가족의 유지 및 발전을 위한 국민의 권리・의무와 국가 및 지방자치단체 등의 책임을 명백히 하고, 가정문제의 적절한 해결방안을 강구하며 가족구성원의 복지증진에 이바지할 수 있는 지원정책을 강화함으로써 건강가정 구현에 기여하는 것을 목적으로 한다.
이념	제2조	가정은 개인의 기본적인 욕구를 충족시키고 사회통합을 위하여 기능할 수 있도록 유지・발전되어야 한다.
용어의 정의	제3조	1. "가족"이라 함은 혼인・혈연・입양으로 이루어진 사회의 기본단위를 말한다. 2. "가정"이라 함은 가족구성원이 생계 또는 주거를 함께 하는 생활공동체로서 구성원의 일상적인 부양・양육・보호・교육 등이 이루어지는 생활단위를 말한다. 3. "건강가정"이라 함은 가족구성원의 욕구가 충족되고 인간다운 삶이 보장되는 가정을 말한다. 4. "건강가정사업"이라 함은 건강가정을 저해하는 문제(이하 "가정문제"라 한다)의 발생을 예방하고 해결하기 위한 여러 가지 조치와 가족의 부양・양육・보호・교육 등의 가정기능을 강화하기 위한 사업을 말한다.
국민의 권리와 의무	제4조	① 모든 국민은 가정의 구성원으로서 안정되고 인간다운 삶을 유지할 수 있는 가정생활을 영위할 권리를 가진다. ② 모든 국민은 가정의 중요성을 인식하고 그 복지의 향상을 위하여 노력하여야 한다.
책임	제5조	① 국가 및 지방자치단체는 건강가정을 위하여 필요한 제도와 여건을 조성하고 이를 위한 시책을 강구하여 추진하여야 한다. ② 국가 및 지방자치단체는 제1항의 시책을 강구함에 있어 가족구성원의 특성과 가정유형을 고려하여야 한다. ③ 국가 및 지방자치단체는 민주적인 가정형성, 가정친화적 환경조성, 양성평등한 가족가치 실현 및 가사노동의 정당한 가치평가를 위하여 노력하여야 한다.
가정에 대한 지원	제21조	① 국가 및 지방자치단체는 가정이 원활한 기능을 수행하도록 지원하여야 한다. ② 제1항의 규정에 의하여 지원하여야 할 사항은 다음 각호와 같다. 1. 가족구성원의 정신적・신체적 건강지원 2. 소득보장 등 경제생활의 안정 3. 안정된 주거생활 4. 태아검진 및 출산・양육의 지원 5. 직장과 가정의 양립 6. 음란물・유흥가・폭력 등 위해환경으로부터의 보호 7. 가정폭력으로부터의 보호 8. 가정친화적 사회분위기의 조성 9. 그 밖에 건강한 가정의 기능을 강화・지원할 수 있는 관련 사항

		③ 국가 및 지방자치단체는 취업여성의 임신・출산・수유와 관련된 모성보호 및 부성보호를 위한 유급휴가시책이 확산되도록 노력하여야 한다. ④ 국가 및 지방자치단체는 한부모가족, 노인단독가정, 장애인가정, 미혼모가정, 공동생활가정, 자활공동체 등 사회적 보호를 필요로 하는 가정에 대하여 적극적으로 지원하여야 한다. ⑤ 제2항 및 제4항의 규정에 의한 국가 및 지방자치단체의 지원에 관한 세부적 사항은 관계법률이 정하는 바에 의한다.
가족 단위 복지 증진	제23조	① 국가 및 지방자치단체는 사회보험・공공부조 등 사회보장제도의 운용과 관련하여 보험료의 산정・부과, 급여 등을 운용함에 있어서 가족을 지지하는 시책을 개발・추진하여야 한다. ② 국가 및 지방자치단체는 경제・사회, 교육・문화, 체육, 지역사회개발 등 각 분야의 제도・정책 및 사업을 수립・추진함에 있어 가족을 우대하는 방안을 강구하여야 한다.
가족 건강 증진	제24조	국가 및 지방자치단체는 영・유아, 아동, 청소년, 중・장년 등 생애주기에 따르는 가족구성원의 종합적인 건강증진대책을 마련하여야 한다.
이혼 예방 및 이혼 가정 지원	제31조	① 국가 및 지방자치단체는 이혼하고자 하는 부부가 이혼 전 상담을 받을 수 있게 하는 등 이혼조정을 내실화 할 수 있도록 필요한 조치를 강구하여야 한다. ② 국가 및 지방자치단체는 이혼의 의사가 정해진 가족에 대하여 이들 가족이 자녀양육・재산・정서 등의 제반문제를 준비할 수 있도록 도움을 주는 지원서비스를 제공하도록 하여야 한다. ③ 국가 및 지방자치단체는 이혼한 가족에 대하여 양육비에 대한 집행력의 실효성을 강화하고 그 적용대상을 확대하도록 하여야 한다.
건강 가정 교육	제32조	① 국가 및 지방자치단체는 건강가정교육을 실시하여야 한다. ② 제1항의 규정에 의한 교육내용에는 다음 각호의 사항이 포함되어야 한다. 1. 결혼준비교육 2. 부모교육 3. 가족윤리교육 4. 가족가치실현 및 가정생활관련 교육 등 ③ 제1항의 규정에 의한 건강가정교육에 관하여 필요한 사항은 여성가족부령으로 정한다.
건강 가정 지원 센터의 설치	제35조	① 국가 및 지방자치단체는 가정문제의 예방・상담 및 치료, 건강가정의 유지를 위한 프로그램의 개발, 가족문화운동의 전개, 가정관련 정보 및 자료제공 등을 위하여 중앙, 시・도 및 시・군・구에 건강가정지원센터(이하 "센터"라 한다)를 둔다. ② 센터에는 건강가정사업을 수행하기 위하여 관련분야에 대한 학식과 경험을 가진전문가(이하 "건강가정사"라 한다)를 두어야 한다. ③ 건강가정사는 대학 또는 이와 동등 이상의 학교에서 사회복지학・가정학・여성학 등 여성가족부령이 정하는 관련교과목을 이수하고 졸업한 자이어야 한다. ④ 센터의 조직・운영 및 건강가정사의 자격・직무에 관하여 필요한 사항은 대

		통령령으로 정한다. ⑤ 센터의 운영은 여성가족부령이 정하는 바에 의하여 민간에 위탁할 수 있다.

출처: 법률 제14059호(2016.3.2.) 일부개정한 건강가정기본법 내용 재정리.

2 한부모가족지원법

1) 법의 의의와 기본이념

1960년대 이후로부터는 산업화, 도시화, 핵가족화 등으로 사회의 구조적 변화와 함께 이혼, 별거, 사별, 등의 원인으로 모·부자가정이 늘어나고 배우자가 있다고 하더라도 질병, 재해, 장애 등의 이유로 노동능력을 상실하여 여성이 가계를 책임지는 가정이 증가하기 시작했다. 이러한 모·부자가정은 경제적으로 빈곤에 처하게 될 뿐만 아니라 자녀의 양육과 교육문제, 그리고 한부모세대주로서 역할상의 문제, 정서적 문제까지 가지게 되었다. 그러나 그때까지 국가의 제도적 대응책은 생활보호법, 아동복지법, 국가유공자의 예우에 관한 법률 등에서 부분적으로 지원하는 방식을 취해왔으나 이러한 대응책은 임시방편의 수준에 지나지 않아 보다 종합적이고 체계적으로 모자가정의 생활안정과 복지를 위해 모자복지법이 제정되었다. 이 법은 편모가정만을 대상으로 한 모자복지법의 제정배경에는 전통적인 가부장제 사회의식 및 성역할 분업론에 기초한 퇴행적인 법의식이 깔려있었기 때문에 문제가 있었다. 이러한 이유로 1989년 제정된 모자복지법은 배우자와 사별, 이혼, 유기, 별거 등의 사유로 배우자가 없거나 배우자가 있어도 노동능력을 상실하여 여성이 생계를 책임지는 모자가정이 자립 재활할 수 있도록 지원하기 위하여 제정되었다. 이후 이혼의 급격한 증가와 경제구조의 변화로 부자가정의 경우에도 자립재활을 위하여 국가의 지원이 필요하여 2002년 모·부자복지법으로 개정되었고, 2007년에는 한부모가족지원법으로 개정되었다. 이후 2007년 10월 17일에는 한부모가족지원법으로 법령이 변경되었으며 이 법령은 모 · 부자가족을 포함하여 시대적, 사회적 환경 변화로 말미암아 조손가족이 늘어나고 이들에 대한 복지문제도 점차 사회적 관심사가 되었으며 이들까지 보호대상자로 확대하여 생활안정과 복지증진을 함께 도모하는데 의의를 두고 있다. 최근 한부모가족지원법은 2016년 3월 2일자로 일부개정되어 2016년 9월 3일자로 시행되고 있다.

2) 한부모가족지원법의 주요 내용

(1) 한부모가족지원법 목적

한부모가족지원법은 현대 산업사회로 들어서면서 급격한 증가세를 보이고 있는 한부모가정을 지원하기 위한 법이라 할 수 있다. 부부의 사별, 혹은 이혼으로 인해 발생하는 한부모가족은 부부가 함께 살아가는 가족에 비해 여러 가지 문제에 노출되기 쉽다. 경제적 어려움, 가족이나 이웃과의 관계망의 단절, 자녀교육 등이 그들의 행복한 삶을 가로막는 장애물이다. 한부모가족지원법은 이러한 어려움에 직면해 있는 한부모가족들에게 소득보장과 취업알선, 주거보장, 의료보건 지원, 보육지원 등을 통해 국가적인 지원을 하기 위한 법이라고 할 수 있다. 한부모가족지원법은 부모 · 가족의 건강하고 문화적인 생활의 보장을 목적으로 규정한다는 한부모가족지원법 제1조에 명명한 바, 한부모가족이 건강하고 문화적인 생활을 영위할 수 있게 함으로써 한부모가족의 생활안정과 복지증진에 이바지하는 것을 목적으로 한다.

(2) 한부모가족에 대한 정의

한부모가족지원법 제 4조에 의하여 '한부모가족'이란 모자가족 또는 부자가족을 의미하고, "모자가족"이란 모가 세대주(세대주가 아니더라도 세대원(世代員)을 사실상 부양하는 자를 포함한다)인 가족을 의미한다. 부자가족이란 부가 세대주(세대주가 아니더라도 세대원을 사실상 부양하는 자를 포함한다)인 가족을 의미한다.

(3) 한부모가족지원법의 지원

먼저 공공부조 측면에서 한부모가족은 국민기초생활보장사업과 원호사업에 의해 지원을 받을 수 있다. 국민기초생활보장법과 의료보호법에 의해 빈곤한 한부모가족은 국민기초생활 수급권자로 지정되어 정부로부터 생계지원과 의료지원을 받을 수 있다. 또한 군사원호보상법, 국가유공자 등 특별원호법에 의해 군인이거나 경찰관인 배우자가 사망한 경우 한부모가족은 원호금을 지원받을 수 있으며 자녀교육보호, 의료보호, 직업보호, 자영업 및 주택지원 등을 받을 수 있다. 그러나 이들 제도 역시 보호수준이 낮고 보호기준을 불합리하게 책정하는 등의 문제점을 안고 있어 한부모가족을 위한 지원체계로서는 미흡한 실정이다.

또 사회보험제도 내에서의 한부모가족에 대한 지원은 공무원연금법, 군인 연금법, 사립학교 교원연금법 등에 의해 배우자가 공무원이나 군인, 사립학교 교원인 경우 배우자 사망 시에 유족연금이나 유족일시금을 받을 수 있다. 또한 1988년에 시작한 국민연금제도는 피보험자와 그의 가족에게 노령연금, 장해연금, 유족연금 등을 보장하고 있어 한부모가족은 유족연금의 도움을 받을 수 있다. 한편 한부모가족의 의료지원을 위한 의료보험제도의 내용을 살펴보면 현행 제도상으로는 모·부자가족의 경제적 어려움으로 의료욕구를 충족시키기 어려운 상황이다. 즉, 의료보호를 받지 않고, 지역의료보험에 가입해야 하는 모자가정은 병원비에 대한 부담감으로 병원출입을 꺼리고 있는 실정이다.

(4) 복지 지원의 내용

복지 지원의 내용으로는 복지 급여, 복지 자금의 대여, 가족지원서비스 등의 현물

급여와 전문서비스를 포함하고 있으며, 또한 한부모가족의 주거안정을 위하여 국가 및 지방자치단체는 국민주택을 분양하거나 임대할 때에는 한부모가족에게 일정 비율이 우선 분양될 수 있도록 규정하고 있다(한부모가족지원법 제12조, 제13조, 제17조, 제18조).

(5) 한부모가족복지시설

한부모가족복지시설은 국가나 지방자치단체가 설치할 수 있도록하고 국가나 지방자치단체 외의 자가 설치 · 운영하려면 시장 · 군수 · 구청장에게 신고할 수 있다(동법 제20조)고 명시한다.

한부모가족복지시설(동법 제19조)의 종류로는 모자가족복지시설, 부자가족복지시설, 미혼모자가족복지시설, 일시지원복지시설, 한부모가족복지상담소가 있는데 각 시설 종류별의 목적은 다음과 같다.

① **모자가족복지시설**: 모자가족에게 다음 각 목의 어느 하나 이상의 편의를 제공하는 시설

가. 기본생활지원: 생계가 어려운 모자가족에게 일정 기간 동안 주거와 생계를 지원

나. 공동생활지원: 독립적인 생활이 어려운 모자가족에게 일정 기간 동안 공동생활을 통하여 자립을 준비할 수 있도록 주거 등을 지원

다. 자립생활지원: 자립욕구가 강한 모자가족에게 일정 기간 동안 주거를 지원

② **부자가족복지시설**: 부자가족에게 다음 각 목의 어느 하나 이상의 편의를 제공하는 시설

가. 기본생활지원: 생계가 어려운 부자가족에게 일정 기간 동안 주거와 생계를 지원

나. 공동생활지원: 독립적인 생활이 어려운 부자가족에게 일정 기간 동안 공동생활을 통하여 자립을 준비할 수 있도록 주거 등을 지원

다. 자립생활지원: 자립욕구가 강한 부자가족에게 일정 기간 동안 주거를 지원

③ **미혼모자가족복지시설**: 미혼모자가족과 출산 미혼모 등에게 다음 각목의 어느 하나 이상의 편의를 제공하는 시설

가. 기본생활지원: 미혼 여성의 임신·출산 시 안전 분만 및 심신의 건강 회복과 출산 후의 아동의 양육 지원을 위하여 일정 기간 동안 주거와 생계를 지원

나. 공동생활지원: 출산 후 해당 아동을 양육하지 아니하는 미혼모 또는 미혼모와 그 출산아동으로 구성된 미혼모자가족에게 일정 기간 동안 공동생활을 통하여 자립을 준비할 수 있도록 주거 등을 지원

④ **일시지원복지시설**: 배우자(사실혼 관계에 있는 사람을 포함한다)가 있으나 배우자의 물리적·정신적 학대로 아동의 건전한 양육이나 모의 건강에 지장을 초래할 우려가 있을 경우 일시적 또는 일정 기간 동안 모와 아동 또는 모에게 주거와 생계를 지원하는 시설

⑤ **한부모가족복지상담소**: 한부모가족에 대한 위기·자립 상담 또는 문제해결 지원 등을 목적으로 하는 시설

표 5-2 한부모가족지원법 주요 내용

구분	조항	
목적	제1조	한부모가족이 건강하고 문화적인 생활을 영위할 수 있도록 함으로써 한부모가족의 생활 안정과 복지 증진에 이바지함을 목적으로 한다.
책임	제2조	① 국가와 지방자치단체는 한부모가족의 복지를 증진할 책임을 진다. ② 모든 국민은 한부모가족의 복지 증진에 협력하여야 한다.
자립 노력	제3조	한부모가족의 모(母) 또는 부(父)와 아동은 그가 가지고 있는 자산과 노동능력 등을 최대한으로 활용하여 자립과 생활 향상을 위하여 노력하여야 한다.
용어의 정의	제4조	1. "모" 또는 "부"란 다음 각목의 어느 하나에 해당하는 자로서 아동인 자녀를 양육하는 자를 말한다. 2. "한부모가족"이란 모자가족 또는 부자가족을 말한다. 3. "모자가족"이란 모가 세대주{세대주가 아니더라도 세대원(世代員)을 사실상 부양하는 자를 포함한다}인 가족을 말한다. 4. "부자가족"이란 부가 세대주{세대주가 아니더라도 세대원을 사실상 부양하는 자를 포함한다}인 가족을 말한다. 5. "아동"이란 18세 미만(취학 중인 경우에는 22세 미만을 말한다)의 자를 말한다. 6. "보호기관"이란 이 법에 따른 보호를 행하는 국가나 지방자치단체를 말한다. 7. "한부모가족복지단체"란 한부모가족의 복지 증진을 목적으로 설립된 기관이나 단체를 말한다.
복지 급여의 신청	제11조	① 보호대상자 또는 그 친족이나 그 밖의 이해관계인은 제12조에 따른 복지 급여를 관할 시장・군수・구청장에게 신청할 수 있다. ② 제1항에 따라 복지 급여를 신청하는 방법・절차 및 이해관계인의 범위 등에 필요한 사항은 여성가족부령으로 정한다.
복지 급여의 내용	제12조	① 국가나 지방자치단체는 제11조에 따른 복지 급여의 신청이 있으면 다음 각 호의 복지 급여를 실시할 수 있다. 다만, 이 법에 따른 보호대상자가 「국민기초생활 보장법」 등 다른 법령에 따라 보호를 받고 있는 경우에는 그 범위에서 이 법에 따른 급여를 하지 아니한다. 1. 생계비 2. 아동교육지원비 3. 직업훈련비 및 훈련기간 중 생계비 4. 아동양육비 5. 그 밖에 대통령령으로 정하는 비용 ② 제1항제4호의 아동양육비를 지급할 때에 미혼모나 미혼부가 5세 이하의 아동을 양육하면 예산의 범위에서 추가적인 복지 급여를 실시할 수 있다. 이 경우 미혼모나 미혼부가 자녀를 양육하지 아니하고 미혼모나 미혼부의 직계존속이 양육하는 경우에도 추가적인 복지 급여를 실시할 수 있다.

		③ 제1항에 따른 복지 급여는 여성가족부령으로 정하는 기간을 단위로 하여 실시한다.
복지 자금의 대여	제13조	① 국가나 지방자치단체는 한부모가족의 생활안정과 자립을 촉진하기 위하여 다음 각 호의 어느 하나의 자금을 대여할 수 있다. 1. 사업에 필요한 자금 2. 아동교육비 3. 의료비 4. 주택자금 5. 그밖에 대통령령으로 정하는 한부모가족의 복지를 위하여 필요한 자금 ② 제1항에 따른 대여 자금의 한도, 대여 방법 및 절차, 그 밖에 필요한 사항은 대통령령으로 정한다.
가족지원 서비스	제17조	국가나 지방자치단체는 한부모가족에게 다음 각 호의 가족지원서비스를 제공하도록 노력하여야 한다. 1. 아동의 양육 및 교육 서비스 2. 장애인, 노인, 만성질환자 등의 부양 서비스 3. 취사, 청소, 세탁 등 가사 서비스 4. 교육·상담 등 가족 관계 증진 서비스 5. 그 밖에 대통령령으로 정하는 한부모가족에 대한 가족지원서비스
국민주택의 분양 및 임대	제18조	국가나 지방자치단체는 「주택법」에서 정하는 바에 따라 국민주택을 분양하거나 임대할 때에는 한부모가족에게 일정 비율이 우선 분양될 수 있도록 노력하여야 한다.
한부모 가족복지 시설	제19조	① 한부모가족복지시설은 다음 각 호의 시설로 한다. 1. 모자가족복지시설: 모자가족에게 다음 각 목의 어느 하나 이상의 편의를 제공하는 시설 가. 기본생활지원: 생계가 어려운 모자가족에게 일정 기간 동안 주거와 생계를 지원 나. 공동생활지원: 독립적인 생활이 어려운 모자가족에게 일정 기간 동안 공동생활을 통하여 자립을 준비할 수 있도록 주거 등을 지원 다. 자립생활지원: 자립욕구가 강한 모자가족에게 일정 기간 동안 주거를 지원 2. 부자가족복지시설: 부자가족에게 다음 각 목의 어느 하나 이상의 편의를 제공하는 시설 가. 기본생활지원: 생계가 어려운 부자가족에게 일정 기간 동안 주거와 생계를 지원 나. 공동생활지원: 독립적인 생활이 어려운 부자가족에게 일정 기간 동안 공동생활을 통하여 자립을 준비할 수 있도록 주거 등을 지원 다. 자립생활지원: 자립욕구가 강한 부자가족에게 일정 기간 동안 주거를 지원 3. 미혼모자가족복지시설: 미혼모자가족과 출산 미혼모 등에게 다음 각 목의 어느 하나 이상의 편의를 제공하는 시설

		가. 기본생활지원: 미혼 여성의 임신·출산 시 안전 분만 및 심신의 건강 회복과 출산 후의 아동의 양육 지원을 위하여 일정 기간 동안 주거와 생계를 지원 나. 공동생활지원: 출산 후 해당 아동을 양육하지 아니하는 미혼모 또는 미혼모와 그 출산 아동으로 구성된 미혼모자가족에게 일정 기간 동안 공동생활을 통하여 자립을 준비할 수 있도록 주거 등을 지원 4. 일시지원복지시설: 배우자(사실혼 관계에 있는 사람을 포함한다)가 있으나 배우자의 물리적·정신적 학대로 아동의 건전한 양육이나 모의 건강에 지장을 초래할 우려가 있을 경우 일시적 또는 일정 기간 동안 모와 아동 또는 모에게 주거와 생계를 지원하는 시설 5. 한부모가족복지상담소: 한부모가족에 대한 위기·자립 상담 또는 문제해결 지원 등을 목적으로 하는 시설 ② 제1항제1호부터 제4호까지의 규정에 따른 복지시설의 입소기간 및 그 기간의 연장 등에 필요한 사항은 여성가족부령으로 정한다.〈개정 2014.1.21.〉
한부모 가족복지 시설의 설치	제20조	① 국가나 지방자치단체는 한부모가족복지시설을 설치할 수 있다. ② 제19조에 따른 한부모가족복지시설의 장은 청소년 한부모가 입소를 요청하는 경우에는 우선 입소를 위한 조치를 취하여야 한다.〈신설 2011.4.12.〉 ③ 국가나 지방자치단체 외의 자가 한부모가족복지시설을 설치·운영하려면 특별자치시장·특별자치도지사·시장·군수·구청장에게 신고하여야 한다. 신고한 사항 중 여성가족부령으로 정하는 중요 사항을 변경하려는 경우에도 또한 같다. 〈개정 2010.5.17., 2011.4.12., 2014.1.21.〉 ④ 「입양촉진 및 절차에 관한 특례법」 제10조에 따른 입양기관을 운영하는 자는 제19조제1항제3호가목에 해당하는 편의제공시설을 설치·운영할 수 없다. 〈신설 2011.4.12.〉 ⑤ 한부모가족복지시설의 시설 설치·운영 기준, 시설 종사자의 직종(職種)과 수(數) 및 자격기준, 그 밖에 설치신고에 필요한 사항은 여성가족부령으로 정한다. 〈개정 2011.4.12.〉[전문개정 2007.10.17.]

출처: 저자에 의해 「법률 제14069호, 2016.3.2. 일부개정 한부모가족지원법」을 재구성함.

3 가족법(민법)

1) 법의 의의와 기본이념

가족법은 민법의 제4편 친족법과 제5편 상속법을 총칭하는 것으로 가족생활전반에 대한 내용을 규정하고 있다. 가족법은 1969년부터 시행되고 있으며, 세부내용은 친족의 정의와 범위, 약혼과 사실혼, 혼인과 이혼, 친생자, 호주승계 등의 우리나라 가족제도의 골격을 구성하는 규정이라고 할 수 있다(박성석외, 2009). 법 중에서 가족과 관련된 직접적인 법이라고 할 수 있다.

그러나 가족법은 원래 부계중심의 가부장적 가족제도의 원리에 근거하여 제정된 법률이다. 그 때문에 기존의 가족법에는 양성평등이라는 헌법의 기본원칙에 위배되는 규정들이 상당 부분 존재하고 있어서 여성계에서는 가족법 개정에 대한 논의를 지속하여 왔다.

2000년 10월에는 동성동본불혼규정과 여성의 재혼금지조항이 폐지되었고, 부제중심의 가족구성 원리의 근거가 되는 호주제도(동법 778조)는 2008년부터 폐지되었다. 개정된 호주제는 자녀는 아버지의 성과 본을 따르는 것을 원칙으로 하되 부모의 협의에 따라 어머니의 성을 따를 수도 있도록 하고 또한 필요한 경우에 법원의 허가를 받아 자녀의 성과 본을 변경할 수 있도록 했다.

호주제 폐지에 따른 대체법으로 「가족관계의 등록 등에 관한 법률」이 제정되었고, 2008년 1월 1일부터 시행되었다. 따라서 '호적'은 '가족관계등록부'로 변경이 됨에 따라 가족관계등록부는 개인별로 편제하여 개인의 존엄성과 양성평등의 헌법이념을 구현하였다.

가족법관련 조항의 개정안을 살펴보면 다음 〈표 5-3〉과 같다.

표 5-3 가족법 관련 조항의 개정안

조항	구법령	개정안
호주의 정의(제778조)	일가(一家)의 계통을 계승한 자, 분가한 자, 일가창립 및 부흥한 자 등	삭제
가족의 범위(제779조)	호주의 배우자, 혈족과 그 배우자 및 그 가(家)에 입적한 자	• 배우자, 직계혈족 및 형제자매 • (생계를 같이 하는 경우)직계혈족의 배우자, 배우자의 직계혈족 및 배우자의 형제자매
입적, 복적, 일가창립, 분가 등 (제780, 782~799조)	호주제를 전제로 한 입적, 복적, 일가창립, 분가에 관한 규정	삭제
동성동본 금혼	동성동본 금혼	근친혼 등의 금지조항으로 변경
여성의 재혼금지 기간	6개월	삭제
아내의 입적 (제826조 제3항, 제4항)	아내는 남편의 가(家)에 입적	삭제
친양자제도 신설 (제908조의 2~8)	삭제	양자를 양부모의 친생자로 신분등록부에 기재
부모의 친권행사(신설)	삭제	부모의 친권행사시 자녀의 복리를 우선 고려해야 한다는 의무조항 신설

출처: 저자 재구성.

2) 가족법(민법)의 주요 내용

(1) 가족의 범위

개정법에서의 가족의 범위는 호주의 배우자, 혈족과 그 배우자 기타 법의 규정에 의여 그 가(家)에 입적한 자(제779조)로 호주와 그의 혈족을 우선으로 하고 있으며 그 외에 양자, 처의 직계비속을 입적시킴으로써 가족범위에 포함하고 있다(송정애, 2010).

민법(가족법)의 개정된 가족의 범위는 배우자, 직계혈족 및 형제자매, 직계혈족의 배우자, 배우자의 직계혈족 및 배우자의 형제자매(가족법 제779조)로 가족 범위를 포함하고 있다. 이는 과거의 호주에 관한 규정과 호주제도를 전제로 한 입적, 복적, 일가창립, 분가 등에 관한 규정을 삭제하는 한편 호주와 가(家)의 구성원과의 관계로 정의되고 있는 가족에 관한 규정을 새롭게 규정한 것이다.

(2) 혼인에 관한 규정

혼인에 관한 조항에서는 부부간의 의무(제826조), 동거와 상호부양과 협조 등을 명시하고 있는데 혼인효력의 구체적인 내용으로는 부부간의 가사대리권(제827조), 부부재산의 약정과 그 변경(제829조), 생활비용(제833조) 등이 있다. 개정된 혼인에 관한 규정에서는 남녀평등과 혼인의 자율성을 침해할 우려가 있는 동성동본 금혼제도를 폐지하고 근친혼 금지제도로 전환하였다(송정아 외, 2010). 자세한 내용은 6촌 이내의 혈족의 배우자, 배우자의 6촌 이내의 혈족, 배우자의 4촌 이내의 혈족의 배우자인 인척이거나 이러한 인척이었던 자, 6촌 이내의 양부모계(養父母系)의 혈족이었던 자와 4촌 이내의 양부모계의 인척이었던 자 사이에서는 혼인을 금지하는 것(가족법 제809조)으로 근친혼제한의 범위를 합리적으로 조정하였다.

(3) 이혼에 관한 규정

가족법에서 이혼은 협의상 이혼과 재판상 이혼으로 분류하고 있다. 협의상 이혼의 경우 가정법원의 확인을 받아 「가족관계의 등록 등에 관한 법률」의 정한 바에 의하여 신고함으로써 그 효력이 성립되고(가족법 제836조), 재판상 이혼의 경우 배우자에 부정한 행위가 있었을 때, 배우자가 악의로 다른 일방을 유기한 때, 배우자 또는 그 직계존속으로부터 심히 부당한 대우를 받았을 때, 자기의 직계존속이 배우자로부터 심히 부당한 대우를 받았을 때, 배우자의 생사가 3년 이상 분명하지 아니한 때(가족법 제840조)는 가정법원에 이혼을 청구할 수 있음을 명시하고 있다.

(4) 부모-자녀관계에 관한 규정

가족법에서의 부모-자녀관계에 관한 내용은 대체적으로 관계의 법적 효력을 중심으로 규정되어 있고 보호자로서 부모의 기능이 법적으로 원활하지 않거나 부재한 경우 후견인이나 친족이 대신 법적인 책임자 또는 조력자의 기능을 할 수 있다고 규정하고 있다.

또한 친생자(가족법 제844조~제865조)와 입양의 요건(가족법 제866조~제908조)으로 구성되어 있는데 자녀의 성과 본은 부의 성과 본을 따르는 것을 원칙으로 하되 혼인신고 시 부모의 협의에 의하여 모의 성과 본도 따를 수 있도록 하였으며(가족법 제781조 제1항) 자녀의 복리를 위하여 자녀의 성과 본을 변경할 필요가 있을 때에는 부 또는 모의 청구에 의하여 법원의 허가를 받아 이를 변경할 수 있도록 하였다(가족법 제781조 제6항).

4 영유아보육법

1) 법의 의의와 기본이념

영유아보육법에서의 보육이란 영유아의 이익을 최우선적으로 고려하여 제공되어야 하며 보육은 영유아가 안전하고 쾌적한 환경에서 건강하게 성장할 수 있도록 하여야 한다고 설명한다. 자신 또는 보호자의 성 · 연령 · 종교 · 사회적 신분 · 재산 · 장애 및 출생지역 등에 따른 어떠한 종류의 차별도 받지 아니하고 보육되어야 한다고 법이념에 명시되어 있다. 영유아보육이란 6세 미만의 취학 전 아동을 안전하게 보호하며 건강하게 양육시키고 건전하게 교육하는 것을 말한다. 우리 사회는 예로부터 자녀의 양육을 전통적인 가정의 기능으로 여겨왔으며, 실제로 자녀의 양육문제는 가정 내에서 해결이 가능하였다. 그러나 우리 사회가 급속한 도시화·산업화의 과정을 거치면서 여성의 사회참여 증가와 핵가족화의 심화로 자녀양육 문제를 가정 내에서 해결하는 것이 어렵게 되었다. 경우에 따라서는 부모의 질병이나 장애로 인해 자녀들을 보호하고 교육시키기 어려운 가정도 있다. 또한 경제발전에 따른 생활수준 향상 등 시대적 여건에 맞는 전문적인 아동보호로 부모가 안심하고 사회활동을 수행할 수 있도록 하기 위해서는 사회적·국가적 차원에서의 접근이 필요하게 되었다. 이에 따라 정부는 영유아보육문제를 사회문제로 간주하고, 영유아보육법을 제정하여 영유아의 심신보호와 건전한 교육을 기하고, 보호자의 경제적·사회적 활동을 원활하게 하고자 하였다.

영유아보육법은 사회복지서비스법의 일환으로 실시되는데, 그 주된 대상은 6세미만의 취학전 아동인 영유아이다. 영유아보육법은 이 가운데에서도 보호자가 근로 또는 질병, 기타 사정으로 인하여 보호하기 어려운 영아와 유아를 그 대상으로 함으로써 법의 적용을 받는 대상이 협소한 편이다. 따라서 모든 영유아를 대상으로 하는 적극적인 면이 결여된 소극적인 특징을 나타내는 법률이다. 영유아보육법은 영유아보육에 관한 한 특별법으로서 특별법우선의 원칙이 적용된다.

영유아보육법은 1991년 1월에 제정되었고, 2016년 2월 3일 일부개정이 되어 2016년 8월 4일부터 시행되고 있다. 입법목적은 영유아(영영幼兒)의 심신을 보호하고 건전하게 교육하여 건강한 사회 구성원으로 육성함과 아울러 보호자의 경제적·사회적 활동이 원활하게 이루어지도록 함으로써 가정복지 증진에 이바지함을 목적으로 한다(영유아보육법 제1조).

2) 영유아보육법의 주요 내용

(1) 영유아, 보육에 대한 정의(동법 제2조 1항, 2항)

이 법에서 사용하는 용어의 정의는 다음과 같다.

1. "영유아"란 6세 미만의 취학 전 아동을 말한다.
2. "보육"이란 영유아를 건강하고 안전하게 보호 · 양육하고 영유아의 발달 특성에 맞는 교육을 제공하는 어린이집 및 가정양육 지원에 관한 사회복지서비스를 말한다.
3. "어린이집"이란 보호자의 위탁을 받아 영유아를 보육하는 기관을 말한다.
4. "보호자"란 친권자 · 후견인, 그 밖의 자로서 영유아를 사실상 보호하고 있는 자를 말한다.
5. "보육교직원"이란 어린이집 영유아의 보육, 건강관리 및 보호자와의 상담, 그 밖에 어린이집의 관리 · 운영 등의 업무를 담당하는 자로서 어린이집의 원장 및 보육교사와 그 밖의 직원을 말한다.

(2) 책임주체 및 적용대상자

영유보육법에 명시된 책임내용은 모든 국민은 영유아를 건전하게 보육할 책임을 지며 국가 및 지방자치단체는 보호자와 더불어 영유아를 건전하게 보육할 책임을 진다라고 하였다. 시장 · 군수 · 구청장(자치구의 구청장에 한한다. 이하 같다)은 영유아의 보육을 위한 적정한 보육시설을 확보하여야 한다고 책임 주체도 명시한다. 또한 영유아의 보육을 위한 적절한 보육시설을 확보하여야 한다(동법 제4조)고 되어 있다.

여기에서 '보육시설'이란 보호자의 위탁을 받아 영유아를 보육하는 시설을 말하며, '보호자'란 친권자 · 후견인, 그 밖의 자로서 영유아를 사실상 보호하고 있는 자를 말한다(동법 제2조 3항, 4항).

(3) 보육정보센터, 보육개발원

보육정보센터는 보육에 관한 정보의 수집 · 제공 및 상담을 위하여 보건복지부장관은 중앙보육정보센터를 특별시장 · 광역시장 · 도지사 · 특별자치도지사(이하 "시 ·

도지사"라 한다) 및 시장 · 군수 · 구청장은 지방보육정보센터를 설치 · 운영하여야 한다. 이 경우 필요하다고 인정하는 경우에는 영아 · 장애아 보육 등에 관한 보육정보센터를 별도로 설치 · 운영할 수 있다(개정 2008.2.29, 2010.1.18)고 설명하며 제1항에 따른 중앙보육정보센터와 지방보육정보센터(이하 "보육정보센터"라 한다)에는 보육정보센터의 장과 보육에 관한 정보 제공 및 상담 업무 등을 담당하는 보육전문요원 등을 둔다고 말한다. 보건복지부장관, 시 · 도지사 및 시장 · 군수 · 구청장은 보육정보센터를 보육 관련법인 · 단체 등에 위탁하여 운영할 수 있으며(개정 2008.2.29, 2010.1.18) 보육정보센터의 설치 · 운영 및 기능, 보육정보센터의 장과 보육전문요원의 자격 및 직무, 보육정보센터의 위탁 및 위탁 취소 등에 필요한 사항은 대통령령으로 정한다(전문개정 2007.10.17).

보육개발원은 보건복지부장관은 보육에 관한 연구와 정보 제공, 프로그램 및 교재 개발, 평가척도 개발 및 종사자 연수 등의 업무를 위하여 보육개발원을 설치하거나 그 업무를 관련 연구기관 등에 위탁할 수 있다(개정 2008.2.29, 2010.1.18). 동법 제1항에 따른 보육개발원의 설치 · 운영 및 위탁 등에 필요한 사항은 대통령령으로 정한다(전문개정 2007.10.17).

(4) 보육시설

보육시설의 종류로는 국공립보육시설로 국가나 지방자치단체가 설치 · 운영하는 보육시설을 의미하고 법인보육시설은 사회복지사업법에 따른 사회복지법인이 설치 · 운영하는 보육시설이며 직장보육시설 사업주가 사업장의 근로자를 위하여 설치 · 운영하는 보육시설이다. 특히 직장보육시설은 사업장의 사업주가 직장보육시설을 단독으로 설치할 수 없을 때에는 사업주 공동으로 직장보육시설을 설치 · 운영하거나, 지역의 보육시설과 위탁계약을 맺어 근로자 자녀의 보육을 지원하거나, 근로자에게 보육수당을 지급하여야 한다(영유아보육법 제14조). 가정보육시설이란 개인이 가정이나 그에 준하는 곳에 설치 · 운영하는 보육시설이고 부모협동보육시설은 보호자들이 조합을 결성하여 설치·운영하는 보육시설 등이 있으며 민간보육시설로는 법 제10조의 제1호부터 제5호까지의 규정에 해당하지 아니하는 보육시설(동법 제10조)을 지칭하여 총 6가지의 종류로 구분한다.

표 5-4 영유아보육법 주요 내용

구분	조항	
목적	제1조	영유아(영영幼兒)의 심신을 보호하고 건전하게 교육하여 건강한 사회 구성원으로 육성함과 아울러 보호자의 경제적·사회적 활동이 원활하게 이루어지도록 함으로써 가정복지 증진에 이바지함을 목적으로 한다.
정의	제2조	1. "영유아"란 6세 미만의 취학 전 아동을 말한다. 2. "보육"이란 영유아를 건강하고 안전하게 보호·양육하고 영유아의 발달 특성에 맞는 교육을 제공하는 보육시설 및 가정양육 지원에 관한 사회복지서비스를 말한다. 3. "보육시설"이란 보호자의 위탁을 받아 영유아를 보육하는 시설을 말한다. 4. "보호자"란 친권자·후견인, 그 밖의 자로서 영유아를 사실상 보호하고 있는 자를 말한다. 5. "보육시설종사자"란 보육시설에서 영유아의 보육, 건강관리 및 보호자와의 상담, 그 밖에 보육시설의 관리·운영 등의 업무를 담당하는 자로서 보육시설의 장 및 보육교사와 그 밖의 종사자를 말한다.
보육이념	제3조	① 보육은 영유아의 이익을 최우선적으로 고려하여 제공되어야 한다. ② 보육은 영유아가 안전하고 쾌적한 환경에서 건강하게 성장할 수 있도록 하여야 한다. ③ 영유아는 자신이나 보호자의 성, 연령, 종교, 사회적 신분, 재산, 장애 및 출생지역 등에 따른 어떠한 종류의 차별도 받지 아니하고 보육되어야 한다.
책임	제4조	① 모든 국민은 영유아를 건전하게 보육할 책임을 진다. ② 국가와 지방자치단체는 보호자와 더불어 영유아를 건전하게 보육할 책임을 진다. ③ 시장·군수·구청장(자치구의 구청장을 말한다. 이하 같다)은 영유아의 보육을 위한 적절한 보육시설을 확보하여야 한다.
보육정보센터	제7조	① 보육에 관한 정보의 수집·제공 및 상담을 위하여 보건복지부장관은 중앙보육정보센터를, 특별시장·광역시장·도지사·특별자치도지사(이하 "시·도지사"라 한다) 및 시장·군수·구청장은 지방보육정보센터를 설치·운영하여야 한다. 이 경우 필요하다고 인정하는 경우에는 영아·장애아 보육 등에 관한 보육정보센터를 별도로 설치·운영할 수 있다.

		② 제1항에 따른 중앙보육정보센터와 지방보육정보센터(이하 "보육정보센터"라 한다)에는 보육정보센터의 장과 보육에 관한 정보 제공 및 상담 업무 등을 담당하는 보육전문요원 등을 둔다. ③ 보건복지부장관, 시·도지사 및 시장·군수·구청장은 보육정보센터를 보육 관련 법인·단체 등에 위탁하여 운영할 수 있다. ④ 보육정보센터의 설치·운영 및 기능, 보육정보센터의 장과 보육전문요원의 자격 및 직무, 보육정보센터의 위탁 및 위탁 취소 등에 필요한 사항은 대통령령으로 정한다.
보육 개발원	제8조	① 보건복지부장관은 보육에 관한 연구와 정보 제공, 프로그램 및 교재 개발, 평가척도 개발 및 종사자 연수 등의 업무를 위하여 보육개발원을 설치하거나 그 업무를 관련 연구기관 등에 위탁할 수 있다. ② 제1항에 따른 보육개발원의 설치·운영 및 위탁 등에 필요한 사항은 대통령령으로 정한다.
보육시설의 정류	제10조	1. 국공립어린이집: 국가나 지방자치단체가 설치·운영하는 어린이집 2. 사회복지법인어린이집: 「사회복지사업법」에 따른 사회복지법인(이하 "사회복지법인"이라 한다)이 설치·운영하는 어린이집 3. 법인·단체등어린이집: 각종 법인(사회복지법인을 제외한 비영리법인)이나 단체 등이 설치·운영하는 어린이집으로서 대통령령으로 정하는 어린이집 4. 직장어린이집: 사업주가 사업장의 근로자를 위하여 설치·운영하는 어린이집(국가나 지방자치단체의 장이 소속 공무원을 위하여 설치·운영하는 어린이집을 포함한다) 5. 가정어린이집: 개인이 가정이나 그에 준하는 곳에 설치·운영하는 어린이집 6. 협동어린이집: 보호자 또는 보호자와 보육교직원이 조합(영리를 목적으로 하지 아니하는 조합에 한정한다)을 결성하여 설치·운영하는 어린이집 7. 민간어린이집: 제1호부터 제6호까지의 규정에 해당하지 아니하는 어린이집
국공립보육시설의 설치	제12조	국가나 지방자치단체는 국공립보육시설을 설치·운영하여야 한다. 이 경우 국공립보육시설은 제11조의 보육계획에 따라 도시 저소득주민 밀집 주거지역 및 농어촌지역 등 취약지역에 우선적으로 설치하여야 한다.
국공립 보육시설 외의 보육시설의 설치	제13조	① 국공립어린이집 외의 어린이집을 설치·운영하려는 자는 특별자치도지사·시장·군수·구청장의 인가를 받아야 한다. 인가받은 사항 중 중요 사항을 변경하려는 경우에도 또한 같다. ② 제1항에 따라 어린이집의 설치인가를 받은 자는 어린이집 방문자 등이 볼 수 있는 곳에 어린이집 인가증을 게시하여야 한다. ③ 제1항에 따른 인가에 필요한 사항은 보건복지부령으로 정한다.
직장보육시설의 설치	제14조	① 대통령령으로 정하는 일정 규모 이상의 사업장의 사업주는 직장어린이집을 설치하여야 한다. 다만, 사업장의 사업주가 직장어린이집을 단독으로 설치할 수 없을 때에는 사업주 공동으로 직장어린이집을 설치·

		운영하거나, 지역의 어린이집과 위탁계약을 맺어 근로자 자녀의 보육을 지원(이하 이 조에서 "위탁보육"이라 한다)하여야 한다.
		② 제1항 단서에 따라 사업장의 사업주가 위탁보육을 하는 경우에는 사업장 내 보육대상이 되는 근로자 자녀 중에서 위탁보육을 받는 근로자 자녀가 보건복지부령으로 정하는 일정 비율 이상이 되도록 하여야 한다.
		③ 제1항에 따른 어린이집의 설치 및 위탁보육에 필요한 사항은 보건복지부령으로 정한다.

출처: 저자가 「법률 제14059호, 2016.3.2. 일부개정 영유아보육법」을 재구성함.

5 모성보호에 관한 3법

가족정책 관련 법규 중 여성의 경제적 활동을 위한 사회진출을 돕고 동시에 모성의 역할을 충실히 할 수 있도록 보호하는 법에는 근로기준법, 남녀고용평등과 일 · 가정 양립 지원에 관한 법률, 고용보험법이 포함된다. 이들의 법은 가족의 긍정적 기능을 강화하고 가족원의 사회활동을 지지하는 역할을 기대하며 현재도 꾸준히 개정 및 보완을 요구하고 있는 법이다.

1) 근로기준법[4]

(1) 법의 의의와 기본이념

근로기준법의 기본이 되는 법 정신의 의의는 헌법 제34조 1항 "모든 국민은 인간다운 생활을 할 권리를 가진다." 및 헌법 제32조 3항 "근로조건의 기준은 인간의 존엄성을 보장하도록 법률로 정한다."에서, 국민의 생존권의 보장과 근로조건의 설정에 의한 인간의 존엄성 보장이 근로기준법의 기본 이념으로 보고 있다.

이 법은 1953년 5월에 제정되어 1953년 8월부터 시행되었으며, 2010년 6월 10일

4) 법률 제12325호, 2014.1.21.일부개정, 자세한 내용은 부록 참조.

개정 시행되고 있다. 개정의 주요내용은 근로계약을 체결할 때에 사용자로 하여금 근로조건에 관한 사항을 근로자에게 명시하도록 하고, 특히 임금의 구성항목 · 계산방법 · 지급방법, 소정근로시간, 휴일 및 휴가에 관한 근로조건은 서면으로 명시하되, 근로자의 요구가 있는 경우에는 이를 교부하도록 하고 있으나, 근로계약 체결 시 뿐만 아니라 근로계약을 변경하는 경우에도 근로조건을 명시할 필요성이 있고, 사용 종속적 지위에 있는 근로자가 적극적으로 근로조건을 명시한 근로계약서의 교부를 요구하지 못하는 경우가 많이 발생하고 있는바 이에 근로계약을 체결할 때뿐만 아니라, 이를 변경하는 경우에도 근로조건을 명시하도록 하고, 사용자의 서면으로 명시한 근로계약서 교부의무를 강화함으로써 근로자의 법적 지위를 강화하려는 것이다(근로준법 제17조).

입법목적은 근로기준법 제1조에 의하여 헌법에 따라 근로조건의 기준을 정함으로써 근로자의 기본적 생활을 보장, 향상시키며 균형 있는 국민경제의 발전을 꾀하는 것을 목적으로 한다(근로기준법 제1조).

(2) 법의 주체 및 적용대상자

'근로자'란 직업의 종류와 관계없이 임금을 목적으로 사업이나 사업장에 근로를 제공하는 자를 의미하고, '사용자'란 사업주 또는 사업 경영 담당자, 그밖에 근로자에 관한 사항에 대하여 사업주를 위하여 행위하는 자를 의미한다.

'근로'란 정신노동과 육체노동을 의미하고, '근로계약'이란 근로자가 사용자에게 근로를 제공하고 사용자는 이에 대하여 임금을 지급하는 것을 목적으로 체결된 계약을 의미한다(동법 제2조).

(3) 근로기준법의 주요 내용

근로기준법의 내용 중 여성근로자의 보호와 관련된 내용을 살펴보면 다음과 같다.

① 의의 및 필요성

연혁으로 볼 때 각국의 노동보호법은 여자와 연소자의 보호에서 출발하였다. 자본주의시대 초기에 특히 신체적 · 생리적 조건이 성인 남성근로자에 비하여 약한 상태에 있는 여성과 연소자에 대한 폐혜가 집중적으로 나타나고 근로자의 혹사가 사회적으로 문제가 되면서 이들에 대한 보호가 시급하게 되었다. 하지만, 여성과 연소자에 대한 보호는 자본주의 초기에 있어서 인도적 · 도덕적 입장에서 은혜적인 보호정책의 일환으로 출발하였다(김형배, 1998).

그러나 오늘날 여성근로자의 특별보호에 대해서는 점차 완화 · 축소되는 경향을 가지고 있다. 노동력 부족과 기술혁신 등으로 직장환경과 노동형태가 변화함에 따라 여성근로자들의 직업진출이 증가하게 되자 여자에 대한 특별보호는 과보호(예를 들어 기업의 경제적 부담 등)가 되거나 취업에 있어서의 남녀의 기회균등과 대우의 평등에 대하여 오히려 장애가 되는 경우가 생기게 되었다. 따라서 합리적 이유가 없는 특별보호는 완화되거나 축소되어 가는 추세에 있으며, 여자에 대한 보호규정의 내용도 모성기능 등 남녀의 생리적 차이에서 오는 최소한의 것으로 제한되고 있다. 이렇게 제한되는 경향은 취업분야의 남녀의 기회균등과 대우의 평등을 확보 · 실현하기 위한 목적과 여성의 인권의식의 고양, 여성의 신체적 조건의 향상 등을 그 배경으로 한다(김형배, 1998).

근로기준법상의 여성근로자에 대한 특별보호내용으로는 다음과 같이 설명된다.

② 생리휴가의 보장

가. 취지

근로기준법(이하 근기법) 제73조는 "사용자는 여성인 근로자가 청구하는 때에는 월 1일의 생리휴가를 주어야 한다."고 규정하고 있다. 임상의학적으로는 생리기간 중의 근로를 제한할 필요가 없다는 견해도 있으나, 우리의 경우 생리휴가의 보장은 임금 · 근로시간 · 휴가 등의 근로조건과 작업환경이 나쁘다는 데서 유해한 것이라고 보는 견해도 있다.

다시 말해 근로조건이 좋지 않으므로 생리기간 중에 열악한 작업환경에서 무리하게 근로함으로써 여성근로자들이 정신적 · 육체적으로 건강을 해치기 쉽기 때문에 생리휴가를 법률에 의한 권리로서 보장하고 있다고 설명하고 있다. 하지만 근래에 노동강도가 약해지는 등 근로조건이 개선되어 그 사용비율이 줄어들고 여성이라는 이유로 스스로 과보호 받기를 꺼리는 의식 등으로 현재 폐지해야 한다는 주장이 많다.

나. 주요내용

생리휴가는 여성근로자가 생리로 인하여 신체적 · 정신적으로 근로에 어려움을 겪지 않지 않도록 생리사실에 기하여 본인이 청구할 경우 발생한다. 또한 이 제도는 여성근로자의 특수한 신체적 · 생리적 사정을 보호하기 위하여 설정된 제도이므로 직종, 근로시간 및 개근 여부 등에 상관없이 임시직 근로자 · 시간제 근로자 등을 포함한 모든 여성근로자에게 생리 여부사실에 따라 부여되어야 한다(하갑래, 2001).

임신 · 폐경 등 생리현상이 없는 여성근로자에게는 생리휴가를 부여하지 아니하여도 무방하다고 해석한다. 그 이유는 생리휴가제도는 생리 때문에 일하기 힘든 여성근로자를 특별히 보호하는데 목적이 있는 것이지 생리현상이 없는 여성근로자까지 보호하고자 하는 것은 아니기 때문이다.

한편, 생리휴가가 유급에서 무급으로 개정됨에 따라 여성근로자가 생리휴가를 청구하는 경우 휴가 사용일에 대하여 임금을 지급할 의무가 없어졌으나 단체협약, 취업규칙, 근로계약 등에 노사가 달리 약정한 바가 있으면 그에 따라야 할 것이다.

생리휴가가 무급으로 개정되었더라도 법에 의하여 부여되는 휴가이므로 주휴일, 연차휴가 등을 부여하기 위한 소정근로일수 및 출근율 산정시 소정근로일수에 포함하고 그날은 출근한 것으로 보아야 할 것이다.

다. 위반시 처벌

근로기준법 제71조에 위반한 경우에는 500만 원 이하의 벌금형이 과해진다(근기법 제115조).

③ 산전 · 후 휴가와 임신 중의 보호

가. 취지

근로기준법 제72조는 임산부의 보호에 대해 규정하고 있는데, 임신과 출산은 여성에게 있어 신체적 · 정신적으로 대단히 중요한 일이다. 또한 산전의 휴양이 부족하면 이상출산율 및 허약아출산율이 높고 산후의 휴양은 모체의 체력회복 · 건강에 결정적으로 중요하다. 그러므로 모성보호와 태아의 순조로운 발육을 위해서는 출산 전의 일정기간 동안 취업을 중단시켜야 할 필요가 있다. 또한 출산 후에 있어서는 임신 · 출산 등으로 인해 소모된 체력을 회복키 위해 일정기간 휴양이 필요하며 동시에 유아를 살필 수 있어야 한다. 따라서 유급휴가를 부여하는 것 이외에 임신 중의 여성근로자의 청구가 있는 경우에는 경미한 근로로 전환시켜야 하며, 시간외근로를 금지하고 있는 것이다. 이러한 보호는 모체 자신의 보호뿐만 아니라 다음 세대의 건강한 국민을 확보한다는 사회의 의무라는 측면에서 강조되어야 할 것이다(김형배, 1998).

나. 주요내용

■ 산전 · 후 휴가의 부여 및 출산의 범위

출산의 경우에는 여성이 임신한 후 어느 정도의 기간 경과 후 분만을 했느냐 하는 것이 문제가 된다. 출산의 범위에는 일반적으로 정상적인 만기출산뿐만 아니라, 사용자는 임신 중인 여성이 임신 16주 이후 유산 또는 사산한 경우에도 그 근로자가 휴가를 청구하면 대통령령으로 정하는 바에 따라 보호휴가를 주어야 한다. 다만, 인공 임신중절 수술(모자보건법 제14조제1항에 따른 경우는 제외한다)에 따른 유산의 경우는 그러하지 아니한다. 산 · 전후 휴가에 따른 휴가 중 최초 60일은 유급으로 한다.

그리고 육아시간의 적절한 운용을 위하여 생후 1년 미만의 유아(乳兒)를 가진 여성 근로자가 청구하면 1일 2회 각각 30분 이상의 유급 수유 시간을 주어야 한다(근로기준법 제75조).

표 5-5 근로기준법 주요 내용

구분	조항	
목적	제1조	헌법에 따라 근로조건의 기준을 정함으로써 근로자의 기본적 생활을 보장, 향상시키며 균형 있는 국민경제의 발전을 꾀하는 것을 목적으로 한다.
정의	제2조	1. "근로자"란 직업의 종류와 관계없이 임금을 목적으로 사업이나 사업장에 근로를 제공하는 자를 말한다. 2. "사용자"란 사업주 또는 사업 경영 담당자, 그밖에 근로자에 관한 사항에 대하여 사업주를 위하여 행위하는 자를 말한다. 3. "근로"란 정신노동과 육체노동을 말한다. 4. "근로계약"이란 근로자가 사용자에게 근로를 제공하고 사용자는 이에 대하여 임금을 지급하는 것을 목적으로 체결된 계약을 말한다. 5. "임금"이란 사용자가 근로의 대가로 근로자에게 임금, 봉급, 그 밖에 어떠한 명칭으로든지 지급하는 일체의 금품을 말한다. 6. "평균임금"이란 이를 산정하여야 할 사유가 발생한 날 이전 3개월 동안에 그 근로자에게 지급된 임금의 총액을 그 기간의 총일수로 나눈 금액을 말한다. 근로자가 취업한 후 3개월 미만인 경우도 이에 준한다. 7. "소정(所定)근로시간"이란 제50조, 제69조 본문 또는 「산업안전보건법」 제46조에 따른 근로시간의 범위에서 근로자와 사용자 사이에 정한 근로시간을 말한다. 8. "단시간근로자"란 1주 동안의 소정근로시간이 그 사업장에서 같은 종류의 업무에 종사하는 통상 근로자의 1주 동안의 소정근로시간에 비하여 짧은 근로자를 말한다.
최저 연령과 취직 인허증	제64조	① 15세 미만인 자(「초 · 중등교육법」에 따른 중학교에 재학 중인 18세 미만인 자를 포함한다)는 근로자로 사용하지 못한다. 다만, 대통령령으로 정하는 기준에 따라 노동부장관이 발급한 취직인허증(就職認許證)을 지닌 자는 근로자로 사용할 수 있다. ② 제1항의 취직인허증은 본인의 신청에 따라 의무교육에 지장이 없는 경우에는 직종(職種)을 지정하여서만 발행할 수 있다. ③ 노동부장관은 거짓이나 그 밖의 부정한 방법으로 제1항 단서의 취직인허증을 발급받은 자에게는 그 인허를 취소하여야 한다.

사용 금지	제65조	① 사용자는 임신 중이거나 산후 1년이 지나지 아니한 여성(이하 "임산부"라 한다)과 18세 미만자를 도덕상 또는 보건상 유해·위험한 사업에 사용하지 못한다. ② 사용자는 임산부가 아닌 18세 이상의 여성을 제1항에 따른 보건상 유해·위험한 사업 중 임신 또는 출산에 관한 기능에 유해·위험한 사업에 사용하지 못한다. ③ 제1항 및 제2항에 따른 금지 직종은 대통령령으로 정한다.
근로시간	제69조	15세 이상 18세 미만인 자의 근로시간은 1일에 7시간, 1주일에 40시간을 초과하지 못한다. 다만, 당사자 사이의 합의에 따라 1일에 1시간, 1주일에 6시간을 한도로 연장할 수 있다.
생리휴가	제73조	사용자는 여성 근로자가 청구하면 월 1일의 생리휴가를 주어야 한다.
임산부의 보호	제74조	① 사용자는 임신 중의 여성에게 산전과 산후를 통하여 90일의 보호휴가를 주어야 한다. 이 경우 휴가 기간의 배정은 산후에 45일 이상이 되어야 한다. ② 사용자는 임신 중인 여성이 임신 16주 이후 유산 또는 사산한 경우로서 그 근로자가 청구하면 대통령령으로 정하는 바에 따라 보호휴가를 주어야 한다. 다만, 인공 임신중절 수술(「모자보건법」 제14조제1항에 따른 경우는 제외한다)에 따른 유산의 경우는 그러하지 아니하다. ③ 제1항 및 제2항에 따른 휴가 중 최초 60일은 유급으로 한다. 다만, 「남녀고용평등과 일·가정 양립 지원에 관한 법률」 제18조에 따라 산전후휴가급여 등이 지급된 경우에는 그 금액의 한도에서 지급의 책임을 면한다. ④ 사용자는 임신 중의 여성 근로자에게 시간외근로를 하게 하여서는 아니되며, 그 근로자의 요구가 있는 경우에는 쉬운 종류의 근로로 전환하여야 한다. ⑤ 사업주는 제1항에 따른 보호휴가 종료 후에는 휴가 전과 동일한 업무 또는 동등한 수준의 임금을 지급하는 직무에 복귀시켜야 한다.
육아시간	제75조	생후 1년 미만의 유아(乳兒)를 가진 여성 근로자가 청구하면 1일 2회 각각 30분 이상의 유급 수유 시간을 주어야 한다.

2) 남녀고용평등과 일·가정 양립 지원에 관한 법률

(1) 법의 의의와 기본이념

남녀고용평등과 일·가정 양립 지원에 관한 법률은 일 중심에서 가정과의 균형을 중시하는 근로자들의 의식변화에 대응하고 저출산, 고령화시대에 여성의 경제활동

참여를 위하여 일 · 가정 양립을 위한 정책을 강화하는데 의의를 둔다. 이에 따라 법제명을 '남녀고용평등과 일 · 가정 양립 지원에 관한 법률'로 2008년 6월 22일에 변경하였다. 이 법의 모체인 남녀고용평등법은 1987년 12월에 제정되어 1988년 4월부터 시행되었다. 최근 2010년 2월 4일부터 개정 시행되어 2010년 6월 29일 일부개정되었다. 개정된 주요내용은 현행법상 근로자가 가족의 질병, 사고, 노령 등을 이유로 그 가족을 돌볼 필요가 있는 경우에 사업주는 가족 간호를 위한 휴직 등의 조치를 하도록 노력하여야 한다는 점과 이와 같이 가족 간호를 위한 휴직제도는 권고사항에 불과해 실질적으로 잘 활용되고 있지 못하고, 특히 가족 중 12세 미만 아동의 질병, 사고의 경우에는 부모의 간호가 더 절실함에도 불구하고 그 아동을 돌보기 위한 휴가제도 등이 마련되어 있지 않아 병간호가 힘든 실정에 대하여 사업주는 근로자가 가족 중 12세 미만 아동의 질병, 사고 등을 이유로 그 아동을 돌보기 위한 휴가를 청구하면 연 5일 이내의 범위에서 유급휴가를 주도록(제22조의 2제2항 신설) 개정하였다.

이외에도 개정된 주요내용을 살펴보면, 저출산 · 고령화 사회로 진입함에 따라 출산율을 제고하고, 여성 인력의 경제활동 참가를 유도하기 위하여 육아휴직 요건을 생후 3년 미만의 자녀에서 만 6세 이하의 초등학교 취학 전 자녀로 완화하는 한편, 입양가정의 경우도 가족 간의 심리적 · 정서적 애착관계를 형성하고 입양부모의 육아부담을 덜어주기 위하여 입양자녀도 포함되도록 명시하였으며, 지식정보화의 진전 등을 고려하여 법상 각종 증빙서류를 전자적 형태로도 보존할 수 있도록 하여 국민의 부담을 경감하였다.

입법목적은 「대한민국헌법」의 평등이념에 따라 고용에서 남녀의 평등한 기회와 대우를 보장하고 모성 보호와 여성 고용을 촉진하여 남녀고용평등을 실현함과 아울러 근로자의 일과 가정의 양립을 지원함으로써 모든 국민의 삶의 질 향상에 이바지하는 것을 목적으로 한다(남녀고용평등과 일 · 가정 양립 지원에 관한 법률 제1조).

(2) 남녀고용평등과 일 · 가정 양립 지원에 관한 법률의 주요 내용

남녀고용평등과 일 · 가정 양립 지원에 관한 법률의 내용 중 모성보호 및 직장과 가정생활의 양립 지원과 관련된 부분을 살펴보면 다음과 같다.

산전후휴가에 대한 지원에 있어서 국가는 근로기준법 제74조에 따른 산전후휴가 또는 유산 · 사산 휴가를 사용한 근로자 중 일정한 요건에 해당하는 자에게 그 휴가 기간에 대하여 통상임금에 상당하는 금액을 지급한다. 산전후휴가급여 등은 그 금액의 한도에서 근로기준법 제74조제3항에 따라 사업주가 지급한 것으로 본다. 산전후휴가급여 등을 지급하기 위하여 필요한 비용은 재정이나 사회보장기본법에 따른 사회보험에서 분담할 수 있다. 사업주는 여성 근로자가 산전후휴가급여 등을 받을 수 있게 관계 서류의 작성 · 확인 등 모든 절차에 적극 협력하여야 한다(동법 제18조).

육아휴직에서 사업주는 근로자가 만 6세 이하의 초등학교 취학 전 자녀(입양한 자녀를 포함)를 양육하기 위하여 휴직을 신청하는 경우에 이를 허용하여야 한다. 육아휴직의 기간은 1년 이내로 하고, 사업주는 육아휴직을 이유로 해고나 그 밖의 불리한 처우를 하여서는 아니되며, 육아휴직 기간에는 그 근로자를 해고하지 못한다. 다만, 사업을 계속할 수 없는 경우에는 그러하지 아니한다. 사업주는 육아휴직을 마친 후에는 휴직 전과 같은 업무 또는 같은 수준의 임금을 지급하는 직무에 복귀시켜야 한다. 또한 제2항의 육아휴직 기간은 근속기간에 포함한다(동법 제19조).

일 · 가정의 양립을 위한 지원에 있어서 국가는 사업주가 근로자에게 육아휴직이나 육아기 근로시간 단축을 허용한 경우 그 근로자의 생계비용과 사업주의 고용유지비용의 일부를 지원할 수 있고, 국가는 소속 근로자의 일 · 가정의 양립을 지원하기 위한 조치를 도입하는 사업주에게 세제 및 재정을 통한 지원을 할 수 있다(동법 제20조).

직장보육시설 설치 및 지원에 있어서 사업주는 근로자의 취업을 지원하기 위하여 수유 · 탁아 등 육아에 필요한 보육시설을 설치하여야 하고, 직장보육시설을 설치하여야 할 사업주의 범위 등 직장보육시설의 설치 및 운영에 관한 사항은 「영유아보육법」에 따른다(동법 제21조).

공공복지시설의 설치에 있어서 국가 및 지방자치단체는 여성 근로자를 위한 교육·육아·주택 등 공공복지시설을 설치할 수 있다(동법 제22조).

표 5-6 남녀고용평등과 일·가정 양립 지원에 관한 법률 주요 내용

구분	조항	
목적	제1조	「대한민국헌법」의 평등이념에 따라 고용에서 남녀의 평등한 기회와 대우를 보장하고 모성 보호와 여성 고용을 촉진하여 남녀고용평등을 실현함과 아울러 근로자의 일과 가정의 양립을 지원함으로써 모든 국민의 삶의 질 향상에 이바지하는 것을 목적으로 한다.
정의	제2조	1. "차별"이란 사업주가 근로자에게 성별, 혼인, 가족 안에서의 지위, 임신 또는 출산 등의 사유로 합리적인 이유 없이 채용 또는 근로의 조건을 다르게 하거나 그 밖의 불리한 조치를 하는 경우(사업주가 채용조건이나 근로조건은 동일하게 적용하더라도 그 조건을 충족할 수 있는 남성 또는 여성이 다른 한 성(性)에 비하여 현저히 적고 그에 따라 특정 성에게 불리한 결과를 초래하며 그 조건이 정당한 것임을 증명할 수 없는 경우를 포함한다)를 말한다. 2. "직장 내 성희롱"이란 사업주·상급자 또는 근로자가 직장 내의 지위를 이용하거나 업무와 관련하여 다른 근로자에게 성적 언동 등으로 성적 굴욕감 또는 혐오감을 느끼게 하거나 성적 언동 또는 그 밖의 요구 등에 따르지 아니하였다는 이유로 고용에서 불이익을 주는 것을 말한다. 3. "적극적 고용개선조치"란 현존하는 남녀 간의 고용차별을 없애거나 고용평등을 촉진하기 위하여 잠정적으로 특정성을 우대하는 조치를 말한다. 4. "근로자"란 사업주에게 고용된 자와 취업할 의사를 가진 자를 말한다.
적용범위	제3조	① 근로자를 사용하는 모든 사업 또는 사업장(이하 "사업"이라 한다)에 적용한다. 다만, 대통령령으로 정하는 사업에 대하여는 이 법의 전부 또는 일부를 적용하지 아니할 수 있다. ② 남녀고용평등의 실현과 일·가정의 양립에 관하여 다른 법률에 특별한 규정이 있는 경우 외에는 이 법에 따른다.
산전후 휴가에 대한 지원	제18조	① 국가는 「근로기준법」 제74조에 따른 산전후휴가 또는 유산·사산 휴가를 사용한 근로자 중 일정한 요건에 해당하는 자에게 그 휴가기간에 대하여 통상임금에 상당하는 금액(이하 "산전후휴가급여등"이라 한다)을 지급할 수 있다. ② 제1항에 따라 지급된 산전후휴가급여등은 그 금액의 한도에서 「근로기준법」 제74조제3항에 따라 사업주가 지급한 것으로 본다. ③ 산전후휴가급여등을 지급하기 위하여 필요한 비용은 재정이나 「사회보장기본법」에 따른 사회보험에서 분담할 수 있다.

		④ 여성 근로자가 산전후휴가급여등을 받으려는 경우 사업주는 관계 서류의 작성·확인 등 모든 절차에 적극 협력하여야 한다. ⑤ 산전후휴가급여등의 지급요건, 지급기간 및 절차 등에 관하여 필요한 사항은 따로 법률로 정한다.
육아휴직	제19조	① 사업주는 근로자가 만 8세 이하 또는 초등학교 2학년 이하의 자녀(입양한 자녀를 포함한다)를 양육하기 위하여 휴직(이하 "육아휴직"이라 한다)을 신청하는 경우에 이를 허용하여야 한다. 다만, 대통령령으로 정하는 경우에는 그러하지 아니하다. ② 육아휴직의 기간은 1년 이내로 한다. ③ 사업주는 육아휴직을 이유로 해고나 그 밖의 불리한 처우를 하여서는 아니 되며, 육아휴직 기간에는 그 근로자를 해고하지 못한다. 다만, 사업을 계속할 수 없는 경우에는 그러하지 아니하다. ④ 사업주는 육아휴직을 마친 후에는 휴직 전과 같은 업무 또는 같은 수준의 임금을 지급하는 직무에 복귀시켜야 한다. 또한 제2항의 육아휴직 기간은 근속기간에 포함한다. ⑤ 기간제근로자 또는 파견근로자의 육아휴직 기간은 「기간제 및 단시간근로자 보호 등에 관한 법률」 제4조에 따른 사용기간 또는 「파견근로자보호 등에 관한 법률」 제6조에 따른 근로자파견기간에 산입하지 아니한다. ⑥ 육아휴직의 신청방법 및 절차 등에 관하여 필요한 사항은 대통령령으로 정한다.
일·가정의 양립을 위한 지원	제20조	① 국가는 사업주가 근로자에게 육아휴직이나 육아기 근로시간 단축을 허용한 경우 그 근로자의 생계비용과 사업주의 고용유지비용의 일부를 지원할 수 있다. ② 국가는 소속 근로자의 일·가정의 양립을 지원하기 위한 조치를 도입하는 사업주에게 세제 및 재정을 통한 지원을 할 수 있다.
직장보육시설 설치 및 지원	제21조	① 사업주는 근로자의 취업을 지원하기 위하여 수유·탁아 등 육아에 필요한 보육시설(이하 "직장보육시설"이라 한다)을 설치하여야 한다. ② 직장보육시설을 설치하여야 할 사업주의 범위 등 직장보육시설의 설치 및 운영에 관한 사항은 「영유아보육법」에 따른다. ③ 노동부장관은 근로자의 고용을 촉진하기 위하여 직장보육시설의 설치·운영에 필요한 지원 및 지도를 하여야 한다.
공공복지시설의 설치	제22조	① 국가 또는 지방자치단체는 여성 근로자를 위한 교육·육아·주택 등 공공복지시설을 설치할 수 있다. ② 제1항에 따른 공공복지시설의 기준과 운영에 필요한 사항은 노동부장관이 정한다.

3) 고용보험법

(1) 법의 의의와 기본이념

고용보험법 제1조(목적)에서는 "이 법은 고용보험의 시행을 통하여 실업의 예방, 고용의 촉진 및 근로자의 직업능력의 개발과 향상을 꾀하고, 국가의 직업지도와 직업소개 기능을 강화하며, 근로자가 실업한 경우에 생활에 필요한 급여를 실시하여 근로자의 생활안정과 구직 활동을 촉진함으로써 경제 · 사회 발전에 이바지하는 것을 목적으로 한다."라고 밝히고 있다.

우리나라의 고용보험법은 대규모 실업사태에 대응하기 위한 것이 아니라 기업구조조정에 대한 사회안전망의 하나로서 도입되었다. 이러한 고용보협법을 통한 사회적 서비스로 고용보험제도는 다음과 같은 의의를 가진다.

① 산업구조조정 과정에서 고용조정을 지원하여 고용안정 및 구조조정을 촉진한다. 산업구조조정과정에서 불가피하게 발생하는 고용조정을 지원함으로써 고용안정과 기업의 구조조정을 지원한다. 저생산 · 저부가가치산업에서 고생산 · 고부가가치산업으로의 인력이동을 지원함으로써 산업구조 · 인력구조의 고도화(기업의 경영합리화)를 도모하는 데 조력한다.

② 인력수급을 원활화한다. 인력 풀을 형성하고(고용보험전산망), 국가의 직업안전기능을 체계화한다.

③ 근로자의 직업능력개발 활성화로 노동생산성을 향상시키고, 기업경쟁력을 강화한다. 그리고 기업의 인력확보, 취업기회 확대, 실업문제 해결에 기여한다.

④ 실직근로자의 생계안정을 기하고, 재취업을 촉진한다. 실직자에 대한 실업급여 지급과 함께 고용정보제공, 직업상담, 취업알선, 직업훈련안내 등 종합고용서비스를 제공하여 재취업을 촉진한다.

⑤ 남북통일에 대비한 적극적 노동시장정책을 추진할 수 있도록 한다. 독일은 통일 후 고용보험으로 실업증가 문제를 해결했는데, 우리나라도 노동시장의 관

리능력을 배양하여 통일에 대비한다.

⑥ 경기조절 기능을 수행한다. 고용보험지출액이 실업률의 증감에 연동하므로 경기상황이 좋을 때 적립된 기금이 경기불황 시 지출되어 구매력을 증가시킨다. 특히 고용안정사업의 주요사업인 고용유지지원금, 채용장려금은 실업률 증가 등 고용사정이 악화될 때 운영되므로 동 제도가 경기불황기의 기업의 경영부담 완화에 기여한다.

(2) 법의 주체 및 적용대상자

고용보험은 노동부장관이 관장하며(동법 제3조), 보험은 제1조의 목적을 이루기 위하여 고용보험사업으로 고용안정 · 직업능력개발 사업, 실업급여, 육아휴직 급여 및 산전후휴가 급여 등의 혜택이 주어진다(동법 제4조).

(3) 고용보험법의 주요 내용

① 사회서비스의 전달체계로의 내용(고용보험을 중심으로)

고용보험법은 첫째, 강제적 고용보험제도를 실행하는 내용에서 실업이 산업사회에서는 누구에게나 발생할 수 있는 사회적 위험이므로 노동력을 제공하고 그 대가인 임금소득으로 생활을 영위하는 근로자와 그 가족을 실업의 위험으로부터 보호하기 위해서는 실업의 위험이 있는 근로자를 강제적으로 보험의 적용을 받도록 해야 한다는 인식에 바탕을 둔 고용보험제도를 가지고 있다. 이는 1911년 영국이 최초로 실시한 이래 점진적으로 확대되고 있는 고용방식이다. 강제적 고용보험제도는 일정 요건에 해당하는 근로자를 사회보험방식에 의해 의무적으로 고용보험 적용대상으로 하기 때문에 근로자에 대한 보호에 보다 충실할 수 있고 취업알선과 직업훈련의 실시 등 고용정책과 연계하여 운영함으로써 실업의 예방과 조기재취업을 촉진할 수 있는 장점이 있지만 근로자의 의사와 관계없이 강제적으로 가입하여야 하므로 근로자 개개인이 가입여부를 선택할 수 없다.

둘째, 임의적 고용보험제도로서의 고용보험을 운영하는 고용보험법은 노동조합에 의해 자발적으로 설립된 실업기금이 정부로부터 인가를 받아 운영되는 형태로서 덴마크, 핀란드, 스웨덴 등의 국가에서 실시되고 있다.

고용보험제도는 19세기 중반 유럽에서 노동조합이 조합원들간의 상호부조의 정신에 입각하여 조합원들로부터 각출 받아 실업기금을 적립하고 조합원이 실업을 당할 경우 실업급여를 지급하는 임의적 제도로 출발하였다. 임의적 고용제도는 이러한 관행이 현대국가에까지 이어진 것으로서 실업기금의 관리 운영은 노동조합이 담당하되 정부가 이를 정책적으로 뒷받침하여 노사가 함께 실업기금을 적립하게하고 정부도 일부 비용을 부담한다.

임의적 고용보험제도는 노동조합이 중심이 되어 운영되기 때문에 조합원에 대해서는 노조규약에 의해 가입이 강제되므로 강제적 고용보험제도와 동일한 효과가 있으나 비조합원에 대해서는 가입이 임의적인 것이 특징이다.

노동조합조합원이 아닌 근로자의 경우 고용보험에의 가입 여부를 근로자 개개인이 선택할 수 있다는 점에서 근로자 개개인의 의사가 존중되는 장점이 있다. 그러나 노동조합 조합원만 가입이 강제되는 임의적 고용보험제도의 경우는 자본주의 체제하에서의 어느 정도의 실업은 불가피한 것이므로 근로자에 대한 충분한 보호가 어렵고 체계적인 취업알선과 직업훈련의 실시 등의 고용정책과도 연계가 쉽지 않다. 따라서 임의적 고용보험제도를 실시하던 국가들도 강제적 고용보험제도로 전환하는 추세를 보이고 있다.

셋째, 실업부조제도로서 보험의 형태는 아니지만 소득조사를 전제로 저소득 실업자에 대하여 전부 정부부담에 의해 실업수당을 지급하는 형태로써 호주 뉴질랜드 등의 국가에서 실시하도록 고용보험법에 고용보험제도에 대해 명시하고 있다. 강제적 고용보험제도와 임의적 고용보험제도는 모두 보험 방식을 채택하여 주로 사용자와 피보험자의 비용부담에 의해 보험 사업에 필요한 재원을 조성하여 적용대상도 소득수준과 관계가 없다. 그러나 실업부조제도는 보험 방식이 아니기 때문에 노사의 보험료 각출이 아닌 전액 정부부담에 의해서 필요재원을 조성하고 소득조사를 실시하여 고용기록과 관계없이 일정기준 이하의 저소득 실업자만을 대상으로 실업수당을 지급한다. 실업부조 제도에서는 실업부조 금액이 소득조사결과 밝혀진 소득 및 재산의 정도에 의해 결정되며 대부분의 국가에서는 지급기간에 제한이 없다는 점에서 고용보험제도에 의한 실업급여요건을 충족시키지 못하는 많은 실업자들이 실업부조의 혜택을 받게 된다.

이 외에도 고용보험법에 명시된 이원적 고용보험제도 등의 내용을 가지고 있다.

② 고용보험법상의 여성의 권리보장내용

고용보험법상 모성보호에 해당되는 급여 내용에는 육아휴직급여와 산전후휴가급여가 있는데 이와 관련된 부분을 살펴보면 다음과 같다.

육아휴직 급여에 있어서 노동부장관은 「남녀고용평등과 일 · 가정 양립 지원에 관한 법률」 제19조에 따른 육아휴직을 30일(산전후 휴가기간 90일과 중복되는 기간은 제외) 이상 부여받은 피보험자 중 다음의 요건을 모두 갖춘 경우에 육아휴직 급여를 지급하도록 되어있다(동법 제70조).

- 육아휴직을 시작한 날 이전에 제41조에 따른 피보험 단위기간이 통산하여 180일 이상일 것
- 같은 자녀에 대하여 피보험자인 배우자가 육아휴직(30일 미만은 제외한다)을 부여받지 아니하고 있을 것
- 육아휴직을 시작한 날 이후 1개월부터 끝난 날 이후 12개월 이내에 신청할 것. 다만, 같은 기간에 대통령령으로 정한 사유로 육아휴직 급여를 신청할 수 없었던 자는 그 사유가 끝난 후 30일 이내에 신청하여야 한다.

산전후휴가 급여에 있어서 노동부장관은 「남녀고용평등과 일 · 가정 양립 지원에

관한 법률」 제18조에 따라 피보험자가 「근로기준법」 제74조에 따른 산전후휴가 또는 유산·사산휴가를 받은 경우로서 다음의 요건을 모두 갖춘 경우에 산전후휴가 급여 등을 지급한다.

- 휴가가 끝난 날 이전에 제41조에 따른 피보험 단위기간이 통산하여 180일 이상일 것
- 휴가를 시작한 날 이후 1개월부터 휴가가 끝난 날 이후 12개월 이내에 신청할 것. 다만, 그 기간에 대통령령으로 정하는 사유로 산전후휴가 급여 등을 신청할 수 없었던 자는 그 사유가 끝난 후 30일 이내에 신청하여야 한다.

표 5-7 고용보험법 주요 내용

구분	조항	
목적	제1조	고용보험의 시행을 통하여 실업의 예방, 고용의 촉진 및 근로자의 직업능력의 개발과 향상을 꾀하고, 국가의 직업지도와 직업소개 기능을 강화하며, 근로자가 실업한 경우에 생활에 필요한 급여를 실시하여 근로자의 생활안정과 구직 활동을 촉진함으로써 경제·사회 발전에 이바지하는 것을 목적으로 한다.
정의	제2조	1. "피보험자"란 「고용보험 및 산업재해보상보험의 보험료징수 등에 관한 법률」(이하 "보험료징수법"이라 한다) 제5조제1항·제2항, 제6조제1항 및 제8조제1항·제2항에 따라 보험에 가입되거나 가입된 것으로 보는 근로자를 말한다. 2. "이직(이직)"이란 피보험자와 사업주 사이의 고용관계가 끝나게 되는 것을 말한다. 3. "실업"이란 근로의 의사와 능력이 있음에도 불구하고 취업하지 못한 상태에 있는 것을 말한다. 4. "실업의 인정"이란 직업안정기관의 장이 제43조에 따른 수급자격자가 실업한 상태에서 적극적으로 직업을 구하기 위하여 노력하고 있다고 인정하는 것을 말한다. 5. "임금"이란 「근로기준법」에 따른 임금을 말한다. 다만, 휴직이나 그 밖에 이와 비슷한 상태에 있는 기간에 지급받는 금품 중 노동부장관이 정하는 금품은 이 법에 따른 임금으로 본다. 6. "일용근로자"란 1개월 미만 동안 고용되는 자를 말한다.
보험의 관장	제3조	고용보험(이하 "보험"이라 한다)은 노동부장관이 관장한다.

고용보험 사업	제4조	① 보험은 제1조의 목적을 이루기 위하여 고용보험사업(이하 "보험사업"이라 한다)으로 고용안정・직업능력개발 사업, 실업급여, 육아휴직 급여 및 산전후휴가 급여 등을 실시한다. ② 보험사업의 보험연도는 정부의 회계연도에 따른다.
육아휴직 급여	제70조	① 노동부장관은 「남녀고용평등과 일・가정 양립 지원에 관한 법률」 제19조에 따른 육아휴직을 30일(「근로기준법」 제74조에 따른 산전후휴가기간 90일과 중복되는 기간은 제외한다) 이상 부여받은 피보험자 중 다음 각 호의 요건을 모두 갖춘 경우에 육아휴직 급여를 지급한다. 1. 육아휴직을 시작한 날 이전에 제41조에 따른 피보험 단위기간이 통산하여 180일 이상일 것 2. 같은 자녀에 대하여 피보험자인 배우자가 육아휴직(30일 미만은 제외한다)을 부여받지 아니하고 있을 것 3. 육아휴직을 시작한 날 이후 1개월부터 끝난 날 이후 12개월 이내에 신청할 것. 다만, 같은 기간에 대통령령으로 정한 사유로 육아휴직 급여를 신청할 수 없었던 자는 그 사유가 끝난 후 30일 이내에 신청하여야 한다. ② 제1항에 따른 육아휴직 급여액은 대통령령으로 정한다. ③ 육아휴직 급여의 신청 및 지급에 관하여 필요한 사항은 노동부령으로 정한다.
산전후 휴가 급여	제75조	노동부장관은 「남녀고용평등과 일・가정 양립 지원에 관한 법률」 제18조에 따라 피보험자가 「근로기준법」 제74조에 따른 산전후휴가 또는 유산・사산휴가를 받은 경우로서 다음 각 호의 요건을 모두 갖춘 경우에 산전후휴가 급여 등을 지급한다. 1. 휴가가 끝난 날 이전에 제41조에 따른 피보험 단위기간이 통산하여 180일 이상일 것 2. 휴가를 시작한 날(제19조제2항에 따라 근로자의 수 등이 대통령령으로 정하는 기준에 해당하는 기업이 아닌 경우는 휴가 시작 후 60일이 지난 날로 본다) 이후 1개월부터 휴가가 끝난 날 이후 12개월 이내에 신청할 것. 다만, 그 기간에 대통령령으로 정하는 사유로 산전후휴가 급여등을 신청할 수 없었던 자는 그 사유가 끝난 후 30일 이내에 신청하여야 한다.
지급기간	제76조	① 제75조에 따른 산전후휴가 급여등은 「근로기준법」 제74조에 따른 휴가기간에 대하여 「근로기준법」의 통상임금(휴가를 시작한 날을 기준으로 산정한다)에 해당하는 금액을 지급한다. 다만, 제19조제2항에 따라 근로자의 수 등이 대통령령으로 정하는 기준에 해당하는 기업이 아닌 경우에는 휴가 기간 중 60일을 초과한 일수(30일을 한도로 한다)로 한정한다. ② 제1항에 따른 산전후휴가 급여등의 지급 금액은 대통령령으로 정하는 바에 따라 그 상한액과 하한액을 정할 수 있다. ③ 제1항과 제2항에 따른 산전후휴가 급여등의 신청 및 지급에 필요한 사항은 노동부령으로 정한다.

출처: 고용보험법의 주요내용을 재정리함.

참 | 고 | 문 | 헌

김형배 (1998). **근로기준법**. 파주: 박영사.

박성석, 오정아, 이영주, 최경화, 최금해 (2009). **가족복지론**. 파주: 양서원.

송정애, 정해은 (2010). **가족복지론**. 파주: 양서원.

최경석, 김양희, 김성천, 김진희, 박정윤 (2006). **한국가족복지의 이해**. 서울: 인간과복지.

하갑래 (2001). **근로기준법**. 서울: 중앙경제사.

가족법(민법)[법률 제9650호, 2009.05.08. 일부개정]

건강가정기본법[법률 제14059호, 2016.03.02. 일부개정]

고용보험법[법률 제10339호(정부조직법), 2010.06.04. 일부개정]

근로기준법[법률 제10366호(동산 · 채권 등의 담보에 관한 법률), 2010.06.10. 일부개정]

남녀고용평등과 일 · 가정 양립 지원에 관한 법률[법률 제13932호, 2016.1.28. 일부개정]

모자보건법[법률 제9932호(정부조직법), 2010.01.18. 일부개정]

영유아보육법[법률 제14059호, 2016.03.02. 일부개정]

한부모가족지원법[법률 제14069호, 2016.03.02. 일부개정]

헌법[헌법 제10호 전부개정, 1987.10.29.]

보건복지부(www.mohw.go.kr)

서울특별시 한부모가족지원센터(seoulhanbumo.or.kr)

여성가족부(www.moge.go.kr)

CHAPTER 06

가족사정

1. 가족사정의 관점: 사회체계적 관점
2. 가족을 함께 보는 이유
3. 가족사정 영역
4. 가족사정방법

CHAPTER 06 가족사정

1 가족사정의 관점: 사회체계적 관점

사회체계로서의 가족은 상호의존적이며 영향을 주고받는 구성원들로 구성되어 있는 전체다. 가족은 경계를 가지며 이 경계선을 기준으로 가족외부보다는 가족내부 사이에 에너지나 정보의 교류량을 더 크게 한다. 또한 체계의 속성으로 볼 때 가족 어느 한 부분의 변화는 전체로서의 가족, 그리고 가족을 구성하고 있는 성원들 모두에 영향을 준다. 그리고 가족은 끊임없이 변화한다. 그러면서 일정시점에서 볼 때 비교적 안정된 구조 내에서 비교적 정형화된 방법으로 서로 영향을 주고받는다. 가족은 항상성(homeostasis)을 가지고 있어서 어떤 시점에서 형성된 형태를 계속 유지하거나 이에 가까운 형태로 돌아가려는 자기유지의 경향을 갖는다(최옥채 외, 2007; Anderson 외, 1984).

가족은 사회체계의 완벽한 예다. 가족은 구성원의 정체성의 기초를 형성하고, 지속적인 성장을 위해 심리적·발달적 기초를 제공한다. 만약 가족이 안정적이고, 서로 지지와 사랑을 보내고, 부모가 자녀를 양육하는 임무를 잘 수행한다면, 한 개인의 잠재력이 발휘되는 데 커다란 긍정적 효과를 준다. 그러나 가족이 그 반대의 성격을 갖는다면 성장하는 아동에게 치유할 수 없는 해(害)를 주고 성인에게도 상당한 감정적 고통을 준다. 체계의 본질은 그 다양한 구성요소들이 서로 영향을 주고받는다는 것이다. 중요한 사건은 어떤 가족에게든 일어난다. 다음은 그 예다.

수학에서 낙제한 10대 아들. 그래서 누나가 그를 가르치고, 아버지는 아들을 불러

야단치고, 어머니는 교사를 만나 어떻게 해야 할지를 묻는다.

좋든 싫든, 가족은 체계며, 많은 경우 개별구성원은 가족체계의 관점이 아닌 다른 방식으로는 완전히 이해되거나 치료될 수 없다. 위의 예에서, 가족체계에 기초를 두지 않고 개인적인 것에 기초를 두고 개입을 시도하면, 어떤 사회복지사도 실패하게 된다(Maguire, 2002).

2 가족을 함께 보는 이유

가족사정을 할 때 사회복지사가 가족을 함께 보는 이유는 많고 다양하다. 그 주요한 이유로 다음과 같은 것을 들 수 있다(Maguire, 2002).

• 상호작용을 관찰하고 이해한다.

면접실이나 가정에서 가족들을 함께 관찰하면 사회복지사는 가족의 역동과 상호작용을 직접적으로 볼 수 있다. 이것은 특정 가족원의 편견된 관점에 의존하는 것과는 반대된다.

사회복지사는 남편이 아내의 권위를 어떻게 손상시키는지, 사춘기 딸이 어머니의 반대에도 불구하고 자신이 하고 싶은 것을 얻기 위해 아버지를 어떻게 조종하는지를 관찰할 수 있다.

사회복지사가 가족을 직접적으로 관찰하는 것은 가족의 상호작용, 위계질서, 라이벌, 질투, 영향 등을 평가하는 가장 효과적인 방법이다. 이는 개인치료에서는 알지 못하는 것들이다.

• 균형을 제공한다.

가족을 함께 보는 것은 사회복지사가 편견에 빠지거나 “편드는” 가능성을 최소화

한다. 개인면접에서 사회복지사는 어떤 관계에서 한쪽 사람(즉, 클라이언트)의 감정만을 반복적으로 듣게 되지만, 가족면접에서는 모든 사람의 관점을 보고 들을 수 있다.

• 이성적 구조를 제공한다.

면접실에서 한 단위로서의 가족 모두를 보게 되면, 사회적으로 수용되는 방식으로 상호작용해야 한다는 압력의 수준을 수립할 수 있다. 가족원들은 특히 전문사회복지사 앞에서는 서로 너무 거칠게 다투는 것이 훨씬 덜할 것이다. 사회복지사에게 긍정적인 인상을 주기 원하기 때문이다. 이것은 임상적 관점에서 볼 때, 최소한 겉으로라도 적절히 행동하게 하는 사회적 압력이 되고 있기 때문에 치료적이다.

• 개방적 의사소통을 시작한다.

가족체계 개입은 단순히 말하는 것이 아닌 의사소통에 기초한다. 의사소통은 상호작용, 듣기, 경청, 대답, 이해, 피드백에 대한 반응 등을 암시한다. 첫 면접부터 사회복지사가 의사소통 규범을 분명히 표현해 줌으로써 가족들은 명확하고, 정직하고, 개방된 의사소통을 규범으로 하는 의사소통을 시작할 수 있다.

3 가족사정 영역

가족사정의 영역은 여러 방법으로 제시될 수 있으나, 여기에서는 1) 가족욕구, 가족문제, 가족문제 유형, 2) 가족의사소통, 3) 가족구조, 4) 가족권력, 5) 가족규칙, 6) 가족삼각관계, 7) 가족신화, 8) 가족 내 역할, 9) 가족생활주기, 10) 환경과의 상호작용으로 나누어 제시한다.

1) 가족욕구, 가족문제, 가족문제 유형

(1) 가족욕구

욕구(need)란 어떠한 목적을 위해 필요하거나 필수적인 것이 결여되거나 결핍된 것을 지칭한다. 여기서 목적으로 생존과 자율, 삶의 계획, 사회적 최소(social minimum)에 대한 사회적 행위자의 의무 등이 거론된다(김상균 외, 2001). 이렇게 볼 때 가족욕구란 '가족의 생존, 자율, 생활의 계획, 사회적 행위자의 의무를 다하기 위해 필요하여 구하는 것'이라고 할 수 있다.

(2) 가족문제

한편, 욕구는 해결되어야 할 문제(problem)로 간주되어, 많은 경우 욕구는 문제와 같은 의미로 사용되는 성격을 갖는다. 문제란 '사람에게 그에 대한 해결욕구를 유발시키는 불만족스런 상태 또는 조건'이라고 규정된다. 문제는 인간의 욕구충족을 가로막는, 때로는 욕구의 불충족 그 자체인 것으로 해석된다(김상균 외, 2001). 따라서 가족문제란 '가족원에게 그에 대한 해결욕구를 유발시키는 불만족스런 상태 또는 조건'이라고 할 수 있다. 가족의 욕구는 가족문제와 연관된 것으로서 존재하며, 가족복지의 중요한 관심거리가 된다.

(3) 가족문제 유형

사회복지사는 가족을 사정할 때, 가족의 욕구가 무엇인가? 즉, 가족의 문제가 무엇인가를 사정하여야 한다. 이때 도움이 되는 것이 다양한 가족문제 유형이다. 사회복지사는 가족들이 직면할 수 있는 문제들에는 어떠한 것들이 있는가를 일반적 수준으로 인지하고 있어야 한다. 아래에 두 연구자의 가족문제 유형을 소개하는데 이 분류들은 상호배타적이지는 않다. 그리고 이러한 사건이 생겼다고 해서 모두 사회복지사에게 의뢰되거나 자발적으로 기관을 찾는 것은 아니다. 어떤 가족들은 외부도움

없이 적응할 수 있다. 초점은 문제가 위기로 규정될 수 있느냐가 아니라, 가족이 도움이 필요할 때 찾아온다는 사실이다.

① Janzen 외(1980)의 가족문제 유형

표 6-1 Janzen 외의 가족문제 유형

분류	내용
문제의 근원에 의한 분류	• 가족 외부의 사건(재난 등) • 가족 내부의 사건
문제의 성격에 의한 분류	• 가족원 증가 – 결혼 혹은 재혼 – 임신(원하든, 원치 않든)과 부모가 됨 – 가족이탈자나 가출자의 귀가 – 계부, 계모가 들어옴 – 전쟁군인의 귀환 – 입양자녀나, 양육을 위한 부모가 들어옴 – 건강회복 가족원의 귀가(알코올중독치료의 퇴원 등) • 가족원의 상실 – 가족원의 사망 – 입원(질병, 장애 등) – 전쟁군인이나 취업으로 이별 – 아동이 집을 떠남(기숙사, 결혼 등) – 아내가 직업을 갖기 시작 • 비도덕 – 수입상실, 직업상실 – 배우자 부정 – 알코올중독이나 마약중독 – 비행 • 비도덕+가족원의 증가나 상실 – 비합법적 임신 – 도망이나 유기 – 이혼 – 투옥 – 자살이나 살인 – 입원이나 정신병 • 지위변화 – 갑자기 가난해지거나 부자가 됨 – 여성의 지위변화 – 이사 가거나, 새로운 지역으로 거처를 옮김 – 성장에 따른 성숙(청소년, 노인, 치료에 따른 변화, 혹은 다른 이유로 인한 변화)

이때 각 사건은 다음의 결과를 가져온다.

- 개인은 심리와 행동 양쪽으로 적응(혹은 부적응)
- 가족집단은 역할관계, 과업, 그리고 의사소통에서 적응(혹은 부적응)
- 가족집단의 외부세계와의 관계변화(혹은 불변화)

② Dorfman(1996)의 가족문제 유형

표 6-2 Dorfman의 가족문제 유형

분류	내용
부부문제	• 좋지 않은 의사소통 방법 • 성적인 역기능 • 혼전차이 • 결혼 및 부부의 생애주기 변화 – 약혼이나 결혼에 적응 – 가족계획 – 아동양육에 적응 – 막내아이 결혼으로 분가(빈 둥지 증후군) – 노부모를 보살핌 – 노화로 인해 건강, 스태미나, 그리고 외모의 변화(즉, 중년위기) – 배우자 한쪽 혹은 양쪽의 기능손상 • 배우자 부정 • 별거와 이혼 • 문제증상을 가진 배우자(동거 경우 포함) – 폭력, 과도한 소심 등 • 종교, 인종, 혹은 문화적 차이
가족문제	• 가족생활주기문제(새로운 아기 출산, 형제자매의 경쟁심, 학교나 취업훈련을 위해 기숙사에 들어가는 경우 등) • 증상을 가진 가족원(아동은 가장 일반적으로 확인된 환자가 된다.) • 이혼, 재혼, 계부모 가족 • 근친강간 • 가족원의 질병이나 장애 • 보호제공의무 • 아동양육(부모-자녀 갈등 혹은 양육에 부모 간 불일치) • 환경적 스트레스(실직, 취약한 주택조건, 좋지 않은 건강보호, 차별, 위험한 이웃지역) • 가족폭력

2) 가족 의사소통

가족관계는 의사소통의 산물이다. 가족은 메시지를 주고받으며, 환류를 포함하는 의사소통을 통하여 환경과의 관계를 유지한다. 한마디로, 가족은 의사소통에 의한 규칙이 지배하는 복잡한 상호작용 체계로 간주된다. 가족문제를 사정하기 위해서는 가족관계 내에서 작용하고 있는 의사소통과정을 이해해야 한다(Janzen 외, 1980).

(1) 보완적 관계와 대칭적 관계

모든 의사소통은 많은 정보를 준다. 그 중 하나가 서로 의사소통하고 있는 사람들은 끊임없이 관계 내에서 그들의 지위를 규정하려고 노력한다는 것이다.

① 보완적 관계(complementary relationship)

이 관계에서의 의사소통은 동등하지 않은 지위의 두 사람을 나타낸다. 한 사람이 월등한 위치에 있으며, 행동을 주도하고, 나머지 한사람은 그 행동을 따른다.

예) 엄마와 어린아이와의 관계.

② 대칭적 관계(symmetrical relationship)

동등한 지위를 가지고 있다고 생각하는 두 사람의 관계며, 각자는 행동을 주도하는 권리를 나타내고, 상대방을 비평하며 조언을 준다.

예) 청소년전기(前期)의 동년배 관계.

(2) 이중구속 의사소통

① 뜻과 특징

이중구속 의사소통은 메시지를 받는 사람으로 하여금 그 메시지에 복종할 것과 불복종할 것을 동시에 요구하는 불일치한 메시지를 말한다. 물론 이것은 동시에 행할 수 없으며, 한쪽을 어기지 않고서는 한쪽을 행할 수 없다.

② 이중구속 의사소통의 예

성인이 된 아들이 친구와 함께 밤을 보내려 하고 있다. 이 계획을 어머니에게 말하고 의논하던 끝에 어머니는 다음과 같이 말을 한다. "네가 친구와 함께 지내는 것을 엄마가 원하고 있다는 것을 네가 잘 알고 있잖니. 내가 이렇게 큰 집에 혼자 남게 되는 것에 대해선 걱정 마라."

이 메시지는 아들에게 '가라'고 말하는 동시에 '가지 말라'고 이야기하는 것이다.

③ 이중구속 의사소통이 문제가 되는 경우

이중구속 의사소통은 병적인 가족에만 있는 것은 아니다. 가족이 병적이 되느냐 안 되느냐는 이중구속 의사소통이 그 가족의 의사소통 방법으로 될 만큼 빈번히 사용되고 있느냐 하는 것이다.

④ 이중구속 의사소통의 양방향성

또한 이중구속의 과정은 한 방향 현상이 아니다. 이중구속 메시지에 의해 생긴 모순적인 행동은 반대로 메시지를 보낸 사람에게 이중으로 의사를 전달하며, 때문에 영속적인 병적 의사소통이 만들어진다.

(3) 메타의사소통

① 뜻과 특징

Satir(1967)는 메타의사소통을 '메시지에 관한 메시지를 보내는 것'이라고 정의했으며, 그러한 메시지들은 동시에 보내진다.

그 메시지는 보내는 사람의 의도를 전달한다. 즉, 받는 사람에게 어떻게 받아들여지기를 원하는가, 그리고 받는 사람이 어떻게 반응하기를 원하는가를 전달한다.

또한 메타의사소통은 관여된 사람들 사이의 관계의 성격을 나타내 준다. 즉 메시지를 보내는 사람이 받는 사람을 인식하는 방법, 그리고 보내는 사람이 메시지뿐만 아니라 자기 자신에 대해 갖는 태도를 나타낸다.

② 메타의사소통의 예

"애들이 정말 당신을 정신없게 하는구려."

- 문자 그대로의 메시지는 "아내가 애들한테 신경 쓸 곳이 많기 때문에 대단히 많은 시간을 애들의 요구에 응해주는 데 보낸다."는 것이다.
- 남편이 저녁식사 후의 편안한 상황에서 아내의 책임이 크다는 것을 인정하는 목소리 톤으로 얘기한 메시지라면 "나는 당신을 귀중하게 생각하며, 아내로서 엄마로서 역할을 수행해 주는 것에 감사하오."의 의미일 수 있다. 여기서는 메시지를 보내는 사람이 메시지에, 메시지를 받는 사람에, 그리고 자기 자신에 대해 갖는 태도는 우호적인 것이다.
- 이러한 말을 아내가 저녁식사를 준비하는 것을 배고파서 참지 못하고 빈정거리는 태도로 할 때의 메시지라면 "나는 당신이 제 때에 식사를 준비하는 데 더 큰 우선순위를 두길 바라오."의 의미를 갖는다. 이 경우에 메시지를 보내는 사람의 태도는 "나는 우호적이 아니야. 당신도 나를 우호적인 태도로 대하고 있지 않아. 그리고 메시지는 주의하라는 경고야!"를 의미한다.

③ 메타의사소통의 유형

메타의사소통은 언어수준과 비언어수준에서 보내질 수 있다.

- 언어적인 메타의사소통은 언어로서 표현하는 것이다.
- 비언어적 메타의사소통은 목소리 톤, 얼굴표정, 몸짓 등을 의미하며 이는 메시지를 보내는 사람이 말로 표현한 것 이상의 의미를 형성하고 규정한다. 이것이 의사소통 과정의 복잡성을 더해 주며, 메타의사소통에서 메시지를 전달받은 사람으로 하여금 메시지의 내용뿐만 아니라 메시지가 보내지는 상황 내에서의 의미까지 판단하도록 강제한다.

언어와 비언어 메타의사소통의 조합은 듣는 사람이 보내진 메시지의 의미를 결정하는 데 복잡한 상황을 불러일으킬 수 있다. 이는 메시지가 보내진 상황에 보다 많은 주의를 요한다. 그리고 비언어적인 것이 언어적인 것보다 덜 명시적이기 때문에 주의를 요하게 된다.

(4) 위장(mystification)

위장(僞裝)은 가족 내에서의 갈등이나 불화를 모호하게 하거나 가면을 쓰고 반응하는 현상을 말한다. 가면을 쓰고 의사소통을 하는 것은 갈등을 정면으로 직면하지 않고 회피하면서 그 본질을 가리는 방식으로 반응하는 것이다. 이러한 회피행동은 갈등을 악화시킨다. 위장의 주요기능은 현상을 유지하려는 것이다(조홍식 외, 2006).

(5) 주장적 의사소통(assertiveness)

의사소통에서 또 하나 사정해야 하는 요소가 가족원의 주장성이다. 단정적 의사소통이라고도 한다(Poindexter et al., 2003).

① 뜻과 특징

주장성은 의사소통하는 하나의 방법으로써 개인의 생각, 욕구 그리고 정서를 자기

신뢰감, 기술(技術), 그리고 관심으로써 타인에게 알리는 능력이다. 많은 사람들이 "주장성"을 "공격성"과 혼동한다. 이 둘은 아주 다른 개념이다.

② 주장적, 공격적, 수동적 의사소통의 차이점

주장적, 공격적, 수동적 의사소통은 일련의 연속선에 배치할 수 있으며, 그 차이점은 다음 〈표 6-3〉과 같이 요약될 수 있다.

표 6-3 주장적, 공격적, 수동적 의사소통의 차이점

주장적	공격적	수동적
• 다른 사람의 욕구와 감정 그리고 나 자신의 욕구와 감정은 동등하게 중요하다.	• 다른 사람보다 내가 더 중요하다. • 내가 원하고 느끼는 것이 우선되어야 한다.	• 나보다 다른 사람이 더 중요하다. • 내가 말하는 것과 느끼는 것은 가치가 없다.

③ 주장적, 공격적, 수동적 의사소통의 예

은퇴한 부부인 Sam과 Jill은 함께 교외로 소풍가기 위해 고대하며 준비하고 있었는데 아들 내외로부터 전화를 받았다. 아들은 Sam과 Jill에게 주말에 어린아이들 셋을 돌보아줄 것을 부탁했으며 자기들은 마지막 기회의 스키여행을 떠나겠다고 말했다. 아들 내외는 친구들과 함께하는 이 여행기회에 흥분했으며 Sam과 Jill이 그들의 요청을 수락할 것으로 생각했다. 아들은 말했다. "아버지와 어머니가 계획을 가지신 걸 알지만, 스케줄이 융통적이기 때문에 계획을 변경하고 손자들을 돌보며 집에 있는 것도 괜찮을 거라고 생각하는데요."

■ **주장적 반응**

Sam은 말한다. "얘야, 우리도 손자를 사랑하고 우리가 할 수 있을 때라면 언제나 손자들과 함께 있는 것이 즐겁다. 또 우리가 할 수 있다면 네가 외출하도록 돕는 것을 좋아한다. 그러나 지금은 잘 시간이다. 네 엄마와 나는 여행을 계획했고 이것을 취소해야 한다면 실망이 클게다. 네가 우리를 믿는 것은 알지만 미안하다. 다음 기회에, 우리가 계획이 없을 때, 예쁜 손자들을 돌보아주게 되면 우리도 행복할 게다."

■ **공격적 반응**

Sam은 화가 나서 소리친다. "그렇게나 생각이 없니! 네가 엄마와 아빠를 이용하는 방식을 믿을 수가 없구나. 우리가 전에 네가 외출하도록 도와주었을 때도 전혀 고마워하지 않았다. 알다시피 우리는 너희의 시종이 아니다!" Sam은 화가 나고 감정이 상하여 전화를 끊었으며 그의 말이 아들에게 미친 영향을 생각하지 못했다.

■ **수동적 반응**

Sam은 말한다. "그러렴. 문제없어. 아마 좋을 거야. 애들을 데리고 오너라. 엄마에게는 내가 말하마." Sam은 전화를 끊고 실망에 가득 찬 아내를 보았다. 그들은 아들이 지각이 없고 이기적인 것에 대해 서로를 비난했고 아들이 손자들을 데리고 도착했을 때 모든 것이 좋은 것처럼 행동했다.

④ 주장적 의사소통이 어려운 경우

대부분 사람들에게는 주장적이 되는 것이 어려운 특수상황이 있다. 가령, 요구에 대해 거부를 할 때, 제한을 둘 때, 강한 감정을 표현할 때, 혹은 자신을 방어할 때 등이다.

어떤 사람들은 누군가의 요구에 거부의사를 밝히는 것에 어려움을 갖는다. 그 이유는 다른 사람의 욕구에 부응하고 자신의 욕구는 부인하는 것에 익숙해져 있기 때문이다. 때때로 사람들은 다른 사람들이 자기를 좋게 생각해주기를 바라기 때문에 모든 요청에 승낙하는 것으로 반응한다. 이에 더하여, 제시되는 요청은 일반적으로 진지하게 제시되며 또 나름대로 진정한 필요성이 존재하기 때문에 사람들은 이러한 상황에서 요청을 거절할 수 있다고 생각하지 못한다.

주장적이지 못한 공격적, 수동적 반응이 인간관계에서 문제를 일으킨다. 사회복지사는 가족원들이 특수상황에서 어떤 방법으로 의사소통하는지를 이해할 필요가 있다.

3) 가족구조

Minuchin이 설명한 구조적 가족치료의 기본토대 중 하나는 가족이란 하위체계의 지지를 통해 기능하는 하나의 체계라는 개념이다. 가족원의 행동은 반복된 작용을 통하여 이루어진 상호교류 패턴에 의해 조절된다. 가족의 구조가 변화되면, 가족원의 지위도 변화되며, 결과적으로 각 개인이 변화를 겪게 된다. 가족구조의 사정에는 다음 4가지 측면을 사정한다(Janzen et al., 1980).

(1) 부부하위체계(the spouse subsystem)

① 뜻과 특징

첫째 아이가 태어나기 전까지 남편과 아내로 구성된 하위체계를 말한다. 이때 그들의 근본역할은 남편과 아내로서의 역할이다.

② 사정요소

가. 보완성(complementarity)과 적응성(accommodation)

부부하위체계의 기본요소다. 이것은 각 배우자가 상대방의 효과적인 기능수행을 위하여 지지를 해주는 행동양상을 발달시켜야만 하는 것을 의미한다. 이것을 실현하는데 합류(joining)와 협동(cooperating)이 취해진다.

나. 분리와 개별성(individuality)

또한 부부하위체계의 효과적 기능에는 분리되는 능력과 행동이 필수적이다. 그러므로 배우자들은 친밀과 지지 그리고 독립적 행동에 필수적인 개별성 유지 사이에 균형을 추구해야 한다.

다. 내적 경계선(inner boundary)과 외적 경계선(outer boundary)

부부하위체계는 모든 하위체계처럼, 가족이라는 경계구조 내의 경계에 의해 특징지워진다. 내적 경계선(inner boundary)은 참여자의 개인성을 유지시키고, 반면 외적 경계선(outer boundary)은 그 하위체계를 규정하고 외부세력의 침입으로부터 보호한다.

■ 부부하위체계를 둘러싸고 있는 외적 경계선

- 가족을 다른 가족체계로부터 구별 짓고 부부가 다스리는 영역을 제공한다.
- 이 경계가 적절히 설정되어 있을 경우, 부부하위체계는 그들 부부의 원가족과 분명하게 분리되고, 확대가족의 간섭을 통제한다.
- 아동이 태어났을 때, 부부하위체계 외적 경계선은 남편과 아내라는 영역 내에 아동이 침입하는 것을 막는다. 이것은 부부하위체계가 영역 밖으로부터의 방해 없이 부부체계 고유의 내부과정에 참여하는 권리를 상징한다.

■ 부부의 내적 경계선(개인경계선)

- 부부하위체계 내에서 부부 각자가 다스릴 수 있는 영역을 제공한다.
- 개인경계선을 가진 부부는 자기 자신의 정체감을 가질 수 있고, 개인행동에 대한 책임을 진다.

라. 부부하위체계의 경계선 침입

체계의 통합을 안전하게 하려는 경계선의 목표에도 불구하고 경계선 침입이 일어난다. 예를 들어, 부모와 함께 사는 신혼부부가 있다고 하자. 부모는 신혼부부의 심리사회적 공간을 넘어와 부모-자식 간의 관계를 유지할 것을 주장하고 있다.

위의 예는 부부하위체계라는 경계선을 심각히 위협하는 것이다. 만약 신혼부부가 자기들의 생활을 지시하려는 부모의 뜻을 받아들인다면, 이 두 개의 하위체계는 혼란되고 두 개의 서로 다른 하위체계의 명확한 분리는 존재하지 않는다.

그러한 침범의 경우에, 각 세대의 주(主)인물 두 명이 연합전선을 펴는 것을 발견하는 일은 드문 일이 아니다. 예를 들어, 신랑에 반해서 신부와 장모가 연합하는 일이다. 이것은 세대 간의 경계 침입으로써 아내와 장모 사이에 분명한 경계가 없는 것을 반영하는 것이다. 이것은 양 체계에 역기능을 일으킨다. 장모가 딸과 연합하여 사위에 반대전선을 펴는 한, 장모는 자신의 남편과의 관계를 소홀히 하게 된다. 따라서 이중 삼중의 역기능이 일어난다.

(2) 부모하위체계(the parental subsystem)

첫째 아이가 태어나기 전까지 부부는 부부하위체계로 보게 되며, 그들의 근본역할은 남편과 아내로서의 역할이다. 그러나 첫아이가 태어나면, 가족기능을 생각할 때, 3개의 새로운 하위체계가 생긴다.

① **부모하위체계**: 부(父)와 모(母)로 구성된다.

② **형제자매체계**: 형제자매로 구성된다.

③ **부모-자녀체계**: 부모와 자식으로 구성된다.

부모하위체계는 주로 아동에게 초점이 맞춰지며, 전체가족체계에 대한 행정적 책임을 가진다. 이를 효과적으로 수행하기 위해 부모는 유동적이어야 하고, 통제를 행하고, 독립성을 증진시키는 사이에서 섬세한 균형을 유지해야 한다.

아동의 침입을 막는 부부하위체계와는 달리, 부모하위체계는 아동이 관련되는 곳에서는 다르게 작용한다. 부모하위체계의 경계선은 체계주위를 아동이 자유롭게 넘나드는 것을 허용한다. 부모의 이 새로운 역할은 아동양육이라는 책임을 수반한다.

부모가 먼저 할 일 중의 하나는 그들이 이전에 형성했던 부부하위체계에서 단지 부부로서만 가졌던 배타적인 역할을 포기하는 것이다. 체계이론에서는 체계 중의 한 부분이 변화하면, 다른 부분도 변한다는 것이다. 첫째 아이가 태어남으로써 부모는 가족체계 내에 변화가 요구됨을 경험한다. 즉 제3의 가족원이 태어남으로써 자동적으로 변화과정이 개시되는 것이다.

아동의 탄생은 최초의 영향을 남편과 아내의 관계에 미친다. 아동의 포함은 각 부모가 부가적 관계에 대한 여지를 만들어야 함을 의미한다. 아동은 양육되어야 하고 부모는 아동의 신체적, 정서적 욕구를 충족시켜 주기 위해 그들 본래의 욕구충족 활동을 재구조해야 한다.

때로, 아동을 포함하기 위한 변화가 새로운 부모에게는 어렵다. 아동이 태어나기 전에는 그들은 자기 자신의 욕구, 기대, 그리고 상대방의 욕구와 기대에 근본적으로 관련되어 있다. 그러나 부모가 됨에 따라 부부는 그들만 즐길 시간이 줄어들었다. 여가시간이 그때와는 다르게 사용되어야 하며, 부부만의 레크리에이션 활동이 아동양육에 대한 관심으로 아주 제한될 수 있다. 만약 부모가 그들 생활공간 내에서 그들이 상호작용하는 방법을 재 정의하여 아동양육을 포함하는 방향으로 조절할 수 없다면, 기족으로서의 기능은 문제가 된다.

이러한 역할조절은 다음 아이가 태어날 때마다 반복되어야 하며, 이때는 먼저 태어난 아동도 이것을 분담하고 욕구충족하는 과정에 포함된다. 예를 들어, 형제자매체계가 있는 가정에 새 아기가 태어나면 바로 위에 있는 아동에게 영향이 미치는데, 그는 가족 내에서 "아기"로서의 역할을 단념해야 하며, 엄마와 나누었던 친밀성을 어느 정도는 포기해야 한다. 엄마는 양육의 역할을 새로 태어난 아기에게까지 뻗쳐야 하며, 그렇게 함으로써 다른 아동에 대한 관계가 약간 변화되는 것이다.

새로 태어난 아기를 위해서 물리적 공간(physical accommodation)도 마련되어야 하는데, 이것은 다른 아동의 놀이활동, 이부자리 배치순서 등에 영향을 미치는 것일 수 있다. 때때로 이러한 변화는 먼저 태어난 아동에게 부정적인 영향을 줄 수 있는데, 그 아동은 의기소침, 엄지손 빨기, 침대에 오줌싸기 등과 같은 행동으로 반응할 수 있다. 그러한 행동은 만약 부모가 보호양육을 잘하면 금방 없어진다.

부모의 역할은 아동이 성장하고 개별성을 더욱 추구함에 따라 한층 어려워진다.

이것은 부모하위체계의 통제와 허락 기능을 더욱 요구한다. 자율성을 지원하는 반면, 발달과정에 있어서 적절한 시점에서 필요한 통제를 행하는 이러한 기능 사이의 균형유지는 부모로서 어려운 과업일 수 있다. 이러한 어려움은 여러 분야에서 가치가 끊임없이 시험되고 불일치가 만연되는 사회에서는 더욱 증가된다.

우리는 부모역할에서 갈등이 본래 있는 것으로 생각한다. 그리고 가족과 함께 일을 할 때 특히 어른들을 포함하는 문제를 다룰 때 바로 그 점을 명심해야 한다.

(3) 형제하위체계(the sibling subsystem)

개별성을 발달시키고 성장시키기 위해서 아동은 어른들의 간섭 없이 그들 고유한 실험이 일어날 수 있는 영역이 필요하다. 이것이 형제하위체계를 가족조직의 매우 중요한 부분으로 만든다. 아동이 어떻게 다른 사람과 관련을 맺는가, 어떻게 서로 나누고, 불일치하고, 친구를 사귀고, 협상하고, 자기 자신들을 보호하는 가를 배우는 데가 바로 형제하위체계다. 이 경험이 아동에게는 다른 체계와 만나는 데에 하나의 보호방패가 된다.

이것은 아동이 오직 형제하위체계 경험 안에서만 배운다는 것을 의미하는 것은 아니다. 많은 것을 부모와, 나중에는 가족 외의 체계와 상호작용하는 데서 배운다. 어쨌든 이 체계 내에서의 경험은 아동에게는 가장 중요한 것이며, 그것들이 행동을 시험하고 시행착오에 의해 배우는 초기 기회를 제공한다. 이런 종류의 학습은 아동의 성장발달에 필수적인 것이다.

다른 하위체계처럼, 형제하위체계도 어른의 침입으로부터 보호하는 경계선을 갖는다. 그 경계선은 침투할 수 있는 것이다. 이것은 경계선을 넘어 부모의 넘나듬을 허락하지만, 필요할 때는 부모의 간섭 없이 일을 하는 프라이버시에 대한 권리도 준다. 예를 들어, 어른의 간섭 없이 아동은 그들 고유한 흥미를 가질 기회가 필요하며, 특별한 분야에 있어 그들 고유한 사고(思考)를 시도하고, 긴장이 있을 때 상대방을 지지해 주는 기회가 필요하다.

이 체계 내에서는 아동의 성장과 발달의 결과로써 조절이 필요하게 된다. 성장하고 나이가 달라짐에 따라 다른 흥미, 특권, 그리고 책임이 수반된다. 이점에서 형제 하위체계는 보통 두 집단으로 갈라지는데, 10대와 10대 미만이다. 그러한 구분은 체계의 보다 효과적 기능을 강화하며, 동시에 참여자의 생활주기에 관련된 체계의 통합성을 보호한다.

가족을 둘러싼 경계선이 침투할 수 있는 것이라면, 아동은 나이에 맞는 활동을 포함하는 가족 외의 체계와 자유롭게 상호작용할 수 있다. 아동은 이러한 경험을 가족체계에 투입하는데, 만약 이 투입이 가족의 기대를 심각하게 위협하는 것이라면 가족의 경계선은 부적합하게 완고한 것으로 변할 수 있다. 예를 들어, 10대의 딸이, 친구들이 하는 것처럼, 주말에 친구들과 캠핑을 가고 싶다고 부모에게 의논하는 경우, 부모는 친구들 간의 그러한 모임에 반대하고 주말캠핑에 불찬성하는 것은 물론 친구집단의 모임에 나가는 것까지 반대한다. 이것은 가족경계선 내의 완고성이 증가하는 것을 반영하며, 딸이 가족으로부터 분리되는 것을 막는다.

(4) 부모 · 아동 하위체계(the parent-child subsystem)

이 체계에서는 부모와 아동이 경계선 내에서 기능적 단위로 상호작용한다. 이것은 앞의 3가지 하위체계들과는 다른데, 이 체계를 구성하는 사람 중 적어도 1인이 다른 세대라는 뜻에서다.

예를 들어, 엄마와 어린 아동은 서로 다른 2세대로 구성된 하위체계를 형성하며, 이들은 상호작용적 과정에서 밀접하게 포함된다. 이 체계를 둘러싼 경계가 완고하지 않고 다른 구성원이 들어오는 것을 허용하는 한 이것이 병적인 것이 되지는 않는다. 반면, 모자가 연합하여 아빠가 그 체계 안에 들어오는 것을 배척한다면, 이 체계는 역기능이 될 것이다.

Minuchin은 하위체계를 둘러싼 경계선의 명확성이 그 체계를 구성하고 있는 사람들보다 더 중요하다고 주장했다.

예를 들어, 한 부모 가족이 있다고 하자. 엄마는 직장을 가졌으며, 가장 큰 아이에게 어린 동생을 돌보는 일을 의존하고 있다. 이것은 분담된 책임으로써 엄마와 아들을 경계선 안에 같이 있게 한다. 어쨌든 이 경계선이 큰 아이의 권한을 제한하고, 그에게 주어진 책임성이 분명히 규정되어 있는 한 기능적이 될 것이다. 다른 말로, 만약 엄마가 큰 아이에게 동생들의 행동을 감독하는 것을 엄마가 없을 때만 하라고 말하고, 엄마가 집에 있을 때는 그녀가 가족을 책임진다면, 그 체계는 원활히 기능할 수 있다.

권위의 위계가 불분명하고, 큰 아이가 엄마와 함께 단단한 경계선 내에 있게 될 때 문제가 일어난다. 이러한 경우, 엄마와 아들을 둘러싸고 있는 개별적 경계가 혼란해지며, 큰 아이의 권한은 어머니가 계실 때라도 제한받지 않을 것이다. 그러면 큰 아이는 '부모역할을 하는 아이(parent-child)'가 되며, 어린 동생들과 관련된 일에 관한 한 어머니의 연장처럼 구별 없이 행동할 것이다. 이것은 다른 아동들이 자유로이 어머니한테 접근하는 것을 막고, 문제가 되는 결과를 가져온다. 그래서 Minuchin은 하위체계를 둘러싼 경계선의 명확성이 그 체계를 구성하고 있는 사람들보다 더 중요하다고 주장했다.

4) 가족권력(power in family)

(1) 뜻과 특징

가족에서 권력이란 다른 가족원의 행동을 변화시킬 수 있는 능력을 말한다. 일반적으로 가족 내에서는 다른 가족원들의 욕구(경제적 욕구, 사회적 욕구, 애정, 사랑, 인정의 욕구 등)를 실현시켜 줄 수 있는 자원을 많이 가진 가족원일수록 권력을 많이 가진다. Haley(1976)에 따르면, 가족은 가족 내 어떤 하위체계가 다른 하위체계에 대해 권력을 행사하는 하나의 위계질서를 갖는다. 사회복지사는 가족이 이러한 위계질서를 어떻게 조직하고 있는가를 아는 것이 중요하다(조홍식 외, 2006).

(2) 가족권력의 소재를 아는 방법

① 가족원들 사이의 권력의 분포를 통해 안다.

가족원 중 누가 가장 권력을 행사하는지, 누가 통제받는 위치에 있는지 등을 고찰한다.

② 가족의 규칙체계 내에서 찾아 볼 수 있다.

가족규칙에 따라 이루어지는 일련의 과정에서 가족원들이 규칙변화에 두려움을 느끼는 정도, 그리고 그 규칙에 도전할 수 있는 정도의 권력집중과 분포를 알 수 있다.

③ 가족이 공유하고 있는 의미와 가치체계를 통해서 알 수 있다.

이것은 가족규칙이나 원칙에서 드러나는 것인데, 가족의 의례와 기념식 등을 통해 나타난다. 가령, 가족원의 생일 중 가장(家長)의 생일은 무슨 일이 있어도 지키는 가정이 있는가하면, 가장의 생일보다는 아이들의 생일을 성대하게 차려주는 가정도 있다.

(3) 가족권력과 사회복지사

사회복지사는 가족세션에서 다음을 관찰함으로써 가족권력의 분포를 파악할 수 있다.

- 누가 가장 먼저 말하는가?
- 누가 누구를 방해하는가?
- 누가 누구에게 동의하는가?
- 누가 가장 말을 많이 하는가?
- 누가 결정할지를 결정하는가?

- 의사결정시 보통 누구의 생각이 받아들여지는가?
- 권력의 기반이 가족 내 어떤 하위체계에 있는가?
- 가족원들이 권력의 집중 혹은 분산에 동의하는가?

5) 가족규칙

(1) 뜻

이것은 근본적으로, 가족행동에 영향을 미치는 관계에 대한 합의다. 즉 가족원들은 가족규칙을 통해 서로의 행동을 규정하고 제한한다. 가족규칙에는 명시적 규칙과 묵시적 규칙이 있다(Janzen 외, 1980).

(2) 명시적 규칙(explicit rule)

가족원들이 분명하게 드러내놓는 규칙이다. 이것은 가족구원들의 구체적 역할과 기대를 따라 설정되어 있다. 이러한 규칙에서는 가족들이 원하는 것이 논의될 수 있고, 규칙은 타협과 변화 가능성을 지닌다.

(3) 묵시적 규칙(implicit rule)

가족원들 사이에 암시적이거나 분명하게 겉으로 드러내놓지 않는 규칙이다. 이것은 반복된 가족 상호교류가 시간이 지나면서 확고하게 굳어진 것일 수 있다. 따라서 가장 힘을 갖는 규칙일 수 있다. 예를 들어, 아버지가 혼외연애사건에 관련된 가족이 있다고 하자. 이 규칙은 가족원이 그러한 혼외연애사건의 존재를 알게 되는 반복된 경험으로부터 생겨났다. 부모는 절대로 자신들이 이 관계에 관해 공개적으로 이야기하지 않았으며, 아이들이 이것을 이야기하도록 허락하지도 않았다. 그러나 이러한 시나리오가 반복되면서 그 가족은 아버지의 일에 관해 이야기하지 않는다는 암묵적 규칙이 세워진다.

(4) 메타룰(meta-rule)

이것은 규칙에 관한 규칙이다. 즉, 가족원들이 그들이 갖고 있는 가족규칙을 어떻게 변화시킬 것인가에 관한 규칙이다. 기능적인 가족은 가족규칙을 변화시킬 필요가 있을 때 함께 의논하고 합의를 이끌어 내어 결정할 것이다. 역기능적 가족은 가족규칙을 변화시키는 데 아무런 기제를 갖고 있지 않거나, 혹은 가족규칙이 변화될 수 없는 것이라는 강력한 메타룰을 가지고 있을 것이다(조홍식 외, 2006).

(5) 가족의례(family rituals)

가족의례란 가족이 집행하는 일정한 전통적 의식(儀式)을 말한다. 생일, 기념일, 입학과 졸업, 휴가, 정기적 식사모임 등과 같은 특별한 날에 가족이 관습적으로 진행하는 의식을 말한다(Wolin et al., 1980).

예를 들어. 어느 집은 일요일 저녁식사는 반드시 가족원들이 함께 하는 관습을 지키고 있다. 어느 가족은 아이들이 20세가 될 때까지 생일에 수수팥떡을 해서 먹고 이웃집에도 돌린다. 수수팥떡이 마귀를 막고 행운을 가져다준다는 미신에서다.

사회복지사는 가족사정을 할 때 그 가족의 의례에는 어떤 것이 있는가를 사정하여 가족을 이해하도록 해야 한다.

(6) 가족규칙 사정에서의 주의점

가족규칙의 힘은 이에 대한 논의 없이는 적합한 정보가 진전되지 않는다는 사실에 있다. 정보가 진전되지 않는다면, 가족은 현재상태(status que)를 변화시키기 위한 행동을 취할 가능성이 적다. 가족체계 내의 자기-영속적인 기제는 가족원 사이에 변하지 않고 남아있는 묵시적 규칙을 강화한다.

예를 들어, 어떤 가족은 가족생활의 특별한 영역, 예를 들어 가족질병에 관해 이야기하는 것을 규제하는 규칙을 갖는다. 이러한 가족규칙에 관한 논의가 없다면, 가족질병에 관한 정보는 더 진전되지 않을 것이다.

또한 가족은 또한 치료에서 가족규칙을 강화하는 서로 다른 방법들을 가질 수 있다.

예를 들어, 만약 사회복지사가 한 가족원과 상호작용하면서 가족비밀에 너무 가까이 접근한 것으로 보이면, 다른 누군가가 그 논의에 개입하여 사회복지사가 가족비밀을 알지 못하도록 정보의 흐름을 바꾸어 놓을 수 있다.

규제기제가 무엇이든 간에, 치료의 효과적 과정을 방해한다면, 반드시 예방조치가 취해져야 한다.

(7) 가족규칙의 사정초점

사회복지사는 '그 가족에서 가족행동을 일관하는 규칙이 무엇인가?', '그 규칙은 가족목표에 기능적인가, 역기능적인가?'에 초점을 두어 사정한다.

6) 가족 삼각관계(family triangulation)

(1) 뜻과 특징

가족 삼각관계는 가족 내 2인 체계 속에서 긴장을 느끼는 사람이 긴장의 정도를 감소시키기 위해 제3의 인물이나 이슈(활동, 알코올, 종교 등)를 끌어들여 맺게 되는 관계를 말한다(Janzen et al., 1980). 삼각관계는 인간관계에서 예측할 수 있는 것으로, 사람들은 이를 통해 긴장을 감소시켜 문제를 다루어 나가려고 한다. 제3의 요소는 특히 주목의 대상이 되는데, 왜냐하면 제3의 요소에 의해 주어지는 이익을 얻기 위해 본래의 두 사람 중 하나, 어떤 때는 둘 다 노력하기 때문이다(김유숙, 2002). 가족 삼각관계는 어떤 상황 아래서는 역기능이 될 수도 있지만, 또한 순기능을 할 수도 있다.

(2) 가족 삼각관계의 종류

① 아내와 남편 사이의 제3의 인물(자녀, 혹은 원가족)

제3의 인물은 1인 일수도 있고, 여러 명일 수도 있다. 어느 가족에서는 2명 이상의 자녀가 번갈아가며 삼각관계에 연루될 수도 있고, 어느 가족에서는 여러 자녀가 동시에 연루될 수도 있다.

② 아내와 남편 사이의 이슈

취미활동, 종교활동, 운동, 친구모임 등의 활동적인 이슈와 알코올, 돈 등 물질적인 이슈 역시 삼각관계에서 제3요소가 될 수 있다. 이러한 이슈는 한 가지일 수도 있고, 두 가지 이상일 경우도 있다.

(3) 삼각관계와 사회복지사

① 인간관계에서 삼각관계의 개념은 사회복지사가 가족 내의 관계패턴을 보는 방식을 제공한다.

② 가족 삼각관계의 대상에 사회복지사가 포함될 수 있음을 유의한다. 특히 부부와 같이 2인 체계를 다룰 때 그렇다.

③ 문제성 삼각관계의 한 예는 잘못된 삼각관계(perverse triangle)인데, 흔히 세대가 다른 두 사람이 연합하여 이 두 사람이 가족 중 한 사람을 밀어내는 것이다. 예를 들면, 엄마와 아들이 연합하여 아버지에 대항하는 것이다. 이들은 삼각관계의 물증이 있음에도 불구하고 삼각관계의 존재를 거부한다.

④ 삼각관계가 반드시 병리는 아니다. 남편과 아내는 강한 밀착관계에서 발생할 수 있는 긴장을 감소시키기 위해 바깥활동(가령, 자원봉사)에 관심을 가질 수

있다. 이때 제3의 요소를 두 사람 관계에 끌어들이는 것이 그 제3의 요소가 상대방의 자리를 대신하는 것이 아닌 이상 문제가 되지는 않는다. 에너지의 일부를 긴장형성이 아닌 다른 곳으로 방향을 돌리는 것은 남편과 아내가 보다 효과적으로 기능하게 하는 대안이 될 수 있다.

7) 가족신화

(1) 뜻과 특징

가족신화(神話)는, 본질적으로, 가족원들이 공유하는 신념과 서로 간의 기대 그리고 가족원의 관계로 구성된다. 이것의 특징은 가족원 모두에게 의문의 여지없이 공유된 신념과 기대라는 것인데, 가족원들이 더 이상 생각할 것도 없이 자동적으로 신화로 합의하는 결과를 가져온다. 가족신화는 병폐적인 것도 있고, 그렇지 않은 것도 있다(Janzen et al., 1980).

(2) 가족신화의 예

결혼생활 16년차인 아내는 한 번도 자동차를 운전해 본 적이 없고, 배울 생각도 안한다. 남편은 아내가 가고자 하는 곳은 어디든지 개인적인 사생활을 희생해서까지 운전해서 데려다 준다. 아내는 자기가 기계를 다룰 줄 모르기 때문에 그렇다고 설명한다. 남편은 재빨리 설명을 덧붙이는데, 아내는 집에서 손에 쥐는 기계마다 망가뜨리며, 항상 그런 식이라는 것이다. 남편은 아내가 택시운전사도 불신한다고 말하고, 아내는 고개를 끄떡이며 인정하고 있다.

위의 예에서 남편은 아내가 기계를 다루는 데 서툴며 그의 도움이 필요하다는 것에 아내와 완전히 믿음을 공유해서 아내의 말에 합의할 뿐만 아니라 아내의 서투른 솜씨에 대한 예까지 들어가며 그 믿음을 지원하고 있다. 남편은 분명히 아내의 위치에 대해 의문의 여지없이 믿고 있다.

(3) 가족신화의 사정초점

가족신화 내에 종종 존재하는 비합리성에도 불구하고, 가족원들은 가족신화가 그들의 실제생활에서 정서적으로 필요불가결한 부분으로 인식한다는 것을 사회복지사가 명심하는 게 중요하다. 그렇기 때문에 가족신화는 가족원의 행동을 결정할 뿐만 아니라 가족관계의 그 무엇인가를 밝혀준다. 가족은 가족신화가 깨뜨려져 가족항상성(family homeostasis)이 흔들리면 다시 그 신화를 엄격하고 강하게 하여 가족항상성을 유지하려 하다.

가족신화와 관련해서 사회복지사는 다음에 초점을 두어 사정한다.

- 가족신화는 무엇인가?
- 이것은 누가 지키고, 누가 파괴하는가?
- 어떤 상황에서 파괴되는가?
- 이것이 파괴될 때 나타나는 문제는 무엇인가?
- 신화가 지켜지는 것은 일방에만 이익이 되는가(한쪽은 희생) 혹은 쌍방이익이 되는가?
- 신화를 고수하는 사람의 목적과 의도는 무엇인가?
- 신화가 파괴되었을 때 받는 상처는 무엇인가?

8) 가족 내 역할

가족의 역할구조 역시 사회복지사가 사정해야 할 요소다. 사회복지사에게는 가족 역할구조가 형성된 이유와 과정을 분석하는 것이 중요하다(김융일 외, 2001).

(1) 역할의 개념

역할이란 일정한 지위에 있는 개인에 의해 수행되는 일련의 연속되고 학습된 행동을 의미한다.

(2) 가족 내 역할 개념

가족 내 역할은 가족 내에서 자신의 위치와 존재를 결정하는 사고와 행동양식을 의미하며, 또한 가족생활을 위한 구체적인 과제수행을 포함한다. 가족 내 역할은 오랜 성장과정을 통해 형성된 것으로서 사회적 역할과 달리 영구적이고 융통성이 적으며 거의 무의식적이라는 특징을 갖는다.

(3) 가족문제 평가과정에서 흔히 거론되는 가족역할

속죄양, 확인된 환자(identified patient), 아기역할을 하는 아동(infantalized child), 부모역할을 하는 아동(parentified child), 영웅, 마스코트, 없는 것과 같은 아동(lost child), 해결사(rescuer), 메신저 등이 있다.

(4) 역할수행의 평가개념

가족원의 문제가 역할수행과 관련 있을 때 다음 개념에 비추어 평가할 수 있다.

① 역할갈등(role conflict)

역할갈등은 역할을 수행하면서 겪는 어려움을 의미한다. 역할 내 갈등과 역할 간 갈등 두 가지가 있다.

역할 내 갈등(intrarole conflict)은 하나의 지위에 기대되는 역할들에 합의가 결여될 때 개인이 겪는 어려움을 나타낸다. 예를 들면 아내라는 역할에 대해 시어머니, 남편, 그리고 본인 자신이 각기 다른 기대를 가지고 있을 때 이러한 관련자들의 기대불일치로 인해 아내역할 수행시 이 여성은 많은 갈등을 겪게 된다.

역할 간 갈등(interrole conflict)은 한 개인에 의해 수행되는 여러 역할들이 상호 불일치 할 때 발생하는 문제를 말한다. 예를 들면 한 여성이 엄마, 아내, 직장인이라는 여러 역할을 동시에 수행하면서 오는 어려움이다.

② 역할 모호성(role ambiguity)

어떤 지위에 대한 역할이 분명히 규정되지 않았을 때 발생하는 문제다. 예를 들면 여성과 남성의 평등의식이 확산되면서 평등한 부부관계가 바람직한 부부상으로 대두되었을 때, 부부 각자가 어떤 역할을 맡아야 하는지에 관해 혼란을 겪고, 이것이 문제가 되는 경우가 역할 모호성으로 인해 파생되는 역할상의 문제다.

③ 역할과중(role overload)

한 개인이 자신에게 기대되는 역할들을 부담되고 힘들게 느껴 문제가 될 경우가 해당된다. 수행하는 역할의 수보다는 이를 받아들이는 개인의 주관적 판단에 따라 결정된다.

④ 역할단절(role discontinuity)

삶의 주기에 따라 기대되는 역할이 변화되는데 이때 변화되는 역할 간에 유사성이 부족할 때 파생되는 문제가 역할단절이다. 예로 은퇴로 인한 직업인으로서의 역할상실과 노인문제를 들 수 있다.

9) 가족생활주기

(1) 뜻과 특징

가족생활주기는 인간의 생애주기와 마찬가지로 가족생활에도 탄생에서 소멸까지 일련의 과정에 단계가 있고, 이들 단계마다 과업이 있다는 것이다. 이것은 발달론적 접근이며, 생태학적 접근과도 맥을 같이하는 것이다(조흥식 외, 2006).

(2) 가족생활주기를 사정하는 중요 이유

① 대부분의 가족이 가족생활주기의 모든 단계를 거친다.

② 가족은 각 단계에 대한 적응과정에서 많은 스트레스를 경험할 수 있고, 이러한 스트레스가 심한 경우 가족문제의 근원이 될 수 있다.

(3) 가족생활주기와 관련하여 사정할 요소들

가족을 그 발달과업과 연계하여 이해하려는 접근은 가족이 사회가 기대하는 요구를 어떻게 충족시키는가를 평가하는 하나의 패러다임이 된다. 다음에 초점을 맞춘다.

① 현재의 가족생활주기

② 현재의 가족생활주기에 대한 가족원들의 인식정도

③ 과거부터 현재까지 가족생활주기에 따른 발달과업의 수행정도

④ 죽음, 질병, 사고 등 갑작스런 변화에의 적응과 결과

⑤ 별거, 이혼, 재혼, 혹은 한 부모 가족이 겪는 생활주기상의 문제

(4) Duvell의 가족생활주기

가족생활주기의 단계는, 학자에 따라 다르다. 다음은 가족생활주기의 대표적 학자인 Duvall이 제시한 8단계 표다. 그는 2세대 핵가족을 중심으로 가족생활주기를 개념화하였고, 주기의 단계별 가족 내 지위, 가족발달단계에 따른 과업을 제시했다.

표 6-4 가족생활주기에 따른 발달과업(Duvall의 8단계)

가족생활주기단계	가족 내 지위	가족발달단계에 따른 과업
1. 결혼전기	아내 남편	• 상호 만족적 결혼 • 임신에의 적응과 부모가 되는 것에 대한 희망
2. 신혼기	아내-모(母) 남편-부(父) 유아(딸, 아들)	• 아이출산, 아이에게 적응, 아이의 발달을 고무 • 부모와 아이 모두에게 만족스런 가족을 꾸미는 것
3. 자녀아동기	아내-모(母) 남편-부(父) 아들-형제 딸-자매	• 학령 전 아동의 욕구와 관심을 성장 지향적으로 적용하도록 하는 것 • 부모역할로 인한 에너지소모와 프라이버시가 없어짐에 대처
4. 자녀학동기	아내-모(母) 남편-부(父) 아들-형제 딸-자매	• 건설적 방법으로 학령기 아동을 가진 가족집단에 적응 • 아동의 교육적 성취를 고무
5. 자녀청소년기	아내-모(母) 남편-부(父) 아들-형제 딸-자매	• 10대 성숙을 위해 책임과 자유의 균형을 이루도록 하고 스스로를 해방 • 나이 들어가는 부모로서의 관심과 경력을 설정
6. 자녀독립기	아내-모(母)-할머니 남편-부(父)-할아버지 아들-형제-이모 딸-자매-삼촌	• 성인이 된 자녀들을 직장, 군대, 대학, 결혼 등으로 내보내되 적절한 격식과 도움을 줌 • 지지적 가정을 유지
7. 중년기	아내-모(母)-할머니 남편-부(父)-할아버지	• 결혼관계를 재정립 • 젊은 세대와의 유대를 유지
8. 노년기	과부/홀아비 아내-모(母) 남편-부(父)	• 유족 및 홀로 되는 것에 대한 대처 • 가정을 마감하고 노화에 적응 • 은퇴에 대한 적응

10) 환경과의 상호작용

(1) 환경의 정의

사회복지실천에서 환경은 여러 가지로 정의될 수 있지만, Compton과 Galaway는 '특정한 지역 내에서, 사회적으로 규정된, 그리고 건축된 공간 안에서 사람들의 조합

(combination) 및 그들의 상호작용과 상호교류'라고 정의하였다. 그러면서 상호교류는 개인 및 가족생활 내에서, 그리고 사회 및 문화 체계의 생활 내에서 특정기간에 걸쳐 발생한다고 하였다.

환경은 우리 외부에 있는 그 무엇이 아니라 환경은 우리의 일부이고, 우리는 환경의 일부다. 탄생순간부터 환경은 우리의 친밀한 부분이 되어 우리의 선택 및 우리가 관여하는 사회적 상호교류를 통해서 우리가 삶을 구성할 재료를 제공한다(Compton & Galaway, 1999). 따라서 가족사정에 있어서 가족원들의 환경과의 상호작용을 사정할 필요가 있다. 이때 필요한 틀이 다음에 기술한 환경사정의 4가지 차원이다.

(2) 환경사정의 네 가지 차원

① 사회적 환경(social environment)

가족원들이 개인, 집단, 가족, 지역사회, 계층, 그리고 문화 등 여러 수준으로 구성된 환경과 어떠한 상호작용과 상호교류를 하는지 사정한다.

② 물리적 환경(physical environment)

가족을 둘러싸고 있는 자연적 환경(가령, 기후)과 건축된 환경(가령, 주택)을 사정한다.

③ 일시적 환경(temporal environment)

인간생애가 유한하고, 어떤 규정된 공간 안에서 살기 때문에, 시간과 공간은 환경의 중요한 질이다. 그것들은 두 개의 하위부분으로 구분될 수 있는데, 일반적인 것(general)과 사적인 것(personal)이다. 대부분의 인간은 환경으로부터 자신을 보호하기 위해 주택을 건설하지만, 그럼으로써 또한 집단으로부터 어떤 사생활을 가질 수 있는 사적/가족 공간을 구축한다. 주택건설과 사적공간의 특징은 문화마다 다르다.

북 아메리카에서 가족에게 수요가 있는 주택은 직장이나 학교에 쉽게 접근할 수 있고, 전력 편의 · 난방 · 그리고 냉방을 갖춘 집이 개인적 취향에서 볼 때 매력적인 주택이다. 그리고 가족이 창조하는 사적공간은 가족원 자신들에 대한 감정(feeling)과 상호작용 한다.

④ **영적(靈的)인 환경**(transpersonal or spiritual environment)

이것은 생의 의미를 추구하기 위해 문화적으로 지지되는 모든 방식과 기회를 포괄한다. 이 영역은 보다 높은 존재가 있다는 신념, 그 존재와의 관계가능성을 포함하며, 공식 · 비공식적인 종교의식에 국한하지 않는다. 토착 가족원과 일할 때는 영성(靈性)이 반드시 고려되어야 한다. 영성은 문화를 불어넣고, 전체감을 제공한다. 의미와 영적 경험에 대한 가족원의 욕구와 사회 안에서 활용가능한 기회 사이의 적합결여는 가족원의 영적 위기나 불안(malaise: 도덕적 · 사회적 타락에 대한 막연한 불안)으로 이어질 수 있다. 이러한 신호는 사회복지사가 영적 환경에 민감하지 않으면 정신질환의 표시(indicators)로 오해할 수 있다. 영적 환경은 사회복지실천에서 오직 제한된 주목만을 받아왔으나 차츰 그 비중이 커지고 있다(Compton & Galaway, 1999).

4 가족사정방법

가족사정에 사용되는 방법에는 면접, 관찰, 사정도구에 의한 사정, 그리고 은유적 방법에 의한 사정 등이 있다.

1) 면접

면접은 클라이언트의 문제해결이라는 목적을 위해 사회복지사가 클라이언트와 그의 가족 및 관련된 사람들과 의사소통하는 만남을 말한다(Barker, 1996). 면접은 기본적인 상담기술을 활용하여 가족문제에 관한 자료를 수집하고 사정을 수행하는 데 초점을 둔다.

면접에서 사정과정은 현재문제를 확인하고 명확히 하는 질문으로 시작한다. 숙련된 질문은 현재와 과거의 관련상황과 가족 · 직장 · 학교 · 사회에서의 인간관계의 질을 밝혀준다. 사정은 논리적 구조를 가지고 있어서 가족원의 어떤 반응은 다른 질문 혹은 추가적 질문을 자극하여 한 층 더 많은 질문영역으로 유도한다. 사정방법으로서의 면접은 일련의 면접계획 — 대부분 잠정적 — 을 세워 진행해야 한다.

가족사정에서 사회복지사가 활용할 수 있는 면접의 종류는 개인면접, 가족면접, 부부면접, 합동면접 등이다(Dorfman, 1996).

2) 관찰

관찰은 특히 비언어적, 언어적, 언어 외적, 공간적 행동 형태의 자료를 수집할 때 유용한 방법이다. 관찰을 통해 사회복지사는 가족의 구조, 기능, 역할수행, 관계, 상호작용, 가족특성 등을 알 수 있다. 관찰의 종류에는 자연스런 관찰과 구조화된 관찰, 참여관찰과 비(非)참여관찰이 있다(김영종, 2007).

① 자연스런 관찰

가족면접 상황에서 자연스럽게 펼쳐지는 상황 그대로를 관찰하는 것이다. 비구조화된 관찰이라고도 한다.

② 구조화된 관찰

일련의 계획된 순서로 관찰하는 것이다. 특정 정보가 필요할 때는 구조화된 관찰을 사용한다. 구조화란 수집될 자료의 종류와 측정도구가 사전에 얼마나 엄격하게 결정되는지를 의미한다. 따라서 반(半)구조화된 관찰도 가능하다.

③ 참여관찰

사회복지사가 가족원의 사회적 과정에 참여하면서 관찰하는 것이다. 가족원의 사회적 과정에 관찰자의 역동성이 포함된다. 가족의 가치를 이해하는 데 주로 이 관찰법이 사용된다.

④ 비참여관찰

사회복지사가 가족원들의 사회적 과정에 참여하지 않은 채 관찰하고 자료를 수집하는 방법이다. 여기에는 첫째, 일방거울을 사용하는 경우나 폐쇄회로 TV를 통해 현장에서 격리된 채로 관찰하는 경우, 둘째, 사회복지사가 가족원과 함께 현장에 있지만 사회적 과정에 참여하지 않고 일종의 '구경꾼' 입장에 되어 관찰하는 경우다. 관찰자의 역동성이 포함되지 않는다.

3) 사정도구에 의한 사정

가족사정도구들은 가족원들의 상호작용뿐만 아니라 가족들이 외부의 더 큰 사회체계와 갖는 상호작용을 평가하는 데 유용하다. 이러한 도구들은 객관적인 자료뿐만 아니라 그것에 대한 개인의 생각, 감정, 느낌과 같은 주관적인 자료를 수집하는 데 도움이 된다. 특히 사정초기에 말을 잘 하지 않는 가족과 면접할 때는 도구를 사용하여 객관적인 자료를 수집할 수 있다(성정현 외, 2004). 여기에는 가계도, 생태도, 가족생활연대기, 사회적 관계망 지도, 사회적 관계망 격자 등이 있다.

(1) 가계도(genogram)

가계도란 3세대 이상에 걸쳐 가족구조를 도식화하고, 구성원에 관한 정보를 기록하고, 그들 간의 관계를 기술하는 것으로서 가족을 사정하는 과정에서 가장 먼저 이루어지는 작업이다. 가족에 관한 정보를 도식화시켜 보여주기 때문에 복잡한 가족상황을 한 눈에 알아볼 수 있게 한다. 종이와 필기도구를 사용하여 상징적 기호로 표시하며, 정보는 짧게 기술하는 것이 특징이다. 사회복지사와 클라이언트가 함께 가계도를 그려봄으로써 클라이언트에게 가족을 하나의 단위로 보는 기회를 제공한다 (이영분 외 역, 1992).

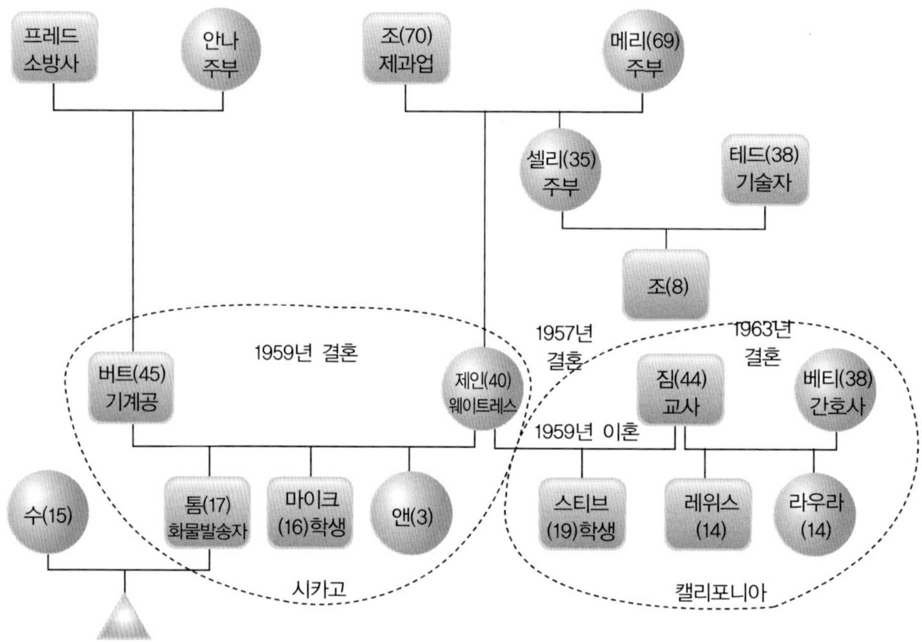

▌그림 6-1▐ 가계도의 예

출처: Holman(1983). p. 73.

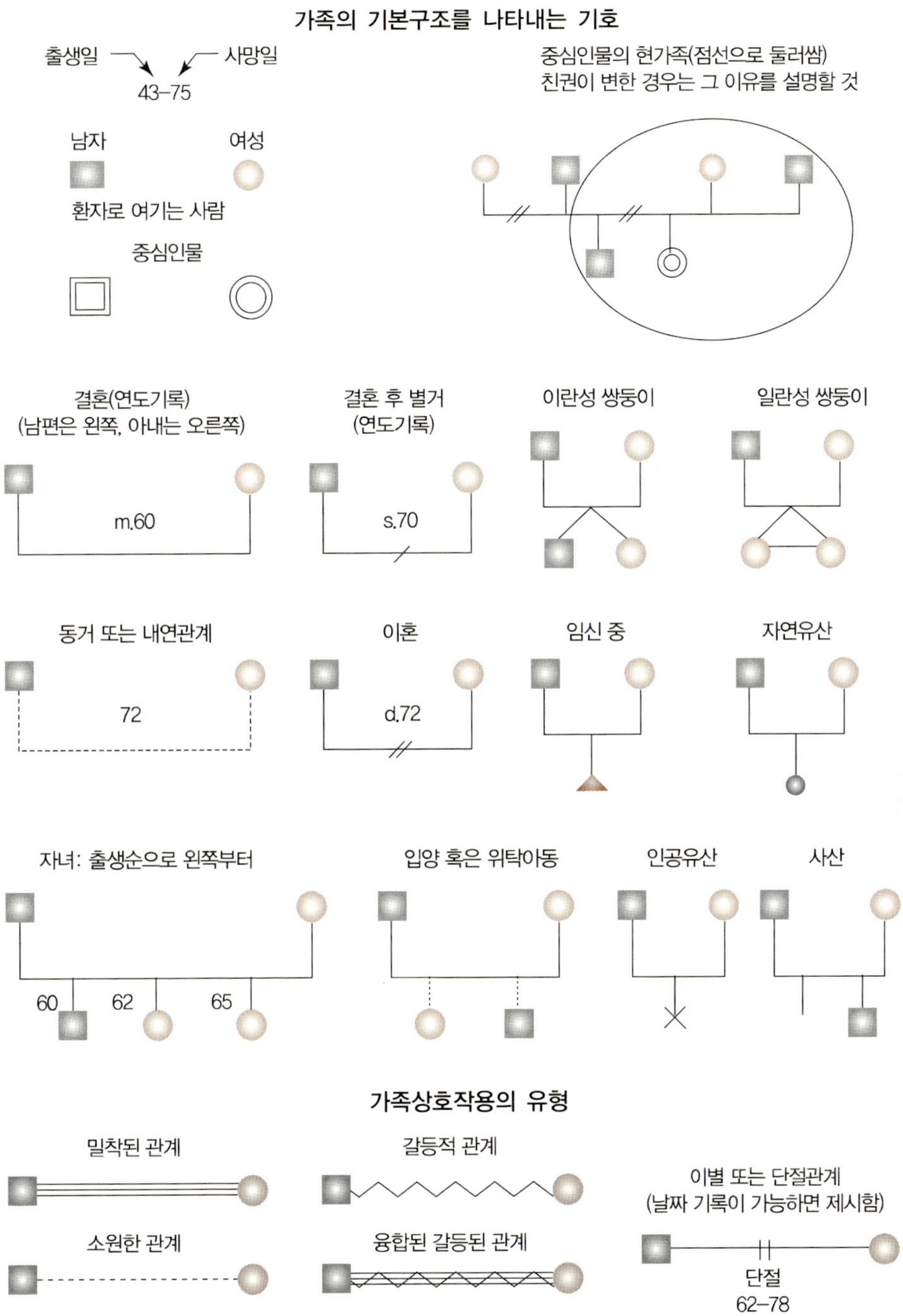

그림 6-2 가계도 작성의 기호

(2) 가족생태도(family ecomap)

Meyer(1976, 1983), 그리고 Hartman과 Laird(1983)에 의해 개발되었다. 생태도는 가족원과 환경 간의 상호작용을 그림으로 나타낸 것이다. 가계도보다 덜 사용되지만 가족원이 상호작용하는 외부환경들을 명료하게 나타내줄 뿐만 아니라 그 환경들 간

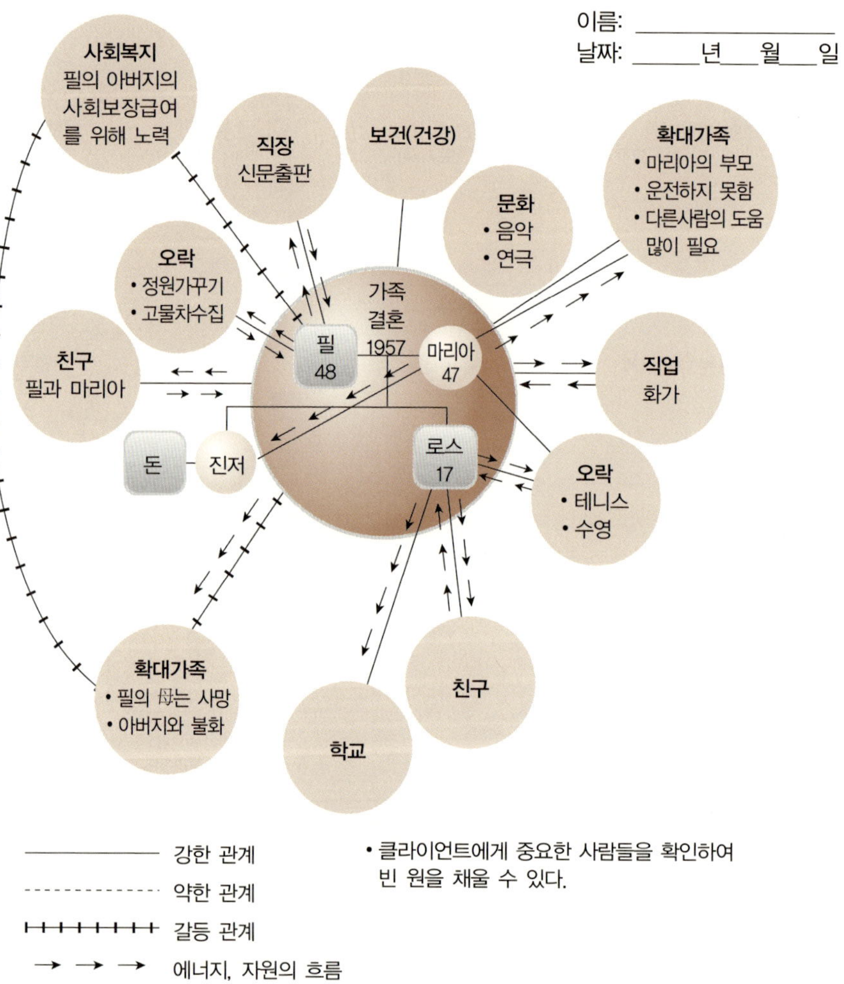

| 그림 6-3 | 가족생태도

출처: Hartman & Laird(1983). p. 177.

의 상호작용의 성격과 질, 지지와 자원의 흐름까지 파악할 수 있다. 더 나아가 가족에게 유용한 자원과 스트레스가 되는 자원, 부족한 자원과 보충해야 할 자원, 연계의 성격 등에 관한 정보를 제공해준다. 따라서 외부체계로부터 스트레스를 경험하고 있는 가족을 사정할 때 유용하다(성정현 외, 2004).

(3) 가족생활연대기(family life chronology)

이것은 가족시간선(family time line), 가족생활력도표라고도 불린다. 가족생활연대기는 시간경과에 따라 가족생활의 핵심적 사건들을 드러내 준다. 동시에 그 사건들에 따른 가족의 강점과 스트레스 요인이 어떻게 결합하였는지도 나타내 준다.

표 6-5 가족생활연대기 클라이언트: 황진이(28세, 여)

연도	나이	주거지	가족상황	주요사건	건강	문제
1981	출생 일자 6월 3일	서울	부: 30 모: 28		정상출산	
1985	4세	서울	남동생	출생	황달	
1986	5세	대구	본인	유치원 입학		
1992	11세	대구	여동생	출생	체중미달	父의 실직
1993	12세	서울	본인	초등교 졸업 중학교 입학		父의 음주
1995	14세	서울	본인	학교에서 왕따		가출(3일)
1996	15세	서울	본인	중학교 졸업 고교입학	천식발작 (입원3일)	
1997	16세	서울	남동생 (12세)		싸워서 골절	싸움, 도벽, 흡연, 음주
1999	18세	서울	본인	고교졸업		父의 폭력
2001	20세	서울	남동생 (18세)	도벽으로 체포		도벽, 가출

(4) 사회적 관계망 지도와 사회적 관계망 격자(social network map & social network grid)

Whittaker와 Tracy가 개발하였다. 작성방법은 사회복지사가 가족원과의 의사소통을 통하여 필요한 정보를 수집하여 구성한다. 순서는 다음과 같다.

① 사회적 관계망 지도 작성

클라이언트와 의미 있는 관계를 맺고 있는 사람들을 확인하여 이들을 가족, 다른 가족원, 직장, 학교, 종교모임, 사회적 모임, 이웃, 공공기관 등 유형별로 기록한다.

날짜: _____년 ___월 ___일
응답자: ____________________

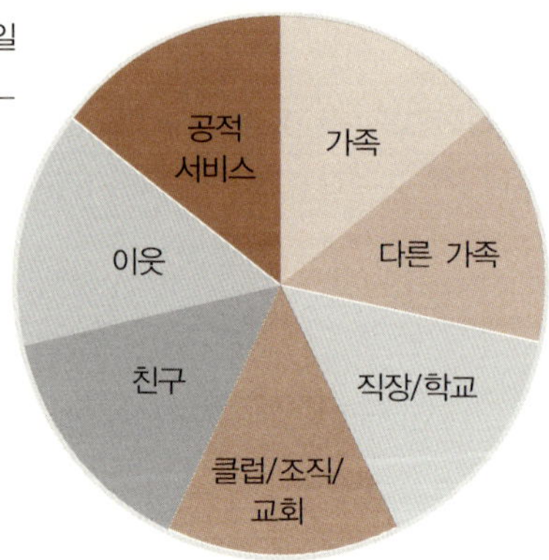

| 그림 6-4 | 사회적 관계망지도

출처: 조홍식 외(2009).

② 사회적관계망 격자 작성

사회적 관계망 지도에 나타난 사람들 중 의미가 큰 사람 순으로 15명을 선정하여 이들을 중심으로 작성한다. 이것은 관계망 안에 있는 사람들이 가족원과 어떤 관계에 있고, 이들이 주고받는 물질적 · 정서적 · 정보와 조언 · 비판은 어느 정도인지, 원조방향과 친밀도는 어떤지, 만나는 빈도와 교류기간은 얼마나 되는지 등을 종합적으로 파악할 수 있다는 점에서 유용하다. 수량화도 가능하다.

표 6-6 사회적 관계망 격자

생활영역		구체적 지원	정서적 지원	정보, 조언	원조 방향	친밀도	만나는 횟수	관계지속 기간
응답자 이름	1.가족 2.다른 가족 3.학교/직장 4.조직 5.친구 6.이웃 7.전문서비스 8.기타	1.전혀 2.가끔 3.항상	1.전혀 2.가끔 3.항상	1.전혀 2.가끔 3.항상	1.상호 2.내가 3.내게	1.멀다 2.가까운 편 3.매우 가깝다	1.1년에 한두 번 2.한 달에 몇 번 3.거의 매일	1. 1년 2. 5년 미만 3. 5년 이상
홍길동	2	2	1	3	3	2	2	3
황진이	5	2	3	2	1	3	3	3
은초롱								

(5) 그외 가족사정을 위한 여러 척도들

면접에서 얻어진 정보 외에 척도들이 사용될 수 있다. 공식적인 질문지, 체크리스트 등이다. 각 척도에는 고유의 기준점수가 부여되어 있는데, 이에 비추어 각 가족원들의 점수를 해석하면 사회복지사가 특정 증상의 존재 여부와 그 정도를 알 수 있다. 모든 실천기관을 통틀어 모든 임상가가 사용하는 하나의 공식적인 사정척도는 없다. 사실 수백 개의 사정도구를 사용할 수 있다. 가장 좋은 것은 간단하고도 쉽게 사용할 수 있는 것이다.

Fisher와 Corcoran(1994), Fisher와 Kevin(2000)은 신속사정도구를 담은 책을 발간했다. 여기에는 특히 부부를 위한 척도, 가족을 위한 척도 등이 있으며, 이를 문제영역별로 재분류하면 가족기능 척도, 배우자학대 척도, 부모-자녀 관계를 위한 척도 등으로 나뉜다(Fisher & Corcoran, 1994). 척도가 문항수 50개 이하라면, 완성하는데 수분 밖에 안 걸린다. 주의할 것은 사정도구만으로는 엄격한 면접과 관찰을 대신할 수 없다는 것이다(Dorfman, 1996). 다음에 가족관계를 사정하는 척도를 하나 더 소개한다. 이 척도는 윌머 사정척도 패키지(WALMYR Assessment Scale Package)에 수록되어 있는 여러 척도 중 하나며, Fisher와 Kevin의 척도집에 수록되어 있다(서초구립 반포종합사회복지관 연구지원팀 외, 2003).

표 6-7 가족관계척도(Inventory of Family Relation: IFR)

1. 전혀 그렇지 않다. 2. 거의 그렇지 않다. 3. 때때로 그렇다.
4. 자주 그렇다. 5. 항상 그렇다.

번호	문 항	1	2	3	4	5
1	우리 가족성원들은 진정으로 서로를 보살핀다.					
2	우리 가족은 훌륭한 것 같다.					
3	우리 가족은 내 신경을 건드린다.					
4	나는 진정으로 우리 가족을 소중하게 여긴다.					
5	나는 전적으로 우리 가족에게 의지할 수 있다.					
6	나는 한 순간도 우리 가족과 함께 있기가 싫다.					
7	나는 우리 가족의 일부가 아니었으면 좋겠다.					
8	나는 우리 가족과 잘 지낸다.					
9	우리 가족성원들은 자기주장이 너무 강하다.					
10	우리 가족에게는 친밀감이 없다.					
11	우리 가족 안에서 나는 낯선 사람같이 느껴진다.					
12	우리 가족은 나를 이해하지 않는다.					
13	우리 가족은 서로 너무 미워한다.					
14	우리 가족성원들은 진정으로 서로에게 도움이 된다.					
15	우리 가족은 우리가 알고 있는 사람들에게 존경받는다.					
16	우리 가족에게는 마찰이 자주 일어나는 것 같다.					
17	우리 가족에게는 온갖 사랑이 넘친다.					
18	우리 가족성원들은 서로 잘 지낸다.					
19	우리 가족의 생활은 전반적으로 유쾌하지 못하다.					
20	우리 가족은 나에게 커다란 즐거움을 가져다준다.					
21	나는 우리 가족이 자랑스럽다.					
22	다른 가족들이 우리 가족보다 더 잘 지내는 것 같다.					
23	우리 가족은 나에게 안락함을 주는 진정한 근원이다.					
24	나는 우리 가족에게서 소외감을 느낀다.					
25	우리 가족은 행복하지 못하다.					

4) 은유적 방법을 사용하는 것

(1) 가족도(intrafamily mapping)

가족도는 가계내부의 구조, 역할, 권력에 초점을 둔다(반면 생태도는 가족 외부체계와의 역동적인 상호작용을 가시화하는 데 초점을 둔다). 즉, 부부 혹은 부모-자녀 간의 권력관계, 경계, 갈등 등을 강조하기 위해 상징을 사용한다. 예를 들면, 2인 혹은 3인 간의 연합을 나타내거나 부부간의 갈등을 가족 중 제3자에게 우회하여 투사함으로써 그를 속죄양으로 만드는 것과 같은 갈등적 관계를 표시할 수 있다. 가족도를 그린 후 가족과 함께 논의하는 것은 가족원의 역할을 명료하게 하는 데 도움이 된다(성정현 외, 2004).

(2) 가족조각(family sculpture)

가족조각은 가족의 정서적인 패턴을 극적으로 그려내는 도구로서 사정과 개입 모두에서 사용된다. 이것은 가족체계 안에서, 고통스럽지만 암묵적이고 인식되지 않았던 관계나 규칙들을 드러내는 데 매우 효과적인 방법이다.

가족조각이 사정도구로 사용될 때는 특정상황(예를 들어, 부모 간의 갈등상황, 가족들 간의 의사결정상황 등)을 설정한 후 가족원 중 한 사람이 조각가가 되어 다른 구성원들의 위치, 표정, 신체적 동작을 실제상황대로 조각해 보도록 하여 가족상황을 평가하는 것이다. 모든 가족원은 자신들의 조각도를 만들어 냄으로서 자기 가족이 어떠한지 볼 수 있다.

사회복지사는 각 가족원들이 공간과 신체를 사용하여 가족원 간의 관계를 최대한 표현할 수 있도록 그들이 신체부위를 유연하게 움직이도록 격려한다.

가족조각이 완성되면, 사회복지사는 조각가에게 왜 이런 조각을 하게 되었는지를 설명하게 한다. 한편, 조각에 참여한 가족원들에게는 자신이 그렇게 조각된 것에 대해 감정과 느낌을 표현하도록 격려한다.

가족조각은 말이 없거나 어린아이처럼 말을 잘할 수 없는 클라이언트에게 효과적이다.

가족조각기법이 개입에서 사용될 때는 조각가로 하여금 자신의 가족이 어떻게 변화되었으면 좋겠는가를 다시 조각해 보도록 하는 것이다. 사정에서와 마찬가지로 사회복지사는 조각가로 하여금 조각내용을 설명하도록 유도한다.

(3) 가족그림(family drawing)

이것은 가족원들에게 자신이 가족원에 대해 느끼는 대로 자유롭게 그림을 그리도록 하는 기법이다. 그림을 통해 가족원들 자신이 가족에 대해 어떻게 느끼는지 이해할 수 있을 뿐만 아니라 다른 가족원들이 서로에 대해 어떻게 느끼는지, 가족관계에 어떤 문제가 있는지 등을 알 수 있다. 경험적 가족치료의 기법이다(김혜란 외, 2005). 가족원끼리 예전에 미처 생각하거나 대화하지 못했던 상황을 경험하도록 돕는다.

참 | 고 | 문 | 헌

김상균 외 (2001). **사회복지개론**. 서울: 나남출판.

김영종 (2007). **사회복지조사론: 이해와 활용**. 서울: 학지사.

김융일, 조흥식, 김연옥 (2001). **사회복지실천론**. 서울: 나남출판.

김혜란, 홍선미, 공계순 (2005). **사회복지실천기술론**. 서울: 나남출판.

서초구립 반포종합사회복지관 연구지원팀 외 (2003). **실천가와 연구자를 위한 사회복지척도집**. 서울: 나눔의 집.

성정현 외 (2004). **가족복지론**. 파주: 양서원.

조흥식, 김인숙, 김혜란, 김혜련, 신은주 (2006). **가족복지학**. 서울: 학지사.

최옥채, 박미은, 서미경, 전석균 (2007). **인간행동과 사회환경**. 파주: 양서원.

Anderson, R. E, & Carter, I. (1984). *Human Behavior in the Social Environment : Social Systems Approach* (3th ed.). N.Y. : Adline Publishing Company. p. 229.

Barker, R. A. (1996). **사회사업사전**. 중앙사회복지연구회 역.

Compton, R, & Galaway, B.(1999). *Social Worker Processes* (6th ed.). Brooks/Cole Publishing Company.

Dorfman, R. A. (1996). *Clinical Social Work: Definition, Practice, and Vision.* New York: Brunner/Mazel Publisher.

Fisher, J., & Corcoran, J. (1994). *Measures for Clinical Practice : A Source Book* (2nd ed.). NY: The Free Press.

Fisher, J., & Kevin, C. (2000). *Measures for Clinical Practice : A Source Book* (3rd ed.). NY: The Free Press.

Hodge, D. R. (2001). "Spiritual Genograms: A Generational Approach to Assessing Spirityality". *Families in Society, 82*(1), 35-48.

Hof, L., & Berman, E. (1986). "The Sexual Genogram". *Journal of Marital and Family Therapy, 12*(1), 39-47.

Janzen, C., & Harris, O. (1980). *Family Treatment in Social Work Practice.* F. E. Peacock Publishers, Inc.

McGoldrick, M., & Gerson, R. (2005). **가계도**. 이영분, 김유숙, 정혜정 공역. 서울: 학지사.

Maguire, L. (2002). *Clinical Social Work : Beyond Generalist Practice with Individual, Groups, and Families.* Brooks/Cole. pp. 158-162.

Poindexter, C. C., Valentine, D., & Conway, P. (2003). **사회사업실천기술론**. 이윤로 외 공역. 서울: 현학사.

Wolin, S. J., Bennett, L. A., Noonan, D. L., & Teitelbaum, M. A. (1980). Disrupted Family Rituals: A Factor in the Intergenerational Transmission of Alcoholism. *Journal of Studies on Alcohol, 41*, 199-214.

CHAPTER 07

가족문제 해결을 위한 실천 : 가족 치료적 접근

1. Bowen의 가족치료적 접근
2. 구조적 가족치료적 접근
3. 경험적 가족치료 모델
4. 해결중심 단기 가족치료 모델
5. 여성주의 가족치료 모델
6. 이야기치료 모델

CHAPTER 07 가족문제 해결을 위한 실천 : 가족 치료적 접근

가족치료는 1950년에서 1960년대에 시작된 치료적 운동으로 20세기 후반의 사회과학에 일어난 사고 양상의 일환으로 소집단 치료, 아동상담과정에 부모를 포함시킨 아동상담운동, 생태학 관점에서 가족에 대한 접근을 시도한 초기 사회복지사들의 헌식적인 노력 등으로 주목받기 시작하였다. 가족체계의 변화에 초점을 맞추고 가족체계가 변화하면 개인의 삶도 이에 따라 변화한다는 관점을 두고 있다.

따라서 가족체계론적 관점에서 가족을 치료할 때, 가족 중 한두 명과의 작업을 통해서 전체의 변화를 유도할 수 있는 것이다. 이처럼 체계론적 사고의 틀에서 본다면, 개인의 문제는 그 개인의 병리적 차원으로 해석되는 것이 아니라 가족체계 상호작용의 산물로 본다는 것이다.

가족치료의 주요개념에 대한 주요 내용은 다음과 같다(김영화, 2016; 김윤재, 2015; 이영실 외, 2013, 2015; Goldenberg & Goldenberg, 1996).

■ 가족항상성

가족의 항상성(homeostasis)은 가족 내에서 일어나는 내적이고 지속적인 관계를 유지시켜 주는 상호작용적 과정을 뜻하며 내적인 균형을 보장해 준다. 가족 간에 존재하는 균형적 상태가 위협을 받으면, 마치 온도에 따라 자동조절되는 난방장치처럼 예전의 평온한 상태로 돌아가려고 한다. 이러한 항상성은 그들의 가족규칙을 활성화함으로써 지속적인 관계를 유지하도록 한다. 즉, 모든 가족성원들은 칭찬하거나 야단치는 것과 같이 상대방의 행동을 강화하는 되돌림(feedback)을 통하여 가족의 균형을 유지하는 경향이 있다.

■ 가족규칙

가족 항상성 유지를 위해 가족구성원에게 특정한 방식으로 행동하는 것을 허용하거나 허용하지 않을 수 있는데 가족구성원 간에 지켜야 할 의무나 태도에 대한 지침이나 권리 등이다. 가족규칙은 가족 성원 내에서 적절한 행동이라고 간주되는 것을 구체화한 규범으로서 가족구성원 내에서의 관계나 역할수행과 행위 지침에 대한 지도원리이다. 가족구성원이 정한 규범이나 규칙을 각 가족구성원이 수행하고 생산적으로 기능하도록 가족구성원이 함께 규칙을 수립하는 것이 무엇보다도 중요하다.

■ 순환적 인과성

순환적 인과성(circular causality)에 따르면, 한 가족구성원의 변화는 다른 구성원들과 가족 전체에 자극과 영향을 주며, 이 자극과 영향은 다시 그 구성원에게 순환적으로 영향을 주며 상호작용한다. 이것은 처음 변화를 유발한 가족구성원에게 다시 순환적으로 영향을 미친다.

■ 체계

체계에는 개방체계와 폐쇄체계의 두 종류가 있다. 이는 체계이론의 개념을 가족에 적용한 것으로, 가족은 전적인 개방체계도 폐쇄체계도 아니다. 개방적인 가족체계일수록 보다 더 적응적이고 변화 가능성이 높으며 넥엔트로피(negentropy)를 가지고 있다, 개방체계에서 가족은 목표지향, 침투가능한 경계, 자유로운 의사소통, 개별화, 자아분화가 높은 특징이 가지고 있고 폐쇄체계를 지닌 가족은 경직된 경계를 가졌고 상대적으로 엔트로피(egentropy)의 위험성이 있다.

■ 경계

가족은 어느 정도의 침투적인 경계를 갖고 외계와 교류할 수 있고, 적절한 가족기능을 위해 하위체계들도 자신의 경계를 유지하면서 각각의 역할과 책임을 수행하며 서로 교류한다. 체계가 더 복잡해질수록, 체계를 사정할 때 가족이 개방체계로서 기능할 수 있는 능력, 가족원의 계급질서, 역할이 분담되는 방법과 가족 내의 행동기준 등이 가족과 외계와의 경계를 규정짓는 규칙 등을 함께 고려하여야 한다.

본 장에서는 가족문제 해결을 위한 실천으로 Bowen의 가족치료모델, 구조적 가족치료모델, 경험적 가족치료모델, 해결중심단기 가족치료모델, 전략적 가족치료모델, 여성주의적 가족치료모델, 이야기 치료모델 등을 중심으로 가족치료적 접근을 설명하고자 한다.

1 Bowen의 가족치료적 접근

Murray Bowen(1913~1990)의 가족치료접근방법은 정신역동적인 관점과 체계적인 관점을 연결시킨 것으로 볼 수 있다. Bowen(1978)은 처음 정신분열증 환자를 가진 가정에 관심을 두었다가 차츰 정서장애에 보다 폭넓은 가족치료이론을 바탕으로 치료기법의 개발에 관심을 갖기 시작했다.

Bowen의 세대 간 가족치료의 가장 핵심적인 개념은 삼각관계와 자아분화이다. 그리고 강조한 것은 가족관계와 치료자의 관계에서의 탈삼각관계 과정이다. 이 과정에서 자아분화 과정이 핵심적인 요인이다. 삼각관계는 가족체계에 대한 개념적 구조이며, 자아분화 정도는 개인의 경계선이 침투성인가 혹은 불침투성인가를 결정하는 척도이다. 자아분화정도는 성숙도를 측정하는 척도이기도 하다.

Bowen의 세대 간 가족치료기법은 클라이언트 가족 내의 삼각관계를 분리시킴으로써 가족치료 목표에 접근해 간다. 치료자는 치료과정에서 이야기되는 내용보다 가족 내에서 어떻게 상호작용을 하는지에 더 관심을 가져야 한다고 주장한다. Bowen(1978)의 다세대 가족치료는 다른 이론들보다 복잡하고 그의 치료는 이론보다 더 정확하다. 가족체계 치료에 대한 효과성의 증거는 개인적인 경험과 임상적인 보고들을 근거로 하고 있다.

Bowen의 가족치료모델에서 주요 개념, 치료 목표, 치료 기법 중심으로 설명하면 하면 다음과 같다(김영화 2016; 김윤재, 2015; 서혜석, 2015; 이영실 외, 2013, 2015; Bowen, 1978; Goldenberg & Goldenberg, 1991).

1) 주요 개념

Bowen의 주요개념으로는 자아분화, 삼각관계, 핵가족 정서과정, 가족투사과정, 다세대 전수과정, 출생순위, 정서적 단적, 사회정서적 과정 등이 있다.

(1) 자기분화

이 개념은 Bowen 이론의 핵심개념으로서 정신내적인 동시에 대인 관계적 개념이다. 자기분화(differentiation of self)는 정신내적이고 인간관계적 개념으로 자신과 타인의 구분, 정서과정과 지적과정을 구분할 수 있는 능력과 확고한 자아와 거짓자아의 구분이다. Bowen은 자아분화가 가장 높게 되어 있는 상태를 100으로 하여 그 수준을 평가하였다. 그리고 정서적 기능과 지적기능을 0~25, 25~50, 50~75, 75~100의 범위로 구분하여 설명하였다. 자기분화되지 못한 사람은 자기감정이 넘쳐 객관적인 사고를 거의 하지 못한다. 그리고 주위 사람들의 감정에 지배를 받아, 맹목적으로 추종하거나 아니면 분노를 느끼며 배척한다. 자기분화가 잘 이루어진 사람은 사고와 감정이 균형을 이루어, 강한 정서와 자발성을 가지고 있지만, 정서적 충동에 저항할 수 있는 자제력과 객관성을 가지고 있어 가족의 정서적 혼합으로부터 벗어날 수 있다.

(2) 삼각관계

삼각관계(triangulation)는 가족구조 안에서 두 사람간의 갈등 및 스트레스를 해결하는 방법으로 가족의 다른 구성원을 끌어들여 관계를 형성하는 것이다. 이 관계는 고정적이지 않으며 사이가 멀어질 때 발달하기 쉽다. 두 사람 관계에 문제가 없을 때는 안정되지만 불안이 일어나게 되면 약한 사람이 삼각관계를 만들어 안정을 되찾으려 한다.

(3) 핵가족 정서과정

핵가족 정서과정(nuclear family emotional process)은 해소되지 못한 불안이 개인들에게서 가족들에게로 투사되는 것을 가리킨다. 결혼하기 전에 자아가 분화되지 못한 사람일수록 불안을 더욱 심하게 느끼게 되고, 부부간의 융합 또한 더욱 심해진다. 가족들이 감정적으로 서로 강한 결속력과 유대감을 갖는 것을 의미한다. 자신의 원가족에서 자아분화가 잘 안된 사람은 결혼 후 부부관계에서 강한 융합을 이루려는 경향이 있다.

(4) 가족투사과정

가족투사과정(family projection process)의 개념은 부모가 자신들의 미성숙함과 분화의 부족 등 문제를 자녀에게 전달하는 과정을 의미한다. 어머니가 자신의 불안을 자녀에게 집중시키면, 자녀의 기능은 저하되고, 이러한 자녀의 미발달은 어머니로 하여금 더욱 통제할 구실을 제공한다. 어머니는 이러한 자녀에게 과도한 관심을 나타냄으로서 자신의 불안에서 벗어나지만, 자녀로 하여금 정서적으로 더욱 문제를 드러낼 소지를 제공하여 자녀는 정서적인 문제를 갖게 된다. 이와 같이 미숙한 자녀는 결국 심리적 문제를 일으키고 이 자녀에게 부모로 하여금 더욱 관심을 쏟게 하고 기존의 가족 유형을 더욱 공고하게 한다.

(5) 다세대 전수과정

가족정서과정, 즉 자기분화수준, 연동적인 삼각관계, 융합, 정서적 단절 등은 다세대 전수과정(multiple generation transmission process)으로 전개된다. 부모보다 분화가 덜 된 사람(제2대)은 결혼 할 때 자기 부모와 마찬가지로 분화수준이 자신과 비슷한 배우자를 선택하게 된다. 자녀들의 자아분화 정도가 현재 속해 있는 세대에서만 형성된 것이 아니고 여러 세대를 거치는 동안 전개되어 온 투사과정에서 형성된다는 것이다.

(6) 출생순위

출생순위(sibling position)의 개념은 자녀 출생순위에 따라 고정된 성격적 특징을 발달시키는 것으로서 부모와 자녀들이 맺는 복잡한 삼각관계에 초점을 둔다. 장남(장녀)은 다른 형제들보다 권력과 권위를 더 추구하고 부모와 강한 감정적 유대관계를 가지고 삼각관계에 빠질 위험이 높으며 자아분화수준이 떨어질 가능성이 많다. 반면에 다른 형제들은 집안 내에서 약자로서 자기 지위에 만족하지 않지만 상대적으로 외부의 경험에 대해서 개방적이고 독립적이며 분화수준도 높다.

(7) 정서적 단절

정서적 단절(emotional cut-off)의 개념은 부모와의 관계에서 과거에 해결하지 못한 정서적 애착을 처리하는 과정으로, 격리, 위축, 멀리 떠남, 부모에 대한 거부 등의 방법 사용한다. 정서적 단절은 세대 간의 미분화(그리고 이와 관련된 정서적 강도)를 처리해 나가는 방법을 가리킨다. 세대 간의 정서적 융합이 심할수록 단절이 일어날 경향이 높다. 어떤 사람은 부모와 멀리 떨어짐으로써 심리적 거리를 두려고 한다. 어떤 사람은 개인적인 문제에 대한 대화를 기피하거나 자신을 가족들로부터 고립시킴으로써 거리를 두려고 한다.

(8) 사회 정서적 과정

사회 정서적 과정(social-emotional process)의 개념은 사회에서 일어나는 정서적 과정이 즉, 모든 가족에게 영향을 미치는 배경처럼 가족 내에서의 정서적 과정에 영향을 미친다는 사실을 가리킨다. 사회 정서적 과정이란 개념은 사회적 불안의 증대가 가족 내에서의 기능적인 분화 수준을 점진적으로 떨어뜨릴 수 있다는 것을 말해준다.

2) 치료 목표

Bowen의 치료목표는 크게 네 가지로 설명할 수 있다.

① 불안을 감소시키고 자아분화 수준을 높인다.

② 자아분화는 치료목표인 동시에 성장목표이다.

③ 분화되지 않은 가족자아 집합체에서 자신을 분리 독립시켜 정체감을 형성하고, 자기 충동적, 정서적 사고와 행동에서 자유를 획득해 나갈 수 있도록 돕는 것이다.

④ 분화되지 않은 가족자아집합체에서 자신을 분리 독립시켜 정체감을 형성하고 자기충동적, 정서적 사고와 행동에서 자유를 획득해 나갈 수 있도록 돕는다.

3) 치료 기법

Bowen의 가족체계 치료에서 가장 많이 사용되는 7개의 기법들은 다음과 같다.

(1) 가계도

Bowen은 1972년부터 “가계도”로 바꾸어 사용하였으며, 가계도의 주요한 기능은 사정 · 평가하는 단계에서 자료를 조직하고 치료과정을 통하여 관계과정과 핵심적인 삼각관계를 추적하는 것이다.

(2) 삼각관계로부터 분화

삼각관계로부터 분화기법은 가족체계 내의 갈등적인 관계과정은 증상과 관련된 삼각관계를 가지고 있다는 가정을 기초로 하고 있다. 이 기법은 치료자가 의도적이며 일시적으로 삼각관계에 들어가기도 하고 벗어나기도 하면서 가족의 삼각관계를 깨는 것이다. 치료자의 자아분화 수준이 높을수록 치료자는 정서적 균형을 유지할 수 있다.

(3) 가족조각

가족조각(family sculpting)은 제스처, 거리, 신체적 행동 등을 통해 조각의 의미를 전달하는 것으로서, 가족구성원에게 그들 가족을 “조각”해 보라고 요청하고 가족구성원들에게 그들 관계의 성실을 묘사하는 방식으로 자세를 취해야 한다. 조각하기는 말 없이도 다른 사람의 관점을 이해하는 수단을 제공함으로써 특히, 말이 서투른 가족에게 유용하다.

(4) 관계경험

관계경험은 핵심적인 삼각관계를 구조적으로 변화시키기 위한 것이며, 궁극적인 목적은 가족성원들이 체계과정을 알도록 하며, 체계과정에서 자신의 역할을 인식하도록 돕는 것이다. 관계경험은 다른 사람의 요구에 대하여 회피하거나 항복하는 것을 변화할 수 있는 방법을 찾도록 하는 것이다.

(5) 코칭

코칭은 치료자가 가족문제를 가지고 오는 클라이언트에게 개방적이고 직접적으로 접근하도록 하는 기법이며, 치료에서 형태는 다르지만 치료자가 개인적, 정서적으로 관여하게 되는 역할과 관련된 것이다. 코칭의 목적은 이해를 증가시키며, 자기에게 초점을 두도록 하며, 가족성원들 간에 좀더 기능적인 애정관계를 발전시키도록 하는 것이다.

(6) 자기 입장을 취하도록 함

다른 사람이 행동하는 것에 관하여 말하는 것 대신에 자신이 느끼는 것을 말하기 때문에 자기 유형을 취하는 것은 정서적인 반응의 악순환을 깨는 가장 직접적인 방법이다. 상대방이 말하는 사람의 상태를 이해하게 하며, 반응적이며 악순환적인 대화에서 벗어나 무엇인가 해결방법을 찾는 생각을 하게 할 수 있다.

(7) 다양한 가족치료

Bowen은 부부와 상담할 때 먼저 한 사람에게 관심을 두고 최소한의 상호작용을 하도록 한다. 이것은 다른 사람은 관찰을 통하여 정서과정을 학습하도록 하려는 데 목적이 있으며, 감정적으로 관여하는 것을 제지시키려는 의도가 있다.

(8) 자기자신의 이야기를 들려줌

이것은 클라이언트에게 치료장면을 녹화한 것이나 녹음한 것을 보여 주고 또는 이야기를 들려주는 방법이다. 자신의 이야기를 어떠한 방법이든 보거나 듣게 될 때 가족성원 자신들은 방어적인 것을 줄이게 되고 가족 기능에 관하여 배우게 된다.

2 구조적 가족치료적 접근

구조적 가족치료(structural family therapy)는 1970년대의 가족치료 분야에 가장 영향력 있는 치료접근의 하나로서 대표 학자로는 Minuchin(1974)을 들 수 있다. Minuchin은 진단과 치료과정에서 명쾌한 지침을 강조했고 가족을 하나의 기본적인 구조로 보았는데, 가족구성원 등이 속박되거나 유리된 관계로부터 벗어날 수 있도록 도움을 제공하여 구조적 가족치료의 분야를 개척하였다.

Minuchin(1974)이 주장한 구조적 가족치료의 특징은 치료의 주요한 목적을 구조적 변화에 초점을 두는 것이며, 치료자는 가족이 재구조화해가는 과정에 적극적인 자세로 개입하는 것이다. Minuchin의 구조적 가족치료는 이론의 틀을 사회적인 상황에 속해 있는 개인에게 접근하는 이론과 기술체계이며, 이것을 기초로 한 가족치료는 가족의 조직을 변화시키는 것에 관심을 두고 있다.

구조적 가족치료모델에서 주요 개념, 치료 목적 및 목표, 치료자의 역할 중심으로 설명하면 하면 다음과 같다(성정현 · 여지형 외, 2014; 손병덕 · 황혜원, 2014; 이영실 외, 2013, 2015; 한인영, 2016; Gurman and Kniskern(eds.), 1991; Minuchin, 1974; Nichols & Schwartz, 2001, Pavlino & McCrady(eds.), 1978;).

1) 주요 개념

(1) 하위체계

Minuchin은 하위체계 주변의 경계를 명백히 하는 것은 새로운 체계를 만드는 것보다 더 중요하다고 하였으며, 또한 그는 가족구조 내에서 부모와 자녀의 불분명한 경계선, 역할, 기대, 세력, 권위로 인하여 발생하는 가족구조상의 문제에 특별한 관심을 두고 연구하면서 치료기술을 발전시켰다.

가족체계의 구조는 아이들끼리 만들어 내는 자녀 하위체계, 아버지와 어머니에 의해 만들어지는 부모 하위체계(sub-system), 남편과 부인에 의해 만들어지는 부부하위체계로 이루어져 있다. 각각의 하위체계는 고유의 기능과 특징을 가지고 있다. 특히, Minuchin은 가족의 하위체계의 경계를 표시하기 위해 [그림 7-1]과 같은 도표를 사용하고 있다.

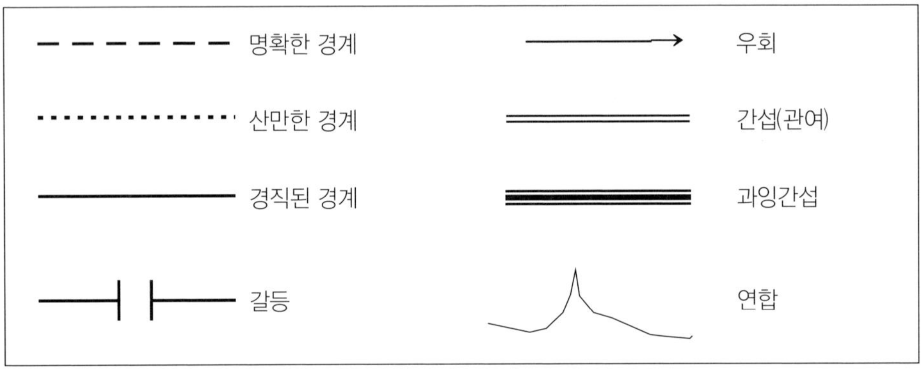

▌그림 7-1▐ 가족의 하위체계의 경계 도표

출처: Nichols & Schwartz(2001). p. 244.

(2) 위계질서

위계질서는 하위체계간의 규칙이며 우선순위를 말한다. 예를 들어 부모체계는 자녀체계보다 위에 있다. 상위체계는 전체 가족에 대한 의사결정권을 갖고 전체 가족 구성원들의 행동을 통제하고 지배하는 규칙을 만들고 이를 시행한다.

(3) 경계

경계(boundary)는 가족과 하위체계의 독립과 자율성을 보호한다. 상호경계는 경직된 경계(rigid boundary)에서부터 산만한 경계(diffuse boundary)까지 다양하다. 하위체계간의 상호역동은 이 경계선이 명확한지(명확한 경계선), 밀착되어 있는지(밀착된 경계선), 분리되어 있는지(경직된 경계선)에 따라서 다르다. 경직, 명확, 밀착 경계선 비교는 〈표 7-1〉과 같다.

(4) 제휴

제휴(alignment)란 안정적 결탁(stable coalition), 삼각관계(triangulation), 우회적 결탁(detouring coalition)을 말하며, 이는 다른 사람이 활동하는 데 있어 체계의 한 가족성원이 합류되거나 대항하는 것을 의미한다. 다시 말하면 2명의 가족구성원 혹은 하위체계들이 협력적으로 상호작용 하는 것이다. 긍정적 제휴는 가족 혹은 개인의 복지에 기여하지만 부정적 제휴는 경직되고 배타적인 성격을 지니며 가족의 문제를 야기한다.

표 7-1 경직, 명확, 밀착 경계선 비교

경직된(rigid) 경계선 ————————	명확한(clear) 경계선 - - - - - - - - - - - -	밀착된(enmeshed) 혹은 모호한(diffuse) 경계선 ....
• 독립적 태도로 서로를 대함. • 거리감, 소외감이 있음. • 자율적, 독립적임. • 충성심과 소속감이 부족함. • 도움 주는 능력이 부족함. • 의사소통이 원활하지 못함. • 가족의 보호기능이 힘듦.	• 기능적인 가족임. • '우리', '나 자신임'의 감정을 잃지 않음. • 자율적이고 독립적임. • 협동, 지지함. • 서로의 삶에 관여함.	• '너의 일은 모두 나의 일'이라는 태도보임. • 개인의 정체성이 모호함. • 거리감이 없음. • 강한 소속감으로 자율성이 방해함. • 가족원이 지지, 협동, 관여함. • 문제를 자율적으로 탐색, 해결할 능력이 부족함. • 개인의 분화는 가족을 배신행위로 간주함. • 가족원의 문제는 전체가 반응함.

(5) 세력

세력(power)과 관련된 기본적이고 구조적인 문제는 체계 내에 기능적인 세력의 부족과 연관이 있다. 세력과 관련된 구조적 문제는 첫째, 체계 내에서 기능적인 세력의 부족인데 세력행사 능력이 부족하거나 가족성원이 세력행사를 허용하지 않는 세력이 없는 것을 의미하며, 셋째로 발전할 수 있는 잠재능력을 억제하는 것으로 연령에 부적절한 방법으로 행동하도록 강요하는 것을 의미한다.

(6) 가족적응

Minuchin은 가족체계 내에서 다음과 같은 네 개의 차원에서 긴장이 발생된다고 보았다. 첫째, 한 가족성원이 가족 외부의 세력과 접촉할 때이며, 둘째, 가족 전체가 가족 외부의 세력과 접촉할 때이며, 셋째, 가족의 발달단계상의 과도기일 때이며, 넷째, 한 가족성원이 갖고 있는 특정한 문제일 때 긴장이 야기될 수 있다고 보았다.

(7) 가족구조

가족구성원들이 상호작용하는 조직화된 패턴인 가족구조(family structure)는 결정론적인 개념이긴 하나, 그것이 행동을 규정하거나 합법화하진 않는다. 가족구조는 일반구속(universal constraints)과 특이구속(idiosyncratic constraints)이 있는데 전자는 모든 가족의 부모와 자녀들은 서로 다른 양의 권위를 가지고 일련의 계층적 구조를 가진다. 후자는 가족구성원들이 서로 다른 상호보완적인 기능을 가진다. 만일 한쪽의 부모가 책임감이 강하고 유능하면 다른 한쪽은 그렇지 못한 경우가 허다하다. 이때에 유능한 사람이 아프다거나 어떤 면이 부족하면 다른 한쪽이 그것을 떠맡게 된다.

2) 치료 목적 및 목표, 치료자 역할

(1) 치료의 목적

구조적 가족치료에서는 가족구조를 재구조화하는 것으로, 첫째, 역기능적인 상호거래유형을 변화시키기 위하여 가족구성원의 위치를 변화시키고 부모 하위체계를 강화하며 둘째, 명확하고 융통성 있는 경계선을 만들고, 셋째, 좀 더 효과적으로 적응할 수 있는 대안방법을 벌견하고 동원하는 것이다.

(2) 치료의 목표

구조적 가족치료의 목표는 증상이 반영하는 역기능적 구조를 바로잡는 일이다. 가족의 구조를 바로잡는 일은 치료의 일차적 목표가 된다. 구조적 가족치료의 주된 목표는 다음과 같다.

① 가족의 경계선을 바로잡는 일은 엄격한 경계선 또는 산만한 경계선을 분명한 경계선으로 바꾸는 일이다. 이를 위해 가족이 가지고 있는 규칙이 무엇인지 알아야 하며 이러한 규칙들을 재조정하고 유연하게 만드는 일이 포함된다.

② 가족구성원이 그들의 구조를 변화시키도록 돕기 위하여 가족체계에 합류(joining)한다. 경계선을 변화시키고 하위체계를 재정렬하며 치료는 가족구성원의 행동과 경험을 변화시킨다.

③ 가족 내부에 있는 하위체계 간에 위계질서를 바로잡는 일이다. 부부체계는 전체 가족을 총괄하는 집행부의 역할을 하도록 한다. 부부체계는 자녀체계보다 우위에 있도록 여러 가지 연합들을 해결하도록 노력한다.

④ 치료자가 교류의 패턴 변화에 직접적으로 개입해서 순환적으로 계속 유지하는 구조를 변형시켜 가족체계의 상호교류 규칙을 재구조화하고, 가족구성원이 서로 대하는 방법을 변화시키며, 가족이 좀 더 서로 만족하게 하는 데 있다.

(3) 치료자의 역할

치료자의 궁극적 역할은 개입의 표적은 가족이고, 관심의 초점은 가족체계의 기능을 강화하는 것이다. 치료자의 주된 역할은 첫째, 가족구성원의 행동과 경험을 변화시키고, 가족구성원이 스스로 문제를 해결하도록 하며, 가족이 기능을 잘하도록 도와주는 역할, 즉 가족체계의 변형을 촉진하여 가족을 도와주는 것이며, 둘째, 가족치료자는 가족경계선을 분명히하고 가족 내에서 위계질서를 바로 서게 하면 가족구조는 가족구성원의 성장을 돕는 역할을 하게 된다. 그리고 셋째, 가족치료자는 가족을 지지하고 가족은 가족의 각 구성원을 지지하고 돕는 역할을 하도록 하며 마지막으로 가족치료자의 위치에서 가족을 합류시키며 가족구조를 조사 · 평가하며 가족구조를 변형시키기 위한 환경을 조성하도록 한다.

3) 치료 기법

(1) 합류하기

가족체계는 항상성을 유지하려는 속성이 있으므로 치료자는 먼저 성원들을 이해하고 수용함으로써 가족에 합류하기(joining)를 한다. 특히 가족체계에 합류하기 위해서는 치료자는 적응하는 능력을 갖고 있어야 한다. 치료의 초기 과정을 단축시키고 촉진시키는 합류하기(joining) 방법에는 유지, 추적, 모방의 기법(〈표 7-2〉 참조)이 있다.

표 7-2 합류: 유지, 추적, 모방 기법 내용들

유지 (maintenance) 기법	(1) 가족구조를 지각하고 분석할 때 의도적으로 지지함 ① 어머니의 지도력이 강한 가족에 합류→어머니를 통해 자녀와 접촉 (2) 가족원 개인의 특성을 있는 그대로 받아들이는 것 ① 개인의 장점 인정, 자녀의 침묵, 가족이 사용하는 의사소통, 표현방식 (3) 가족을 재구조화하는 데 상용될 수 있음 ① 치료자가 형제 하위체계를 지지→모자, 부부 하위체계 재구조화
추적 (tracking) 기법	(1) 치료자가 가족의 의사소통과 행동의 내용을 따라 계속되도록 격려 (2) 비지시적 치료자가 가족에 합류하기 위하여 사용하는 전형적인 방법 (3) 아내나 남편이 사용하는 용어, 의사소통 패턴을 추적해 문제의 핵심파악
모방 (mimesis) 기법	(1) 치료자가 가족의 생활방식과 정서 상태에 적응하기 위해 가족이 사용하는 언어, 몸짓, 대화 방식을 따라함 ① 느리게 반응하는 가족원에게 치료자도 속도를 늦춰 반응 (2) 추적과 모방도 가족의 재구조화를 위해 사용할 수 있음 ① 가족의 상호작용 패턴을 추적→가족은 밀착된 관계의 모습이 드러남 ② 특정가족원의 생활경험을 모방→치료자와 가족원간 연합이 이루어짐

(2) 실연화하기

치료자가 구상하고 있는 상호작용의 방법을 가족들로 하여금 실재로 행동을 통해서 연기하도록 만드는 방법이 실연화(enactment)의 기법이다. 가족들이 가지고 있는 역기능의 상호작용이 분명하게 보이도록 하기 위해서 치료자가 가족들에게 실제 상호작용을 연기하도록 요구한다. 치료자는 가족들이 연기하는 동안에 관찰하는 입장을 가지고 가족들의 상호작용 속에서 역기능의 가족구조를 발견하고자 한다.

(3) 재구조화하기

가족의 구조를 변화시키기 위해서 재구조화(restructure)의 기법은 여러 가지 분야에 적용된다. 가족들이 가지고 있는 현실과 증상에 도전하는 것에 가족의 구조 속에 있는 경계선을 만들고 바꾸는데 가족 상호거래유형을 실현화시킴, 경계선 만들기, 스트레스를 고조시킴, 과제를 내어 줌, 증상을 활용함, 분위기를 조작함, 그리고 지지하고 교육 및 안내 등의 재구조화 기법이 사용된다.

(4) 상호작용에 활동하기

가족은 있는 그대로보다는 바람직하다고 생각하는 대로 자신들을 기술하는 경향이 있다. 따라서 치료자는 가족에게 어떤 문제를 어떻게 다루는지 세션 중에 직접 실연(가족이 문제 행동을 치료 세션 중에 직접 보여 줌으로써 치료자가 관찰하고 변화하도록 하는 것)하여 가족의 상호작용 활동하기(working with interaction)를 관찰하고 수정한다.

(5) 진단하기

가족은 대개 한 성원에게 문제가 있는 것으로 파악하지만 치료자는 개인의 문제를 가족의 역기능적 상호작용의 결과로 이해하고 가족 전체가 변화함으로써 성원들 모두에게 도움이 되도록 문제를 진단한다(diagnosing).

(6) 상호작용을 강조하고 수정하기

가족의 역기능적인 상호작용을 강조하고 수정하기(highlighting and modifying interactions) 위해서는 현재의 균형 상태를 깨뜨리기 위한 자극적인 방법이 필요하다. 구조적 치료자들은 이를 위해 강도를 사용하는데 강도를 이루기 위해 정서 반복 지속 등을 선택적으로 사용한다. 예를 들어 심한 떼를 쓰는 아이는 아동의 부모가 지속을 통해서 아동이 아무리 떼를 써도 아동에게 지지 말고 아동이 포기할 때까지 기다림으로써 문제를 수정하는 것이다.

(7) 경계 만들기

치료자는 지나치게 유리된 혹은 밀착된 하위체계 간의 경계를 근접하게 하거나 혹은 경계 간에 어느 정도의 거리를 만든다. 예를 들면 어머니가 청소년 자녀를 지나치게 간섭하고 보호하는 경우에는 어머니와 자녀 간의 방해를 받지 않고 자신의 느낌과 주장을 이야기 하도록 하는 경계를 만듦(boundary making)으로써 부모가 자녀의 이야기를 경청하도록 함으로 자녀가 자율성을 확보하도록 한다.

(8) 균형 깨트리기

하위체계 간의 관계를 재배치함으로써 역기능적인 가족 내의 균형을 깨뜨리는데(unbalancing), 이를 위해 가족치료사는 일부 성원의 편을 들기도 한다. 예를 들어 지나치게 권위적이고 지배적인 남편과 온순하지만 자신의 주장을 갖기 시작한 부인 사이에서 치료자는 의도적으로 부인의 편을 듦으로써 역기능적 균형을 깨트릴 수 있다.

3 경험적 가족치료 모델

경험주의적 가족치료모델(experiential family therapy)의 주요 학자는 Carl Whitaker, Virginia Satir, August Napier 등이 있으며 가장 대표적 학자는 Satir(1983)를 들 수 있다. 이 모델은 실존주의적, 인본주의적 심리치료로부터 파생되었고, 과거보다는 현재에 초점을 두고 있지만 일차적으로 가족의 개인 성원에 초점을 두며, 인간의 높은 자아존중감을 재형성하고, 가족의 성장 기능을 회복하는 개인의 내적인 자원의 활용을 강조한다. 치료자는 가족에게 문제를 설명하고 통찰력을 제공하기보다는 가족성원들이 가족의 특유한 행동양식에 맞는 경험을 행함으로써 문제해결을 도모하고자 한다. 여기서 경험이란 가족성원이 자발적으로 자신을 표현할 수 있는 기회, 표현의 자유, 개인의 성장 등을 의미한다.

경험적 가족치료모델에서 주요 개념, 치료 목표, 주요 기법 중심으로 설명하면 다음과 같다(김윤재, 2015; 박미은 · 신희정; 이영실 외, 2013, 2015; 이영주 · 최경화 외, 2015; 정황순 · 박주현 외, 2016; Satir, 1983;).

1) 주요 개념

(1) 성숙

Satir는 인간 속성에 관한 중요한 신념을 언급했으며, 그녀의 치료모델로서 인간의 가치체계를 강조하고 있다. Satir는 성숙한 사람과 미성숙한 사람의 특성, 역기능적인 사람의 의사소통 기술을 설명했으며, 동시에 개인의 성숙 정도를 의사소통 능력과 관련하여 설명하였다.

(2) 자기존중

사람은 자기 감정없이 성숙할 수 없다는 개념이며, 의사소통은 개인의 자기 개념, 즉 자기상과 자기 존중, 감정과 밀접한 관계라고 보고 있다.

(3) 의사소통

의사소통은 주고받는 과정과 언어적 · 비언어적 과정을 중요시했으며, 메시지의 일치성과 불일치성에 많은 관심을 두었고, 가족체계 이해를 위해 역기능적 의사소통 유형, 즉 회유 · 비난 · 평가 · 주의산만으로 분류하였는데, Satir의 의사소통 4가지 유형의 언어도형은 〈표 7-3〉에서 보는바와 같다.

① 회유형

회유형(placate)은 자신의 내적 감정이나 생각을 무시하고 타인의 비위에 맞추려는 성향으로 다른 사람의 의견에 맞추려는 성향으로 다른 사람의 의견에 지나치게 동조하고 비굴한 자세를 취하며, 사죄와 변명을 하는 등 지나치게 착한 행동을 보인다.

표 7-3 Satir의 의사소통 4가지 유형의 언어도형

의사소통 유형	말(words)	몸(body)	내면(insides)
회유형 (placater)	동의한다('당신이 원하는 것은 무엇이든 좋다. 나는 오로지 당신을 행복하게 해주고 싶다')	회유한다('나는 스스로 어떻게도 할 수 없다')	('나는 스스로 쓸모없는 존재라고 느낀다 : 그가 없으면 죽은 사람이다. 나는 가치가 없다')
비난형 (blamer)	동의하지 않는다('당신은 어떤 일도 제대로 하지 못한다. 도대체 어떻게 된 일이냐?')	비난한다('나는 여기에서 우두머리이다')	('나는 외롭고 성공할 수도 없다')
계산형 (computer)	초합리적('주의깊게 관찰해 보면, 여기에 누구의 손이 일을 많이 해서 닳아 있는 것을 알아낼 수 있다')	계산한다('나는 조용하고, 냉정하며 그리고 침착하다')	('나는 상처를 입기 쉽다')
산만형 (distracter)	무관하다('말에 의미가 없다')	('각이 이루어 'Angular'지며 다른 곳에 떠나 있다')	('아무도 돌봐 주지 않는다. 나를 받아들이는 곳이 없다')

② 비난형

비난형(blame)은 회유형과 정반대로 타인 무시. 자신을 강하게 보이게 하려고 타인의 말이나 행동을 비난하고 통제하며 명령하는데 외면적으로는 공격적인 행동을 보이나 내면적으로는 자신이 소외되어 있으며 외로운 실패자라 느낀다.

③ 초이성형

초이성형(super-reasonable)은 자신과 타인을 모두 무시하고 상황만을 중시한다. 규칙과 원리 원칙을 찾고, 극단적인 객관성 보인다. 그러나 내면은 쉽게 상처받고 소외감을 느낀다.

④ 산만형

산만형(irrelevant)은 초이성형과 반대로 자신, 타인, 상황을 모두 무시한다. 따라서 가장 접촉하기 어려운 유형이다. 위협을 무시하고 관계없이 행동하며, 말과 행동의 불일치나 무관하고 정서적으로 혼란스러워 보인다. 내면에 모두가 나를 거부한다고 생각함으로 무서운 고독감과 자신의 무가치를 느낀다.

⑤ 일치형

일치형(congruent)은 의사소통 내용과 내면의 감정이 일치하는 것을 말한다. 매우 진솔한 의사소통을 하며, 알아차린 감정이 언어로 정확하고 적절하게 표현된다. 자신과 타인, 상황을 파악하고 높은 가치관을 가지고 있으며 심리적으로도 안정된 상태이다.

(4) 가족규칙

가족규칙은 가족성원의 행동을 규정하는 관계양상이다. 사티어는 가족의 분명한 규칙보다는 감정의 규칙을 중시하며 가족성원의 문제 원인을 '나쁜 사람'에게서 찾지 않고 '나쁜 규칙'에서 찾는다. 그리고 가족규칙에서는 가족체계의 행동규범과 속성, 의사소통을 지배하는 규칙을 강조하였다.

(5) 건강한 가족과 역기능 가족

건강한 가족은 가족규칙이 융통적이고, 문제를 건설적으로 해결하며, 가족구성원들이 서로를 양육한다. 그러나 역기능적 가족은 냉정하며, 억압된 분위기에서 권태롭고 우울하게 살아간다.

2) 치료 목표

경험적 가족치료의 궁극적인 목적은 각 개인들이 자기가치에 대한 안정된 감정을 발전시킴으로써 성장하도록 하는 것이다.

- 치료과정의 목표는 대인관계의 상호작용에서 상호존중과 신뢰를 할 수 있는 경험을 클라이언트가 직접 하도록 하는 것이다.
- Satir는 경험에 의해서만 개인이 성장할 수 있는 잠재력을 개발하여 발전시키고 강화시킬 수 있다고 믿었으며, 가족원들이 직접적이며 "지금-여기"에서의 만남을 통하여 성숙한다고 믿었다.
- Satir는 경험에 의해서 잠재력이 개발되며, 발전하고 강화될 때 성장할 수 있다고 믿었으며, 이를 근거로 개인의 자기존중감정을 안정화시키는 데 집중하였다.
- Satir는 자신의 자아가치와 존중감을 높이고 자기인생에 대한 선택을 스스로 결정하도록 돕는 것을 목표로 삼았다.

3) 주요기법

(1) 가족조각

가족조각(family sculpture)을 사용하는 목적은 가족성원 각자가 자신의 내면적 감정에 접함으로써 실제의 자신을 알고 느끼며 새로운 대처방법을 생각해 보기 위한 것이다. 이러한 과정에서 가족의 의사소통 유형, 권력구조, 경계선, 소속감, 개념화, 규칙, 그리고 가족체계의 융통성 정도를 파악할 수 있다.

(2) 치료도구로서의 밧줄

밧줄(rope)은 "상호작용, 연결 또는 관계"를 상징하며, 내면적 과정을 시각화하며 외현화시키는 방법으로 사용되고 있다. 가족구성원 수만큼의 밧줄을 준비하여 각자의 허리에 묶는다. 구성원들은 밧줄의 묶임과 엉킴 상태를 보고 경직된 관계 및 연결 상태를 인식하고, 엉킴을 풀기 위한 방법을 말함으로써 가족관계를 개선시키는 방법을 알게 된다.

(3) 재정의

재정의(reframing)는 증상의 긍정적인 측면을 강조하는데, 부정적인 의미를 긍정적인 것으로 변화하기 위하여 사용하는 기법이다. 이미 벌어진 상황에 대하여 다른 언어를 사용하여 이에 대한 이해와 느낌, 생각이 바뀌도록 도와 가족을 변화시키는 방법이다.

(4) 은유

가족문제에 대한 직접적인 묘사나 해석은 가족원들의 감정을 자극할 수 있다. 은유(metaphor)는 어떤 생각을 표현하기 위한 수단으로 어떤 단어를 선정하여 사용할 수 있으며 이렇게 비유된 단어에 의해 그 생각에 대한 가족원들의 논의를 진행할 수 있다.

(5) 역할극

역할극(roleplaying)은 실제의 경험을 바탕으로 현재의 느낌을 노출시키는 것을 전제해야 한다. 과거의 사건이나 바람 또는 미래 사건에 대한 두려움을 치료 세션 중에 직접 역할놀이를 해보게 함으로써 가족들에게 피부로 느낄 수 있도록 기회를 제공하는 것이다. 지나간 기억을 회상하고 억압된 감정을 표출하여 정서적 경험을 강화시키는 개인 치료에 유용하다.

(6) 유머

문제를 긍정적 맥락에서 보고 긍정적으로 묘사하게 함으로써 문제를 새로운 관점에서 볼 수 있게 한다. 유머(humor)의 사용은 클라이언트와 가족의 고통을 경시하여 다루는 것이 아니라 그 고통의 결과 생길 수 있는 긍정적, 건설적인 면을 재치있게 다루어줌으로써 클라이언트에게 희망을 주며, 문제를 긍정적으로 볼 수 있게 한다.

(7) 접촉

가족구성원과 초기 단계에 악수를 한다든가, 격려하기 위한 가벼운 어깨 두드림, 상담실로 안내하기 위한 손잡음 등 지나치지 않은 접촉(touch)은 가족성원들의 저항을 감소시키는 비언어적 지지가 된다.

(8) '나'의 표현(I'statement)

구성원 각자 자신의 기분, 느낌, 소망이 초점이 되는 이야기를 할 수 있는 기회를 갖게 함으로써 자기를 표현하고 이해시키는 방법을 알게 한다. "그 상황은 혼란스럽다."로 말하는 것이 아니라 "내가 혼란스럽다."로 말하게 한다.

(9) 의사소통 입장

Satir는 가족구성원에게 회유형, 비난형, 초이성형, 산만형 중 하나의 입장을 취하도록 한다. 가족구성원들은 각 입장에 대한 감정을 서로 나누고 서로의 의사소통 입장(communication stances)에 대해 반응한다. 이렇게 하여 가족구성원들은 효과적인 의사소통방법을 배우고 어떻게 합리적이 되는지를 알게 된다.

(10) 가족생활연대기

3세대의 가족생활연대기(family fact chronology)를 적은 것이다. 조부모 출생에서 시작하여 일정한 연령에 이를 때까지의 사건을 연대순으로 적는다. 가족의 출생일, 사망일, 중요사건인 이사, 결혼, 이혼, 재결합, 졸업이나 진급 등의 비극적이었거나 기뻤던 일의 발생일과 경제난, 전쟁 등의 중요한 역사적 사건들도 적는다. 이 연대기를 정리하는 과정에서 가족들이 경험한 개인적, 사회적, 역사적 상황을 이해할 수 있게 된다.

4 해결중심 단기 가족치료 모델

해결중심 단기 가족치료(Solution-focused family therapy)는 1970년 초 김인수, Berg와 de Shazer가 개발한 단기 문제해결모델을 확장시킨 이론이다. 이 모델은 1970년대 가족치료의 새로운 접근방식이 도입되는 분위기 속에서 MRI(Mental Research Institute)의 전략적 가족치료모델을 토대로 성장하였다. 가족치료의 원리는 병리적인 것 대신에 건강한 것에 초점을 두며 클라이언트의 강점과 자원, 건강한 특성을 발견하고 이를 치료에 활용한다. 과거에 대해 깊이 다루지 않으며 현재와 미래를 지향하고 문제의 내용이나, 원인보다는 문제해결방안 모색과 새로운 행동유형의 시작에 초점을 맞춘다. 해결중심 단기가족치료는 클라이언트가 자신의 문제에 관하여 가장 많이 알고, 해결방안을 찾을 수 있는 능력이 있다고 보기 때문에 해결방안 모색에서 클라이언트의 자율적인 협력을 중요시한다.

해결중심 단기 가족치료 모델에서 주요 개념, 치료 목표, 치료 기법, 관계 유형 중심으로 설명하면 하면 다음과 같다(김영화, 2016; 성정현 · 여지영 외, 2014; 이선영 · 박선영 외, 2015; 이영실 외, 2013, 2015; Berge, 1994;, Shazer. 1985).

1) 주요 개념

(1) 정신건강에 대한 강조

정신건강 강조의 개념은 클라이언트가 어떤 증상이나 불평을 일으키는 양식에는 항상 예외가 있기 마련이다. 그 예외는 클라이언트의 긍정적인 측면 및 문제해결의 측면, 그리고 미래에 초점을 맞추게 되면 클라이언트의 바람직한 변화를 유도할 수 있다. 즉, 클라이언트의 긍정적인 면에 초점을 두며, 치료에 활용한다. 그러므로 문제중심의 대화보다 해결중심의 대화가 이루어지며, 치료자와의 관계형성에 도움이 된다.

(2) 활용

이 개념은 클라이언트가 바라는 결과를 성취하기 위해 클라이언트가 이미 갖고 있는 자원, 지식, 믿음, 행동, 증상, 사회 관계망, 환경, 개인적 특성 등을 치료에 활용하는 것이다

(3) 탈이론적, 비규범적, 클라이언트의 견해 중시

이 개념은 인간행동에 대한 가설적 이론의 틀에 맞추어 클라이언트를 사정하고 평가하지 않는다. 클라이언트가 호소하는 모든 불평과 해결책을 수용하고, 독특성을 최대로 존중하여 개별화된 해결책에 도움이 되는 모든 방법과 기술을 절충적으로 사용하려고 노력한다. 따라서 클라이언트의 견해는 액면 그대로 수용되어 진정한 클라이언트 중심의 치료접근이 가능하다.

(4) 간략화

해결중심 단기가족치료는 치료목적을 달성하기 위해 치료방법의 경제성을 추구한

다. 경제성은 복잡한 것에서 단순한 것으로 접근하는 것이 아니고, 단순한 것에서부터 복잡한 것으로 상담함으로서 성취한다. 복잡한 것은 필요한 때에만 다룬다. 치료목표는 클라이언트가 달성할 수 있는 작은 것으로 세우는 것이 중요하다. 치료는 파급효과를 가져온다고 믿기 때문에 치료개입은 가장 단순한 것에서부터 시작한다. 작은 변화는 큰 변화를 이끌기 때문이다.

(5) 변화의 불가피성

해결중심 가족치료에서는 이러한 예외적인 상황을 탐색하고 문제 상황과의 차이점을 발견함으로서 문제가 발생하지 않는 상황을 증가시키는 것이다. 따라서 치료자의 역할은 긍정적인 변화가 일어나도록 돕고 이를 해결책의 구축으로 이어지게 하는 것이다. 그리고 예외적인 상황을 탐색하고, 문제상황의 차이점을 발견함으로서 문제가 발생하지 않는 상황을 증가시키는 것이다.

(6) 협력

이 개념은 해결 방안을 발견하고 구축하는 치료과정 중 클라이언트의 협력을 중시한다. 해결중심 단기가족치료에서는 목표성취를 위해 추진하는 것에 협력하는 것을 중시하면서, 치료자와 클라이언트가 함께 해결방안을 구축하는 과정에서의 협력을 중요시한다. 이를 위해 클라이언트가 치료자에게 협력할 때뿐 아니라 치료자도 클라이언트에게 협력할 때 이루어진다고 믿기 때문에 치료자는 클라이언트가 치료에 협력하도록 시종일관 의식적으로 노력해야한다.

(7) 현재와 미래 지향성

해결중심 단기가족치료에서는 과거에 관하여 깊이 연구하지 않으며, 현재와 미래에 적응하는 것을 돕는 데 관심을 둔다. 즉 클라이언트를 과거와 문제로부터 멀리하고, 미래와 해결방안을 구축하는 데 관심을 집중하도록 한다.

2) 치료목표

전통적 가족치료가 과거에 대한 탐색을 통해 현재의 변화에 관심을 기울이는 반면에 해결 중심 단기 가족치료는 미래에 대한 탐색을 통해 현재의 변화에 초점을 둔다. 희망찬 미래를 상상하게 하는 질문은 문제해결의 분명한 길을 보게끔 하고, 그들이 원하는 것을 좀 더 명확하게 해준다. 단기 가족치료모델에서 클라이언트가 성취할 수 있는 목표설정 과정을 돕는 것을 사회복지사의 중요한 역할로 간주하고, 치료목표를 설정하는 7가지 원칙을 제시한다.

- 클라이언트에게 중요한 것을 목표로 하기
- 작은 것을 목표로 하기
- 구체적이고 명확하고 행동적인 것을 목표로 하기
- 없는 것보다는 있는 것에 관심 두기
- 목표를 중시하기보다는 시작으로 간주하기
- 클라이언트의 생활에서 현실적이고 성취 가능한 것을 목표로 하기
- 목표 수행은 힘든 일이라고 인식하기

위의 치료목표 달성하기 위해서 해결 지향적인 대화는 매우 중요하다. 이를 위해 활용되는 기법으로는 예외질문, 기적질문, 척도질문, 대처방법에 관한 질문 등이 있다.

3) 치료기법

(1) 기본적 치료기법들

해결중심 단기가족치료의 기본적 치료기법들은 경청, 치료자의 비언어적 행동, 클라이언트가 사용하는 핵심용어의 모방, 요약 등이다.

① 경청

경청이란 치료자가 클라이언트의 이야기를 주의 깊게 들음으로써 클라이언트가 중요하게 여기는 사람은 누구이며 자신이 원하는 것이 무엇인지를 알아내는 기술이다.

② 치료자의 비언어적 행동

클라이언트는 치료자가 자신의 말에 주의 깊게 귀를 기울이고 존중하는 태도를 취하는지 여부에 대해 매우 민감하다. 클라이언트는 치료자가 자신의 말을 진지하게 듣고 있는지를 치료자의 언어적 반응뿐 아니라 비언어적 행동을 통해 판단한다.

③ 클라이언트가 사용하는 핵심용어의 모방

클라이언트의 용어에 대한 탐색은 클라이언트에 대한 존중을 표현하기 위한 가장 중요한 방법 중의 하나이다. 그런 의미에서 클라이언트가 사용하는 핵심용어를 전문적인 용어로 재명명하는 것은 클라이언트에 대한 실례이고 자신감을 약화시키는 행동이라고 생각한다.

④ 요약

요약은 치료자가 클라이언트의 이야기를 주의 깊게 경청하고 있었다는 것을 재확인시켜 주고, 치료자 또한 요약을 통해 자신이 클라이언트의 말을 정확하게 듣고 있었다는 것을 확인하게 된다.

⑤ 개방형 질문

개방형의 질문은 클라이언트의 인지영역을 확대시켜 주게 된다. 또한 사실에 근거한 답만을 요구하는 것이 아니라 클라이언트의 태도나 사고, 느낌을 이야기하게 된다. 무엇보다 클라이언트의 준거틀이 많이 반영된다는 이점을 가지고 있다.

⑥ 쉽고 간략한 설명

쉽고 간략한 설명이란 클라이언트가 말한 것을 짧고 명확하게 하여 클라이언트에게 피드백하는 기술이다. 쉽고 간략한 설명의 경우에도 요약할 때와 마찬가지로 클라이언트의 핵심용어를 사용하는 것이 바람직하다. 이 기법은 클라이언트에게 자신들의 이야기를 명료화하거나 확장할 수 있는 기회를 제공한다.

⑦ 침묵의 사용

침묵은 클라이언트뿐 아니라 초보 치료자를 대단히 불편하게 한다. 클라이언트가 침묵할 때 그 의미는 다양하다. 때로는 클라이언트가 자신의 생각을 정리하고 있을 수도 있고, 자신이 막 설명한 상황에 대해 혼란스럽거나 화가 나 있을 수도 있고, 현재하고 있는 작업에서 짧은 "휴식"을 취하고 있을 수도 있다. 따라서 치료자는 클라이언트의 침묵을 존중하는 것이 중요하다.

⑧ 클라이언트의 비언어적 행동에 대한 주목

클라이언트도 치료자와 마찬가지로 비언어적 행동을 통해 의사소통을 하기 때문에 치료자는 클라이언트의 행동과 그 변화에 주의를 기울여야 한다.

⑨ 자기노출

치료자의 자기노출이란 클라이언트에게 자신의 개인적인 관찰, 경험이나 생각들을 이야기하는 것이다. 해결중심적 접근에서는 치료자가 클라이언트에게 자신의 경험을 이야기하는 것을 권장하지 않는다. 해결의 가능성은 가능한 한 클라이언트의 준거틀과 과거 경험 속에서만 그리고 제일 먼저 찾아져야 한다. 그러나 치료자의 생각을 클라이언트에게 밝히는 것이 중요할 때가 있는데 이는 클라이언트가 상담을 어떻게 경험하고 있고 그들이 삶에 대해 어떤 인식을 하고 있는지를 명료화하기 위해서 사용한다.

⑩ 칭찬

칭찬은 진술된 목적을 달성하기 위해 클라이언트의 강점과 과거의 성공을 중심으로 치료자가 클라이언트에게 제공하는 찬사와 지지의 기술이다. 칭찬은 클라이언트에게 친절하거나 잘해 주기 위해 하는 것이 아니라 클라이언트가 말이나 "과정"을 통해 전달한 것을 근거로 "현실에 기초한" 것이어야 한다.

⑪ 클라이언트의 지각에 대한 확인

치료자는 클라이언트가 갖고 있는 문제의 성질, 문제를 해결하기 위해 시도한 노력, 자신들의 삶 속에서 달라지기를 원하는 것, 문제해결을 위해 효과가 있었던 것과 없었던 것 등을 포함하는 많은 것들에 대해 그들이 갖고 있는 "지각"에 대해 물어 볼 필요가 있다. 클라이언트가 지각하고 있는 것에 대한 표현은 클라이언트의 준거 틀과 경험사이의 상호작용을 나타낸다.

⑫ 감정이입

감정이입, 즉 "통제된 감정적 관여"는 클라이언트의 이야기를 듣고 감동하고 마음이 움직여지는 상태를 요구한다. 치료자는 클라이언트가 의사소통하는 것을 인지적으로 이해하는 것에 그치는 것이 아니라 클라이언트의 이야기를 감정과 사고, 즉 치료자의 온 존재 또는 가슴으로 “이해”하는 것을 의미한다.

⑬ 초점을 클라이언트에게 되돌리기

클라이언트들은 종종 자신의 문제에 대해 무기력하고 문제해결 가능성의 여부는 다른 사람에 의하여 좌우된다고 이야기한다. 치료자는 클라이언트의 무기력을 가능성으로 전환화하기 위해 클라이언트가 자신의 상황이나 다른 사람에 대해 갖고 있는 불평으로부터 “이 상황에서 무엇이 달라지기를 원하는지” 그리고 자신은 그 해결책에 어떻게 참여할 것인지로 바꾸어야 한다. 이러한 과정을 “문제중심적 대화”로부터 “해결중심적 대화”로의 전환이라고 부른다.

⑭ 해결중심적 대화의 확대

해결중심적 대화란 치료자와 클라이언트가 자신의 생활에서 달라지기 원하는 것과 그러한 일이 일어나게 할 가능성에 역점을 두는 것이다. 해결중심적 대화를 확대하기 위해서는 상담 초기에 클라이언트의 문제가 무엇인가? 클라이언트가 원하는 것, 즉 달라지기 바라는 것이 무엇인가? 그러한 일이 일어난 때가 있었나? 그리고 그러한 일이 일어날 가능성에 대해 자세하게 이야기하게 될 때 클라이언트들은 더욱더 희망을 가지게 되고 문제해결 가능성에 대한 자신감을 가지게 된다.

(2) 성공적인 질문기법

① 면담 전 변화에 관한 질문

해결중심 단기가족치료의 기본가정은 변화란 불가피한 것임으로 계속적으로 일어나고 있다고 본다. 따라서 클라이언트가 지난번 면담을 약속한 후 지금까지 일어났던 변화에 대한 질문은 때로 아주 중요한 단서를 제공한다. 면담 전의 변화가 있는 경우는 클라이언트가 이미 지니고 있는 해결 능력을 인정하고 칭찬하고 강화하고 확대할 수 있도록 격려한다.

② 예외질문

예외란 클라이언트가 문제로 생각하고 있는 행동이 일어나지 않는 상황이나 행동을 의미한다. 어떠한 문제에도 예외는 있기 마련이라는 것이 해결중심 치료의 기본 전제이다. 해결 중심 단기 가족치료에서는 한 두 번의 중요한 예외를 찾아내서 계속 그것을 강조하면서 클라이언트의 성공을 확대하고 강화시켜 준다. 클라이언트가 행한 우연적인 성공을 찾아내어 의도적으로 계속 실시하도록 격려한다. 이것은 예외적인 상황을 찾아내어 그것을 밝히고, 클라이언트가 가지고 있는 자원을 활용하여 클라이언트의 자아 존중감을 강화하는 것이다. 예외질문은 첫 면접에서 대체로 목표 설정 후에 사용되고 2회 면담부터는 '무엇이 더 좋아졌는가?'라는 식으로 물을 수 있다.

③ 기적질문

기적질문은 문제 자체를 제거시키거나 감소시키지 않고 문제와 떨어져서 해결책을 상상하게 하는 것이다. 이 질문을 통해 치료자는 클라이언트가 바꾸고 싶어하는 것을 스스로 설명하게 하여 문제에 대한 집착으로부터 벗어난 해결 중심 영역으로 들어가게 한다.

④ 척도질문

척도질문은 숫자의 마력을 이용하여 클라이언트에게 자신의 문제, 문제의 우선순위, 성공에 대한 태도, 정서적 친밀도, 자아 존중감, 치료에 대한 확신, 변화를 위해 투자할 수 있는 노력, 진행에 관한 평가 등의 수준을 수치로 표현하도록 하는 방법이다. 이러한 척도 질문을 통해서 치료자는 클라이언트의 변화 과정을 격려하고 강화해 주는 구체적인 정보를 얻을 수도 있다. 첫 면담에서는 면담 전 변화 상태나 동기에 대한 파악을 한다.

⑤ 대처질문

이 질문은 자신의 미래를 매우 절망적으로 보아 아무런 희망이 없다고 하는 클라이언트에게 주로 사용한다. 이런 절망적인 상황에 빠져 있는 클라이언트에게 희망을 심어주기란 결코 쉬운 일이 아니다. 대처 방안에 관한 질문을 통해서 치료자는 클라이언트의 신념 체계와 무력감에 대항해보는 동시에 클라이언트에게 약간의 성공을 느끼도록 유도할 수 있다. 이러한 질문을 통해서 치료자가 클라이언트에게 심어 주고자 하는 것은 클라이언트 자신이 바로 대처 방안의 기술을 가졌음을 깨닫게 하는 것이다.

⑥ 칭찬질문

칭찬을 하는 것은 여러 가지 이점이 있다. 그 중에서도 클라이언트 자신에 대한 개념을 바꾸어 주는 역할과 클라이언트로 하여금 치료자의 말에 따르도록 하는 데 유용하다. 칭찬에는 면담과정에서 나온 내용에 대하여 직접적 칭찬을 하는 경우와 "어떻게 그렇게 하셨나요?"로 질문하는 간접적 칭찬이 있다.

⑦ 관계성 질문

가족 및 부부간의 관계성에 관한 질문을 통해 보다 효과적인 인간관계를 증진시켜준다.

4) 관계유형

클라이언트가 원하는 것에 주의를 기울이는 것이 중요하다. 이를 위해서는 클라이언트가 원하는 것을 작업하는 방법을 알아야 한다, 우선 치료를 시작하려면 어떤 유형으로 이곳에 와있는지를 파악하고 관계의 본질을 인지해야 한다.

(1) 고객형

고객형(customer type)의 클라이언트는 문제를 해결하기 위하여 어떠한 것이든 시도하려는 동기가 있는 사람이다. 그는 문제를 시인하고, 문제해결을 위해 도움을 요청하며, 변화를 위해 무엇인가를 할 준비가 된 것을 언어적으로, 비언어적으로 표현한다. 이러한 클라이언트는 상담을 통해 무엇을 이루고자 하는지에 대해 생각해 보았고 그러한 것을 달성하기 위해서는 자신의 노력이 필수적이라는 것도 깨닫고 있다. 따라서 치료자는 고객형의 클라이언트와 매우 긍정적이고, 협력적인 치료관계를 쉽게 발전시킬 수 있다.

(2) 불평형

불평형(complaint type)의 관계는 클라이언트가 자신을 위해서가 아니고 다른 사람을 변화시키기 위한 목표를 가지고 상담에 임했을 때 발생한다고 보았다. 이러한 관계의 유형은 상담 중에 상담자와 클라이언트가 함께 치료의 목표 또는 불평을 찾아내지만, 클라이언트가 해결책을 찾는 데 필요한 어떤 것도 구체적으로 발견해내지 못한다. 불평형의 클라이언트는 보통 그들의 불평이나 치료목표를 아주 자세하게 기술하는 것이 상례이다. 이러한 클라이언트는 해결책을 다른 사람(부인, 자녀, 상관, 친구, 동료 등)의 변화를 통해 이루어질 수 있다고 본다. 불평형의 클라이언트에게 치료자는 칭찬과 함께 상대방을 관찰하도록 과제를 낸다.

(3) 방문형

방문형(visiting type)은 일반적으로 자신의 의사와는 상관없이 법원, 직업훈련, 보호관찰관, 학교, 가족, 고용주 등의 명령 즉 타의에 의해 상담자에게 온 상황에서 볼 수 있다. 이러한 클라이언트들은 치료목적, 목표, 해결방안 등이 자신이 원하는 것과 상반된다고 느끼기 때문에 문제에 대한 책임감이 없거나, 자신의 문제를 인정하지 않는 경향이 있다. 방문형의 클라이언트에게 상담자는 무조건적인 존중과 칭찬을 통하여 다음면접에 다시 올 수 있도록 한다.

5 여성주의 가족치료 모델

여성주의 가족치료(feminist family therapy)는 기존의 가족치료의 틀에 여성주의의 원리를 접목시켰기 때문에 여성주의 개별상담, 여성주의 집단상담, 여성주의 사회복지실천과 매우 유사한 기법의 특성을 지니고 있다고 볼 수 있다. 여성주의 가족치료의 주요 인물로는 Goodrich, Chany, Rice Hare-Mustin, Wheeler, Avis 등이며, 치료자와 클라이언트의 평등한 관계를 유난히 강조한다. 또한 가족문제를 성차별적 사회구조와 정치구조의 사회화라는 측면에서 보기 때문에 이를 변화시키기 위하여 강력한 영향력을 행사 할 수 있는 지시적인 기법을 사용한다. 특히 강조되고 자주 사용되는 지시적인 기법은 도전, 충고, 지도, 주장훈련, 의사소통 기술형성, 성적 자기자극기법 등이다. 그리고 치료자의 적극적인 개입과 활용이 강조되어 모델링, 치료자의 준거 등의 기법이 사용되며, 성차별과 통제행동에 도전하도록 클라이언트의 인지구조를 바꾸기 위해 교육의 기법을 자주 사용한다.

여성주의 가족치료 모델에서 필요성, 주요 개념, 치료 목표, 치료 기법, 치료자 역할 중심으로 설명하면 하면 다음과 같다(이영실 외, 2013; 2015; Avis, 1986; Avis, 1988; Bogard, 1988; Braveman, 1988a; Burck & Daniel, 1990; Goldner, 1988; Goldner, 1991b; Goodrich, 1991b; Hare-Mustin, 1978; Jones, 1990; Layton, 1984; Libow et al., 1982; Lueptnitz, 1988; MacKinnon & Miller, 1987; Norsworthy, 2000; Sheinberg, 1992).

1) 필요성

여성주의 가족치료자들은 기존의 가족치료가 체계이론의 순환적 인과성, 전체성 등을 중시하면서 성차별의 문제를 무시하거나 강화함으로써 성불평등에 기초한 가족문제를 해결하기 어렵다고 보았다. 따라서 기존 가족치료가 사회구조적인 남녀 불평등의 문제에 관심이 부족하고, 가족의 내적 구조와 역동성의 측면만을 강조함으로써 가족성원을 가부장적 자본주의의 사회구조에 적응시키고자 하기 때문에 오히려 사회구조의 모순을 정당화시켜 왔다는 비판을 하였다. 이러한 문제점을 해결하기 위해 여성주의 가족치료의 필요성이 대두되었다.

2) 주요 개념

(1) 중립성의 문제

여성주의 가족치료들간의 가장 큰 차이점은 치료자의 중립성을 거부한다는 점이다. 중립성을 지키는 것은 가정폭력을 설명하지 못하여, 불평등을 감추게 하고, 인간관계 내에 있는 권력에 대한 고려을 하지 못하기 때문에 여성주의 가족치료자들은 중립성이 가족치료를 받는 여성들에게 해가 된다고 본다. 좀 더 나아가 가족치료의 중립성은 여성에 대한 남성의 지배를 강화하는 가부장적 관점 또는 남성 중심적 관점이라고 지적되기도 한다.

(2) 권력과 성

여성주의 가족치료자들은 부부의 권력 구조를 보면 부인의 행동은 자신이 경제력이 없고 남편과의 관계에서 다른 종류의 권력이 없기 때문에 부인이 남편과의 권력에서 뒤로 물러나 있다고 보고 있다. 또한 여성주의 가족치료자들은 성은 가족체계를 조직하는 기본적인 원칙이며 사회에 존재하는 사회위계들(연령, 성, 계급 등) 중의 하나이고 여성은 남성보다 권력을 덜 갖고 있는 것이 현실이라 보며, 이러한 현실은 여성을 억압하는 사회, 정치, 종교적 체계의 직접적인 결과로 보고 있다.

(3) 순환적 인과론 대 직선적 인과론

여성주의 가족치료자들은 인간관계를 완전히 설명하기 위해서는 순환성 인과론의 개념뿐만 아니라 직선적인 인과론, 즉 직선적인 사고도 필요하다고 보고 있다. 직선적 인과론은 가족 역기능형성 전의 사건, 구조, 문화적 관습 등을 이해하도록 돕기 때문이다. 따라서 가족 내의 인간 상호작용의 복잡성을 충분히 설명하기 위해서는 첫째, 개인발달 및 심리 둘째, 가족 상호작용 셋째, 사회적 또는 역사적 배경 등 세 가지 차원으로 설명할 필요가 있다.

(4) 상보성의 문제

가부장적 이데올기 안에서 가족의 역할은 일의 세계보다 더 좋은 분리된 장소이며 상보적 관계의 장소라고 볼 수 있는데, 상보성이란 '이것 아니면 저것' 같은 강요된 선택이라고 할 수 있는 것이다. 여성주의 가족치료자들은 그런 강요된 선택 또는 '이것 아니면 저것'의 이분법은 개인에게 선택의 자유를 제한하기 때문에 '이것과 저것' 또는 다양성이 존재해야 한다고 주장한다.

(5) 사회적 배경

여성주의 이론에서는 모두 사람이 존재하는 그 사회배경이 인간의 행동을 결정하는 중요한 요인이라고 보고 있다. 여성주의 가족치료자들은 가족의 문제를 제대로 이해하기 위해서는 가정에 영향을 주는 사회적 배경을 고려해야 한다는 것이다.

(6) 과정 대 내용

여성주의 가족치료자들은 체계이론에서의 주장한 논리, 즉 많은 가정에서 공통된 상호작용패턴으로 밝혀진 결과가 여성을 병리화한다는 것이다. 예를 들면 과잉 개입하는 어머니와 과소 개입하는 아버지의 경우, 남편은 가정을 돌보지 않고 오로지 직장 일만 하면 된다는 우리 사회의 직업문화와 가부장적 유산의 결과인데, 이것을 부인이 과잉개입하면 남편이 과소 개입하게 된다는 상호작용 패턴으로만 봄으로써 여성을 병리화한다는 것이다. 따라서 여성주의 가족치료자들은 가족의 문제를 제대로 이해하기 위해서는 가족구성원의 상호작용 패턴뿐만 아니라 상호작용의 내용과 과정에 참여하는 가족구성원에게 주는 의미가 고려되어야 한다고 보고 있다.

3) 치료 목표

여성주의 가족치료는 기존의 가족치료의 큰 틀에는 동의하지만 여성주의의 이론과 가치 및 방법을 우선적으로 중시하는 모델이다. 여성주의 가족치료는 성차별적 사회화의 결과로 가족내에서 여성들이 겪게 되는 독특한 문제를 대상으로 하고, 여성이 불이익을 당하지 않도록 가족문제의 해결을 유도하여 주는 것이 치료 목표이다. 여성주의 가족치료 목표는 가족전체의 요구 및 가족구성원들의 개별화된 요구에 의하여 가족문제를 성적 고정관념의 문화, 권력관계와 관련시켜 보려 하고, 가족성원들의 상호작용을 사회제도에 연계시켜 도움을 주고자 한다. 여성주의 가족치료의 목표는 가족 성원들의 가부장주의에 입각한 전통적 가족구조에 적응시키는 데 있지 않고 전통적 가족구조를 변화시키는 데 있다.

4) 치료 기법

치료전략과 기법은 클라이언트 행위의 전후맥락을 변화시키고 그것에 도전하는 점이 중시된다. 특히 성차별적인 전통적 구조와 제도를 평등하게 변화시키는 데 전략의 초점이 주어진다. 여성주의 가족치료 기법은 성역할의 분석, 잘못 사회화된 클라이언트의 역할을 보완하여 주는데 자기주장훈련, 의사소통기술의 구축, 성적 자기자극기법 여성클라이언트에게 힘을 부여하기 등을 치료기법에서 사용한다.

(1) 성 역할의 분석

성 역할의 분석 기법으로는 다음과 같다.

- 남녀 간의 성차에 의한 지위와 권력의 불평등을 고려하도록 클라이언트를 교육한다.
- 남성의 학대행위(예: 근친강간이나 구타)를 사회가 남성에게 폭력을 조장시키는 것으로 재규정한다.
- 클라이언트가 제기를 하지 않더라도 치료자가 성역할의 쟁점을 제기한다.
- 본가(本家)의 문제를 다룰 때 성역할의 쟁점들을 도입한다.
- 이혼이 남성과 여성에게 차별적으로 영향을 미치는 것에 대해 논한다.
- 사회화의 영향을 받은 문제에 대해 클라이언트가 내린 규정을 재규정한다.
- 사회화의 영향을 받는 문제를 클라이언트가 규정한 것에 대해 도전한다.
- 클라이언트에게 남성과 여성에게 억압적인 역할에 대해 교육한다.

(2) 남성과 여성 클라이언트 간의 권력균형의 변화

남성과 여성 클라이언트 간의 권력균형의 변화를 이루기 위해서는 다음과 같은 기법을 사용한다.

- 남녀 간의 평등한 관계를 발달시키도록 클라이언트에게 도전하도록 한다.

- 클라이언트에게 대안적인 성역할 행동을 제시하여 준다.
- 부부가 보다 평등하게 자녀 양육의 책임을 맡도록 논의하게 한다.
- 가사책임을 평등하게 분배하는 것에 대해 논의하게 한다.
- 개인의 행복이 결혼관계를 유지시키기 위해 희생되어서는 안 된다는 점을 지적하여 준다.
- 가족문제를 설명하기 위해 비성차별적 가정(假定) 등을 제공한다.
- 남녀 클라이언트에게 변화의 책임이 같이 있다는 입장을 취한다.
- 남녀 클라이언트가 남성과 여성의 역할을 함께 할 수 있도록 도전시킨다.
- 여성 클라이언트가 가족 외부에서 지위를 획득할 수 있는 일에 개입할 수 있도록 지도하여 준다.
- 가족에서 자녀들에게 부여된 성역할에 고정적으로 얽매이지 않도록 지원한다.
- 예견된 성역할의 변화를 촉진시킬 수 있도록 가족이 지원(지지)망을 발달시키는 것을 돕는다.
- 전통적인 성역할을 극복하는 클라이언트의 행동을 지원하여 준다.

(3) 치료자는 여성클라이언트에게 힘을 부여

치료자가 여성 클라이언트에게 힘을 부여하기 위해서는 다음과 같은 기법을 사용한다.

- 여성 클라이언트가 가족에 기여하는 것을 강조함으로서 여성 클라이언트의 자부심을 증진시킨다.
- 여성 클라이언트의 능력을 강조한다.
- 여성 클라이언트의 의사결정 능력을 지지하여 준다.
- 여성 클라이언트가 지금 보다 주장을 잘 할 수 있게 격려한다.
- 여성 클라이언트가 남성에게 지지를 얻기보다 그녀 자신의 사회적 지지망을 개

발하도록 격려하여 준다.

- 여성 클라이언트가 자신의 의존성 유형을 파악하고 다루도록 가르친다.
- 여성이 전통적이고 비전통적인 역할을 함에 있어서 그 능력을 지원하여 준다.
- 가정 내외에서 자신의 개인적인 삶에 대해 논의하는 여성 클라이언트를 돕는다.
- 개인적인 시간에 대해 논의하려는 여성 클라이언트를 돕는다.

(4) 기술 훈련

치료자는 클라이언트에게 다음과 같은 훈련을 시킨다.

- 여성 클라이언트가 화를 낼 때, 나 전달법과 같은 기능적인 자기주장의 방법으로 의사 표현을 할 수 있도록 교육시킨다.
- 클라이언트 새로운 성역할 행동을 익히는 것을 돕기 위해 역할연기를 사용한다.
- 여성 클라이언트가 남편과 아동의 요구에 덜 민감하도록 가르친다.
- 여성 클라이언트가 자신의 요구를 평가하고 충족하도록 가르친다.
- 남성 클라이언트가 자신의 감정을 인식하고 표현하도록 가르친다.
- 남성 클라이언트가 가족의 정서적이고 양육적인 욕구를 충족시키도록 가르친다.

5) 치료자 역할

치료자의 역할을 보면 첫째, 클라이언트와 치료자 간의 관계에 있어서 평등한 관계를 매우 강조하고, 둘째, 치료자는 숙련가라기보다는 촉매자의 역할을 한다. 셋째, 치료자는 자신들의 가치를 클라이언트에게 명백하게 밝히며 넷째, 도구적(instrumental)인 행동과 표출적(expressive)인 행동 양자를 모델화하여 주며 성과 여성의 성역할 가치에 대해 명백하게 의사소통한다. 다섯째, 가족과 협력적인 역할을 맡으며 클라이언트가 자신의 변화와 성장을 스스로 평가하도록 격려하여 준다.

다음은 여성주의 가족치료자의 주된 역할에 대한 것이다.

- 진단 검사와 낙인(label)은 여성에게 편견을 갖게 하고, 치료자의 권력을 크게 하며 검사의 결과는 일시적인 것이 아니라 영원한 특성으로 인식될 가능성이 있으므로 사용하지 않는다.
- 치료의 목표와 규칙에 대해 계약하는 것은 치료과정의 한 부분인데 이러한 작업은 치료자의 권력을 제한하여 주며, 여성의 협상기술을 제고하여 준다.
- 클라이언트는 소비자(고객, comsumer)의 입장에서 스스로의 목표를 설정하고, 치료자의 서비스를 평가하게 된다. 클라이언트가 자신의 성역할이 어떻게 형성되었고, 이것이 자신에게 어떤 득실을 가져왔는가를 분석하는 것이 클라이언트의 의식을 변화시키는 데 사용된다.
- 치료는 클라이언트가 정치적인 것과 개인적인 것을 구분하게 도와줌으로써 여성들은 자신의 요구와 사회적 요구 간의 차이를 구분할 수 있으며, 자신의 경계를 보다 명확하게 규정할 수 있도록 돕는다. 이해와 통찰력은 여성에게 힘을 부여하여 주고 행동으로 옮기도록 도와주며, 클라이언트가 변화의 책임이 있다는 인식을 갖도록 도와준다. 치료자가 자신을 노출시키는 것은 치료자와 클라이언트 간에 여성으로서 겪게 되는 경험의 공통성을 강조하여 주는 것이고, 전문가의 성격을 덜 강조하는 것이다. 과제는 치료에서 다루어진 것 이상이 제공될 수 있으며, 클라이언트에게 문제해결을 위한 도구가 제공된다.
- 치료자는 클라이언트가 여성의 역할로 사회화됨으로써 당했던 불이익을 인식하게 됨에 따라 생기게 되는 분노의 처리를 도와준다.
- 엄격하고, 합리적이고, 인지적인 문제해결 접근법으로 대표되는 남성적인 이상형에 도전하기 위해 정서적 표현에 대한 확인이 사용되어진다.
- 시간 제한적인 치료와 행동목표들이 의존성을 감소시키고 클라이언트 생활에서 행동을 활성화시키기 위해 사용된다.

• 치료자의 권력을 약화시키고 여성들이 서로 간에 신뢰하도록 배우고 여성문제의 공동성을 인식하는 것을 돕기 위해 집단이 활용된다.

6 이야기치료 모델

이야기치료(narrative therapy)의 주창자는 호주와 뉴질랜드 출신의 가족치료자들인 Michael White와 David Epston(1990)이며 이들은 가족치료에 탈근대주의 사상을 기초로 하며, 이들의 연구방법론을 주로 다룬다. 1980년대에 개발된 이야기치료는 동시대에 나타난 구성주의자 치료기법과 포스트모던 문화의 영향을 받아서 발전하게 되었다. White와 Epston는 사람들은 이야기 창조를 통해 그들의 삶의 의미를 느끼며, 미래에 대하여 구상을 하는 것으로, 실제 삶을 형성해 주는 치료모델이라고 강조한다.

이야기치료는 문제를 표출화시키기 위하여 고안된 대화에 가족을 관여시키며 여러 가지 질문을 통하여 클라이언트 스스로 길을 선택할 수 있게 하여 현대사회의 추세인 내 목소리, 내가 선택하는 삶으로 나아가게 하는 모델이다. 이러한 이야기는 진실과 이야기의 조화에 근거를 두고 있다.

이야기 치료는 치료자가 특정 개인, 가족구성원 또는 주변 사람들이 갖고 있는 관점들과 클라이언트의 이야기에서 나온 주된 호소들을 재검토할 수 있도록 도와주며 그들이 만나고 있는 가족이 가지고 있는 이야기들에서 그들 스스로 더 풍부한 가족에 대한 지식과 경험들을 더 끌어내도록 촉진하는 질문을 하는 데 주력한다.

이야기치료모델에서 주요 인물, 필요성, 주요 개념, 치료 목표, 치료 기법 중심으로 설명하면 하면 다음과 같다(이영실 외, 2013, 2015; White, 1990; White & Epston, 1990; Nichols & Schwartz, 2002).

1) 주요 인물

(1) 화이트(White, M)

1970년대 후반에 베이슨의 인지적인 사고의 측면과 지배적인 신념체제의 지배로부터 사람들을 해방시키는 것에 관심을 가진 푸코에게 영향을 받아서 문제의 외재화라는 독특한 방법을 구상하게 되었다. 이와 같은 과정을 통하여 1980년대 후반에는 아내인 White와 Epston과 함께 이야기 치료를 확립하게 된다.

(2) 엡스턴(Epston, D)

전래되는 전통적인 이야기 수집 등 다양한 분야에 관심을 가졌는데, 이 같은 경험이 이야기치료의 이론과 실천에 영향을 주었다. 특히 치료적인 편지기법과 새로운 삶의 목표를 추구할 때 필요로 하는 대화확대를 위한 다양한 질문들을 개발하였다.

2) 주요 개념

이야기 치료는 어떤 경험은 다른 위치에 있는 또 다른 자신의 경험과 관계가 있으며, 그것이 어떠한 의미를 가지느냐는 자신의 이야기가 결정하며, 자신의 경험 속에서 어떤 것을 버리고 어떤 것을 선택하는가도 이야기가 결정한다. 그리고 이야기 치료는 경험을 어떻게 표현하는가도 이야기가 결정하고 이야기는 삶의 방식이나 인간관계에 영향을 주는 방향을 결정한다고 주장하고 있다.

(1) 사회구성주의

이야기 치료에서는 클라이언트가 현실을 깨닫게 되는 것은 그 클라이언트가 둘러싸고 있는 문화적 힘의 역동에서 나오고 있음을 강조하고 있다. 즉, 인간의 자아는 사회관계속에서 그리고 이야기 속에서 구성하고 있다는 것이다. 따라서 이야기 치료의 목적은 인간 자신의 삶의 주인공이 되는 길을 함께 찾는데 있다.

(2) 이야기 모호성(포스트모더니즘의 철학적 전제)

시대적 사조와 흐름을 같이하는 포스트모더니즘의 특징은 전통과 단절, 불확실성과 모호성, 중심 거부하고 주변성 강조, 행위자체 중요시, 개방성과 가변성 등으로, 이야기 치료의 기본 전제는 이러한 포스트모더니즘의 특징을 기반으로 개인의 경험을 통해 인간의 경험을 통해 나타나는 이야기의 세계는 근본적으로 모호성을 지니고 있다는 것이다.

(3) 인간경험 해석(이야기를 만드는 주체)

인간은 자신의 삶을 문화와 환경의 배경 맥락 안에서 해석하며, 자신의 삶에 의미를 만들어 가는, 인간, 역사적 진실에 관심하는 인간이 아니라 이야기 진실에 관심하는 인간에 의미를 둔다. 다시 말하면 이야기를 만드는 주체가 어떤 경험을 했느냐가 중요한 것이 아니라 그 사실을 어떻게 해석하느냐가 중요하다.

(4) 문제의 외재화(표출화)

White(1990)는 이야기치료에서 관심을 두는 치료개입은 클라이언트 안에 존재하였던 문제를 끄집어내어 클라이언트와 분리해서 다룸으로써 문제를 풀어헤치는 작업인데, 이것을 '문제의 외재화(externalizing conversation)'라고 했다. 즉, 클라이언트 문제는 더 이상 클라이언트 안에 존재하는 실체가 아니라 클라이언트의 관계를 통해 이야기 속에만 존재하게 한다. 이야기치료는 비생산적 이야기를 해체하고 새롭게 생산적 이야기를 재구성하여 클라이언트의 머리 안에서 이야기를 그리도록 돕는 것이다. 이야기치료는 클라이언트 자신이나 가족을 더 이상 문제의 원인제공자로 보거나 책임을 돌리지 않게 하며, 문제와 분리된 자신의 입장을 보면서 클라이언트로부터 문제를 외재화하며, 이러한 외재화하기는 이야기치료 개입에 중대한 영향력을 지닌다.

(5) 독특한 결과

'독특한 결과(unique outcome)'는 평소에 잘 인식할 수 없었지만 세밀히 보면 찾을 수 있는 예외적 경험들을 가리킨다. 치료자는 바로 이 독특한 결과에서 지배적 이야기를 해체시키는 새로운 이야기를 만드는 소재들을 찾을 수 있다. 독특한 결과는 숨겨져 있는 이야기를 찾아내는데 유용한 질문양식을 많이 사용하고 있는데, 이 질문은 클라이언트가 자신의 이야기에서 빠진 부분을 찾아내거나 다른 관점에서 자신의 경험을 볼 수 있도록 사용된다.

(6) 인정예식(전체 이야기를 다시 쓰기)

이야기치료에서 클라이언트 자신의 정체성에 관하여 재정의를 하는 과정을 '인정예식(definitional cremony)'이라고 하며, 이 예식은 클라이언트의 생활, 정체성, 인간관계 등에 관하여 좀 더 구체적으로 서술하는 상황으로 치료적인 장을 만드는 것이다. 인정예식을 위한 대화의 과정단계로는 1단계: 대화하고(telling), 2단계: 대화한 것에하여 다시 대화하는 것(first telling), 3단계: 다시 대화한 것에 대하여 다시 대화하는 것(second telling), 4단계: 다시 대화한 것에 대하여 다시 대화하고, 다시 또 대화하는 것(third telling)이다.

(7) 재저작 대화

재저작 대화(re-authoring conversation)는 새로 찾아진 독특한 결과들을 가지고 이야기를 만들어 가는 과정으로, 새로운 의미를 형성하는 과정이며, 치료의 후반기에는 이러한 재저작 대화의 과정으로 이루어진다. 즉, 이야기 치료는 재저작 대화를 위한 탐구와 대안적 이야기를 연출해 가는 과정이라고 할 수 있다. 재저작 대화 과정에서 이야기를 들어주고 현실의 삶에서 그 이야기를 실현하는 데 도움이 되는 외부증인집단(outsiderwitness group)이 동원되기도 한다. 이 외부증인집단은 새로 나타나기 시작하는 클라이언트의 증인이 되어주고, 자신들의 삶과 이야기를 함께 엮어서 새로 시작된 이야기를 클라이언트의 삶에 더 굳건하게 만드는데 큰 기여를 하게 된다.

3) 치료 목표

이야기치료 목표는 클라이언트가 지역사회에서 문화적 배경, 자신의 지식과 기술로 근거로 대화의 준거틀을 새롭게 만드는 것을 돕는 것이다. White(1990)가 제시한 이야기 치료의 목표는 다음과 같다.

- 클라이언트가 자기 자신에 대한 부정적 사실을 다시 구성하도록 돕는다.
- 클라이언트가 자신의 생활과 정체성에 대하여 갖고 있는 허술하고 빈약한 결론을 깨고 벗어나도록 하고 예외적인 풍성한 자신의 이야기를 하도록 한다.
- 클라이언트의 생활에서 오는 풍성한 이야기를 클라이언트가 말하도록 지지한다.
- 클라이언트가 누구였는지 보다는 다른 사람이 되도록 선택권을 주도록 한다.
- 클라이언트와 협력하면서 클라이언트와 다른 사람들을 연결시키는 데 도움이 되는 방법을 강조한 새로운 이야기를 공동저작 하는 것이다.
- 클라이언트가 능력을 가진 사람으로 삶의 이야기를 발전시킬 수 있도록 협력한다.

4) 치료 기법

이야기치료의 기법은 잃어버리고 있던 이야기를 끄집어내고 사람들을 지배하는 문제로부터 그들을 분리하여 힘을 부여하도록 고안되었다. White(1990)는 치료면담 과정에서 어떤 것도 주장하거나 해석하지 않고 단지 질문과 대답을 반복하였다. 이야기 치료의 다양한 기법을 통하여 자신과 문제, 관계에 대한 클라이언트의 이야기를 다시 만드는 과정을 촉진한다. 이야기치료 기법의 가장 큰 특징은 질문형식에 있으나 정형화된 범주를 가지고 있는 것은 아니다.

(1) 문제의 외재화(표출화)

White(1990)가 이야기 치료의 구체적 기법으로 개발한 문자 그대로 문제의 외재화(표출화)는 문제의 내면화를 뒤집는 방식이라고 할 수 있다. 문제의 외재화(표출화)란 문제를 외부로 추출해낸다는 의미를 가진다. 이것은 문제에 의해 지배되는 이야기로부터 해방되기 위해 문제를 외부로 표출시키는 의인화 기법이다. 이러한 대화를 통해 사람들에게 문제가 자신의 모두를 표현해 내고 있지 않다는(자신은 곧 문제다) 희망을 가짐으로써 그 문제를 해결할 수 있는 희망을 주는 것이다. 이 방법은 클라이언트들에게 강요되기보다는 그들이 자신의 딜레마를 말해 가는 가운데 그들 자신의 언어에 의해 채택된 대안이라고 볼 수 있다. 즉, 클라이언트의 문제를 외재화 한다는 것은 내면화된 증상을 인격화하는 것이다. 이야기 치료자는 문제의 외재화(표출화)를 통하여 클라이언트로 하여금 문제, 문제의 원인 영향이라는 점을 충분한 거리를 두고 바라볼 수 있도록 도와야 한다.

(2) 문제이야기와 상반되는 독특한 결과 찾아내기

외재화(표출화) 대화를 통해 예외적인 것을 끄집어내어 '독특한 결과(unique outcome)'를 형성하는 것은 이야기 치료의 과정이며 기술이다. 독특한 결과는 현재 클라이언트가 하고 있는 이야기가 불완전하다는 점을 전제로 하는 것이다. 이야기 치료는 삶의 경험이란 그 경험으로부터 만들어 낸 이야기보다 훨씬 더 풍부하고 많은 재료를 가지고 있지만 이야기로 만들어지는 것은 극히 일부분에 지나지 않는다는 가정을 갖고 있다. 즉, 이야기 경험을 조직해 나가는 과정에서 빠뜨린 경험을 찾아내는 것이다.

(3) 전체 이야기를 다시 쓰기(인정 예식)

치료자는 새로운 이야기를 공동 저작할 때, 클라이언트에 대하여 자신들의 특별한 형태의 질문을 통해 무엇인가를 끄집어 낼 수 있다고 생각하기 보다는 클라이언트 스스로가 새로운 자기 이야기로 문을 열 수 있는 능력을 가진 사람이라고 보는 점이 중요하다. 때로는 치료자가 새로운 자기 이야기를 뒷받침하기 위한 보다 많은 증거를 찾기 위해 문제들을 사건과 관계된 사건들을 넘어 클라이언트의 역사적 시야로 범위를 확대할 수 있다. 또한 새로운 자기 이야기가 윤곽을 잡아 나감에 따라 초점을 미래로 옮길 수 있으며 새로운 이야기를 채울 수 있는 변화를 계획하도록 돕는다. 희망적인 미래의 이야기를 만들어 내게 함으로써 이야기는 과거, 현재, 미래를 포함한 완성된 이야기가 된다.

(4) 클라이언트의 자신의 목소리 찾기

클라이언트가 자신과 환경 가운데서 자신의 목소리로 자신의 경험을 이야기한다는 것이 효과적이며 건강한 관계망 형성에 가장 중요한 출발점이다. 클라이언트가 자신의 목소리를 찾기 위해서는 치료자는 다음과 같은 점들을 강화시켜 주어야 한다.

첫째, 신뢰성을 회복하며, 둘째, 지배적인 목소리에 저항할 수 있는 힘을 실어주기, 셋째, 클라이언트의 이야기에 주의 깊은 관심과 경청하기, 넷째, 사람과 문제를 분리하기(해체적 경청), 마지막으로 클라이언트는 자신의 삶에 창조적 저자가 될 수 있다는 시각을 가지게 해준다.

(5) 새로운 이야기의 강화

새로운 이야기를 끌어내기 위해 작은 변화에 대해 질문하는 것에서 시작한다. 예를 들면 "지난 주 술은 당신을 얼마나 통제했고, 당신은 얼마나 많이 통제 속에 있습니까?"라고 묻는다. 이와 같은 질문을 통하여 클라이언트는 자신에게 문제를 넘어선 힘이 있다는 사실을 깨닫게 되며, 그들은 비관적인 이야기로부터 거리를 둘 수 있으면 덜 속박 당한다. 치료자는 각 회기 종결부분에서 외재화하는 언어를 사용하여 작은 것이라도 독특한 성과를 강조하면서 그날의 면담을 정리한다.

(6) 재진술을 통한 이야기의 풍부화

이야기 치료자들은 중요한 사람의 청중에게 새로운 이야기를 말하는 것과 다시 이야기하는 힘을 점차적으로 강조하였다. 이야기를 각각 다시 말하는 것은 더욱 풍성하게 하고 점차 살아 있고 참된 것이 되게 한다. 진술과 재진술, 재진술에 대한 재진술을 통하여 긍정적인 자아정체감에 대한 결론을 내릴 수 있도록 돕는 것이다.

(7) 외부증인집단

이야기치료에서 대화하고 대화한 것에 대하여 다시 대화하는 치료과정에서 치료에 참여자가 두 명 이상이라고 할 때, 치료자가 한 명 또는 두 명과 먼저 대화를 하고, 나머지 참여자는 대화의 외부증인집단, 즉 청중이 되는 것이다.

참 | 고 | 문 | 헌

김영화 (2016). 성인지적 가족복지론. 파주: 양서원.

김윤재 (2015). 가족복지론. 일산: 공동체.

박미은, 신희정 외 (2015). 가족복지론. 일산: 공동체.

서혜석 (2015). 가족복지론. 일산: 공동체.

성정현, 여지영 외 (2014). 가족복지론. 파주: 양서원.

손병덕, 황혜원 외 (2014). 가족복지론. 서울: 학지사.

이영주, 최경화 외 (2015). 가족복지론. 파주: 양서원.

이원숙 (2016). 가족복지론. 서울: 학지사.

이신영, 박선영 (2015). 가족복지론. 일산: 공동체.

이영실 외 (2013). 가족복지론. 파주: 양서원.

이영실 외 (2015). 사회복지실천기술론. 파주: 양서원.

정황순, 박주현 외 (2016). 가족복지론. 서울: 창지사.

한인영 (2015). 가족복지론. 서울: 학지사.

Anderson, H. D., & Gollishian, H. A. (1988). Human Systems as Linguistic Systems: Preliminary and Evolving Ideas about the Implications for Clinical Theory. *Family Process, 27.*

Avis, J. M. (1986). Feminist Issues in Family Therapy. In F. P. Piercy, D. H. Sprenkle & Associates(eds.). *Family Therapy Sourcebook.* New York: The Guilford Press.

Avis, J. M. (1998). Commentary: Does Neutrality Feminist Awareness? A Feminist Response to Scheel and Ivey. *Contemporary Family Therapy, 20*(3).

Berg, I. & Miller. S. (1992). *Working with the Problem Drinker.* New York: W. W. Norton.

Bogarad, M. (1986a). A Feminist Examination of Family Therapy: What is Women's Place? *Women and Therapy, 5*(2-3).

Bogarad, M. (1988). Feminist Perspectives on Wife Abuse. In K. Yllo & M. Bograd(eds.). *Feminist Perspectives on Wife Abuse.* Newbury Park, PA: Sage Publications.

Bowen, M(ed.). *Family Therapy in Clinical Practice.* New York: Jason Aronson.

Braverman, L. (1988a). Feminism and Family Therapy: Friends or Foes. In L. Braverman(eds.). *A Guide to Feminist Family Therapy.* New York: Harrington Park.

Burck, C., & Daniel, G. (1990). Feminismand Strategic Therapy: Contradiction or Complementarity? In R. J. Perelberg, & A. C. Miller(eds.). *Gender and Power in Families*. New York: Routledge.

De Shazer, S. (1985). *Keys to Solution-Focused Brief Therapy*. New York: Norton.

Gilbert, L. A. (1980). Feminist Therapy. In A. M. Brodsky, & R. T. Hare-Musstim(eds). *Women and Psychotherapy: An Assessment of Research and Practice*. New York: The Guilford Press.

Goldenberg, I., & Goldenberg, H. (1991). *Family Therapy: An Overview*. (3rd ed.). Pacific Grove. CA: Brooks/Cole.

Goldner, V. (1988). Generations and Gender: Normative and Covert Hierarchies. *Family Process, 27*.

Goldner, V. (1991b). Sex, Power, and Family Therapy: What's Wrong with This Picture? *Journal of Feminist Family Therapy, 3*(1/2).

Hare-Mustin, R. T. (1978). AFeminist Approachto Family Therapy. *Family Process, 17*.

Jones, E. (1990). Feminism and Family Therapy: Can Mixed Marriages Work?. In R. J. Perelberg, & A. C. Miller(eds.). *Gender and Power in Families*. New York: Routedge.

Layton, M. (1994). Tipping the Therapeutic Balance. T*he Family Therapy Networker*. 8.

Luepnitz, D. A. (1988). *The Family Interpreted: Feminist Theory in Clinical Practice*. New York: Basic Books, Inc.

MacKinnon, L. K., & Miller, D. (1987). The New Epistemology and the Milan Approach: Feminist and Sociopolitical Considerations. *Jounal of Marital Family Therapy, 13*(2).

Minuchin, S. (1974). *Structural Family Therapy*. New York: Basic Books.

Nichols, M. P., & Schwartz, R. C. (1995). Family Therapy: Concepts and Methods. 3rd. Boston: Allyn and Bacon. Feminist and Family Systems Therapy: Are They Irreconcilable?. *The American Journal of Family Therapy, 10*(3).

Norsworthy, K. L. (2000). Feminist Family Therapy. In A. M. Horne(eds.). *Family Counseling and Therapy*. Itasca, Illinois: F. E. Peacock Publishers.

Papero, D. B. (1990). Family Systems Theory. Boston: Allyn and Bacon.

Sheinberg, M. (1992). Navigating Treatment Impasses at the Disclosure of Incest: Combining Ideas from Feminism and Social Constructionism. *Family Process, 31*.

Satir, V. (1983). *Conjoint Family Therapy*. Palo Alto, CA: Science and Behavior Books.

Shazer, S. (1988). *Clues: Investigating Solutions in Brief Therapy*. New York: Norton.

White, M. (1995). *Re-authoring Lives: Interviews and Essays*. Adelaide, South Australia: Dulwich Centre Publications.

White, M., & Epston, D. (1990). *Narrative Means to Therapeutic Ends*. New York: Norton.

CHAPTER 08

우리나라 가족복지 실천의 현장

1. 공공부분에서의 가족복지실천
2. 민간부문에서의 가족복지의 실천

CHAPTER

08 우리나라 가족복지 실천의 현장

1 공공부분에서의 가족복지실천

사회복지에서 '전달체계'란 사회복지 정책 혹은 서비스를 수급자 혹은 이용자에게 원활하게 전달하기 위하여 마련된 '조직체계'라고 할 수 있으며 사회보험, 공적부조와 더불어 열세한 위치에 있는 사람들을 대상으로 전문적인 지식과 방법을 활용하여 이들의 제반문제를 해결하는 데 있다. 여기서 공공정책과 공공서비스의 주체는 정부(지자체)와 민간 사회복지기관(시설)이 모두 해당되고, 민간 사회복지 서비스의 주체는 민간 사회복지기관(시설)이 주체가 된다. 즉, 정부가 시행하는 사회복지정책을 공공복지(public welfare)라고 하고, 민간기관이 운영하는 사회복지를 민간복지(voluntary welfare)라고 한다(원석조, 2009).

기족정책의 전달체계는 위에서 설명된 것처럼 가족복지를 원활하게 실현하기 위한 정부, 지자체 그리고 사회복지기관(시설)의 행정조직을 의미한다. 우리나라의 가족복지정책을 추진하는 체계는 크게 공공전달체계와 민간전달체계로 구분해 볼 수 있다. 즉, 공공정책을 집행하는 중앙과 지방부서와 국가로부터 위탁받은 민간 차원의 추진체계로 구분할 수 있다.

먼저 공공전달체계로서 가족복지정책을 기획 · 수립하는 중앙의 정책담당행정기구와 수립된 가족복지정책을 집행하는 지방자치단체의 행정부서가 있다. 중앙에서 가족복지정책을 기획하고 입안하는 대표적인 기구로는 여성가족부, 보건복지부, 그리고 고용노동부이며, 지방자치단체의 행정부서는 시 · 군 · 구의 문화복지과, 사회복지과, 시민복지과, 가족여성과, 가정복지과 등이다.

두 번째, 민간전달체계로는 중앙정부나 지방정부의 위탁을 받아 가족복지정책을 직접적으로 전달하는 가족복지 서비스기관이 되며 대표적인 민간전달체계로 건강가정지원센터와 사회복지관, 가족관련 상담소 등을 들 수 있다. 중앙과 지방의 가족복지담당 기구와 민간전달체계에 대하여 살펴보면 다음과 같다.

1) 중앙부처

(1) 보건복지부

보건복지부는 건강가정기본법 및 저출산 · 고령사회기본법에 기초한 통합적 가족복지정책의 수립과 제도화를 위한 부서로서, 보건복지부 장관은 매 5년마다 우리나라 가족복지정책의 기본 틀이 되는 건강가정기본계획과 저출산 · 고령사회기본계획을 수립할 책임이 있다.

보건복지부의 대부분의 조직이 담당하는 업무가 직 · 간접적으로 가족복지와 관련되거나 가족복지에 영향을 초래하는 업무에 해당된다. 그중 특별히 가족을 대상으로 하거나 가족복지를 목표로 하는 정책업무를 담당하는 부서도 설치하여 저출산 · 고령화에 대응하는 인구정책과 결합하여 추진되고 있음을 확인할 수 있다.

하부조직의 업무를 보면, 노인정책과와 노인지원과에서 고령사회 기본계획과 관련 정책을 수립하고 노인 관련 정책을 총괄하며, 보육정책과에서는 중앙부처 및 지방자치단체의 영유아 정책(유아교육정책은 제외) 지원 정책 협의 · 조정 · 총괄하는 업무를 담당하고 있다.

표 8-1 보건복지부의 가족복지정책 업무(2016년 10월 기준)

부서		담당 업무
노인정책관	노인정책과	1. 노인보건복지에 관한 종합계획의 수립 · 조정 및 조사 · 연구 2. 노인보건복지 관련 법령에 관한 사항 3. 노인실태조사에 관한 사항 4. 경로효친사상 앙양 및 경로우대제에 관한 사항 5. 노인의 안전 및 권익향상에 관한 사항 6. 노인 관련 법인 · 단체의 지원 및 육성 7. 노인보건복지 관련 국제협력에 관한 사항 8. 치매 예방 · 관리 등 노인건강증진에 관한 사항 8의2. 공립치매병원의 확충 및 지원에 관한 사항 9. 독거노인 보호 및 노인 돌봄서비스사업에 관한 사항 10. 노인 여가 · 교육 등 사회참여 활성화에 관한 사항 11. 노인주간 및 노인의 날 행사 지원 12. 노인학대 예방에 관한 사항
	노인지원과	1. 노인 일자리 지원에 관한 사항 2. 노인 자원봉사 활성화에 관한 사항 3. 매장 · 화장 · 묘지 등 장사에 관한 다음 각 목의 사항 가. 장사정책 관련 종합계획 수립 및 조정 나. 장사 관련 법령에 관한 사항 다. 장사시설 확충 및 지원에 관한 사항 라. 국립망향의동산관리원 및 장사관련 법인 지도 · 감독에 관한 사항 마. 장사정보시스템의 구축 및 운영 바. 묘지실태조사에 관한 사항
보육정책관	보육정책과	1. 중앙부처 및 지방자치단체의 영유아 정책(유아교육정책은 제외한다. 이하 같다.) 지원 정책 협의 · 조정 · 총괄 2. 영유아 정책에 대한 조사 · 연구 · 평가 및 제도개선 3. 영유아 정책에 관한 종합계획의 수립 및 연도별 시행계획의 총괄 4. 보육정책위원회의 운영 5. 보육관련 법령의 관리 · 운영 6. 보육재정의 중장기 투자계획 수립 7. 보육예산의 편성 · 집행관리 및 정산 · 결산 8. 보육서비스 이용권 제도(보육전자바우처)의 운영 및 관리 9. 보육행정 전산화 10. 지방자치단체 보육공무원 교육 11. 보육개발원의 설립 및 지도 · 감독 12. 영유아 및 영유아보육 지원 정책에 대한 홍보 및 국민인식 개선사업 13. 보육 관련 대외협력 및 교류활성화의 지원 14. 보육통계의 생산 및 관리 15. 어린이집연합회 등 법인 · 단체의 지도 · 감독 16. 어린이집 평가인증 계획 수립 및 평가인증 제도 운영

보육사업 기획과	1. 영유아 보육료의 지원 2. 양육수당 지원에 관한 사항 3. 표준보육비용에 관한 사항 4. 영유아 및 부모 지원 보육서비스의 개발 5. 영아・장애아 및 다문화가족 영유아 등 취약보육서비스 등 지원에 관한 사항 6. 보육료・양육수당 지원 대상자 선정 및 적정관리에 관한 사항 7. 보육료・양육수당 지원 대상자 소득기준액 결정에 관한 사항 8. 보육교직원 처우 개선에 관한 사항 9. 보육교직원의 양성 및 교육훈련의 지원 10. 보육교직원의 경력 및 자격관리 11. 가정양육 지원에 관한 사항
보육기반과	1. 국공립어린이집 등 어린이집의 확충 및 지원계획 수립 2. 「영유아보육법」에 따른 어린이집의 설치・인가 기준의 수립 및 관리 3. 어린이집의 설치 및 운영 지원 4. 어린이집의 기능 보강 등 환경개선 지원 5. 국공립어린이집 등 어린이집 인건비 및 운영비 지원 6. 어린이집에 대한 지도・점검 7. 어린이집운영위원회의 설치 및 운영 8. 보육아동의 건강・영양・안전 등의 관리 9. 표준보육과정 및 보육프로그램의 개발・보급 10. 직장보육서비스의 확충 11. 부모협동어린이집의 활성화 12. 보육정보센터의 확충 및 운영・관리 13. 영유아 이용시설의 설치 및 지원

(2) 여성가족부

여성가족부는 성평등 증진과 여성권익보호, 아동청소년 등에 관한 업무를 담당함으로써 우리 사회의 성평등한 가족이 유지되는 데 영향을 미친다. 과거 가족 내에서 어머니, 아내로서의 역할에 한정되던 여성의 위치가 근로자, 생계부양자로서의 위치로 확대・변화함에 따라, 이에 부합하도록 가정이나 사회 내 성차별적 관행 및 제도・법의 시정과 여성인권의 보호를 추구함으로써, 여성가족부는 여성주의적 관점에서 가족복지정책의 기초를 구축하는 역할을 한다고 볼 수 있다.

가족과 직접적 연관성을 갖는 여성가족부 사업으로는 가정폭력 관련 대책을 들 수 있다. 여성가족부의 권익증진국 산하 인권보호과에서는 가정폭력의 예방과 피해자 보호에 관한 계획을 수립하고, 가정폭력 피해자 보호시설 및 상담소의 지원·육성, 가해자 교정 프로그램의 개발 등에 관한 업무를 담당한다(〈표 8-2〉 참고).

표 8-2 여성가족부의 가족복지정책 업무(2016년 10월 기준)

부서		담당업무
가족 정책관	가족 정책과	• 건강가정기본계획의 수립·조정 및 연도별 시행계획의 총괄 • 중앙부처 및 지방자치단체 가족정책의 협의·조정 총괄 • 가족 및 가족친화 사회환경 관련 법령의 관리·운영 • 건강가정정책의 평가 • 중앙건강가정정책위원회의 구성·운영 • 가족제도·가족실태에 관한 조사·연구 • 건강가정사업을 위한 아동업무에 관한 정책의 개발 • 가정의 날 및 부부의 날 운영 등 가족 관련 행사에 관한 사항 • 가족 관련법인·단체의 육성·지원 및 지도·감독 • 건강가정사·가정봉사원의 양성 및 교육훈련 • 지역사회 가족기능 강화 관련 자원 연계 및 조정 • 가족친화 사회환경 관련 실태조사 및 계획의 수립·시행 • 가족친화 직장·마을 환경 조성 지원 및 가족친화기업 등의 인증·관리 • 결혼준비교육·부모교육·가족윤리교육과 가족가치의 실현 및 가정생활과 관련된 교육 등에 대한 지원 • 가족상담·교육 프로그램의 개발·보급 • 민주적이고 양성평등한 가족문화의 확산 및 건전가정의례의 보급에 관한 사항
	가족 지원과	• 아이돌봄서비스 등 가족의 자녀양육 지원 • 미혼모 및 청소년 한부모의 자립 지원에 관한 사항 • 한부모가족 지원 관련 계획의 수립 및 법령의 관리·운영 • 한부모가족 아동양육·교육 등 지원 • 한부모가족 복지시설의 지원·육성 및 종사자 능력개발 • 한무보가족 복지단체의 지원 및 관리 • 한부모가족 실태조사 계획 수립·시행 • 자녀양육비 이행 지원에 관한 사항 • 이혼위기가족에 대한 상담·교육 등의 서비스 지원 • 양육비 이행에 관한 계획의 수립에 관한 사항 • 양육비 이행 관련 법령의 관리·운영 및 제도개선에 관한 사항 • 양육비 이행 실태에 관한 조사·연구에 관한 사항 • 양육비 이행 인식 개선을 위한 교육·홍보에 관한 사항 • 양육비가이드라인의 개발·활용에 관한 사항 • 양육비이행심의위원회의 운영에 관한 사항 • 양육비이행관리원의 지도·관리 및 감독에 관한 사항 • 한시적 양육비 긴급지원 제도의 운영에 관한 사항

	• 양육비 이행을 위한 중앙행정기관, 지방자치단체 및 관계기관의 협의・조정에 관한 사항
다문화 가족 정책과	• 중앙부처 및 지방자치단체의 다문화가족지원정책 총괄 • 다문화가족지원법령 제・개정 • 다문화가족정책위원회 및 실무위원회 운영 • 다문화가족지원정책 기본계획 및 연도별 시행계획의 수립・평가 • 다문화가족지원 중장기 정책 수립, 정책 개발 및 제도 개선 • 다문화가족 관련 각종 계획・대책 수립 • 다문화가족 실태조사 실시 • 다문화가족지원센터 운영(방문교육 포함) • 다문화가족 자녀 언어발달지원 및 통・번역서비스, 언어영재교실 • 다문화가족지원센터 평가 및 현장점검, 타부처 연계 업무 • 다문화가족지원 프로그램 개발 및 센터 외부협력에 관한 사항 • 다문화가족지원사업 관련 연구용역 • 다문화가족 전국 네트워크대회 • 다문화가족 자녀 언어발달지원 사업 • 다문화가족 이중언어 가족환경조성사업 • 다문화가족 나눔봉사단, 사례관리 서비스
다문화 가족 지원과	• 다문화가족에 대한 사회적 인식개선을 위한 시책 추진 및 홍보 • 다국어지원시스템 구축・운영 등 다문화가족의 의사소통 지원 • 결혼이민자 전문인력 양성 등 경제・사회적 자립 지원 • 결혼중개업 관리에 관한 법령의 관리・운영 • 결혼중개업 종사자 및 지방지치단체 관계 공무원의 교육에 관한 사항 • 결혼중개업 등록・ 신고의 관리 • 국제결혼 예정자의 사전 준비 지원에 관한 사항 • 국제결혼이민관의 설치 및 운영에 관한 사항

(3) 고용노동부

고용노동부는 우리 사회의 노동정책을 관장하는 주무부서로서 가족복지정책을 직접적으로 다루는 부서는 아니지만, 고용평등의 차원에서 여성 근로자를 대상으로 직장과 가정생활의 양립을 추구하는 근로복지정책을 추구함으로써 가족복지정책을 다루는 유관부서라 할 수 있다. 고용노동부 청년여성고용정책관 산하 여성고용정책과에서는 양성평등을 위해 여러 가지 노동시장 내 성차별을 규제하는 정책뿐만 아니라, 취업여성의 모성 보호정책, 직장과 가정생활의 양립을 지원하는 정책, 직장보육시설의 설치 지원 등의 사업을 관장함으로써, 일하는 여성의 가족복지에 향상에 영향을 미친다.

중앙부서인 여성가족부, 보건복지부, 고용노동부의 가족복지정책을 담당하고 있는 인력은 국가공무원인 행정직 공무원이 주로 정책을 담당하고 있으며 전문 분야에 따라서 담당팀장 및 국장급을 외부 전문인력으로 배치하고 있다.

보건복지부에서는 일반 행정직과 함께 사회복지 직렬을 두고 있어서 사회복지서기보, 서기, 주사보, 주사, 사회복지사무관 직제를 가지고 복지업무의 전문화를 지향하고 있다. 그러나 실제 업무를 담당할 때는 직렬과 관계없이 업무를 맡을 수 있게 되어 있고 잦은 순환보직으로 인하여 전문직의 특성을 발휘하기가 힘든 상황이라고 볼 수 있다.

2) 지방자치단체

중앙에서 수립된 가족복지정책을 집행하고 직접적인 서비스를 제공하는 지방자치단체로 크게 광역기초자치단체와 기초자치단체로 구분할 수 있다. 지방자치단체의 담당부서는 보육, 아동, 청소년, 모 · 부자 가족을 담당하는 팀, 국 단위의 부서이며 이러한 업무를 수행하는 공무원들로 구성되어 있다.

중앙부처에서는 각기 다른 부서에서 정책이 입안되고 추진되지만 지방전달체계로 내려오면 업무가 같은 조직 내에서 이루어지는 경우가 많으므로 실질적인 정책집행자가 된다고 볼 수 있다. 따라서 지방의 가족복지정책 관련조직과 담당인력의 전문성은 가족복지정책의 효과적인 집행을 위하여 매우 중요한 요소라고 볼 수 있다.

가족복지정책을 담당하는 지방자치단체의 조직은 광역시 · 도 단위에서는 여성정책국, 보건복지여성국, 복지환경정책국 등의 명칭으로 구성되어 보건복지부, 여성가족부, 환경부의 보건복지, 여성환경 부문의 직무를 다루고 있으며 기초자치단체인 시 · 군 · 구에서는 문화복지과, 시민복지과, 사회복지과, 가족여성과 또는 가정복지과 등의 명칭으로 다양하게 조직을 운영하고 있다. 또한 읍 · 면 · 동사무소에서는 국민기초생활보장업무와 함께 아동, 노인, 장애인, 모 · 부자가정에 대한 사회복지서비스 업무를 관장하며 종합적인 복지행정서비스를 제공하고 있다.

지방자치단체에서 가족복지정책업무를 담당하는 공무원은 사회복지 직렬이 생기기 이전에는 지방행정직 공무원과 별정직공무원이 담당하여 왔으나 2000년부터 사회복지직렬이 신설되면서 사회복지전담공무원 혹은 지방행정공무원이 업무를 담당하고 있다. 읍 · 면 · 동사무소에서는 사회복지직 공무원들이 주로 국민기초생활보장 업무를 행정적으로 담당하면서 아동, 노인, 장애인, 저소득 모 · 부자가정을 위한 사회복지서비스 업무를 담당하고 있으며 통합적 서비스체계에 의하여 읍 · 면 · 동사무소는 주민자치센터로 구분도어 주민복지와 민원서비스를 집중적으로 제공하고 있다.

2006년 7월부터 지방자치단체의 요청에 의하여 단계적으로 사회복지를 포함한 주민생활지원서비스 행정체계를 수요자 중심으로 개편 추진하고 있으며 지역에 따라 대도시형, 중소도시형, 읍 · 면 · 동 형의 모델로 구분할 수 있다.

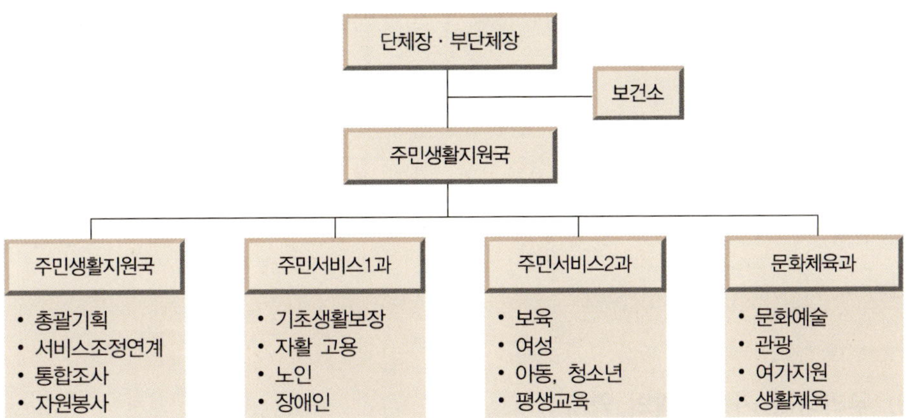

그림 8-1 대도시형 주민생활지원국 운영체계

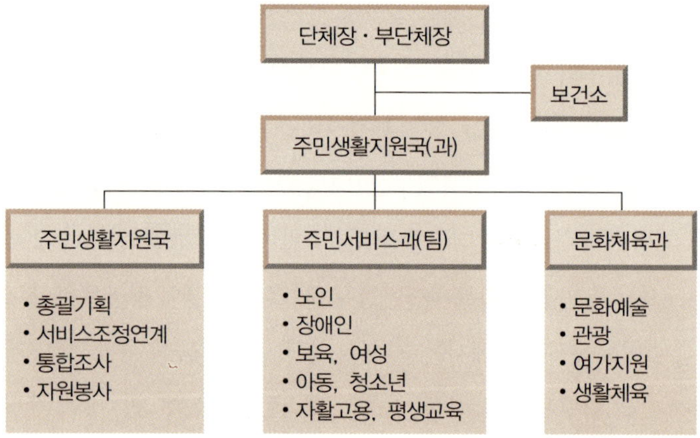

| 그림 8-2 | 중 · 소 도시형 주민생활지원국(과)

1988년 제정된 지방자치법에 따라 실시된 지방자치단체는 광역지자체인 특별시, 광역 시 도와 기초지자체인 시 · 군 · 구가 존재하며 광역 지자체와 기초 지자체 별로 가족복지 관련업무가 다르게 편성되어 있다. 대표적인 예로 서울특별시의 경우, 여성 가족 정책관의 상위로서 여성보육청소년 저 출산 관련 업무를 관장하고, 그 산하에 보건강국을 편재하여 기초생활보장 노인 장애인의 복지업무에 관한 사항을 담당하도록 하고 있다.

그 예로 서울특별시 산하 기초 지자체에 해당하는 동작구의 경우에는 주민생활지원국 산하에 주민생활지원과, 사회복지과, 가정 복지과를 두고 사회복지 종합계획 및 실행, 보육시설운영, 노인 장애인 여성의 기초생활보장 및 생계지원사업 등을 주관하고 있다.

3) 우리나라 가족정책의 역사

우리나라의 가족정책을 수행하는 관할 부서와 전달체계는 1950~60년대 부녀복지 차원에서 이루어졌으며 이는 한국전쟁 직후 발생한 과부나 고아대상의 구호사업이

절실했기 때문이다. 이후 1970년대에 들어서 과도해진 수도권의 인구밀도를 억제하고 효율적 주거생활비율을 맞추기 위한 출산 억제를 권장하는 가족정책을 실시하게 된다.1980년대에는복지국가로서 도약하는 노력의 일환으로 노인, 아동, 장애인 등에 대한 복지법이 제 · 개정되었다. 특히 1987년에는 「남녀고용평등법」(취업여성의 육아휴직제)이 제정되고, 1989년 「모자복지법」(저소득 모자가정을 대상으로 하는 명시적 복지정책),1991년에는 「영유아보육법」(아동보육시설의 설치근거 마련)이 제정되었다. 1990년대 후반에 들어서는 팽배해진 물질만능주의의 부작용과 무분별한 문화수용의 문제가 사회문제로 제기되면서 가족문제의 심각성과 정책적 대응의 필요성을 가지게 되어 국가의 개입이 강화되었다. 이에 건강한 가정을 육성하고 가족원의 정신적, 신체적 건강을 유지시켜 건강한 사회일원으로 육성하기 위한1997년 「가정폭력범죄의 처벌 등에 관한 특례법」과 「가정폭력방지 및 피해자보호 등에 관한 법률」이 제정되었다. 1999년에는 공공보험의 근간인 「국민기초생활보장법」(노동능력이 있는 빈곤가족에도 최저생계 보장)이 등장하고 2001년에는 「근로기준법」개정(법정 산전후 휴가기간 60일에서 90일로 확대)되었다. 경제성장과 더불어 본격적인 복지국가 발전을 기하며 2004년에는 「건강가정기본법」을 제정하여 서비스전달체계로 건강가정지원센터 설치하는 근거를 마련하였다. 2005년 정부는 여성가족부를 출범(가족정책 전담부서)시켜 2006년에는 제1차 저출산, 고령사회기본계획 '새로마지플랜 2010'을 실시하였고, 2007년에 남녀고용평등과 일 · 가정 양립 지원에 관한 법률(남성 배우자 유급 출산 휴가)과 노인장기요양보험법을 제정하고 2008년에는 「다문화지원법」을 제정하여 다문화가족지원센터' 설치의 근거를 마련하는 전달체계를 갖추게 되었다. 2016년 기준 가족복지와 관련된 한부모가족지원법, 가족법 등 일부 법 개정을 통해 급변하는 가족문화에 대한 복지체계를 도입하기위한 국가 및 지방자치단체의 움직임이 활발해지고 있다.

2 민간부문에서의 가족복지의 실천

중앙정부 혹은 지자체의 가족복지 전달체계 안에서 해소되지 않는 사각지대를 해소하는데 기여하는 민간 사회복지기관(시설)은 사회복지법 제2조의 사회복지 사업을 행할 목적으로 설치된 시설을 의미한다. 민간 사회복지기관(시설)은 통상 사회복지법이 위탁 운영하는 체제로 되어 있으며, 사회복지사업법 및 대상별 지도지침에 따라 운영되고 있다. 민간 사회복지기관(시설)에는 종합사회복지관, 부랑인, 노숙인 시설, 결핵 · 한센 시설, 노인복지시설, 아동복지시설, 장애인복지시설, 자활후견기관, 복합노인시설, 모부자복지시설, 보육시설, 성매매피해지원시설, 성폭력피해보호시설, 가정폭력보호시설 등이 있다.

이상의 지역사회의 가족복지 관련서비스 기관 중 대표적인 기관들로는 지역사회복지관, 가정폭력보호시설, 한부모복지시설 등을 들 수 있는데 이들 기관들은 대상별로 특성화된 가족복지상담, 보호 및 예방서비스를 제공하고 있으며, 2005년 제정된 사회복지법에 따라 지자체별로 지역별 특성에 맞는 사회복지 서비스계획을 수립하고 지자체와 상호 연계보완하는 가족복지서비스가 추구되고 있다.

1) 건강가정지원센터 및 다문화가정지원센터

건강가정기본법에 의하여 가정문제의 예방과 치료를 위한 프로그램 개발, 가족문화 사업의 전개, 정보 및 자료 제공 등을 위해 중앙, 시 · 도 및 시 · 군 · 구에 '건강가정지원센터'를 두도록 하여 가족복지와 관련된 전문행정 전달체계를 구축하고 있다. 2004년 3개소의 시범 건강가족지원센터를 대학 및 사회복지관에서 위탁 운영하였고 2005년 16개소, 2006년 전국에 50여 개소로 확대되었다.

건강가정지원센터는 '건강가정기본법'에 의해 교육 및 상담, 가정생활문화사업, 정보제공, 지역사회네트워크 구축 등의 사업을 통해 가정생활을 영위하고 가족유지율 저하, 이혼율 증가, 부양기능 문제, 위기문제 등 가족문제에 대처하도록 하고 있으며 센터장을 비롯하여 상담팀, 문화팀, 교육팀 등으로 이루어져 있다.

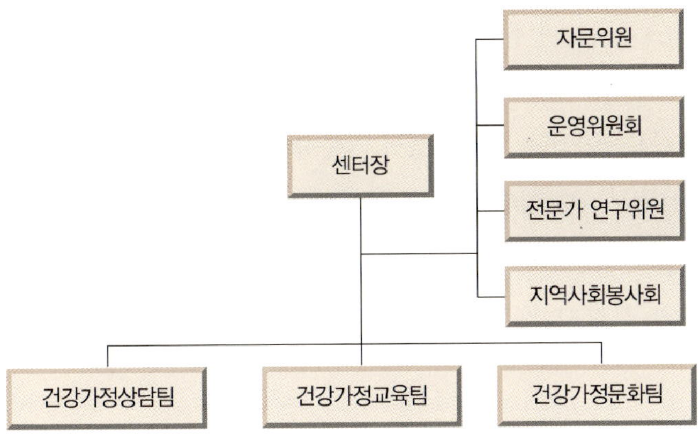

그림 8-3 건강가정지원센터 조직도

표 8-3 건강가정지원센터 업무

센터실무조직	구성과 업무
센터장	• 센터 대표 • 대외협력 업무
사무국장	• 센터 사무 총괄 • 센터 홍보 • 센터 제공서비스 질 관리 및 평가 • 센터 인력관리(회원 및 자원봉사자 관리) DB 구축 연계
건강가정교육팀	• 가정생활설계교육 • 가정생활환경교육 • 식생활영양교육 • 의류관리수선교육 • 가정봉사원양성교육 • 가계재무관리교육 • 소비자교육 등 프로그램 기획 및 수행
건강가정상담팀	• 가정생활 상담 • 업무 전반 • 가족관계 향상 프로그램

건강가정문화팀	• 생활예절, 가정의례 등 생활문화 전반 • 계절별 건강가정 이벤트 기획 실행, 5월 15 일 가정의 날 행사
건강가정지원팀	• 위기가정지원사업, 건강가정 및 시설지원사업 • 안전교육, 보육시설 네트워크, 보육시설에 관한 총 정보 제공 사업

출처: 파주시 건강가정지원센터 업무분장표 예.

이와 유사한 기능을 하는 기관으로서 다문화가족지원법에 의거한 다문화가족지원센터가 있다. 보건복지부 장관이 적정 기준에 부합한 법인이나 단체를 다문화가족지원센터로 지정할 수 있으며, 이에는 건강가정사 혹은 사회복지사가 배치되어 다문화가족을 대상으로 특화된 가족복지 프로그램을 제공한다(〈표 8-6〉 참고).

표 8-4 다문화가족지원센터의 기능

- 가족: 이중언어 환경조성프로그램, 가족관계향상프로그램 등
- 성평등: 배우자부부교육, 예비 · 배우자교육프로그램 등
- 인권: 다문화이해교육, 인권감수성 향상교육 등
- 사회통합: 취업기초소양교육, 취업훈련 전문기관 연계, 다문화가족 나눔봉사단, 다문화가족 자조모임 등
- 상담: 가족/개인 집단상담, 사례관리, 위기가족긴급지원 등
- 홍보 및 자원연계: 지역사회 홍보, 지역사회네트워크 등
- 특성화사업
- 다문화가족 방문교육
- 다문화가족 자녀 언어발달 지원사업
- 결혼이민자 통번역서비스
- 결혼이민자 멘토링 사업(시범 운영 시)
- 다문화가족생활지도사 사업(시범 운영 시)
- 지자체 한국어교육(위탁 시)

출처: 여성가족부(2016).

2) 종합사회복지관

사회복지사업법 제2조에 의해 사회복지관은 지역사회 내에서 일정한 시설과 전문 인력을 갖추고 지역사회의 인적·물적 자원을 동원하여 지역사회문제를 해결하고 주민의 복지욕구를 충족시키기 위한 종합적인 사회복지사업을 수행하는 사회복지시설로서 동법 제21조 사회복지관의 설치기준, 제22조에서 사회복지관이 운영 중이며 이 중 가형이 151개, 나형이 202개, 다형이 42개가 운영 중이며 사회복지서비스 욕구를 가지고 있는 모든 지역사회 주민을 대상으로 보호서비스를 수행하고, 자립능력 배양을 위한 교육훈련의 기회제공 등 그들이 필요로 하는 복지서비스를 제공하고, 가족기능 강화 및 주민 상호 간 연대감 조성을 통한 각종 지역사회 문제를 예방, 치료하는 매체로서 주민을 위한 종합복지센터의 역할을 수행하는 것을 목표로 한다.

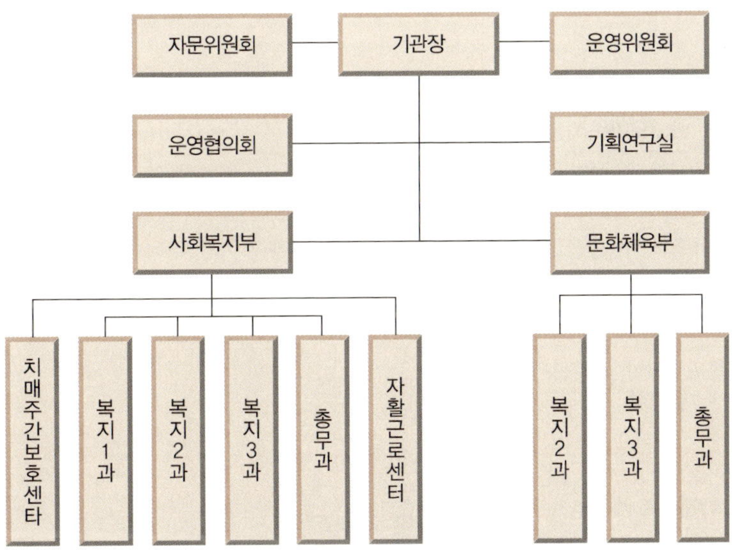

| 그림 8-4 | 종합사회복지관 조직도 예시

출처: 이영실 외(2010). 사회복지현장실습.

3) 한부모가족지원센터

'한부모가족지원법' 제7조에 의해 한부모가족복지에 관한 사항을 상담하거나 지도하기 위하여 특별시장 · 광역시장 · 도지사(이하 "시 · 도지사"라 한다)와 시장 · 군수 · 구청장(자치구의 구청장을 말한다. 이하 같다)은 관할 구역에 한부모가족복지상담소를 설치할 수 있다. 이 경우 시장 · 군수 · 구청장은 시 · 도지사의 승인을 받아야 한다. 동 법령에서는 조직과 운영 등에 필요한 사항은 대통령령으로 정한다고 명시하고 있다. 이러한 근거로 설립된 한부모가족지원센터는 지역사회 내에서 일정한 시설과 전문인력을 갖추고 지역사회의 인적 · 물적 자원을 동원하여 한부모보가족의 자립기반과 복지강화를 위해 교육, 상담, 문화활동 등 다양한 사업을 추진하며 또한 미혼모 · 부자의 정보제공과 긴급지원을 통해 미혼 모 · 부자의 위기상황을 극복하여 삶의 질을 높이고 행보한 생활을 할 수 있도록 종합적 서비스를 지원해 주고 있다(〈표 8-5〉 참조).

표 8-5 한부모가족지원센터 업무

한부모가족지원사업	세부 내용
한부모가족의 생활안정과 자립역량강화 종합지원	• 보편적 한부모가족지원 • 한부모가족 역량강화 및 자립지원 • 한부모가족 맞춤형 서비스 • 한부모가족 상담지원 체계화
한부모가족복지시설 및 기관지원 활성화	• 한부모가족 서비스 총괄지원 • 한부모가족 네트워크 활성화 • 한부모가족 생활교육 프로그램 지원
한부모가족 인식개선을 위한 사회환경 조성사업	• 미래지향적 한부모가족 지원 • 인식개선 사업 확대 • 홍보 및 후원사업

출처: 서울특별시 한부모가족지원센터(2016).

여성가족부의 업무내용에서 보면 한부모가족에 대한 정책적 지원을 대폭 확대하여 진행하고 있다. 주요 사업으로는 한부모가족 아동양육비 · 교육비 지원으로 지원 대상은 세대주인 모 또는 부와 그에 의하여 양육되는 만 18세 미만(취학시 만 22세 미만)의 자녀로 이루어진 가정으로 아동양육비는 소득인정액 기준 최저생계비 130% 이하의 한부모가족 만 12세 미만 아동에 대하여 아동양육비 월 5만 원 지원한다[※('07년) 만 6세 미만 → ('08년) 만 8세 미만 → ('09년) 만 10세 미만 → ('10년) 만 12세미만], 고교생 학비로는 소득인정액 기준 최저생계비 130% 이하의 한부모가족 고등학생 자녀에 대해 입학금 및 수업료를 지원한다. 한부모가족 복지자금도 대여하는데 대출대상자는 저소득 한부모가족으로 근로능력 및 자립자활 의지가 뚜렷하고 현실성 있는 사업계획을 제시하는 자(타 기관과의 중복융자 불가)로서 자금재원은 공공자금관리기금('10년, 40억 원)이고 대여기준 및 조건은 1인당 대여한도액 2,000만 원 이내로 대여이율 연리 3%의 고정금리, 대여기간 5년, 거치 5년, 분할상환으로 하고 있다.

표 8-6 가구원수별 선정기준(소득인정액 기준 최저생계비 130% 이하)

가구규모	2인	3인	4인	5인	6인
2013(원/월)	1,266,500	1,638,410	2,010,319	2,382,227	2,754,136

※ 7인 이상 가구의 경우 1인 증가 마다 한부모 및 조손가족은 371,910원씩 증가함.

출처: 보건복지부(2013).

여성가족부에서는 한부모가족복지시설 기능보강 사업도 진행하고 있는데 주 사업 내용으로는 한부모가족복지시설 신축 및 노후시설의 증 · 개축 등 환경개선으로 무주택 저소득 모 · 부자가족을 일정기간 보호하여 생계를 지원하고 퇴소 후 자립기반을 조성하도록 지원한다.

표 8-7 한부모가족복지시설별 지원 및 시설현황

시설 종류	입소 대상 및 기능	보호기간 (연장 기간)
모자가족복지 시설(48)	• 만 18세 미만의 자녀를 양육하는 무주택 저소득 모자가족 • 독립적인 가정생활이 어렵고 일정기간 공동으로 가정을 이루어 생활하면서 자립을 준비하고자 하는 모자가족 • 만 18세 미만의 자녀를 양육하는 무주택 저소득 모자가족, 기본생활지원형에서 퇴소한 모자세대로서 자립준비가 미흡한 모자가족	3년 (2년)
부자가족복지 시설(4)	• 만 18세 미만의 자녀를 양육하는 무주택 저소득 부자가족 • 독립적인 가정생활이 어렵고 일정기간 공동으로 가정을 이루어 생활하면서 자립을 준비하고자 하는 부자가족 • 기본생활지원형에서 퇴소한 부자세대로서 자립준비가 미흡한 부자가족	3년 (2년)
미혼모자가족 복지시설(59)	• 미혼의 임신여성 및 출산 후(6월 미만) 지원을 요하는 여성 • 2세 미만의 영유아를 양육하는 미혼모 • 출산 후 해당아동을 양육하지 아니하는 미혼모	1~3년 (1~2년)
일시지원복지 시설(59)	• 배우자의 학대로 인하여 아동의 건전 양육과 모의 건강에 지장을 초래할 우려가 있는 모와 아동	6월 (6월)
한부모가족복지 상담소(4)	• 한부모가족에 대한 위기 · 자립상담 및 문제해결 지원	이용시설

출처: 여성가족부(2016). 한부모가족지원사업안내.

참 | 고 | 문 | 헌

송정애 외 (2010). **가족복지론**. 파주: 양서원.
여성가족부 (2016). 한부모가족지원사업안내.
원석조 (2009). **사회복지정책론**. 일산: 공동체.
이영실 (1999). **사회복지학개론**. 서울: 법론사.

고용보험법[법률 제10339호(정부조직법) 일부개정, 2010. 06. 04.]
사회복지사업법[법률 제10261호(성폭력방지 및 피해자보호 등에 관한 법률) 일부개정, 2010. 04. 15.]
한부모가족지원법[법률 제14069호(일부개정 2016.3.2.)

노동부(www.moel.go.kr)
보건복지부(www.mohw.go.kr)
서울특별시 한부모가족지원센터(seoulhanbumo.or.kr)
여성가족부(www.moge.go.kr)

CHAPTER 09

빈곤가족

1. 빈곤에 대한 개념
2. 빈곤에 대한 접근관점
3. 빈곤가족

CHAPTER

09 빈곤가족

빈곤은 일반적으로 욕구가 충분히 만족되지 않은 상태라고 할 수 있는데 현대에서 와서 빈곤에 대한 개념은 보다 광의의 상대적 박탈(relative deprivation)에 대한 개념으로 많이 다루어지고 있다. Townsend는 상대적 박탈을 '개인과 가족이 속한 사회에서 관습이 되어 있는 수준에 미달되거나 물리적 기준이 결핍되어 있고 가족활동이나 사회적 활동에 참여할 수 없는 경우'라고 정의하였다(정영숙 외, 1998). 상대적 박탈의 개념이 넓어지면 빈곤에 대한 대책이나 정책방안도 보다 다양해져야 할 것이다. 우리나라의 경우, 빈곤가족이라 함은 대체로 최저생계비 이하인 대상을 의미하고 있다. 하지만 이러한 절대적 기준에는 해당되지 않으나 일반 가족의 평균 생활수준에도 미치지 못하여 인간으로서의 생활을 영위하는 데 어려움을 겪고 있는 빈곤가족인 차상위 계층이 있다. 따라서 절대적 빈곤선 이하의 가족뿐만 아니라 도시근로자 평균소득에 미치지 못하는 소득이 있는 빈곤가족에 대한 국가 차원의 지원방안도 확대되어야 할 것이다. 본 장에서는 빈곤에 대한 개념과 이론적인 접근관점, 그리고 빈곤가족에 대한 특성, 문제, 현황, 지원정책 등에 관하여 구체적으로 살펴보고자 한다.

1 빈곤에 대한 개념

1) 절대적 빈곤

절대적 빈곤의 개념은 일반적으로 신체적 건강과 노동력을 유지하는데 필요한 기본적 수요를 채워줄 수 있는 정도의 생활 상태를 말하는 것으로, 생계 빈곤(subsistence poverty)을 의미한다. 일반적으로 빈곤자를 파악할 때 빈곤선이라는 지표를 사용하는데 이는 가족 수에 따른 최저생계비를 가정하는 것이다. 최저생계비는 '국민이 건강하고 문화적인 생활을 유지하기 위한 최소한의 비용(국민기초생활보장법 제2조제6호)'이며 국민기초생활보장제도에서 수급자 선정기준 및 급여수준 결정의 근거가 되고 있다. 우리나라는 「기초생활보장법」 규정에 의하여 최저생계비 계측조사를 매 3년마다('05년, '08년) 실시하고 있으며 비계측연도에는 물가상승률을 감안하여 최저생계비를 추정한다. 절대적 빈곤은 최저생계비 이하를 말한다.

(1) 절대적 빈곤 산출방식

절대적 빈곤에서 최저생계비 산출방식은 전물량 방식과 반물량 방식이 있는데 이 두 가지 방법의 계측방식은 <표 9-1>과 같다.

표 9-1 절대적 빈곤에서 최저생계비 계측방식

구분	전물량 방식 (Market Basket, Rowntree방식)	반물량 방식 (Engel, Orshansky 방식)
계측방식	인간생활에서 필수적인 모든 품목에 대하여 최저한의 수준을 정하고, 이를 화폐가치로 환산(가격× 최저소비량)한 총합으로 최저생계비를 구함.	최저식료품비를 구하여 여기에 앵겔계수(식료품비/총수입)의 역수를 곱한 금액으로 최저생계비를 구함.

장점	보충급여체계에서 의료비, 교육비 등 급여종류별 기준액 산정과 장애인, 노인 등의 가구유형별 부가급여 기준결정에 유용함.	전물양방식보다 계측이 간편하고 연구자의 자의성을 줄일 수 있음.
단점	필수품 선정에 있어 연구자의 자의성이 개입될 가능성을 배제할 수 없음.	엥겔계수를 도출하기 위한 최저생활수준을 설정하는데 자의성을 배제하기 어렵고, 전물량방식에 비해 가구유형별 최저생계비 계측이 곤란함.

출처: 보건복지부(2008). 재인용.

(2) 한국의 최저생계비

우리나라는 전물량 방식(market basket method)으로 지역별, 가구규모별, 가구유형별로 계측하여 최저생계비를 산출하고 있으나 최저생계비의 상대적 수준 저하와 전물량 방식의 자의성, 비효율성문제 해소를 위해 계측방식 변경이 필요하다는 지적이 지속적으로 제기되고 있다. 2015년도 4인 가구 기준으로 최저생계비는 1,668,329원이며 가구별 최저생계비는 〈표 9-2〉와 같다.

표 9-2 2015년도 가구별 최저생계비 (단위: 원/월)

가구규모	1인	2인	3인	4인	5인	6인
2015(원/월)	617,281	1,051,048	1,359,688	1,668,329	1,976,970	2,285,610
2011(원/월)	532,583	906,830	1,173,121	1,439,413	1,705,704	1,971,995

출처: 국민기초생활보장사업안내(2015).

참고로, 우리나라의 소득인정액 산정방식은 다음과 같다.

소득인정액 = 소득인정액 + 재산의 소득환산액

= (재산액 − 기본재산액 − 부채) x 소득환산율

= 실제소득 − 가구특성별 지출비용 − 근로소득공제

※ 소득평가액 및 재산의 소득환산액이 (−)인 경우는 0원으로 처리.

2) 상대적 빈곤

빈곤이라는 속성은 정태적이거나 계수적 실제가 아니기 때문에 상대적 빈곤은 사람들이 자신들의 최소 욕구는 무엇인가를 고려하는 것으로, 어떤 사람이 다른 사람보다 더 가난하다는 것을 의미한다. 상대적 빈곤이란 전체 사회의 소득 분포를 대표하는 값의 일정 비율을 빈곤선으로 정하고 경제력이 이 수준에 미달하면 빈곤으로 정의하며, 상대적 빈곤은 중위소득[5](가처분소득)[6] 50%를 기준(OECD 기준)으로 그 이하인 것을 말한다. 우리나라의 2인 이상 기준 도시근로자의 상대적 빈곤율은 2008년에 12.6% 도달하였는데 2001년과 비교해 보면 2%나 증가하였음을 알 수 있다. 우리나라의 연도별 상대적 빈곤율은 〈표 9-3〉에서 제시되고 있고 세계 주요 국가들의 상대적 빈곤율은 〈표 9-4〉에서 제시되고 있다.

표 9-3 우리나라의 상대 빈곤율-2인 이상 도시근로자 기준(가처분소득) (단위: %)

연도	2001	2002	2003	2004	2005	2006	2007	2008
상대적빈곤율	10.6	10.3	11.3	12.0	12.3	12.5	13.0	12.6
절대적빈곤율	6.5	5.2	6.1	6.1	6.5	5.7	−	−

출처: 한국보건사회연구원(2007); 통계청(2008).

5) 중위소득: 사람들을 소득순서에 따라 일렬로 배치하고 그렇게 일렬로 배치된 사란들 중 한가운데 서게 되는 사람이 갖는 소득

6) 가처분 소득: 시장소득 + 공적이전소득 − 직접세 및 사회보장세

표 9-4 세계 주요 국가들의 상대 빈곤율 (단위: %)

스웨덴	노르웨이	프랑스	벨기에	일본	미국	한국('06)	OECD평균
5.3	6.8	7.1	9.4	14.9	15.3	14.6	10.8

출처: OECD(1인 및 농가포함 전체가구의 가처분소득 기준 50% 이하).

2 빈곤에 대한 접근관점

1) 빈곤문화론

빈곤계층은 다른 계층과 구별되는 독특한 심리사회적 속성을 지니고 있다고 하는 빈곤문화론은 Oscar Lewis에 의하여 최초로 사용하였다. 그에 의하면, 빈곤자들은 사회의 지배문화(dominant culture)와 질적으로 다른 하위문화(sub-culture)에서 살기 때문에 삶의 태도, 가치, 행동 등이 다르고 빈곤문화는 사회화 과정을 통하여 세대 간 세습된다는 것이다. 이러한 빈곤문화를 Lewis와 Banfield에 의하여 논의된 것을 살펴보면, 루이스의 빈곤문화론에 대한 속성은, 첫째, 빈곤계층은 지역사회에서 기존의 정치, 경제, 사회제도에 대한 효과적인 참여가 결여되어 있고, 둘째, 가정생활 측면에서 가족관계는 가정 해체로 인한 모계중심적인 가정이 선호되거나 어린 나이에 성관계를 경험하거나 합법적인 결혼 없이 동거형태의 혼인 생활이 흔하며 자녀 교육에서는 신체 및 언어폭력을 사용한다. 셋째, 심리적인 측면에서는 의타심이 높고 무기력, 열등감, 소외감이 보편적으로 나타나 절망감, 의존성, 열등감 등을 배양하여 쉽게 체념하고 운명주의자가 되고 출세에 대한 동기가 매우 약하고 충동적인 경향이 지배적이다. 이러한 빈곤문화는 부모에서 자식으로 대를 이어 지속되고, 자본주의 초기에 농촌에서 도시로 이주해 온 도시빈민에게서 흔히 나타난 현상이었다. 하지만 루이스의 빈곤문화론에 대해 조사방법이 체계적이지 못하고 논리성에 있어

일관성과 정확성이 결여되었다는 비판이 제기되고 있다.

다음으로 하버드 대학의 Banfield 교수에 의하면, 빈곤계층은 두 가지 속성이 있다고 하였다. 먼저 실업, 장기간의 질병, 가장의 죽음 등으로 인하여 빈곤해진 사람이 있고, 두 번째로는 빈곤자는 미래를 대비하는 심리적인 준비자세가 결여되고 현재 지향적인 심리상태에 지배되고 있기 때문에 빈곤해진다는 것이다. 전자의 경우에는 외적 요인(실업, 질병 등)이 해결되면 빈곤도 자동적으로 해소되는 일시적인 상황이라고 할 수 있으나 후자의 경우에는 외적 요인이 제거된다하더라도 빈곤은 결코 해소되지 않고 다음 세대로 순환된다(김기욱, 1999).

2) 사회적 배재이론

프랑스에서 시작된 '사회적 배재' 개념은 사회보험에 포함되지 않은 사람들을 가리키는 의미로 사용되었으나 이후 Paugam(1993)은 실업의 의미를 강조하는 것으로 사용하였다(박경숙, 2001 재인용). 사회적 배재 계층을 영국 블레어 정부는 일하지 않는 가구에 초점을 두었고, 북구 유럽 국가들은 빈곤층에서도 가장 빈곤한 사람들, 극빈층을 사회적 배제 계층으로 정의하였다. 사회적 배재이론에 의하면, 빈곤층은 경제적 요인인 소비활동, 저축활동, 생산활동에 있어 사회적 배제를 경험한다는 것이며, 빈곤과 사회적 배재집단에 속하는 고위험집단으로는 편부모가족, 교육과 기술이 부족한 사람들, 장애자, 독거노인 등이 여기에 속한다.

3) 인적자본이론

이 이론은 1960년을 전후하여 Schultz(1961), Becker(1993), Mincer(1974, 1993) 등 시카고학파에 속하는 경제학자들에 의해 발전된 것으로 노동능력이 생산성과 관련된다는 것이 핵심이다. 교육과 훈련 등에 의해 구체화된 지식 및 기능을 경쟁력 있는 인적자본으로 보았다. 인적 자본은 인간 그 자체의 생산활동과 소비활동 그것이 생산적인 힘을 발휘하다는 것이다. 즉, 교육과 훈련 등은 인적자본에 대한 투자로서 교육과 훈련을 많이 받은 사람이 그렇지 못한 사람들 보다 생산성이 높기 때문에 고소득을 얻게 된다는 것이다. 그러므로 구직자들은 선호하는 직무의 기대된 수익률에 따라 교육과 훈련 등의 인적자본에 투자를 한다(Becker, 1993: 37). 그러나 빈곤층은 지식, 기술, 훈련, 교육 등에 있어 자기 자신을 노동시장에서 경쟁력이 높아지도록 만드는 인적자본이 부족하며 이러한 낮은 생산성을 가진 인적자본은 저임금을 받거나 빈곤층으로 계속 남아있다는 것이다. 저소득가구는 대체로 고연령, 저학력, 저숙련 기술이라는 속성을 나타내고 있으며 특히, 기초생활수급자들의 가구원 중 대부분은 간병이나 양육해야 할 대상자들이 있기 때문에 더욱 취약한 경제활동 능력을 가질 수밖에 없는 인적자본을 가지고 있다.

4) 분절노동시장이론(이중노동시장이론)

이 이론은 일반노동시장은 이중노동시장이론에 따라 1차(primary) 노동시장과 2차(second) 노동시장으로 구분되어 있으며 1차 노동시장은 좋은 직업으로 이루어진 고용안정성, 직업보장, 높은 임금 상승률, 직무사다리(job labor)를 통한 승진기회, 자본집약적 기술과 효과적인 관리, 강한 노조를 특징으로 하는 반면, 2차 노동시장은 나쁜 직업으로 불안정고용, 높은 이직율, 낮고 정체된 임금률(wage rate)을 받으며, 직무사다리는 존재하지 않거나 매우 제한되어 있고, 생산기술은 초보적이고 노동집약적이다. 노동조합이 없고, 노동력 관리 또한 일관적이지 않는 경향이 있다. 그리고 1차 노동시장의 고용안정성은 노조조직으로 이어져 임금상승압력, 승진 등 개선과 자기발전의 강화과정을 더욱 공고히 다지게 되나 2차 노동시장의 직업은 누구나 빨리 배울 수 있는 단순하고 반복적인 작업 등으로 임금 수준이 낮고 업무를 위한 훈련도 실시되지 않는다. 1차 노동시장에서 성공적으로 기능할 수 있는 근로자라도

2차 노동시장에서 장기간 직업을 갖게 되면 1차 노동시장으로 진입이 어려워진다. 이러한 노동시장의 이중구조는 외부노동시장의 근로조건을 더욱 악화시켜 노동시장 간의 격차를 더욱 확대시키며 그 결과 빈곤은 세대별로 세습화된다(지은정, 2007).

5) 신빈곤

서구 유럽의 경우 1970년대 후반 1980년대에 이르러 신자유주의 시장 경제 아래 사회경제적 변화가 일어나 노동시장이 재구조화되면서 새로운 빈곤층이 부상되었다. 이들은 일을 가지고 있음에도 불구하고 빈곤한계선 아래에 살고 있는 근로빈곤자(working poor)들을 말한다. 이들을 신빈곤자라고 부르는 이유는 실업, 장애, 등 전통적인 빈곤요인과는 달리 고용과 빈곤 모두에 속하고 있다는 것을 의미한다. 이러한 관점에서 신빈곤이 등장하게 된 배경은 먼저 신자유주의적 경제체제의 구축이다(장세훈, 2005; 조명래, 2003 재인용). 이는 시장에서 자유경쟁 시스템을 부활시켜 경제적 효율성을 높이고 사회적으로 활력을 불어넣겠다는 것이나 빈익빈 · 부익부의 경제적 양극화를 심화시킬 뿐 아니라 사회적 안전망을 약화시켜 중하층의 빈곤층을 증가시키고 노동의 유연성으로 인하여 오히려 고용불안을 가중시킨다. 따라서 고용상태를 유지하고 있으나 빈곤을 면치 못하는 노동빈곤층을 확산시키고 있다. 두 번째로 경제성장 단계의 전환이라는 맥락에서 설명될 수 있다. 한국, 싱가포르 등 일부 개발도상국가는 국가 주도의 지속적인 고도성장을 이룩했으나 이러한 고도성장이 장기간 지속되기란 어렵기 때문에 '성장의 문턱'을 거쳐 안전성장 단계로 진입하게 된다. 그런데 이 같은 경제성장의 감속은 더 이상 모든 사회계층에게 지위상승과 소득 증대를 부여할 수 없게 된다. 이러한 기회 박탈은 중 · 하층 계층에게 집중되어 빈곤 탈출을 더욱 어렵게 한다. 고도성장이라는 '보이지 않는 사회안전망'의 소멸로 인하여 빈곤층으로의 하향적 계층이동과 빈곤의 고착화현상이 일어난다. 세 번째로 계층구조의 고착화이다. 과거 우리나라의 경우, 국토분단과 전쟁, 군부 쿠테타와 민주화, 급속한 산업화 등으로 사회체제의 안전을 기하기 어려운 상황이었다. 이러한 상황에서는 빈농의 자제가 재벌총수가 되고, 대지주의 자제가 빈민으로 전락하는 등 사회이동의 통로가 쌍방향으로 열려진 개방형 존립구조가 가능하였다(신관영, 2004). 그러나 고도성장이 멈추고 안정의 시대로 진입하면서 개방형 계층구조는 계층 간의 상향이동 통로가 폐쇄형 계층구조로 변화되고 있다. 계층적 지위의 세대 간 계승 및 유지가 일상화되는 계층구조의 고착화현상, 즉 빈곤의 세습의 보편화 현상이 자리 잡게 되는 것을 뜻한다(장세훈, 2005).

3 빈곤가족

1) 빈곤가족의 개념

빈곤가족은 물질적 결핍, 심리적 박탈, 문화적 가치로부터 소외 등을 포함하고 있으며 가족 전체 또는 가족구성원들이 인간으로 생활해 나가는데 기본적으로 필요한 자원이나 경제적 능력을 갖추지 못한 상태로 심리적·정서적으로 손상되어 있고 긴장상태, 억압상태, 박탈된 상태에 처해 있다고 할 수 있다.

대부분의 빈곤가족은 노동 능력이 없는 가난한 자(the deserving poor)로서 질병, 장애, 노령 등의 이유로 근로 능력이 없고 부양능력자가 없는 거택, 시설보호 대상 가구이거나 근로능력이 있는 자(the potential poor)로서 불의의 사고나 사업 실패, 실직 등으로 빈곤에 떨어질 가능성이 있는 한계대상 가구로 나누어질 수 있다(김명희, 1999 재인용).

우리나라의 경우에는, 빈곤 가족의 경제적 측면을 우선으로 사회복지와 관련하여 공적부조대상자를 중심으로 빈곤가족을 파악하는 편이며 절대빈곤가족은 기초생활

수급자로 선정된 사람들이 살고 있는 가족을 말한다.

2) 빈곤가족의 특성

빈곤가족은 다음과 같은 특성을 가지고 있다. 먼저, 인구사회학적 특성으로는 과다한 부양가구 수, 높은 여성 가구주의 비율, 높은 결손가정의 비율, 가구주의 높은 연령, 가구주의 낮은 학력, 높은 장애인의 출현, 높은 만성병 이환율 등을 들 수 있다.

둘째, 사회경제적 특성으로 빈곤가구의 취업활동, 주거환경, 사회문화적 환경을 들 수 있는데 대부분의 빈곤 가구는 농촌 영세민 출신의 도시 이동자들이기 때문에 특별한 기술을 갖지 못한 미숙련 단순노동자들이다. 특히 부양의무를 지닌 가구주들은 막노동, 노점상 등 영세 상업에 종사하고, 여성 가구 주 대부분은 영세한 하청공장, 가내수공업, 파출부 등의 직종에 종사하고 있다. 아울러, 주거 환경도 열악하며 저소득층의 주택 자가 비율도 점차 감소하고 있어 주택 소유 실정은 악화되고 있다. 문화생활 보유상태 또한 일반 가구에 비하여 보유율이 떨어진다.

셋째, 가족 구조적 특성으로는 모자가족이 많고 아버지가 있다 하여도 가정에서의 지위는 불안정하고 주변적이다. 부부간의 친밀도 또한 약하다. 부모의 권위는 불안정하고 가변적이다. 때때로 절대적이고 독재적인 통제력을 행사하지만 자녀의 통제에 무기력을 느끼기도 한다. 자녀에 대한 양육태도는 과도한 통제 혹은 방임인 경우가 많고 부모-자녀 간 의사소통은 단절된 경우가 많다.

3) 빈곤가족의 문제

빈곤가족의 주요 문제들을 생태체계론적 관점(김명희, 2000 재인용)에 근거하여 살펴보기로 한다.

(1) 생활변천의 문제

빈곤이 지속적이며 세습 가능성이 높게 나타나고 일단 빈곤해진 후에는 빈곤의 악순환에서 벗어나는 것이 어렵다. 경제적 · 물질적 빈곤에서 비롯되는 심리적 박탈감은 가족들 중 가구주에게 불안과 억압을 갖게 하고 스트레스를 가중시켜 가구주의 음주문제, 정신질환, 적대감, 배우자의 자포자기, 배우자의 가출 등이 나타난다. 이러한 부모의 생활태도는 자녀들에게 영향을 미쳐 자녀에게 적대감, 가출, 학습부진, 진로문제, 친구문제 등 다양한 가족문제를 드러내게 한다.

(2) 빈곤환경의 문제

빈농출신의 가구주를 중심으로 태어날 때부터 가난했고, 가구주의 사망, 가구주의 사고, 가족원의 질병, 사업의 실패, 가출 등에 의한 가정파탄은 빈곤을 가중시키는 원인이 되고 있다. 가구주는 비공식 부문에 종사하는 일이 많으며 가족원 중 가능한 많은 사람들이 소득을 얻기 위해 일을 하게 된다. 가족의 지출을 극소화시키는 방식으로 주거비가 싼 주택과 불충분한 편의시설을 이용하며 가구의 비품 및 오락 활동을 극소화시킨다. 또한 중산층 이상의 가족에 비하여 환경체계로부터 정보를 획득하고 자원을 활용하는 방법이 미숙하며 대인관계 기술 또한 부족하다.

(3) 가족역동성의 문제

빈곤가족에서는 주로 부부, 부모, 자녀, 부모와 자녀, 고부 등의 각 하위체계 간 경계가 밀착되거나 유리되는 경우가 많기 때문에 과잉의존, 소외, 갈등 등의 문제가 발생한다. 남편이 무능력하고 배우자가 생계를 담당하는 가구가 많으며 언어 능력에 한계가 있어 문제해결 능력이 뒤떨어진다. 가족구성원 간 의사소통 능력이 부족하여 오해와 갈등이 일어나고 가족구성원 간의 정보 교환보다는 자신의 기분만을 표출하는 감정 교환이 더 많이 이루어진다.

(4) 대인적 교류문제

빈곤가족에게 필요한 자원체계와의 연계가 잘 이루어지지 않을 뿐만 아니라 자원 자체가 없는 경우가 많다.

4) 빈곤가족의 현황

(1) 기초생활보장수급자 현황

소득인정액이 최저생계비 이하인 사람을 말하는 것으로, 2010년 12월 말 기준으로 국민기초생활보장수급자는 약 155만 명(87만 9천 가구)으로 전 인구 대비 국민기초생활수급자의 비율인 수급률은 3.1%이다. 수급자의 종류별로 보면 일반수급자가 94.1%이며, 시설수급자는 5.9%이다.

표 9-5 수급자의 구성 비율(2010년) (단위: 명, %)

	계	일반수급자	시설수급자	가구수
수급자수	1,549,820	1,458,198	91,622	878,799가구
구성비	100.0	94.1	5.9	

출처: 보건복지부(2010). 2010년도 국민기초생활보장 수급자 현황.

(2) 기초생활수급자 가구원수별 현황

수급자의 가구원수별 현황을 보면 과반수 이상이 1인가구(62.5%)이며, 다음으로 2인 가구(18.7%), 3인 가구(11.3%)의 순이다.

표 9-6 기초생활수급자의 가구원수별 현황 (단위: 가구, %)

구 분	계	1인가구	2인가구	3인가구	4인가구	5인가구	6인가구	7인 이상 가구
가구수	878,799	549,341	163,983	99,248	46,424	14,373	3,840	1,590
구성비	100	62.5	18.7	11.3	5.3	1.6	0.4	0.2

출처: 보건복지부(2010). 2010년도 국민기초생활보장 수급자 현황.

(3) 기초생활수급자 가구유형

수급자의 가구유형별 현황은 대부분 노인, 장애인, 모자 · 부자가구 등 취약계층가구가 60.9%이며, 보다 안정된 가구인 일반가구는 33.2%이다.

표 9-7 수급자의 가구유형별 현황 (단위: 가구, %)

구 분	계	노인가구	소년소녀 가장가구	모자 가구	부자 가구	장애인 가구	일반가구	기타
가구수	878,799	243,708	11,565	85,970	20,879	173,322	291,774	51,581
구성비	100	27.7	1.3	9.8	2.4	19.7	33.2	5.9

출처: 보건복지부(2010). 2010년도 국민기초생활보장 수급자 현황.

(4) 기초생활수급자 취업현황

수급자 중 비경제활동인구가 80.4%이며, 경제활동인구는 19.6%에 불과하다. 경제활동인구의 특성을 보면, 고용이 불안정한 임시와 일일고용, 실직 및 미취업자가 대부분이며(전체수급자의 16.7%, 경제활동인구의 85.2%), 상시고용이나 자영업 및 농수축산업은 일부이다(전체수급자의 2.9%, 경제활동인구의 14.8%).

표 9-8 수급자의 경제활동 유무 및 고용형태 현황 (단위: 명, %)

구분	계	경제활동인구							비경제활동 인구
		소계	상시 고용	임시 고용	일일 고용	자영업	농수 축산업	실직 및 미취업	
수급자수 (일반)	1,458,198	285,189	11,045	26,924	108,088	21,468	9,564	108,100	1,173,009
구성비	100	19.6	0.8	1.8	7.4	1.5	0.7	7.4	80.4

출처: 보건복지부(2010). 2010년도 국민기초생활보장 수급자 현황.

5) 빈곤가족을 위한 복지서비스 지원현황

(1) 국민기초생활보장제도

국민기초생활보장법은 구(舊) 생활보호법을 대체한 법률로 1999년 9월 7일에 제정되었고, 2000년 10월 1일부터 시행되었다. 국민기초생활보장법의 실시로 인하여 시혜적 단순보호차원의 생활보호제도로부터 저소득층에 대한 국가책임을 강화하는 복지시책으로 전환을 하는 계기가 마련되었다. 국가의 보호를 필요로 하는 절대빈곤층의 기초생활을 보장하되 종합적 자립자활서비스 제공으로 생산적 복지를 구현하게 되었다.

표 9-9 생활보호법과 국민기초생활보장법의 비교

구분	생활보호법	국민기초생활보장법
법적용어	• 국가에 의한 보호적 성격 • 보호대상자, 보호기관	• 저소득층의 권리적 성격 -수급권자, 보장기관, 생계급여 등
대상자 구분	• 인구학적 기준에 의한 대상자 구분 - 거택보호자: 18세 미만 아동, 65세 이상 등 - 자활보호자: 인구학적으로 경제활동 가능한 자활보호자: 근로능력자	• 대상자구분 폐지 - 근로능력이 있는 자는 구분 * 연령기준 외에 신체적 · 정신적 능력과 부양, 간병, 양육 등 가구 여건 감안 가능

대상자 기준	• 보건복지가족부 장관이 정하는 소득과 재산 이하인 자 *'99년: 월소득 23만 원/인 · 월 재산 2,900만 원/가구	• 소득인정액이 최저생계비 이하인 자 * 소득인정액=개별가구의 소득평가액 +재산의 소득환산액
급여수준	• 생계보호: 거택보호자에게만 지급 • 의료보호 - 거택보호: 의료비 전액 지원 - 자활보호: 의료비의 80% • 교육보호: 중고생 자녀 하기 전액 지원 • 해산보호 • 장제보호, 자활보호 등	• 생계급여 - 모든 대상자에게 지급하되 근로능력자는 자활 - 관련 사업에 연계하는 조건부로 지급 • 주거급여 신설 - 임대료, 유지수선비 등 주거 안정을 위한 수급품 • 긴급급여 신설 - 긴급 필요시에 우선 급여를 실시 • 의료, 교육, 해산, 장제보호 등은 현행과 동일
자활지원	신설	• 근로능력자 가구별 자활지원계획 수립을 통한 체계적 지원 - 근로능력, 가구특성, 자활욕구 등을 토대로 자활방향, 자활에 필요한 서비스, 생계급여 의조건 등을 계획 - 자활에 필요한 서비스를 체계적으로 제공하여 수급권자의 궁극적인 자활을 촉진

출처: 국민기초생활보장사업 안내(2009).

(2) 급여지원

국민기초생활보장법에 의하여 기초생활수급자에게 보장되는 7종 급여는 생계급여, 의료급여, 주거급여, 교육급여, 해산급여, 장제급여, 자활급여로 저소득계층이 인간으로서 기본적인 생활을 유지할 수 있도록 돕고 있으며 급여의 기본원칙은 다음과 같다.

첫째, 최저생활보장의 원칙이다. 생활이 어려운 자에게 생계 · 주거 · 의료 · 교육 · 자활 등 필요한 급여를 행하여 이들의 최저생활을 보장한다.

둘째, 보충급여의 원칙이다. 급여수준을 생계 · 주거 · 의료 · 교육 급여액과 수급자의 소득 인정액을 포함한 총금액이 최저생계비 이상이 되도록 지원한다.

셋째, 자립지원의 원칙이다. 근로능력이 있는 수급자에게는 자활사업에 참여할 것을 조건으로 급여를 지급한다. 또한 수급자 가구별로 자활지원계획을 수립하고 자활사업에 참여하도록 조건을 부여한다. 그리고 조건불이행자에게는 수급자 본인의 생계급여 일부 또는 전부를 지급하지 아니한다.

넷째, 개별성의 원칙이다. 급여수준을 정함에 수급권자의 개별적 특수 상황을 최대한 반영한다. 이를 위해 수급권자 및 부양의무자의 소득·재산, 수급권자의 근로능력·취업상태·자활욕구 등 자활지원계획수립에 필요한 사항, 기타 수급권자의 건강상태·가구특성 등 생활실태에 관한 사항 등을 조사한다.

다섯째, 가족부양 우선의 원칙이다. 급여신청자가 부양의무자에 의하여 부양될 수 있는 경우에는 기초생활보장 급여에 우선하여 부양의무자에 의한 보호가 먼저 행해져야 한다.

① 생계급여

급여대상자는 의료, 교육, 자활급여의 특례자, 에이즈쉼터·노숙자쉼터 및 한국갱생보호공단 시설 거주자 등 국가 또는 지방자치단체로부터 생계를 제공받는 자를 제외한 모든 수급자가 해당되며, 근로능력자는 자활관련 사업에 연계하는 조건부로

표 9-10 2012년 최저생계비 및 현금급여 (단위: 원)

구분	1인가구	2인가구	3인가구	4인가구	5인가구	6인가구
최저생계비(A)	553,354	942,197	1,218,873	1,495,550	1,772,227	2,048,904
타 지원액(B)	100,305	170,789	220,941	271,093	321,398	371,398
현금급여기준 (C=A-B)	453,049	771,408	997,932	1,224,457	1,450,982	1,677,506
주거급여액(D)	87,656	149,252	193,079	236,908	280,736	324,563
생계급여액 (E=C-D)	365,393	622,156	804,853	987,549	1,170,246	1,352,943

출처: 보건복지부(2012). 2012년도 국민기초생활보장 사업안내.

지급된다. 급여내용은 의복, 음식물 및 연료비, 기타 일상생활에 기본적으로 필요한 금품이 지급되고 있다.

② 주거급여

급여대상자는 의료 · 교육 · 자활급여 특례수급자, 시설생계비를 받는 수급자, 의료기관 3개월 이상 입원한 1인가구로서 무료임차자 또는 주거가 없는 자, 국가, 지자체 및 공공기관이 주거(운영비)를 제공하는 공동생활가정, 노숙인 쉼터 및 한국법무보호공단시설 및 에이즈쉼터 거주자 등을 제외한 모든 수급자로 하며, 급여내용은 주거안정에 필요한 임차료, 유지수선비 등을 포함하여 주거급여를 실시하고 있다.

③ 교육급여

초등학교, 중 · 고등학교, 고등 · 특수학교에 입학 또는 재학하는 자 및 동등학력이 인정되는 각종학교, 「평생교육법」 제31조에 의한 평생교육시설의 학습에 참가하는 자, 의사상자의 자녀(「의사상자 등 예우 및 지원에 관한 법률」 제12조)에게 입학금, 수업료, 교과서대(부교재비), 학용품비를 지원하고 있다.

④ 해산급여

분만 전 · 후 필요한 조치와 보호를 위해 수급자가 출산한 경우, 해산비를 지급하고 있으며 출산여성에게 1인당 60만 원을 지급하고 있다(쌍둥이 출산시에는 1,200만 원을 지급).

⑤ 장제급여

수급자가 사망한 경우 사체의 검안 · 운반 · 화장, 또는 매장 기타 장제 조치를 행하는데 필요한 금품을 지급한다. 근로능력 유무와 관계없이 1구당 50만 원 지급한다.

⑥ 자활급여

자활에 필요한 금품을 지급하거나 대여해 주며, 자활에 필요한 기능 습득 지원, 취업알선 정보 제공, 공공근로 등 근로기회 제공, 기타 자활에 필요한 시설 및 장비 대여 등 자활을 위한 다양한 지원서비스를 제공하고 있다.

⑦ 의료급여

의료급여수급권자의 질병, 부상, 출산 등에 대한 의료급여를 지원하며, 급여일수 상한제가 시행되어 수급권자 1인당 연간 급여를 받을 수 있는 급여일수는 365일로 제한하되, 의료급여일수 연장승인제도를 통해 필요시 급여일수를 연장하도록 하고 있다. 그러나 정신 및 행동장애 등 보건복지가족부 장관이 고시하는 질환을 가진 자에 대해서는 상한 일수에 30일을 추가 연장할 수 있다.

6) 빈곤가족을 위한 복지지원 정책

(1) 국민기초생활보장서비스

국민기초생활보장제도의 내실화를 위하여 기초생활수급자에게 실제적인 최소비용의 생계비를 지원하기 위하여 매 3년마다 최저생계비 계측조사를 실시하고 있다. 사각지대 해소를 위한 제도 개선책으로는 2007년 1월부터 부양의무자의 범위를 1촌의 직계혈족 및 그 배우자로 축소하여 수급대상을 확대하였고, 대한민국 국민과 혼인하여 대한민국 국적의 미성년 자녀를 양육하고 있는 외국인 배우자에게 기초생활수급권을 부여하였으며, 2007년 7월부터 차상위계층에 대해서도 부분급여를 실시하였다(장제급여와 자활급여). 아울러, 자신의 소득 · 재산 등을 은닉하거나 허위 신고 하는 등의 부정한 방법으로 기초생활수급을 받는 문제가 사회적인 이슈가 됨에 따라 시 · 군 · 구를 대상으로 현장조사를 실시하여 모니터링 기능을 강화하고 있으며, 노동부 등 관계기관과 연계하여 자산조사의 정확성을 높이고 있다,

(2) 긴급복지지원 서비스

2005년 긴급복지지원법이 제정됨에 따라, 긴급복지요청이 있을 경우 시 · 군 · 구 긴급지원담당공무원은 실근무시간 기준 8시간 이내에 직접 현장을 확인 후 필요성이 인정되면 긴급복지지원을 시행한다. 긴급복지지원금의 지급원칙은 '선지원 후처리' 원칙을 적용하고 있다. 지원금 내용은 생계비, 의료비, 주거비, 사회복지시설 이용비, 연료비, 장제비, 전기요금 등이며 지급기간은 1개월을 원칙(의료지원 1회)으로 하나 최대 6개월(의료지원 2회)까지 지원 된다. 아울러, 현물지원을 우선 하도록 하며 현물지원이 곤란한 경우에 한하여 예외적으로 금전지원을 한다.

(3) 자활지원 서비스

자활사업 대상자는 기초생활수급자, 차상위계층(최저생계비 120% 이하), 미성년자를 양육하고 있는 국적 미취득의 결혼여성 및 남성이민자('07년부터)이다. 근로의욕 고취를 위하여 노동 능력이 있다고 판단되는 기초생활보장 수급자들은 반드시 노동을 하도록 규정하고 있는데 이것이 자활사업이다. 자활사업에 참여하여 발생한 자활소득의 일정 비율은 자활장려금 혜택을 부여하여 일정 기간 적립 후 창업 등의 기초자금으로 활용토록 하고 있다. 이와 반면, 근로기피 또는 근로이탈자에 대해서는 생계급여를 중지한다. 자활사업 프로그램으로는 저소득층 집수리, 무료간병, 인턴형 자활사업, 차상위계층 가사 · 간병도우미 등과 개인 및 자활공동체의 창업지원을 위한 무보증소액창업대출(micro-credit)이 시행되고 있다.

(4) 의료보장 서비스

의료급여는 저소득층 국민이 저렴한 비용으로 의료서비스를 받을 수 있도록 국가가 지원하는 제도인데 1977년에 최초로 도입되었다. 도입 당시에는 시혜차원의 보호 개념이 강하였으나 2000년 10월 국민기초생활보장 제도가 도입되고 2001년 5월

의료보호법이 의료급여법으로 전면 개편되면서 국민의 권리로서 보장받게 되었다. 2004년부터 의료급여 2종 진료비 본인부담률 인하, 본인부담보상제도 지급기준 개선, 본인부담금 상한제 도입 등을 통하여 수급권자의 진료비 부담을 덜어주고, 고혈압, 관절염, 당뇨병 등 다빈도 복합상병을 가진 의료급여 수급자에 대한 사례관리제도를 도입(2003년)하는 등 제도적 뒷받침이 지속적으로 추진되고 있다.

참 | 고 | 문 | 헌

김기욱 (1999). 빈곤문화의 이론과 실제에 관한 연구-그 의식과 실태를 중심으로. 인문사회과학연구, 6.

김명희 (2000). 빈곤가구에 대한 교회사회사업 개입에 관한 연구. 이화여자대학교 사회복 지대학원 석사논문.

노인철 외 (1995). 저소득층 실태변화와 정책과제. 한국보건사회연구원.

박경숙 (2001). 저소득층 여성가장 생활실태 및 자활프로그램 개발.

보건복지부 (2011). 2010년 국민기초생활보장 수급자현황.

보건복지부 (2012). 2012년도 국민기초생활생활보장사업안내.

신관영 (2004). 한국의 사회계급과 불평등 실태. 방하남 외, 현대 한국 사회의 불평등. 서울: 한울아카데미.

신명호 (2004). 교육과 빈곤탈출. 한국도시연구소(편), 도시연구, 9.

신명호 외 (2004). 사회적 배제의 관점에서 본 빈곤층 실태 연구. 국가인권위원회.

장세훈 (2005). 현단계 도시빈곤의 지속과 변모. 경제와 사회, 6.

정영숙, 박충선 (1998.) 편모가계와 편부가계의 빈곤 개념. 대구대학교 사회과학연구소, 5(4), 73-88.

조명래 (2003). 신자유주의적 산업구조 조정과 신빈곤. 천주교 서울대교구 빈민사목위원회 · 한국도시연구소(편).

조홍식. (1991). 도시빈곤가족문제에 대한 사회사업실천에 관한 연구. 서울대학교 대학원 박사학위논문.

지은정 (2007). 근로빈곤층의 빈곤탈출 결정요인. 한국사회복지학, 59(3).

통계청 (2008). 가계조사.

한국보건사회연구원 (2007). 빈곤통계연보.

한국임상사회사업학회 (2008). 사회문제론. 서울: 파란마음.

Becker, G. S. (1993). *Human Capital: A Thoretical and Emprical Analysis with Special Reference to Education.* New York: Columbia Uniersity Press for National Bureau of Economic Research.

Goode, J., & Maskovsky, J. (eds). (2001). The New Poverty Studies: The Ethnography of Power, Politics, and Impoverished People in the United States New York University Press.

Mincer, J. (1974). *Schooling, Experience and Earnings.* Columbia University Press.

Mincer, J. (1993). *Studies in Human Captial.* Bambridge University Press.

Schultz, T. W. (1961). Investment in Human Capital. *American Economic Review, 51*, March.

보건복지부(www.mw.go.kr)

통계청(www.kostat.go.kr)

CHAPTER 10

이혼 및 재혼가정

CHAPTER 10 이혼 및 재혼가정

1 이혼가족에 대한 이해

1) 이혼의 개념과 유형

이혼은 결혼에서 생긴 문제를 해결하기 위한 하나의 과정으로 법률상으로 유효하게 성립한 혼인을 결혼 당사자들이 모두 생존한 동안에 그 결합관계를 협의 또는 재판상의 절차를 거쳐 소멸시키는 것을 말한다. 이혼은 단일한 사건이 아니라 결혼부터 이혼에 이르기까지 일련의 전이과정이며, 복합적인 요소들이 상호작용함으로써 심각한 스트레스를 가져다 주는 사회현상이다.

Bohanan(1970)에 따르면, 이혼은 법적인 이혼(legal divorce), 정서적 이혼(emotional divorce), 경제적 이혼(economic divorce), 양부모 역할의 이혼(coparental divorce), 공동체 이혼(community divorce), 정신적 이혼(psychic divorce)으로 구분할 수 있다(Bloom et al., 1987 재인용).

표 10-1 Bohanan(1970)의 이혼 유형

이혼의 유형	내용
정서적 이혼	• 이혼 후 슬픔과 부인, 분노, 협상, 우울, 수용의 단계를 경험하면서 최종적으로 갖게 되는 전 배우자에 대한 일종의 무관심 • 이혼 전 결혼관계를 유지하는 상태에서도 부부간에 정서적으로 소원해지고 무관심해지면 배우자에 대해 심리적 거리감을 갖게 되면서 이혼을 생각하게 되기도 하며, 법적인 이혼 이후에는 정서적 이혼이 이루어지지 않아 전 배우자에 대한 애착이 남아 있는 경우로 나타나기도 함. • 이혼을 생각하게 하는 요인이면서 동시에 이혼 적응을 어렵게 하는 요인
법적인 이혼	• 법적으로 부부관계가 해소되는 상황 • 재판 혹은 협의이혼을 하게 되면 3개월 안에 관할구청에 '이혼신고서'를 제출함으로 이혼이 성립됨.
공동-부모 역할의 이혼	• 이혼 후에는 대부분 자녀를 양육하고 있는 부・모가 자녀의 신변보호에서부터 양육과, 훈육, 그리고 미래에 이르기까지 단독의 책임을 가지게 됨. • 자녀양육과 관련하여 역할부담과 그로 인한 개인시간의 부족 등과 같은 어려움을 느낌.
경제적 이혼	• 법적인 이혼과정에서 쌍방의 배우자는 결혼생활 중 축적된 자산에 대한 분할과 위자료의 지불을 논의하게 되며, 이것을 근간으로 이혼 후 쌍방 배우자는 경제적 생활을 스스로 책임지게 됨. • 대부분 이혼 후 여성의 경제적 지위는 급격히 하락하는 경향 • 특히 전업주부로 지내온 여성들에 대한 정책적 대안이 부재하고 성과 연령에 따른 차별이 만연한 우리나라의 현실에서는 경제적 의존이 이혼을 어렵게 하는 요인이 되어 더욱 심각함.
공동체 이혼	• 결혼이라는 통과의례를 통해 가족을 형성한 남편과 아내는 상대 배우자의 원가족, 친인척과 공동체를 형성 • 거주하고 있는 지역의 이웃이나 종교단체 등과의 연계도 결혼관계를 유지하는 동안만 유효한 경향 • 이혼율이 급속히 증가하고 있지만, 그에 대한 태도는 부정적인 것이 현실이기 때문에 이러한 공동체와의 이혼은 필연적인 과정 • 어린 자녀가 있는 한부모가족에게는 지지원의 단절로 경험
정신적 이혼	• 정신적 이혼은 결혼관계로 만들어진 남편과 아내라는 지위와 역할에서 비롯되는 정체감에서 벗어나 독립적인 자아를 재구성하는 것을 의미

출처: Bloom, B. L., Asher, S. J., & White, S. W. (1978).

2) 이혼가족의 실태와 특성

(1) 실태

실직, 사별, 미혼모, 대안가족의 등장 등 여러 가지 요인으로 인해 가족형태가 급속하게 다양화되고 있는 가운데서도 가장 빠르게 증가하고 있는 가족은 바로 이혼으로 인한 한부모가족이다. 통계청에 따르면, 이혼건수는 2006년 124.5천 건에서 2009년 124.0천 건에서 2010년에는 116.9천 건, 2015년에는 109.2천 건, 그리고 2002년에는 145.3천 건으로 2009년까지 급속히 증가하다 2010년부터 조금 줄어들고 있는 추세이다. 조이혼율도 2006년에는 2.5%, 2010년에는 2.3%, 2015년에는 2.1로 1997년(2.0건) 이후 최저 수치를 나타내고 있다.

이혼 부부의 평균혼인지속기간은 14.6년으로 전년 대비 0.3년, 10년 전 대비 2.6년 늘었다.

부부지속기간을 살펴보면 혼인지속기간 20년 이상 이혼이 29.9%로 가장 많고, 다음으로 4년 이하가 22.6%를 차지하고 있다. 2011년까지는 4년 이하 이혼이 가장 많았으나, 2012년부터 20년 이상 이혼이 가장 큰 비중을 차지한다. 20년 전에는 혼인지속기간이 길수록 이혼이 감소했으나, 최근에는 20년 이상 및 4년 이하가 전체 이혼의 52.5%를 차지하고 있으며, 혼인지속기간 30년 이상 이혼도 지속적으로 늘어 10년 전에 비해 2.2배로 늘어났다(통계청, 2015). 한편, 이혼자의 대부분이 유자녀의 상태에서 이혼을 함으로써 부모의 이혼을 경험하는 자녀들 또한 증가하고 있다. 미성년자녀가 1명인 이혼 부부의 구성비는 25.5%, 2명은 19.5%, 3명 이상은 3.5%를 차지했으며, 미성년자녀가 없는 이혼 부부의 구성비는 50.9%로 10년 전 대비 15.5% 증가하는 것을 볼 수 있다. 게다가 동거기간의 확대로 자녀들의 연령대가 광범위해지면서 이혼가족도 다양해지고 있는 실정이다.

일반적으로 학령기 전 · 후가 부모의 이혼으로부터 가장 심각하게 영향을 받는 시기라는 점을 고려할 때 상당수의 이혼가족의 아동에 대한 사회복지실천이 매우 필요하다는 것을 예견할 수 있다.

(2) 이혼 원인

이혼이 급증하고 있고 이혼 사유도 점점 다양화되고 있지만, 우리나라는 아직 배우자 중 한 사람에게 이혼의 주된 원인을 제공한 책임이 있는 경우에 이혼을 허용하는 유책주의(有責主義)를 따르고 있다. 민법 제840조에서 이혼의 사유로 규정하고 있는 것은 ① 배우자의 부정행위, ② 배우자의 악의의 유기, ③ 배우자 또는 직계존속에 의한 심히 부당한 대우, ④ 자기의 직계존속에 대한 배우자의 심한 부당한 대우, ⑤ 배우자의 3년 이상의 생사불명, ⑥ 기타 혼인을 계속하기 어려운 중대한 사유이다.

1990년대 중반까지 우리나라 이혼 원인의 절대비율을 차지했던 것은 부부 불화에 따른 이혼이다. 그러나 최근 들어 이러한 이혼의 사유 또한 변화하고 있다. 재판상의 이혼의 원인을 살펴보면 배우자의 정조의무 위반, 가정폭력, 경제적 위기, 배우자 직계 존속의 폭력, 정치적 성향 차이, 종교차이, 성격차이 등으로 나타났다. 이것은 가족을 유지시키는 데 필요한 기본적인 기능을 수행하지 못하게 된 가족이 증가하고 있으며 이러한 사회구조적 문제가 이혼의 원인이 되고 있음을 의미하는 것이다.

3) 이혼가족이 경험하는 문제

(1) 정서적 문제

이혼은 개인과 가족체계에 심각한 영향을 미치는 위기사건이다. 개인적 차원에서 이혼자는 정서적 우울감과 분노감, 가족과 역할의 상실감, 자녀에 대한 죄의식, 그리고 전 배우자에 대한 애착을 경험한다. 이러한 어려움은 신체적 · 심리적 증후로 나타나기도 한다(성정현 외, 2004). Bloom(1987)에 따르면, 이혼자는 기혼자나 미혼보다 조기사망률이 높고 병 · 의원의 이용도가 높으며, 질병으로 인한 입원율과 급성질병의 발병 가능성이 높다. 또한 젊은 연령에서는 건강상태가 양호하지만, 50대 이후 노년기에는 건강이 급속히 악화되는 경향이 있다. 정신건강에 있어서도 강한 우울감과 죄의식, 부끄러움, 미래에 대한 두려움 때문에 외래진료를 이용하거나 입원하는 비율이 다른 인구집단보다 매우 높은 편이다(천성수, 1999).

이와 같이 이혼자의 심리적 · 정서적 어려움은 다른 가족에게도 부정적 영향을 미칠 수 있는데 대부분 자녀들은 유기의 두려움부터 학업수행의 어려움, 그리고 경제적 빈곤에 이르기까지 다양한 심리사회적 어려움에 직면하는 경향이 있다. 무엇보다 부모가 아동이 정서적으로 적응하도록 돕는 것은 가족의 어려움을 해결하는 데 매우 중요하다.

(2) 역할 변화

이혼가정은 가족구조의 변화로 인해 경제적 · 사회적 지지의 상실을 경험하고 기존의 부모 역할이나 배우자의 역할을 수행할 수 없게 되거나 관계 및 역할의 변화를 경험하게 된다. 이혼 후 가족들이 경험하는 새로운 역할이나 그로 인한 스트레스에 어떻게 대처하는가는 이혼 후 적응과 밀접한 관련이 있다.

우선 이혼 초기에 가족의 조직력과 지지가 전반적으로 감소되고 자녀에 대한 통제력이 약화되면서 이혼한 부모는 주어진 역할들을 효율적으로 수행하는 데서 어려움을 느낄 수 있다. 여성들은 가장의 역할을 수행하고 자녀 훈육에 대한 단독의 책임을 지게 되면서 역할 과중부담과 두려움, 부적절감을 느끼며 남성들은 가사 및 육아에 대한 새로운 부담과 결혼 해체에 대한 사회적 인식에 따라 사회활동에서의 장애를 경험하는 경향이 있다. 그리고 자녀들은 부모와 가사를 분담하면서 새로운 역할이 낯설게 되지만 한편으로 부모와 자녀 간의 관계가 좀더 동등한 협력관계로 변하는 것을 경험할 수도 있다.

이와 같이 변화된 가족에서 새롭게 기대되는 역할과 지위에 적응하기 위해서는 상호 간의 이해가 전제되어야 한다. 그러므로 자녀에게 부모의 이혼 원인과 현실, 그리고 미래의 변화에 대한 정확한 정보를 알려 주는 것이 필요하다.

(3) 경제적 빈곤

이혼율의 증가는 기혼 여성의 노동시장 참여를 증가시키는 요인으로 적용하기도 하지만 다른 한편으로는 한부모가족의 증가로 인한 빈곤층의 확대를 초래하고 특히 여성의 빈곤화현상을 심화시키는 경향이 있다(성정현 외, 2004). 미국의 경우 과거에는 AFDC의 주된 수혜자가 사별한 여성들이었으나 최근 30년 동안은 이혼 혹은 별거자, 미혼모로 변화된 것으로 나타나고 있으며, 실제 이혼이 여성의 경제적 소득에 부정적인 영향을 미침으로써 경제적 지위를 하락시키는 것으로 평가되고 있다. 그것은 여성의 평균 소득이 남성의 소득보다 적고, 이혼 후 자녀를 양육하는 경우가 대부분 여성이기 때문에 그에 따른 경제적 부담이 가중되며, 아동양육비나 배우자 부양비를 매우 조금 받거나 거의 받지 못하기 때문이다(Weiss, 1984). 이혼여성들 중 상당수는 재혼을 선택하고 있으며, 이와 같은 추세는 우리나라에서도 유사하게 나타나고 있어 재혼가족 혹은 재결합가족의 비율이 지속적으로 증가하고 있는 실정이다.

이혼여성의 실태를 살펴본 성정현(2000)의 연구에서 응답자 중 월 평균소득이 50만 원 미만인 경우가 52%에 달하였으며, 부동산과 현금 및 적금 등을 합산한 총 재산현황에서도 500만 원 이하인 경우가 46.1%에 이르렀다. 또 응답자의 53.4%가 생활보호를 신청한 적이 있었으며, 실제 생활보호대상자 혹은 한부모가정 세대로 정부의 생계보조를 받아본 경험이 있는 여성들이 각각 29.7%, 22.0%로 총 51.7%를 차지하였다.

이혼 후의 경제적 어려움은 이혼여성의 경제적 능력의 부족과 이혼가족에 대한 국가의 사회보장제도의 부재를 들 수 있다. 이러한 현상은 여성의 낮은 임금률이라는 일반적인 문제와 함께 노동시장에서의 성차, 고용에서 작용하는 아동의 보호문제, 빈약한 공공수혜의 문제 등과 복합적으로 상호작용하여 발생하며, 이러한 빈곤은 결국 아동의 빈곤으로 이어져 아동의 인적자원을 저해하는 요소로 작용하게 된다. 즉, 사회구조적 문제들도 이혼가족의 적응에 있어 장애가 되고, 그들의 경제적 독립을 방해하고 있는 것이다.

(4) 이혼에 대한 부정적 인식

이혼가족은 자녀를 키우는 문제뿐 아니라 경제적 활동, 대인관계, 그리고 독립적인 생활을 해나가는 전반적인 부분에서 부정적인 사회적 편견의 영향을 받고 있다. 이것은 개인의 의지와는 별개의 문제로서 사별과는 달리 이혼의 경우는 한 개인의 의지나 성격, 부모로서의 결함에서 비롯된 것이라는 인식과 가문의 입장을 고려하는 태도가 반영되었기 때문이다(김혜련, 1993; 성정현, 1998).

가족의 적응과 안정을 위해서는 가족의 구조와 형태에 따른 정형화된 인식의 틀을 변화시키는 것이 매우 필요한 실정이다.

4) 이혼가족에 대한 법적 제도

(1) 재산분할과 위자료

재산분할은 이혼할 때 부부 중 한 사람이 다른 배우자에게 재산을 나눌 것을 청구할 수 있는 권리이다. 아직까지는 결혼기간 동안 축적한 재산을 부부 중 한 사람의 명의로 설정하는 경향이 있다. 이런 경우 혼인생활 중 협력해온 다른 한 사람의 기여도를 고려하지 않기 때문에 결혼생활의 실체에 적합하게 공유재산을 청산할 필요가 있다. 만약 재산분할에 대해 부부간 합의가 이루어지지 않을 때는 가정법원에서 재판을 통해 그 내용과 방법 등을 결정하게 되며, 그 청구기간은 이혼 후 2년까지이다.

위자료는 혼인의 해소로 인해 정신적 고통을 받은 대가로 피해자가 가해자로부터 받는 손해배상의 일정이다(민법 제843조, 제806조). 위자료의 산정기준은 법에 정해져 있는 것이 아니며, 법원이 여러 가지 참작하여 결정한다.

우리나라의 실태를 보면, 이혼할 당시에 대부분의 여성들은 경제적인 자립을 할 수 있는 최소한의 자원인 위자료와 재산분할을 받지 못하고 있다. 재산분할을 받는다 해도 대부분 그 돈이 주거지를 마련하는 데 쓰이고 있다. 이런 현실은 여성노동의 현실적 어려움, 개인적 건강 등의 문제와 맞물려 이혼여성을 빈곤하게 하는 주요인으로 작용한다.

(2) 자녀양육비의 지급

자녀양육비는 미성년 자녀의 성장을 위해 쓰이는 경제적 비용이며, 자녀의 출생과 함께 부모가 공동으로 지게 되는 의무이다. 자녀는 부모의 이혼에 상관없이 기본적인 생활과 보육 및 교육을 안정적으로 보장받을 권리가 있다. 따라서 이혼을 하게 되어도 부부간의 혼인관계가 중단될 뿐, 부모-자식 간의 가족관계가 단절되는 것은 아니므로 동거하지 않는 부 혹은 모는 자녀양육비를 지급해야 할 의무를 지게 된다.

현재는 재판이혼의 경우 법원에서 자녀 1인당 양육비를 약 30만 원 정도로 판결하고 있다. 그러나 이 액수는 일반가정의 자녀양육비에 비하면 매우 낮은 수준일 뿐만 아니라 자녀가 성장하면서 그 가치는 더욱 감소하게 된다. 그러므로 적어도 자녀를 양육하고 있는 성인(여성)이 취업을 위해 준비하는 기간 동안은 좀더 많은 액수를 지급하고 취업 이후는 그 액수를 줄이는 것과 같은 좀더 탄력적인 자녀양육비의 결정기준이 필요하다.

또 자녀양육비를 선급하는 제도에 대해서도 심각하게 고려할 필요가 있다. 자녀양육비가 자녀의 복지에 있어 매우 중요한 사안임에도 불구하고 실제 이혼을 할 때에도 충분히 다루어지지 않는 경향이 있으며, 자녀양육비의 지급에 대한 판결이 있어도 이행하지 않는 경우가 매우 많다. 게다가 이러한 불이행의 사례에 대한 통제도 시의 적절하지 못하여 이혼가정의 아동이 현실적으로 빈곤한 상황에 처하고 있는 실정이다. 그러므로 자녀양육비가 지급되지 않는 경우를 위해 국가에서 자녀양육비를 선급해 주고 그 다음에 자녀를 부양할 의무가 있는 아버지 혹은 어머니에게 징수하도록 하는 제도가 마련되어야 한다.

(3) 감치(監置)제도

전 배우자가 충분한 경제적 능력이 있음에도 불구하고 자녀양육비 지급을 이행하지 않을 경우에 신체적 구속을 가하는 방식으로 국가가 개입할 수 있는 제도이다. 이것은 이혼 후에 서로 대면하여 양육비를 논의하기 어려운 상황에서 국가가 중재 역할을 하는 것을 의미한다. 그러나 법적인 규정이 있음에도 불구하고 제 역할을 하고 있지 못한 것이 현실이다. 그러므로 감치제도를 강화함으로써 실효성을 발휘할 수 있도록 할 필요가 있다.

(4) 면접교섭권

양육비 지급이 자녀의 경제적 복지와 연결된다면, 면접교섭권은 자녀의 정서적 복지와 연관이 있다. 이혼 후에 함께 살지 않는 아버지나 어머니와의 정기적이고 규칙적으로 만남으로써 자녀들은 안전의 욕구에 대한 위협이나 유기의 두려움으로부터 벗어날 수 있다. 또 계속 부모로부터 사랑받고 있다는 것을 확신하게 되어 적응을 촉진하기도 한다. 자녀와 부모 간의 연대를 유지하기 위해 필요한 자녀들의 권리이지만, 대부분 이혼할 당시에는 자녀의 권리에 대한 정보가 부족하고 이혼 후 부모와의 만남을 허락하지 않는 동거 부모의 태도 때문에 면접교섭권이 이루어지지 않는 경향이 있다. 그러나 자녀의 연령이 어릴수록 빈번하고 짧은 만남을 통해 정서적 안정을 이루도록 하는 것이 필요하다.

5) 이혼가족에 대한 사회복지실천

이혼 적응은 기존의 생활유형에서 벗어나 새로운 생활양식에 적응하는 전이의 과정으로서 가족성원 일부와의 별거가 지속될 것이라는 것을 정서적으로 수용하고 이혼 전의 지위나 전 배우자에게 의존하지 않으며, 변화된 현실에 적합한 정체성을 수립하는 과정이다. 이렇게 이혼가족이 생애 위기인 이혼을 수용하고 이혼 이후의 변화된 가족구조에 적응하도록 하기 위해서 다양한 사회복지실천이 필요하다.

(1) 이혼상담 및 치료

대부분 이혼자들은 이혼에 관한 전문적인 서비스를 찾기보다는 가족 또는 종교지도자와 의논하거나 스스로 결정하는 경우가 많다. 전문기관의 도움을 원하는 경우도 이혼상담을 하는 전문적인 서비스기관이 매우 미흡하기 때문에 적절한 서비스를 받기가 어려운 실정이다.

그러나 이혼은 부부간의 법적인 관계를 해소시키는 것을 포함하여 경제적 이혼, 자녀양육의 이혼 등과 같은 여러 가지 절차를 포함하는 복합적인 과정이다. 그러므로 이혼이 갈등적인 결혼상황에 대한 합리적인 대안이 될 수 있도록 돕고, 이혼할 경우 발생할 수 있는 심리사회적인 문제를 미리 알려 주고 준비할 수 있도록 돕는 이혼상담(divorce counceling)이 전문화될 필요가 있다. 이혼상담자들은 이혼과 관련된 법적인 절차와 이혼자들이 경험하는 실제적인 영역들에 대한 지식을 제공해 주고 정서적 지지의 역할과 함께 구체적이고 실제적인 법적 · 경제적인 이슈나 직업계획을 알려주는 정보제공자 혹은 교육자의 역할을 수행함으로써 이혼에 대한 후회, 전 배우자에 대한 애착, 자녀에 대한 죄의식을 감소시키고 이혼 적응을 용이하게 할 수 있다.

이와 같은 이혼상담은 그 목적에 있어서 다음과 같은 특징을 갖는다. 첫째, 이혼상담은 가족보다는 개인에게 초점을 둔다. 둘째, 이혼상담은 결과적인 해체의 목적을 가지고 관계의 기능을 감소시키는 데 목적이 있다. 셋째, 이혼상담은 적응이 아니라 개인의 성숙을 조장한다. 넷째, 이혼상담은 이혼한 사람들이 정신병리로 고통받는 사람들이 아니라 위기에 처한 정상인임을 가정한다.

(2) 이혼 적응을 위한 집단상담

이혼으로 인한 심리사회적 문제를 해결하고 적응할 수 있도록 원조하는 방법 중 집단을 이용한 접근방법은 매우 효과적이다. 집단은 특히 사회적 고립과 외로움으로 고통받는 개인들에게 소속감을 갖도록 하고 또 집단이 구성원들의 사회적 관계망의 일부가 될 수 있다는 장점 때문에 도움이 된다.

이와 같은 집단적 접근은 치료집단을 비롯하여 자조집단, 교육집단 등 그 형식이나 내용에 있어서 다양하다. 이 중 교육집단은 이혼자에게 법적인 내용, 미래의 직업과 관련된 계획, 경제의 관리, 자녀가 경험하는 문제 혹은 양육방법 등과 같은 실제적인 정보를 제공함으로써 환경에 대한 통제력을 회복하고 자신감을 얻도록 원조하는 데 초점을 둔다. 반면, 치료집단은 정서적 혼란을 다룸으로써 이혼으로 인한 슬픔과 상실의 과정에서 적응할 수 있도록 원조하고 심리적 통찰을 촉진하며 자존감을 수립하는 데 초점을 둔다(Price, 1988). 그러나 일반적으로는 교육집단의 현실적인 정보제공의 측면과 치료집단의 심리적 적응 및 자존감의 회복의 요소들을 절충하여 집단 프로그램의 내용과 진행을 구성하는 경향이 있다. 아동을 대상으로 한 프로그램들로는 주로 다른 나라에서 학교를 기반으로 하여 실시하고 있는 프로그램을 들 수 있다. 그러나 우리나라는 아직 학교 안에 사회사업가가 배치되어 있지 않기 때문에 대부분 종합사회복지관이나 여성 쉼터에서 이루어지는 경향이 있다.

(3) 가족사회복지실천

가족기능은 부모의 이혼이 아동에게 미치는 영향을 중재하는 요인으로서 매우 중요하다(Kurder, 1981). 특히 이혼 후 전 배우자 간의 갈등 여부나 이혼 후 변화된 가족구조 속에서 과거와 같은 가족기능을 유지하는 문제는 자녀의 적응을 결정하는 주요 요인이 될 수 있다.

이혼 후 부모 간에 상호 갈등이 있는 경우의 아동들은 불안수준이 높고 학업성취도가 낮은 편이다. Hetherington과 동료들(Hetherington et al., 1978)은 이혼 후 2년 동안 부모의 갈등이 계속된 가정의 아동들이 갈등이 적은 가정의 아동들보다 공격성과 행동문제가 더 심각하다고 하였다. 이와 같이 이혼가정 아동의 부적응적 행동문제는 대부분 부모의 부적응적인 관계에서 비롯되므로 이런 경우에는 무엇보다 전 배우자 간의 갈등을 해소하고 부모와 자녀 간의 관계를 개선할 수 있도록 하는 가족중심의 사회복지실천이 필요하며, 특히 이혼 후 전 배우자 간의 관계와 부모-자녀 간의 관계를 포함한 가족상호작용의 맥락을 고려해야 한다.

또한 부모의 자녀양육 및 훈육방식에 대한 개입도 필요하다. 부모의 훈육은 아동의 행동문제에 직접적인 영향을 미치는데, 대부분 이혼 초기에는 기존의 자녀양육 및 훈육이 어려워지기도 한다. 이것은 이혼한 부모의 심리·정서적 문제가 해결되지 않은 데서 비롯되는 것이지만, 결과적으로 자녀에게 중요한 요소로 작용하기 때문에 부모와 자녀 간의 관계에 개입해야 한다. 즉, 부모에게 아동을 관리하는 기술을 개선할 것을 요구하거나 혹은 부모의 이혼에 대한 아동의 반응을 이해하도록 원조하는 것이 필요하다. 또 부모와 자녀 간의 관계의 질을 향상시키기 위해 긍정적인 가족활동을 증대시키고, 긍정적 행동을 강화하며, 구성원의 의사를 경청하거나 혹은 토론을 활용하는 기법들도 적용할 수 있다(Wolchik et al., 1988).

2 재혼가족에 대한 이해

1) 재혼가족의 개념과 유형

(1) 재혼가족의 개념

재혼가족에 대한 용어나 개념 정의에 대한 다수 학자들의 견해를 개괄적으로 살펴보면 다음과 같다. 재혼가족을 나타내는 용어는 대표적으로 remarried family를 stepfamily와 혼용하여 사용한다(Ganong & Coleman, 1994).

현재 미국에서 사용되는 인구학적 용어정의를 살펴볼 때 재혼가족(remarried family)은 배우자 한쪽이나 양쪽 모두가 재혼 이상의 결혼으로 자녀가 있거나 없으면서, 하나의 가구를 유지하는 남편과 아내로 구성된 가정으로 정의된다. 그리고 계부모가족(stepfamily)이란 부모의 한쪽이 친부모이며 그 친부모가 재혼하기 전에 출생한 18세 이하의 자녀가 있는 재혼가정을 일컫는다(Cilck, 1989). 그러나 연구자에 따라 계부모가족은 최소한 1명의 기혼자가 전혼(前婚)관계에서 1명 이상의 자녀를 데리고 있으며 그 자녀가 같은 가구에서 사는 경우의 가족으로 정의하여(Crosbie-Burnett, 1989), 자녀의 연령을 제한하지 않는다.

국내에서 재혼이라는 용어는 이혼률 급증으로 인한 재혼의 증가로 최근에 많이 사용되기 시작한 용어로 재혼이란 '이미 한 번 또는 그 이상 결혼하여 가정을 이룬 남성이나 여성이 다른 배우자와 새롭게 가정을 재구성하는 것'이라 정의할 수 있다(조옥라, 1996).

(2) 재혼가족의 유형

재혼하는 당사자들의 전혼경험 여부, 전혼자녀의 유무, 재혼 시 자녀의 발달단계,

자녀의 양육권의 소재 및 동거 여부, 재혼부부의 전 배우자와의 관계, 전혼자녀의 비동거 친부모와의 접촉빈도 등에 따라 각 재혼가족의 성격, 관계의 복잡성, 역동성, 주된 긴장원의 소재 등이 달라질 것이라고 인식하기 시작하였다.

재혼가족의 유형은 재혼부부의 결혼 지위(미혼, 이혼, 사별), 자녀 유무, 자녀양육 유무 및 재혼자의 연령에 따라 매우 다양하다. Ihinger-Tallman과 Pasley(1987)는 자녀 유무, 자녀동거 여부, 자녀와의 관계라는 세 가지 기준을 이용하여 재혼가족을 아홉 가지 유형으로 분류하였고 Giles-Sims(1984)는 별거부모와의 접촉빈도, 정서적 유대를 기준으로 하여 네 가지 유형으로 분류하였다. Brand와 Segal(1987)은 재혼부부 각각의 전혼자녀 유무와 양육권 유무를 기준으로 재혼가족을 분류했는데, 이는 재혼가족 내 부모-자녀관계를 파악하는 데 매우 유용하다.

2) 재혼가족의 실태와 특성

(1) 재혼가족의 실태

통계청(2015) 자료에 따르면 남자의 경우 전체 혼인 중 초혼이 84.7%, 재혼이 15.3%이다. 이것은 전년대비 초혼은 0.6%, 재혼은 2.4% 감소한 추세이다. 여자의 경우 전체 혼인 중 초혼이 82.5%, 재혼이 17.4%이고 이는 전년대비 초혼은 0.6%, 재혼은 2.2% 감소하였다.

남녀 모두 초혼은 78.7%, 남녀 모두 재혼은 11.5%를 차지하였으며, '남자 재혼+여자 초혼'은 3.9%, '남자 초혼+여자 재혼'은 6.0%를 차지하였다. 재혼이 전체 혼인에서 차지하는 비중은 남녀 모두 2005년을 정점으로 감소하는 추세이다.

표 10-2 **평균 재혼 건수** (단위: %)

	2007	2008	2009	2010	2011	2012	2013	2014	2015
남자	57.1	57.2	53.8	53.0	51.6	51.1	48.9	47.5	46.4
여자	61.9	62.8	58.8	57.5	56.4	56.5	54.3	53.9	52.7

출처: 통계청(2015).

(2) 재혼가족의 특성

가족학에서는 가족형성 초기의 경제적 · 성적 · 인격적 적응이 성공적 결혼이 되기 위하여 필수적인 것으로 지적하고 있다. 재혼가족도 초혼가족과 마찬가지로 이러한 기본적 측면의 적응이 요구된다. 또한 끊임없이 발달 · 변화하는 체계로서의 가족의 특성상 초기 적응 이후에도 계속 접하게 되는 여러 발달과업들을 완수하고 그에 수반되는 문제를 조정, 해결하여야 한다는 점에서는 초혼가족과 동일하다. 그런데 재혼가족이 초혼가족과 구별되는 몇 가지 공통된 특성을 보면 우선 재혼을 하려는 사람들은 유사한 결혼조건을 가진 사람을 선택하려고 한다. 그리하여 이혼한 사람끼리 재혼하는 경향이 있다.

한쪽 또는 양쪽 모두가 이혼했던 경험이 있는 재혼인 경우 초혼에 비해 친지나 친구들로부터 절대적인 지지나 축하는 받게 되지 않는다. 재혼에 대하여 친구나 가족들은 불안해하기 때문이다.

이혼한 사람의 가족은 이전 배우자와 새로운 배우자를 비교한다. 새로운 결혼상대자는 당연히 이러한 비교를 감지하게 되며 이를 수용하기가 다소 곤란할 수도 있다.

대부분의 이혼한 사람들은 전 배우자의 자녀를 갖고 있으며 이것이 재혼과 초혼의 다른 점이 될 것이다. 이러한 상황에서는 배우자의 전 배우자와의 자녀들과 친밀한 관계나 신뢰감 그리고 사랑을 느끼는 데 시간이 걸린다.

또한 재혼한 부부의 경우 만일 남편이 이혼수당을 지불해야 하는 입장에 있고 자신의 현재가족을 부양해야 할 뿐 아니라 자녀의 양육비까지 부담해야 하는 경우라면 재정적 압박을 경험한다.

이혼한 사람의 재혼은 성공할 것인가? 이에 대한 해답이 일률적일 수는 없다. 재혼한 사람의 대부분이 두 번째 결혼상대자와의 결혼생활을 지속시키고 있으며 많은 이혼한 사람들의 재혼은 성공적이며 이혼한 경험이 없는 상대와 결혼한다면 더욱 성공적이다.

이혼한 사람에게 있어서 재혼은 초혼의 경우보다 인간적으로 성숙되었기 때문에 보다 성공적인 결혼생활을 하기도 한다. 이는 자신과 자신의 배우자를 이해하는 것이 결혼생활에서 중요하다는 것을 첫 번째 결혼을 통해 경험했기 때문이다.

불행히도 어떤 사람들은 초혼에서와 같이 재혼에서도 이혼으로 끝을 맺기도 한다. 한 연구조사에 따르면, 이혼한 사람이 재혼할 경우 초혼의 경우보다 더 많이 이혼하며 두 사람 모두 이혼 경험이 있을 때의 재혼은 초혼에서 이혼하는 경우의 약 두 배가 된다고 한다. 대부분의 사람들은 초혼의 파경 원인이 재혼의 경우에도 계속 남아 있음을 발견했다. 이는 이혼한 사람들에게 인간관계교육과 재혼교육의 필요성을 일깨우는 것이라 할 수 있다.

재혼에 대한 사회규범체계의 부재는 가족 내 역할의 모호성이라는 문제와 연결되는데, 특히 계부모-자녀관계에 있어 문제가 된다. 이혼 및 재혼의 일반화가 훨씬 진행된 서구에서조차도 재혼가정에 대한 사회적 규범의 부재를 특히 부모 역할의 어려움과 연결하여 지적하고 있다. 많은 계부, 계모들이 자녀양육 및 훈육에 있어 어느 정도 엄하게 혹은 허용적으로 행동하는 것이 적절한지 균형점을 찾는 데 어려움을 느낀다거나, 가족원 간에 이를 두고 의견 차이가 있을 경우 발생하는 갈등으로 스트레스를 받는 것으로 나타났다(Cerlin, 1978; Crossbie-Burnett, 1994; Ihinger-Tallman & Pasley, 1987; Visher & Visher, 1983).

3) 재혼가족의 문제

재혼 후 적응에 영향을 미치는 것으로 지적되는 주요 요인들로는 연령, 사회경제적 지위, 교육, 자녀의 수, 자녀의 연령, 성(gender), 자녀양육권 소재, 자녀의 친부모와의 접촉 빈도, 전 배우자와의 접촉 빈도 및 관계, 친족으로부터의 지원, 전혼의 성격, 대인관계기술, 그리고 결혼이데올로기 등이 있다(Ganong & Coleman, 1994).

이혼 후의 적응은 일반적으로 2~5년이 소요된다. 예전에는 재혼을 하거나 전 배우자와의 접촉을 완전히 끊는 단계가 되면 이를 적응이라고 하였으나, 결혼한 사람으로서의 지위나 전 배우자에 의존하지 않는 자신의 독립적 정체감을 확립하고 일상생활의 제반역할로서 사정, 직장, 여자 등을 적절하게 수행할 능력을 획득하는 것을 적응으로 정의한다.

결혼생활이 중심이 되어 있는 가족관계에서 배우자를 잃는 경우는 이혼보다 급작스럽게 준비 없이 마주하게 되므로 적응하는 데에 더욱 곤란을 느끼게 된다. 특히 여성의 경우 경제적 · 사회적 지장을 가져오고, 핵가족화하는 현대사회에서 혼자된 노인들은 고립감과 역할상실 등의 정서적 불안정으로 인해 수명단축 및 자살률의 증가, 행동의 장애(기억장애) 등을 나타내기도 한다.

그러나 다른 한편으로는 주위 사람들의 동정이나 가능한 면의 원조를 받을 수 있고, 사별 초기에는 자신의 불행한 운명에 대한 정신적 타격이 크게 작용하겠지만 시일이 경과하면 체념상태에 이르고 다른 한편으로는 새로운 각오와 가족 간의 단결이 강화될 수도 있다(특히 모자가족의 경우).

재혼의 가능성으로 보아서 남성이 유리하나 기혼자녀와 동거를 할 경우 기존 역할을 그대로 유지할 수 없는 문제를 갖게 되는 반면 여성은 재혼 가능성이 적으나 역할의 계속이 가능하므로 적응에 도움을 받기도 한다.

이혼은 이미 별거 또는 가출, 유기 등의 비정상적인 형식을 취하고 있기 때문에 배우자 사망에 의한 역할 변화보다 변화기가 충분히 있는 경우가 많고, 대개 결혼

유지가 불가능할 정도의 관계이므로 배우자 상실에 대한 고통은 덜할 수도 있다. 그러나 이혼한 사람을 주위에서 관찰하면 불안, 수치심, 이혼자라는 선입관, 성적 욕구, 주체성의 위기 등에 대한 당사자의 적응뿐 아니라 자녀의 적응 등에 문제가 발생하는 것을 볼 수 있다.

특히 이혼 당사자의 경우 감정적인 격분을 억제하지 못할 뿐 아니라 오히려 그 분노가 장기화하여 때로는 이성에 대한 증오, 정서불안, 자살의 유혹, 불건전한 성생활, 열등감 등 이상심리에 빠지기 쉽다. 이러한 상황은 전 배우자와의 애착관계가 적응에 부정적인 요인으로 작용하는 경우이다.

Albrecht(1980)에 의하면 여자 쪽이 경제적 어려움, 사회활동, 이혼녀에 대한 사회의 인식, 재혼의 기회 등에 있어서 더 어려움을 경험한다고 보고하였다. 이와 반대로 결혼에 대한 필요는 남자가 더 크며 남자들의 의존성을 인정하고 표현하는 것이 어렵도록 사회화되어 결혼의 와해가 미치는 부정적 영향이 남자에게 더 크다는 견해도 있다. 초기에는 남자가 더 힘들고 여자에게는 그 영향이 더 지속적이라는 보고도 있는 한편, 이혼을 결심하기까지는 여자가 시간이 오래 걸리며 결정이 이루어지기 전에는 남자보다 많은 스트레스를 경험하나 막상 이혼이 결정된 후에는 남자보다 더 잘 적응한다는 주장도 있다.

한경혜(1992)에 의하면 대체로 전 배우자와 결혼한 기간이 짧을수록, 다양한 대응전략을 활용할수록(취업, 상담, 학습활동 등), 또 경제형편이 좋고 전 배우자에 대한 애착이 낮을수록 이혼 후 생활에 잘 적응하였으며 자신이 이혼 제안을 한 경우와 재혼을 한 경우 적응도가 높았다. 또한 아버지나 어머니가 사망하였을 때는 상실감, 고독감으로 인한 불안정, 부적절감으로 고통을 받으나, 부모가 이혼할 경우 양부모에 대한 충성심에 갈등을 느끼게 된다.

이러한 여러 가지 어려움을 가족 외에서 보상받으려 할 때 아동은 가출하게 되고 나아가 비행에 물들게 된다. 결손가족이 자녀의 가출경향과 상당히 밀접한 관련이 있는 것은 확실하지만 모든 결손가족이 가출을 일으키지는 않는다. 즉 사망, 이혼,

별거와 같은 구조적 결손에 기능적 결손요인이 중복될 때 아동이 가출하는 상황이 발생하게 된다.

아동의 가출 원인으로는 대체로 부모의 꾸중과 학대, 부모의 방심, 가정불화, 결손가정 등 가정의 요인이 가출의 동기에 대부분의 영향을 미치고 있고 그밖에 학교생활의 부적응과 같은 아동 자신의 인격결함에 의한 요인, 비행 하위집단에의 동조에 의한 요인, 취직이나 공부를 하기 위한 목적성취적 요인과 같이 가족해체가 아닌 요인도 작용하고 있다.

4) 재혼가족에 대한 사회복지실천

(1) 가족생활교육

재혼을 시작하려는 사람과 재혼가족을 대상으로 가족생활교육을 실시한다. 대상별 교육내용은 다음과 같다(임춘희 · 정옥분, 1997).

첫째, 재혼생활을 시작하는 사람들을 대상으로 하는 재혼준비를 위한 예비교육이 요구된다. 현행의 일반적인 결혼준비를 위한 예비교육은 주로 초혼인 경우에 초점이 맞춰져 있다. 그러나 초혼을 제외한 재혼의 형태가 다양하며 재혼생활에서 겪게 되는 문제들이 초혼생활과는 다르므로, 여러 가지 재혼의 유형에 해당되는 개인이나 가족을 대상으로 하는 재혼 및 재혼가족에 대한 준비교육이 필요하다.

둘째, 재혼가족을 대상으로 하는 가족관계 증진을 위해 전문화한 프로그램, 안내책자, 지침서 등의 개발과 신문이나 방송 등의 대중매체를 통한 건강한 재혼가족의 모델을 제시하는 정보적인 지원활동이 필요하다.

셋째, 재혼부부를 대상으로 하는 교육의 내용과 관련하여, 반드시 부모 역할 및 계부모의 역할과 관련된 내용을 포함하여야 한다.

넷째, 재혼가정 내 자녀들의 입장을 고려할 때 가족생활을 다룬 교과의 내용 가운데 사회의 변화에 따른 다양한 가족유형(이혼가정, 한부모가정, 재혼가정)의 장단점과 갈등양상, 그리고 슬기로운 대처방안, 건강한 가족생활을 위해 노력해야 하는 내용들을 좀더 많이 포함시켜야 한다.

(2) 가족상담 및 치료

재혼한 부부 및 가족을 대상으로 가족상담 및 치료를 제공한다. 재혼가족에 적용되는 것과 동일한 경우도 있지만, 특히 재혼가족을 대상으로 상담활동을 할 때 유의해야 할 지침이 있다(Elion, 1990; Visher & Wisher, 1988).

첫째, '온전한' 가족에 대한 정서적인 개념을 극복하는 일은 어렵지만 매우 중요하다. 그래서 계부모가족을 핵가족틀에 맞추려고 하는 시도는 무용지물이다.

둘째, 계부모 가족을 초혼가족과 다르게 평가하는 것이 유용하다. 부가적인 외적 스트레스를 발생시키는 사회문화적 특성 때문에, 계부모가족의 개인들은 정서적으로 더 혼란스러운 것 같다. 계부모 가족구성원들의 이런 양상은 단순한 약물치료와 심층적인 치료보다는 자신들의 경험에 대한 지지와 정당성에 대한 요구를 나타내는 경우가 많으므로 자아존중감과 생산적인 선택을 할 수 있는 능력을 증가시키도록 도움을 줄 필요가 있다.

셋째, 성공적인 계부모가족과 관련된 문제를 치료하는 데에서 가장 중요한 치료적 중재는 정당성 교육, 무력감의 감소, 부부관계의 강화이다.

넷째, 자녀들과 관련된 문제를 치료하는 데에서 치료과정에 새로운 부부와 더불어 전 배우자, 조부모 혹은 다른 중요한 사람을 포함시키는 것이 때때로 중요하다. 이 때 모임을 시작하기 전에 초점을 명확히 말하는 것이 필요하며 이전 결혼관계를 해결하려는 시도는 하지 않아야 한다. 보호와 방문문제로 인해 이런 모임이 빈번하게 생겨나는데, 모임은 그들의 입장을 확인하고 재혼가족단위를 결속시키기 위해 계부모를 포함시키는 것이 필요하다.

다섯째, 치료과정 중에 발생할 수 있는 치료자의 긍정적이고 부정적인 역전이현상이 계부모가족 상황을 다룰 때 강하게 나타날 수 있으며, 이것은 치료를 불가능하게 할 수 있다. 이런 이유로 공동상담이나 공동치료자의 이용은 매우 유용하다.

(3) 동년배 지지집단 형성

재혼한 가족을 대상으로 동년배 지지집단을 형성한다. 동년배 지지집단은 동년배의 재혼가족 부부를 대상으로 10명 내외의 규모로 구성된다. 이 집단은 매주 두 시간 내외로 6~8주 정도 모임을 가진다. 지지집단의 구성원들은 재혼가족에 발생할 수 있는 문제를 해결할 수 있도록 서로 지지한다.

비슷한 처지에 있는 사람(재혼가족)끼리 자신들의 문제와 갈등, 관심사를 표현함으로써 그 상황이 자기 가족만의 독특한 것이 아니라는 것을 이해하게 되며, 그러한 과정을 통해 서로 따뜻하고 지지적인 장을 제공받게 된다. 또한 지지집단을 통하여 재혼가족에서 발생하는 가족구성원 간의 갈등과 스트레스에 대한 대처기술 및 부모역할 등에 대한 교육기회를 갖고 유사한 상황에 처한 다른 사람들이 문제에 대처하는 창조적인 방법에 대해 듣고 자신의 문제 해결의 실마리를 제공받을 수 있다. 마지막으로 공식적인 모임이 끝난 뒤에도 동년배 지지집단을 계속 유지할 수 있도록 훈련받음으로써 지속적인 상호지지가 가능하다는 유익한 점이 있다.

(4) 재혼에 대한 사회적 관심과 인식의 전환

재혼가족이 증가하는 현실을 고려할 때 무엇보다 재혼가족에 대한 진지한 사회적 관심의 재고와 수용적이며 지지적인 태도로의 변화가 요망된다. 특히 계모가족은 아직까지 부정적인 사회문화적 선입견이나 편견이 가장 많은 가족이며, 동시에 우리 사회에서 여러 재혼가족의 유형 가운데 차지하는 비중이 큰 현실을 감안할 때 계모에 대한 편견, 선입견을 불식하며 개인적으로나 사회적으로 계모 및 계모가족에 대해 보다 열린 마음으로 인정하고 지지해 주는 자세가 필요하다고 하겠다.

참 | 고 | 문 | 헌

김혜련 (1993). 여성의 이혼경험을 통해 본 가부장적 결혼 연구. 이화여자대학교 석사학위논문.

성정현 (1998). 성역할태도와 이혼여성의 적응에 관한 연구. 서울대학교 박사학위논문.

성정현 (2000). 이혼여성의 자립방안에 관한 연구. 협성농촌.

성정현, 여지영, 우국희, 최승희 (2004). 가족복지론. 파주: 양서원.

임춘희, 정옥분 (1997). 초혼계모의 재혼가족생활 스트레스와 적응에 대한 경험적 연구. 대한가정학회지, 35(5).

천성수 (1999). 혼인상태별 수명 관련지표의 차이에 관한 연구. 대한보건협회학술지, 25(1).

통계청 (2001). 인구동태통계연보.

통계청 (2015). 평균재혼건수.

Bloom, B. L., S. J., & White, S. W. (1978). Marital disruption as a stress: a review and analysis. *Psychological Bulletin, 85*(4), 867-894.

Cerlin, A. (1978). Remarriage\as an incomplete institution. *American Journal of Sociology, 84*, 634-650.

Crosbie-burnett, M. (1984). The Centrality of the Step Relationship: A Challenge to Family Theory and practice. *Family Relation, 33*, 459-464.

Elion, D. A. (1990). Therapy with remarriage families with children. Univ. of Wisconsin Remarried Family Relationship, Sage Pub.

Ganong, L., & Coleman, M. (1994). *Remarried family relationship*. Sage Publication.

Giles-sims, J. (1980). *Stepfamily cohesion, expressiveness and conflict by stepfamily outside parent relationship*. Presented at the Natl. Counc. Fam. Relat. Meet, October. Sanfrancisco.

Glick, P. C. (1989). Recent changes in device and remarriage. *Journal of marriage and family*.

Hethering, E., Cox, M., & Cox, R. (1978). Long-term effects of divorce and remarriage on the adjustment of children. *Journal of the American Academy of Child Psychiatry, 24*, 518-530.

Ihinger-Tallman, M. I., & Pasley. K. (1987). *Family Structure and Family Process, in Remarriage*. Sage, Newbury: CA.

Ihinger-Tallman, M. I., & Pasley. K. (1987). *How Parents Adjust, in Remarriage*. Sage, Newbury: CA.

Kurder, L., Blisk, D., & Siesky, A. (1981). Correlates of Children's Long Term Adjustment to Their Parents' Divorce. *Developmental Psychology, 17*(5), 565-579.

Mauldin, T. A. (1990). Women who remain above the poverty level in divorce: implication for family policy. *Family Relation, 39*, 141-146.

Price, S. J., & Mckenry, P. C. (1998). Divorce, Family studies text series. 9, Sage Publications.

Visher, E., & Visher, J. (1983). Stepparenting: Blending family in H. I. McCubbin and C. R. Figley. (Eds), *Stress and the family*. New York: Brunner Mazel.

Visher, E., & Visher, J. (1988). *Old Loyalties, new ties: Therapeutic strategies with stepfamilies*. New York: Brunner Mazel.

Weiss, R. S. (1984). The impact of marital dissolution on income and consumption in single-parent households. *Journal of Marriage and the Family, 46*, 115-127.

CHAPTER 11

폭력 및 학대가정

11 폭력 및 학대가정

우리나라는 다른 나라들처럼 가정폭력을 사법적으로 처벌할 수 있는 형법제도를 갖추고 있다. 그러나 법이 있음에도 불구하고 전반적인 사회의 가정폭력인지도가 낮아서 가정문제에 대한 국가의 불개입원칙이 고수되었고, 가정폭력에 대한 사회적 법적 개입이 불가능했다. 가정폭력을 사회문제로 보지 않는 인식을 타파하기 위한 여성계의 꾸준한 노력은 1970년대부터 지속되었지만 1997년이 되어서야 가정폭력관련법[7]이 제정될 수 있었고, 이 법이 1998년 7월부터 시행됨으로써 가정폭력을 사회문제로 인정하고 가정폭력 해결을 위한 사회적 개입의 기반이 제도적으로 마련되었다. 따라서 현행 가정폭력방지법은 가정폭력을 사회문제로 인식시키는 데에는 크게 기여했다는 점에서 의미가 있으나, 가정폭력을 범죄로 다루는 정도에는 미치지 못하고 있으며, 현행 가정폭력대응서비스들도 피해자와 자녀의 안전 보장이나 가정폭력의 사전예방 및 교육·훈련 또는 조기차단에는 미흡한 면들이 있다(조미숙, 2007).

그러므로 오늘의 시점에서 우리가 미처 생각하지 못한 과제들에 대한 진지한 숙고를 통하여 한국의 가정폭력 예방을 위한 전략을 구상해 보는 것이 무엇보다 선행되어야 한다고 본다. 앞으로 지역사회중심의 가정폭력 예방 전략 및 폭력가족에의 개입과제들은 무엇인지 그 방향을 제안함으로써 앞으로 한국의 가정폭력 문제가 예방차원으로 그 패러다임을 전환하는 계기가 마련되었으면 한다(조미숙, 2007).

7) 가정폭력 관련법이라 함은 가정폭력 가해자에 대한 형사처벌절차에 관한 특례를 정해서 가해자에 대한 보호처분이 가능하도록 한 '가정폭력범죄의 처벌 등에 관한 특례법'과 건전가정 육성을 목적으로 하는 '가정폭력방지 및 피해자 보호 등에 관한 법률'을 말한다.

1 가정 폭력의 실태 및 현황

가정폭력은 심각한 사회문제로서 친밀과 애정의 근원지인 가정이 폭력의 장소가 된다는 점에서 가해자, 피해자를 비롯한 가족 모두에게 부정적인 영향을 끼치는데, 특히 함께 살고 있는 가족에게 미치는 영향은 그 정도 및 내용 면에서 매우 심각하다.

특히, 전 세계적으로 여성에 대한 폭력을, 인권을 위협하는 심각한 문제로 인식하게 된 것은 1975년 '세계여성의 해 선포'와 '유엔 여성 10년(1976~1985) 선포'를 통해서이다. 그후 여성에 대한 폭력문제는 1995년 북경행동강령의 12개 주요 관심부문 중 하나로 포함되었다. 우리 사회에서는 1980년대 초부터 여성단체를 중심으로 아내학대 혹은 가정폭력의 문제가 제기되었을 뿐 아니라, 실태조사, 상담과 쉼터 제공 등의 활동을 전개해 왔고, 1990년대에 들어서는 가정폭력을 경험한 여성들의 피해사례를 사회적으로 쟁점화시키고 법과 제도적 차원의 대책마련을 요구하였다. 그 결과 1997년 12월 가정폭력범죄 처벌을 위한 특례법과 가정폭력예방 및 피해자보호를 위한 법률이 제정되었고, 1998년 7월부터 시행되기에 이르렀다(변화순 외, 2001: 3). 그리하여 2016년 기준 203개소의 가정폭력상담소와 70개의 피해자보호시설을 운영하고 있다.

사단법인 한국여성의전화 가정폭력 · 성폭력상담소의 2015년 1월~12월까지의 상담건수 2,293건에서 가정폭력상담은 513건으로 29.4%를 차지하는 것으로 분석되었다. 이 중 배우자의 폭력이 가장 높았으며 전체적 폭력 중 신체적 폭력이 452건으로 88.1%로 가장 높게 나타났으며, 다음으로 정서적 폭력 89.4%, 경제적 폭력 62.9%로 조사되었다(중복폭력 포함).

이와 같은 맥락에서 경찰에 신고된 가정폭력범죄 발생건수는 2012년 8,762건에서 2015년 40,822건으로 4.7배 증가했다(한국여성정책연구원, 2016). 유형별로는 아내학대 발생건수가 22,267건으로 가장 많았고, 남편학대 2,593건, 노인학대 2,229건, 아동학대 2,149건 순으로 발생하였다. 이러한 통계적 수치는 우리 사회에서 가정폭력의 문제가 부부에게만 국한된 문제가 아니라 가족성원 전체 특히, 함께 사는 자녀에게 심각한 영향을 끼치는데, 이렇게 가정폭력에 노출된 아동·청소년들은 다양한 심리·사회적인 부적응을 나타낸다고 보고하고 있다(Wolfe & Jaffe, 1991).

2 가정폭력에 관한 접근이론

1) 사회학습이론

Hartman은 폭력은 원가족, 문화적 편견, 사회적 폭력, 불특정한 강화지식의 부족으로부터 학습된다(Davis, 1987: 310)고 했다. 이 이론에 의하면 "인간의 공격성은 다른 형태의 사회적 행동처럼 자극, 강화 및 인지적 통제하에 있는 학습된 행동"으로 볼 수 있다. Bandura는 개인의 행동을 규정하는 사회문화적 요소로서 규범·가치·법률·관습 및 도덕 등이 일차적으로 중요하다고 강조하면서 특히, 모델링(modeling), 강화(reinforce)와 보상(reward)의 개념을 강조하였다. 그는 부정적으로 학습된 분노의 표현이 폭력행동에 결정적인 역할을 한다고 하였다(Taylor, 1984: 11-12).

사회학습이론에서 공격은 ① 좌절을 공격으로 이끌어 갈 수 있는 조건, ② 공격의 학습을 강화하는 과정, ③ 좌절이나 불행한 경험으로 인한 많은 다른 가능한 결과가 있을 수 있다는 사실에 초점을 맞춘다. 그리고 역할을 학습하는 과정에서 혹은 원하는 목표 달성에 폭력을 사용하는데 강화가 주어진 사람들에게서 폭력행동이 발생할 가능성이 높다는 것이다.

그러나 Bandura는 학습자는 학습과정에서 자신이 경험한 자극상태를 능동적으로 지각하고, 해석하며, 저장도 하고 때로는 변경까지 한다고 보았다. 따라서 역기능적으로 학습된 사고나 행동은 자신의 의지로 비 학습(unlearning)하거나 긍정적이고 건설적인 방향으로 재학습(relearning)할 수 있다는 것이다(Neidig, 1984: 39). 그러나 이 이론에 대한 비판은 가족이란 역동적인 단위이기 때문에 가족 간 또는 세대 간 폭력에 관해서는 강한 설명력을 갖지만 가부장적 측면에서 남편에 의한 아내 학대를 설명하기에는 충분치 않다.

2) 가족체계이론

이 이론은 가족폭력을 커다란 체계의 부분으로 존재하는 복잡한 상호작용의 결과로 간주한다. 따라서 여타의 이론이 왜(why)라는 단선적인 원인 설명에 초점을 맞추는 반면에 체계이론은 갈등상황 속에서의 폭력행동이 어떻게 발생하였는가에 초점을 맞춘다. 즉, 한 체계의 다른 부분들은 부부의 상호관계보다는 덜 중요하다는 것이다. 이는 A가 B의 원인이 될 수도 있지만 B 역시 A에게 영향을 끼치고 있다는 입장이다. 체계이론의 관점에서는 일정한 시간이 흐르면 체계유지가 구체적인 갈등보다 더 중요하게 된다. 이러한 주장은 폭력을 경험한 여성의 50% 이상이 여전히 부부관계를 지속하기를 원하고 있고 실제로 대부분의 여성들(90~92%)은 집으로 돌아간다는 사실이 이를 뒷받침해 주고 있다.

결론적으로 체계이론에서는 결혼관계 속에 있는 여성과 남성 각각은 독립적으로 존재할 수 없다고 본다. 그러므로 결혼은 보다 큰 체계 내의 작은 단위의 체계로 간주되어야 할 뿐 아니라 부부간에 발생하는 배우자학대 역시 한 체계의 산물로 이해해야 한다는 것이다. 이와 같은 맥락에서 Fortin과 Chamberland는 이용 가능한 개인적 · 전문적 지지망을 갖는 것이 가정폭력의 위험성을 감소시킨다고 주장하고 있다(Kemp, 1998: 91).

3) 사회구조론

사회구조론은 구미에서 1970년대부터 활발하게 제기되었는데 배우자학대 문제의 주된 초점을 성차별과 같은 세계적 현상, 문화적 규범, 사회경제적 요인 그리고 여성해방 운동에서 주장하고 있는 성역할의 불균형에 두었다(Elbow, 1987: 515). Dobash 부부는 가부장적 가족구조의 기초가 여성에 대한 특히, 부인에 대한 남편의 폭력을 조장시킨다는 것이다. Dobash 부부처럼 다른 연구팀들, 즉 Stark, Flitcraft 그리고 Frazier도 배우자 학대의 근본적인 원인이 가정에서의 가부장적인 관계이며 가부장적 가정의 발전, 유지, 지속은 배우자 학대를 '개인적인 문제'로 끌어내림으로서 많은 학자와 서비스 제공자가 피하려고 하는 정치적인 문제(Pagelow, 1984: 126)라는 것에 동의한다고 주장한다. 따라서 이들 이론가들은 사회의 구조적 변화, 여성지위 향상을 위한 제도적 뒷받침을 성취하기 위해 다양한 활동을 펼치고 있다.

4) 개인병리론

개인병리론은 자신의 가족을 해치는 사람은 정신적 문제가 있는 일탈적인 사람이라고 가정하면서 배우자학대를 병으로 간주했다(Pagelow, 1984: 111-112). 주 피해자인 여성에 대한 시각도 구타당한 여성은 심리적으로 문제를 가진 사람이라는 것이다. Snell과 그의 동료는 또한 공격적이고 남성적이며 지배적인 여성들은 성 불감(frigid)이거나 피학적(masochistic)인 여성이라고 하면서 그러한 여성의 특성이 폭력을 당하게 되는 이유가 된다고 했다. 이 관점은 남성 혹은 여성 개인이 모든 폭력의 원인에 대한 책임이 있다(Siles-Sims, 1983: 28-38)고 주장한다. 배우자 학대를 연구하기 시작한 초기의 연구들은 의학적 해석이 지배적이었고, 그 결과 이들은 병리적인 피학증 여성이 배우자 학대의 주된 역동이라고 주장했으나 큰 설득력을 지니지는 못하고 있다.

위의 대표적인 이론 외에도 갈등이론, 사회교환이론, 스트레스이론, 시소이론 등이 소개되고 있으며 나름대로 설득력 있는 주장을 펼치고 있다.

3 가정폭력의 개념

가정폭력 분야에서의 실천을 위해서는 자칫 한 대상, 한 가지 유형의 가족폭력만을 생각하는 잘못된 인식의 변화가 우선되어야 함을 명심할 필요가 있다. 따라서 폭력가족을 돕기 위한 통합적 접근은 대상과 유형별로 나누어 접근하는 것으로 시작할 수 있다. 대상별 접근은 아동, 배우자, 노인 등으로 이루어지며, 학대 유형별로는 방임, 신체학대, 성학대로 분류된다. 따라서 폭력가족을 이해하기 위해서는 아동방임 및 신체학대, 아동 성학대, 배우자학대 그리고 노인학대를 모두 학습해야 할 것이다. 뿐만 아니라 가정폭력과 밀접하게 관련 있는 알코올과 정신질환 등에 대한 교육과 훈련 또한 병행되어져야 하는 분야이기도 하며 나아가서는 다학문적인 접근을 위한 이해 또한 기본적으로 갖추어야 한다.

1) 폭력행동의 유형별 분류

먼저 대상별 분류는 가정폭력에 직접적으로 연루된 가족원이 포함되지만 일반적으로 그 대상을 아동, 배우자, 노인으로 분류하고 있다. 그리고 학대행동의 유형에 따른 분류는 ① 방임(neglect), ② 언어학대(verbal abuse), ③ 신체학대(physical abuse), ④ 심리 혹은 정신적 학대(psychological or emotional abuse), ⑤ 성희롱(sexual harrassment), ⑥ 성학대(sexual abuse) 및 근친 강간(incest), ⑦ 강간(rape)과 성폭행(sexual assault) 등으로 나눌 수 있다.

가정폭력 유형들은 크게 방임, 신체학대, 성학대로 유형을 분류하는 경우가 일반적인데 그 이유는 대부분의 학대가 중복적으로 발생하기 때문이다. 예를 들어, 신체학대가 일어나는 경우 그냥 때리기만 하는 것이 아니라 욕을 한다거나, 정서적으로 무관심하게 대접하는 행동들이 동시에 발생하지만 가장 두드러지고, 객관화할 수 있는 피해증상이 신체적으로 나타났을 뿐이며 언어적 · 정서적 학대의 경우는 이를 입증할 수 있는 객관적 증거 보존이 힘들어 이를 근거로 개입할 수 있는 단서를 제시하기 힘들기 때문이다.

이와 같이 가정폭력에는 부부폭력, 자녀폭력, 부모폭력, 형제폭력 등의 형태가 존재하며, 이상의 폭력형태는 상호연관성을 가지고 있고 서로 영향을 주고받는다. 즉 가정폭력(domestic violence)은 가해자와 피해자의 관계에 따라 폭력현상의 한 범주를 개념화한 것으로 폭력의 주체와 대상 모두가 가족구성원으로 친밀한 관계에 있다는 특징을 가지고 있다(Gelles, 1997). 이와 같이 가해자와 피해자라는 기준으로 보게 되면 가정폭력에는 남편이 아내에게, 아내가 남편에게 폭력을 행사하는 부부폭력, 부모가 자녀에게 폭력을 행사하는 자녀폭력, 자녀가 부모에게 폭력을 행사하는 부모폭력, 형제가 형제에게 폭력을 행사하는 형제폭력의 유형이 있다.

그러나 가부장적인 한국의 사회 · 문화 환경 내에서는 남편이 아내에게 행사하는 아내구타 유형의 부부폭력이 가장 빈번하다.

남편이 아내에 대해서 행사하는 폭력은 아내구타, 아내학대 혹은 아내폭력 등으로 표현된다. 그러나 이들 각각의 용어들은 다른 의미를 가지고 있다. Germain(1984)의 정의에 의하면, 구타(battering)란 신체적인 폭력을 말하는 것인데 비해, 학대(abuse)란 사회적 고립, 가정에 구속, 경제적 박탈, 언어적 폭언 및 경멸과 같이 신체적 폭력과 언어적, 정신적 · 심리적 폭력, 성적 폭력 등 아내구타보다 포괄적인 개념이다. Germain의 정의처럼 많은 학자들은 학대에 비해 구타가 보다 신체적인 폭력을 의미한다고 보고 있다.

또한 아내구타가 일어날 때 아동학대를 수반하는 경우도 있으며(Suh & Abel, 1990) 어머니를 구타하는 아버지의 경우 자식에게도 상처를 주기 쉽다고 보고하고 있다(McCloskey et al., 1995; Rosenbaum & O'Leary, 1981a).

2) 부부폭력의 개념

부부폭력은 배우자 사이에서 발생하는 신체적 · 언어적 · 심리적 · 성적 학대를 포함하는 개념으로 배우자 폭력, 배우자 학대, 아내구타, 아내 학대 등의 용어로 사용되고 있다.

Warner와 Brain(1982)은 가족 내에서의 폭력 행위, 특히 남편의 아내에 대한 폭력 행위는 규범적, 법적 한계를 초월하여 상해를 입히는 육체적 완력이라고 정의하였다(김정옥, 1993). 부부폭력에는 표현적 폭력과 도구적 폭력의 두 가지 형태가 있다. 표현적 폭력은 스트레스와 분노를 부적절하게 표출하는 방법으로 사소한 일 때문에 단기간 감정이 표출되는 것으로 시간이 지나면서 폭력 수준이 상승될 가능성은 거의 없다. 반면 도구적 폭력은 심한 폭력인 구타가 일주일에 한 번 이상 일어나고 시간이 지나면서 그 심각도가 상승하는 경향이 있다. 이런 유형의 폭력은 배우자를 성공적으로 통제하고 그 통제를 과시하려는 자신의 욕구를 성공적으로 충족시키기 위하여 신체적 · 정서적 · 경제적 학대 등의 다양한 전략을 조합하여 사용하는 것이 특징이다(최규련, 1997).

우리나라 '가정폭력범죄의 처벌에 관한 특별법'에서는 가정폭력을 "가족구성원 사이의 신체적 · 정신적 또는 재산상 피해를 수반하는 행위"라고 정의하고 있다. 부부폭력의 개념은 일반적으로 배우자에게 신체적으로 상처를 입힐 정도의 힘이 사용되었을 경우를 말하고, 보다 구체적으로는 상대에 대한 폭행, 구타, 해치거나 죽이겠다는 위협, 기타 법률에 저촉되는 강압적 행동 · 폭력이 사용된 경우와 나이에 관계없이 결혼관계 내에서 가해지는 정서적 학대도 포함하는 것으로 정의되고 있다.

이 같은 내용을 포괄하여 Strauss(1983)는 폭력행동의 척도를 개발하여 보다 구체적인 행동으로 표시하고 있는 폭력행동도 나누어 학대수준을 표시하도록 하고 있다.

이를 일반적인 기준과 비교하여 보면 〈표 11-1〉과 같다.

표 11-1 부부폭력 증상 및 수준

정도	일반적 기준	스트라우스(Strauss)의 분류 기준
약함	• 언어적 위협 • 신체적 손상 혹은 의료적 치료가 필요치 않을 때	• 상대편에게 무엇인가를 던지겠다고 위협하는 것 • 물건을 던지거나, 부시거나, 치거나, 차는 것 • 실제로 상대편에게 물건을 던지는 것 • 상대편을 밀거나, 잡거나, 밀치는 것
중간	• 상대편에게 무엇인가를 던지는 것 • 밀거나, 잡거나, 밀치는 것 • 뺨을 때리는 것 • 차는 것 • 차거나, 물건, 주먹으로 치는 것 • 신체적 손상, 단기간의의학적 치료가 필요한 경우	• 뺨을 때리는 것 • 차거나, 물거나, 주먹으로 때리는 것 • 치거나 물건을 가지고 때리는 것 • 마구 때리는 것
심함	• 임신 중의 상처 • 목 조르거나 달아 메는 것 • 심하게 맞은 것 • 총이나 칼로 위협하는 것 • 칼로 자르거나 던지는 것 • 피해자증후군(battered spouse syndrome) 보이는 것 • 자동차로 치거나 치겠다고 위협하는 것 • 성적으로 학대하는 것 • 심각한 신체적 손상 혹은 장기간의 의료적 치료, 입원가료 혹은 안전을 위해 다른 곳으로 옮기는 것 등 • 죽이는 것	• 총이나 칼로 위협하는 것 • 실제로 총이나 칼을 사용하는 것

출처: 1983년 이후 Strauss와 그 동료는 CTS(conflict tactic scale) Ⅰ과 Ⅱ을 개발하여 아동과 배우자에 대한 폭력행동에 대해 체계적으로 분류하였는데, 위의 분류는 그의 CTS 척도에서 발췌한 것임.

4 가정폭력에 노출된 자녀의 문제

가정폭력은 가해자 피해자 모두에게 커다란 해를 끼치지만, 함께 사는 자녀에게도 직·간접적으로 심각한 영향을 주는데, Smetana 등(1984)은 "자녀들은 기능적으로 위압적이고 부정적인 가족분위기로 인해서 사회에 대한 왜곡 및 부정적인 신념을 학습 할 수도 있다"고 지적하고 있다.

지금까지 한국의 가정폭력 문제에 있어 자녀는 종종 잊힌 존재였다. 세계적인 추세로 볼 때 가정폭력 예방 전략에서 자녀를 적극적으로 포함시키고 있으며, 자녀를 피해자로 본다. 여러 연구결과에 의하면 가정 내 배우자 학대와 아동 학대의 중복발생률은 40~60% 정도가 되며(백연옥, 2000; 서울여성의 전화, 2000; Straus & Gelles, 1991; Suh & Abel, 1990), 아동 학대의 80~90%는 가정 내에서 발생한다(보건복지부, 2001). 자녀가 직접적으로 가정폭력의 피해자가 되는 경우는 물론 자녀가 가정폭력에 노출되는 것도 자녀의 건전한 성장발달에 심각하게 부정적인 영향을 미친다. 그러므로 가정폭력 예방 전략을 구상하는 데에 가족 체계론적인 관점을 가지고 폭력이 가족의 개별구성원에게 미치는 영향뿐 아니라 전체 가족의 기능과 역동에 미치는 영향을 고려하는 것이 무엇보다 필요하며, 자녀의 건전한 성장을 위해서도 필요한 일이다.

많은 연구들이 가정폭력에 노출된 자녀들은 다양한 신체적인 문제 및 심리·사회적인 부적응을 나타낸다고 보고하고 있다(Fantuzzo & Lindguist, 1989; Rosenberg & Rossman, 1990; Straus, 1991; Wolfe & Jaffe, 1991). 즉, 두통, 복통, 천식, 위궤양, 말더듬, 야뇨증, 불면증, 우울증, 자살소동, 정신병, 공포, 수면거부등 심리적 증상과 등교거부, 성적저하, 공격적·파괴적 행동, 도벽, 폭행, 가출 등 행동장애가 두드러지게 나타나고 있다(Markward, 1997). 또한 Emery(1982)도 부모의 별거 또는 이혼보다도 아동이 목격한 부모의 갈등 수준이 훨씬 더 아동의 심리·사회적인 부적응과 관련 있다고 보고하고 있다.

가정폭력이 더욱 문제시되는 이유는 가정이 최초의 폭력학습의 장소가 된다는 것이다. 어릴 때부터 보고 배운 것이 문제가 생기면 가장 쉬운 문제해결 방법으로 폭력을 사용하는 것이기 때문에 어른이 되어도 폭력을 행사하는 사람이 될 수 있다는 것이다. 실증적인 조사에 의하면, 많은 아동 학대자나 아내 학대자들은 폭력가정에서 자란 사람들이었다고 보고하고 있다(O'keefe, 1998). 특히, 폭력가정 자녀의 경우 그들 자신이 목격한 가정폭력이나 구체적인 학대의 경험이 "자주 싸운다" 또는 "학교생활에의 어려움" 등의 문제로 발전되며, 또래 친구들에 대한 폭력으로 구체화될 가능성이 높다(Markward, 1997; Wolfe & Jaffe, 1991).

이렇게 가정폭력이 자녀에게 미치는 영향이 지대함에도 불구하고 현재까지 우리나라에서 이 분야에 대한 경험적인 연구가 거의 이루어지지 않고 있다. 이와 같이 가정폭력이 자녀에게 미치는 영향에 대한 연구가 우선순위에서 밀려나게 된 주된 이유는 첫째, 부모에 대한 직접개입이 보다 필요하다고 인식되기 때문이며, 둘째, 가정폭력이 아동에게 미치는 영향은 즉각적으로 드러나지 않기 때문인 것으로 사료된다(조미숙, 2002).

가정폭력이 다음 세대의 가정폭력의 온상이 될 뿐 아니라, 학교폭력 더 나아가 사회폭력의 온상이 될 수 있다는 측면에서 볼 때, 다음 세대의 주역이 될 아동에 대한 가정폭력의 영향에 대해서는 더욱 체계적이고 심층적인 국내연구가 절실히 필요하다(조미숙,2002).

Achenbach와 Edelbrock(1991)은 아동 · 청소년기의 적응상의 문제를 내재화 문제(internalizing problems)와 외현화 문제(externalizing problems), 그리고 사회적 능력(social competence)으로 나누어 제시하고 있다. 내재화 문제에는 위축(withdrawn), 신체증상(somatic complaints), 사고의 문제(thought problems), 주의집중 문제(attention problems) 등으로 정의하면서, 소극적이고 사회적으로 내재화되고 과잉 통제된 행동(over-controlled behavior)이라고 정의하고 있다. 외현화 문제에는 비행행동, 공격행동처럼 타인에게 해를 끼치거나 싸움을 하는 등의 외현화되고 과소 통제된 행동(under-controlled behavior)으로 정의하고 있다(조미숙, 1999).

또한, Achenbach와 Edelbrock(1991)은 심리장애의 발생과정을 이해하고 이에 대한 적절한 치료방법을 계획하거나 예후를 예측하기 위해서는 전반적인 사회적 능력을 평가하는 것이 필요하다고 보았다. 특히, 성장과정에 있는 아동, 청소년의 경우 취약한 점을 보완해 주고 남다른 장점이 있는 측면을 살려주는 것이 실제 호소하고 있는 임상적 증상을 다루어 주는 것 못지않게 중요한 기능을 한다고 보고하고 있다. 따라서 사회적 능력을 중요시하고 있는데, 사회적 능력은 친구나 또래와 어울리는 정도, 부모와의 관계를 살펴보는 사회성(social), 교과목 수행정도나 학업수행상의 문제 여부를 살펴보는 학업수행(school performance), 그리고 아동 및 청소년이 가입한 집단에서의 활동을 살펴보는 사회활동(school activities)이라고 정의하고 있다(조미숙, 1999).

이 개념은 여러 학자들이 사용하고 있는 개념으로써 Kashani와 Allan(1998)은 아내구타를 목격한 아동에게 미치는 영향에 대하여 내재화 문제, 외현화 문제, 사회적 발달(social development)로 나누어 설명하고 있으며, Jaffe와 그의 동료들(1986a)도 아내구타가정과 비아내구타가정의 남아와 여아의 심리 · 사회적인 부적응를 내재화 문제, 외현화 문제, 사회적 능력으로 나누어 비교하고 있다. 또한 Fantuzzo와 그의 동료들(1991)도 아내구타가정의 학령 전 아동에 대한 심리 · 사회적인 부적응을 내재화 문제, 외현화 문제, 사회적 능력으로 나누어 측정하고 있다. 그 밖의 여러 학자들이 이와 같거나, 유사한 심리 · 사회적인 부적응의 개념을 가지고 연구를 진행하였다(Jaffe et al., 1986b; Markward, 1997; Rosenbaum & O'Leary, 1981; Wolfe et al., 1985).

따라서 본 장에서도 Achenbach와 Edelbrock의 개념을 이용하여 심리 · 사회적인 부적응을 다음과 같은 3가지 차원으로 조작적으로 정의하여 사용하고자 한다(조미숙, 1999).

이렇게 가정폭력에 노출된 아동 · 청소년의 문제를 세 가지 차원으로 나누어 심리 · 사회적인 부적응으로 정의한 이유는 가정폭력에 노출된 아동 · 청소년의 문제가 다차원적이고 다변인적인 특성을 가지고 있기 때문에 보다 통합적인 관점에서 이해해야 하며, 사회사업적인 접근에 있어서도 총체적인 시각에서 통합적인 예방 · 개입이 필요하기 때문이다(조미숙, 1999).

1) 내재화 문제(internalizing problems)

가정폭력으로 인한 아동. 청소년의 문제는 먼저 내재화된 반응으로 우울 · 불안을 들 수 있다. 최근 연구에서 정상적인 가정의 아동과 아내구타가정에 계속 머물러 있는 아동, 그리고 쉼터(shelter)에 거주하는 아내구타가정의 아동을 비교하여 보았을 때 아내구타가정의 아동은 내재화된 문제, 특히 우울, 불안이 증가하는 경향을 보였다고 보고하고 있다(Fantuzzo et al., 1991; Hughes & Barad, 1983).

또한, 가정폭력으로 인한 아동. 청소년의 내재화된 증상, 특히 우울 · 불안요인은 모델링의 효과 때문에 나타나는 것으로 보고되고 있다(조미숙, 1999). 배우자에 의해서 매 맞는 아내와 같이 가정폭력의 희생자들은 때때로 공격행동과 함께 자기 비하(self-blame)의 과정에 연루되는 경향이 있는 것으로 나타났는데 이러한 자기비하의 패턴은 아내구타가 지속된다면 우울한 느낌으로 누적될 수 있으며 이러한 우울증상이 자녀들에게 모델링된다는 것이다(Cascardi & O'Leary, 1992).

불안증상도 가정폭력에 노출된 아동 · 청소년에게서 두드러지게 나타나는 것으로 드러났다(Carlson, 1990). 가정폭력에 노출된 사춘기 초기에 있는 남아의 경우 자살생각을 갖기도 한다고 보고하고 있다(조미숙, 1999).

2) 외현화 문제(externalizing problems)

일반적으로 외현화 문제는 부모 간에 폭력을 목격한 아동에게 자주 지적 되어온 상황이다. 이 분야의 연구는 대개 Child Behavior Checklist(CBCL; Achenbach et al., 1991)를 가지고 아내구타가정 아동과 비 아내구타가정의 아동을 비교하는 것으로 이루어져 왔다. 이 연구들에 따르면 부모 상호간에 폭력이 있을 때 특히, 학령전 아동일 경우, 발달상에 행동문제의 위험에 있을 가능성이 높은 것으로 나타나고 있다(Fantuzzo et al., 1991; Hughes & Barad, 1983). 예를 들면, 분노와 디스트레스는 부모 간에 폭력적인 상호작용을 하는 가정의 아동에게서 일상적으로 나타나는 행동 양상이라고 볼 수 있다(Cummings et al., 1989).

또한 학령기 아동과 사춘기 소년의 경우에도 발달상에 있어서 외현화 문제에 대한 위험이 크게 나타날 수 있다. (Porter & O'Leary, 1980; Wolfe et al., 1985). 예를 들면, 부모간의 폭력을 목격한 사춘기 소년일 경우 가출할 위험이 보다 높아진다(Carlson, 1990).

Rosenbaum과 O'Leary(1981b)의 초기연구에서는 아내구타가정의 아동과 두 개의 통제집단 아동(예: 불화는 있지만 비 아내구타가정과 만족한 결혼 생활을 하는 가정) 간에 행동장애나 성격장애 증상에 있어서 차이가 없다고 보고한 반면, 남아의 경우에는 아내구타가정에서 성장한 아동이 보다 많은 행동적 · 정서적인 문제를 가지고 있었다고 보고하고 있다.

3) 사회적 능력(social competence)

가정폭력으로 인한 아동 · 청소년의 사회적 능력에 관한 연구를 고찰해 보면, 아내구타가정의 아동일 경우, 비 아내구타가정의 아동에 비하여 사회적 능력이 보다 낮았으며 사회적 능력에 보다 많은 손상을 입고 있었다(Fantuzzo et al., 1991; Wolfe et al., 1985).

결국 오랫동안 가정폭력을 목격한 아동의 사회적 능력에 미치는 영향이 심각함을 지적하고 있는데 예를 들면, 아동기 때에 어머니의 구타를 목격했다고 보고한 여성의 경우, 비교집단에 비해서 사회적 지지(social support)를 수용하는 능력을 포함해서 사회적 부적응(social maladjustment)이 보다 심하게 나타나는 경향이 있었으며 중요한 타자(significant others)와의 관계가 나쁘고, 사회통합(social integration) 능력이 훨씬 부족한 것으로 나타났다(Kashani & Allan, 1998).

5 주요 치료론

1) 인지행동이론

이 이론은 인간의 무의식적 정신 내용을 찾아내는 것보다는 의식적인 인지과정을 변화시키고 계발시킴으로써 인지능력을 더 많이 넓힐 수 있으며, 사람들은 인지활동을 반복하는 동안 거의 무의식적 수준에까지 이르게 된다고 주장한다. 그러나 Bandura는 이러한 생각과 그 결과로 생겨나는 행동의 일상화(routinization)는 행동을 지휘한다고 믿는 무의식적 정신활동과 구별되어야 한다(Bandura, 1986: 5)고 주장한다. 이 치료법은 크게 세 가지 중요한 내용, 즉 Ellis의 합리적 정서치료, Beck의 인지치료 그리고 행동주의 기법들로 나누어 살펴볼 수 있다. 이 치료법은 클라이언트의 신념(belief)이 그들의 폭력행동만큼이나 중요하다고 믿는다. 따라서 치료과정에서 클라이언트의 행동은 단순히 관찰되어진 것에 대한 반응이 아니라 그들의 관계를 방해하는 다양한 생각과 감정이 각자의 아동기 경험과 관련되어 있다는 것을 깨닫게 되는데 이때 이들에게 스스로의 왜곡된 인지와 부정적 귀인(attribution)을 대치시킬 수 있는 자기-지시기법(self-instructional techniques)에 대한 교육이 필요하게 되는 것이다. 이 기법 중 한 가지 대표적인 것으로서 긍정적인 혼자말(self-talk)을 가르칠 수 있는 효과적인 기술인 분노일지(anger-log)를 양쪽 배우자 모두에게 과제를 주는 것이다(Thomas, 1992: 307-311).

2) 의사소통치료

체계이론 중 인공두뇌학에 기반하고 있는 의사소통이론은 가족원들이 표현하는 문제를 가족의 상호작용에 의한 것이라는 관점에서 조명한다(Nichols, 1984: 393). 의사소통이론을 대표하는 두 가지 주요 개념은 이중구속(double binding)과 가족 항상성(family homeostasis)이다. 따라서 이 개념을 가족 내 폭력행동과 연결하여 설명하면, 보이는 폭력행동 이면의 주 관심이슈와 겉으로 나타나지 않은 부부관계를 이해하려는 노력이 무엇보다 중요하다는 것이다. 이와 같은 관점으로 보면 가족폭력 속의 두 사람은 역기능적 체계 속의 피해자로 간주되며, 가해자 역시 희생양의 역할을 오랫동안 해왔을 것이라는 해석도 가능하다. 따라서 폭력행동의 중단이 결혼관계의 중단으로 이어지기도 하는 이유도 이와 같은 맥락에서 이해될 수 있다.

3) 가족치료

치료모델로서의 가족치료의 중요성은 많은 학대부부가 관계를 지속한다는 사실 때문에 더욱 강조되어진다. 따라서 그들과 다른 가족이 함께 살게 될 때 공동가족치료(conjoint family therapy)가 필요하다. 그러나 Sakai(1991)는 결혼상담, 가족상담은 부부가 모두 비폭력에 대한 굳은 결의가 있은 있어야 도움이 된다고 지적했다.

6 개입을 위한 서비스 및 프로그램

미국의 경우 정부주관 체계는 아동보호서비스센터(child protective service)가 주 전달체계로 운영되면서 이 기관 내의 성인보호서비스(adult protective service) 파트에서 배우자 및 노인 학대를 위한 서비스와 프로그램이 제공되고 있다. 이외에

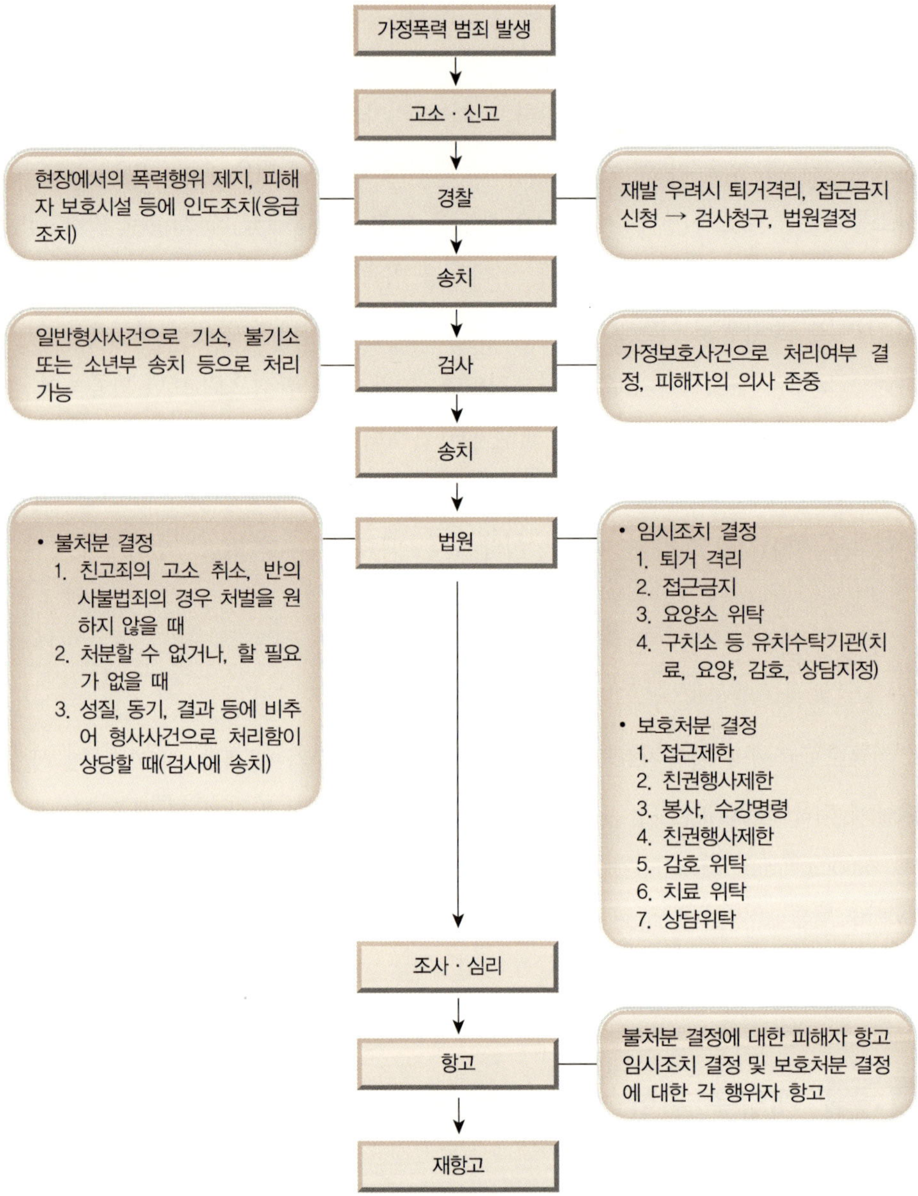

그림 11-1 가해자의 경우 가정 보호사건 처리 과정

는 우리나라의 경우와 마찬가지로 주로 여성운동을 기반으로 하는 NGO단체에서 운영하는 피해자를 위한 쉼터는 물론, 다양한 서비스가 제공되어 지고 있다. 이 내용에 대해서는 배우자학대가 우리나라에서 배우자학대가 아닌 아내학대 혹은 아내구타로 명명되고 있는 현상과 무관하지 않다고 볼 수 있다. 이 같은 문제는 배우자학대에 직접 관련된 구성원을 포함한 모든 가족원을 대상으로 포괄적이고 통합적인 접근을 제한하는 문제를 야기시키기도 한다.

1) 사회적 서비스

(1) 보호시설

1972년 영국에서 "The Chiswick House"라는 이름으로 시작된 쉼터는 별거와 가족구조를 이용하여 피해자의 급박한 욕구를 충족시키기 위한 조치이다. 즉 위기상황 동안 가족을 즉각적으로 보호하고 자원이 부족하거나 고갈된 피해자를 원조한다. 한국의 경우 2016년 1월 기준 70개소의 피해자 보호시설과 여성폭력피해자 주거지원시설 266개호(임대주택)를 운영하고 있다. 이곳에서는 일시보호(숙식제공)하고, 가정폭력 피해자의 신체적 · 정신적 안정(상담, 치료 등의 의료지원) 및 가정복귀 지원, 자활지원 등의 서비스를 제공하고 있다.

(2) 법률서비스

대부분의 피해여성들은 자신의 권리에 대해 무지한 경우가 많다. 따라서 이 서비스의 목적은 피해여성들을 위한 포괄적인 법적 중재와 도움을 제공하는 것이다. 여성가족부의 2016년 1월 기준의 발표를 보면 대한법률공단 전국 18개 지부 및 39개 출장소(132번)와 한국가정법률상담소, 본부 및 전국 31개 지부(1644-7077), 대한변협법률구조재단이 운영되고 있다. Davis(1987)는 피해여성이 결혼관계를 정리할 때

법적 충고를 해주고, 자존감을 돕고, 그들의 죄의식을 처리하도록 돕기 위해 사회사업가-변호사 팀이 최상의 서비스를 제공할 수 있다고 주장한다.

(3) 경제적 지원

주로 위기상황과 더불어 즉각적으로 이루어져야 하는 서비스 중 한 가지로 여러 학자들이 이 서비스에 대해 언급하고 있으나, 실제로 직접적으로 경제적 지원을 제공하는 경우는 드물다.

(4) 응급전화서비스

한국의 경우 1366이 가정폭력방지법 제정과 더불어 설치, 실시되어 오고 있다. 서구의 경우 많은 지역에서 이 응급전화 서비스는 병원 응급실 혹은 경찰서와 연결되어 있어서 위기상황을 24시간 모니터하는 역할을 한다.

(5) 자원 연결서비스

응급상황에서의 처치가 끝난 후 부부 혹은 가족은 사후관리를 위해 적절한 상담가나 기관으로 의뢰된다. 의뢰서비스를 통한 사례관리는 복합적인 도움이 필요한 클라이언트에게는 핵심이 되는 서비스이다.

(6) 응급실

심각한 상처를 입은 피해자가 가장 먼저 찾는 기관이 병원 응급실이다. 그러나 많은 경우 피해자 자신도 폭력 사실을 숨기려고 한다. 잘 훈련된 의사나 사회복지사의 경우 상처와 피해자 진술의 일관성을 쉽게 구별할 수가 있다. 따라서 응급실에서의 적절한 개입은 전체 개입과정에서 아주 중요한 부분이 된다.

심각한 상처를 입은 피해자가 가장 먼저 찾는 기관이 병원 응급실이다. 그러나 많은 경우 피해자 자신도 폭력 사실을 숨기려고 한다. 잘 훈련된 의사나 사회복지사의 경우 상처와 피해자 진술의 일관성을 쉽게 구별할 수가 있다. 따라서 응급실에서의 적절한 개입은 전체 개입과정에서 아주 중요한 부분이 된다.

(7) 경찰 서비스

경찰은 피해자가 연락을 취하게 될 때 법체계(고소, 신고, 고발)를 대표하는 최초의 사람이 된다. Panas는 가정폭력 사례의 발생건수가 살인, 폭행, 혹은 다른 심각한 범죄 숫자를 앞지르고 있다고 경찰이 보고한 바 있다고 하였다.

(8) 아웃리치와 옹호서비스

이 서비스를 통해서 잠재적 클라이언트, 숨겨진 클라이언트를 찾아내기도 하고, 지역사회를 대상으로 교육하기도 하는 중요한 개입이 이루어진다. 이러한 서비스를 위해서는 지역사회 기관들과의 긍정적인 관계를 유지하는 것이 매우 중요하다. 보다 구체적으로 사회복지사는 자신들이 하는 서비스를 지역사회에 알리는 것이고, 이보다 더 중요한 것은 클라이언트가 적절한 곳으로 의뢰되도록 관련 기관들을 대상으로 교육해야 한다.

2) 치료 프로그램

(1) 개별상담과 치료

일반적으로 단호함 훈련(assertive training)과 의식강화 집단 등의 연계적 치료가 포함된다면 배우자학대 문제 해결을 위해 가장 효과적인 프로그램이라고 믿는 사람들이 있다. Hilberman과 Munson은 피해자의 심리적인 면을 돕기 위해서 개별상담의 중요성을 강조한다.

(2) 부부상담과 치료

이 모델의 치료목표는 일반적으로 ① 폭력의 즉각적인 제거, ② 부부의 분노 상승 패턴에 대한 자각과 개입, ③ 문제해결 능력의 향상이다. 관계상의 어떠한 문제에 있어서도 완벽한 치료모델이 없는 것처럼 부부상담도 배우자학대 치료를 위해 완전한 해결책을 제공하지는 못한다. 부부치료의 가능성 여부를 결정하는 것은 폭력을 중단하는 것에 대한 충분한 자기통제가 가능한 대상자의 심리사회적 기능수준에 달려 있다. 이러한 한계를 보완할 수 있는 한 가지 대안으로 집단부부치료(couple's group)를 들 수 있다.

(3) 가족상담과 치료

치료모델로서의 가족치료의 중요성은 많은 학대부부가 관계를 지속한다는 사실 때문에 더욱 강조된다. 따라서 그들과 다른 가족이 함께 살게 될 때 공동가족치료(conjoint family therapy)가 필요하다. 그러나 Sakai(1991)는 결혼상담, 가족상담은 부부가 모두 비폭력에 대한 굳은 결의가 있은 후라야 도움이 된다고 했다.

(4) 집단상담과 치료

배우자학대 문제의 접근모델 중 집단프로그램의 우월성에 대한 언급은 알코올과 약물중독을 위한 프로그램과 마찬가지로 그 대상이 누구든 여러 곳에서 효과적인 모델로 지적되고 있다. Walton(1987)은 많은 연구가들이 신경증의 증상은 1:1 정신치료를 함으로써 좀 더 효과적으로 치료될 수 있으나 개인의 사회적 행동을 개선하기 위해서는 집단치료가 효과적이라고 지적하고 있다. Laura Crites는 집단상담은 여성들의 경우에 고립을 줄일 뿐 아니라, 후에 그들이 가족과 지역사회에서 거부되어질 때 의지할 수 있는 지지체계를 제공하는 면에서도 매우 효과가 있다고 했다. 가해자를 위한 집단치료의 경우도 유사한 이유에서 많이 활용된다.

3) 안전계획

안전계획(safety plan)은 어떤 종류의 학대문제 건 가장 중요하게 다루어져야 하는 내용이다. 이미 저질러진 학대상황에 대한 개입의 성공여부는 학대가 되풀이되지 않는 것에 달려 있다. 안전계획이 확보되지 않은 상황에서 가정으로 돌려보내지는 경우 학대가 되풀이 되는 경험을 하게 되며, 아동학대의 경우는 그 피해가 더욱 치명적이 된다.

안전계획의 수립을 위해서는 사회복지사의 경험과 슈퍼비전이 필수적이며 이를 통해 재피해(revictimization)를 예방할 수 있게 된다. 재피해는 일반적으로 학대사건 직후에 많이 발생하나 장기간이 지난 재발(replase)과 재피해도 흔히 볼 수 있다. 따라서 사건이 보고된 이후 피해자는 물론 가해자 모두를 계속적으로 보호할 수 있는 안전계획 수립은 매우 중요하다. 배우자학대의 재발 방지를 위한 사회복지사(사례 관리자)와 클라이언트 자신의 준비내용을 살펴보면 다음과 같다.

(1) 사례관리자의 준비

① 인테이크를 포함한 매회 재발 위험에 대한 사정 및 객관적 근거 수립(본능적 느낌을 포함)

② 스폰서 혹은 자연적 관계망 속의 사례관리자 혹은 보조자와의 연계

③ 피해자와 가해자의 협력을 통한 재발 방지

(2) 클라이언트의 개별 안전계획

① 중요한 전화번호 소지(예: 경찰, 응급전화, 친구, 쉼터 등)

② 폭력을 얘기할 수 있는 친구, 스폰서 그리고 필요시 경찰에 신고해 줄 사람

③ 집을 떠났을 때 갈 수 있는 장소 4곳 이상 준비

④ 비상금, 차 열쇠, 옷, 가까운 친구, 친척, 이웃, 중요한 서류의 복사본

⑤ 전화번호 변경, 새 은행계좌, 자신의 지원자를 방문하는 연습
⑥ 자녀를 함께 데리고 가는 것

7 가정폭력가정을 위한 복지대책 현황 및 방향

1) 가정폭력가정을 위한 복지대책 현황

현재 실시되는 가정폭력에 대한 복지대책은 대부분 아내학대에 초점을 맞추고 있으며, 아동과 노인학대에 대해서는 복지대책이 제대로 갖추어지지 못하고 있다. 아내학대의 경우 모든 대책이 가족 전체가 아닌 피해자인 아내에게만 초점을 두고, 예방적 측면보다는 임시보호소인 쉼터를 중심으로 문제발생시 피해자를 단순 보호하는 것에만 중점을 두기 때문에 보다 체계적이며 효과적인 개입방법의 효과성이 대두되고 있다.

(1) 학대받는 여성에 대한 사회복지대책 현황

1998년 '가정폭력범죄의 처벌 등에 관한 특례법'과 '가정폭력방지 및 피해자보호 등에 관한 법률'의 시행을 통해 가정폭력으로부터 여성을 보호 · 지원하고 있다. 특히 2001년 1월 여성부의 신설에 따라 보건복지부에서 여성부로 이관된 여성긴급전화 1366과 가정폭력상담소의 운영, 가정폭력피해자 보호시설과 가정폭력피해자 치료보호대책을 통해 가정폭력으로부터 여성을 보호하고 지원하고 있다.

피해여성으로부터 신고가 들어오면 일단 상담을 하고 상황을 파악한 후 즉시 경찰이 출동해 피해자와 가해자를 격리시키는 일에서부터 가정폭력 피해여성의 보호는 시작된다. 그 다음 단계는 피해여성을 안전한 장소로 이동시켜 일정 기간 쉼터에

머물도록 하고, 아동이 있을 경우 학교생활에 지장이 없도록 지원해 주며, 다음단계로 자립할 수 있도록 직장을 구해 주도록 되어 있다.

가정폭력피해자가 사회의 일원으로 정상적인 생활을 하기까지 관련되는 기관은 우선 피해여성 상담기관이고, 다음 단계로 신속한 경찰출동을 위한 경찰청, 그리고 수요만큼 충분한 쉼터제공을 위한 보건복지부, 자녀교육을 위한 교육부, 구직을 위한 노동부, 최종적으로 객관적이고 합리적인 판결을 위한 법무부의 지원시스템이 연결되어야만 가정폭력피해자가 보호받을 수 있다.

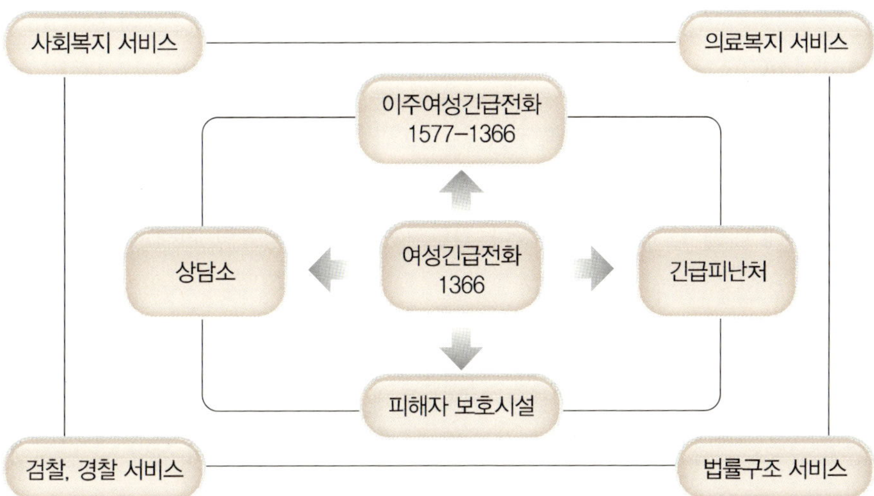

그림 11-2 여성폭력방지 종합정보

출처: 여성부(2003).

① 여성긴급전화 1366

가정폭력 · 성폭력 · 성매매 등으로 긴급신고 · 보호를 필요로 하는 여성들이 언제라도 전화를 통해 안내 · 상담을 받을 수 있도록 전국적으로 통일된 국번 없는 특수전화 1366을 365일 · 24시간 운영하여 폭력으로부터 여성을 보호하고 지원한다. 가정폭력 방지 및 피해자 보호 등에 관한 법률 제4조 1호에 근거해 운영되는 1366은

One-stop 서비스 제공의 중심기관으로서 연중 24시간 보호망 완비로 즉각적이고 효율적인 서비스를 제공하여 피해자에 대한 1차 긴급 상담, 서비스연계(의료기관·상담기관·법률구조기관·보호시설 등), 종합정보 안내 및 위기 개입 서비스를 제공하고 있다.[8)]

② 가정폭력상담소

가정폭력을 예방하고 가정폭력의 피해자를 보호함으로써 건전한 가정을 유지하고 가정해체를 방지하기 위하여 가정폭력상담소의 운영을 지원하고 있다. 가정폭력 상담소는 2016년 1월 서울의 32개의 상담소를 비롯하여 전국에 203개의 상담소가 설치되어 있다.

가정폭력상담소는 가정폭력을 신고 받거나 이에 관한 상담을 하고, 가정폭력으로 인하여 정상적인 가정생활 및 사회생활이 어렵거나 기타 긴급히 보호를 필요로 하는 피해자에 대한 임시보호를 하거나 의료기관 또는 가정폭력 피해자를 보호시설로 인도하는 역할을 한다.

또한 행위자에 대한 고발 등 법률적 사항에 관한 자문을 얻기 위한 대한변호사협회나 지방변호사회 또는 대한법률구조공단 등에 필요한 협조와 지원을 요청하며, 경찰관서 등으로부터 인도받은 피해자를 임시보호하고, 가정폭력의 예방 및 방지에 관한 홍보의 역할을 담당하고 있다.

행위자에 대한 치료서비스를 지원하고, 피해자에 대한 효과적인 상담서비스를 제공하며, 가정폭력 근절을 위한 지역주민에 대한 교육 및 홍보를 실시한다. 또한 연계기관의 업무이해를 위한 매뉴얼 개발과 가정폭력의 예방을 위한 홍보역할도 담당하고 있다. 행위자에 대한 치료서비스는 1차적으로 집단 상담으로 접근하고, 2차로 개인상담·부부상담·가족 상담을 병행토록 하고 있으며, 피해자에 대해서는 법률서비스와 의료서비스 및 상담서비스를 실시하는데, 가족치료 및 가족집단상담 프로

8) 광역자치단체 단위로 1개소씩 전국 16개 시·도에 설치.

그램을 제공하고 있다.

③ 가정폭력피해자 치료보호

가정폭력행위자가 비용을 부담할 능력이 없는 피해자 중 정신적·신체적 피해로 인한 치료가 필요한 자에 대한 치료비를 지원하도록 되어 있다. 구체적인 지원내용으로는 보건에 관한 상담 및 지도, 신체적·정신적 피해에 대한 치료, 임산부의 심리적 안정을 위한 각종치료프로그램의 실시 등 정신치료, 임산부 및 태아보호를 위한 검사 및 치료, 가정폭력 피해자가정의 신생아에 관한 의료·치료보호비용의 부담 및 구상권 행사 등으로 일체 치료비용은 가정폭력행위자의 거주지를 관할하는 시·군·구청장 또는 상담소·보호시설의 장은 가정폭력피해자 치료예산에서 당해의료기관에 치료보호비용을 지급하도록 되어 있다.

또한 상담소·보호시설의 장은 치료보호비용을 지급한 자의 명단을 익월 10일 내에 가정폭력행위자의 거주지를 관할하는 시·군·구청장에게 보고해야 하며, 시·군·구청장은 관내 거주지를 두고 있는 가정폭력행위자의 명단을 관리하고 구상권(국세 또는 지방세 체납처분절차)을 행사하여 가정폭력행위자가 전출시 전출지 시·군·구청장은 신주소지를 관할하는 시·군·구청장에게 관계서류 일체를 이송하도록 되어 있다.

④ 일시보호(쉼터)

학대받는 여성을 위한 서비스는 일시보호소(쉼터)를 중심으로 이루어지고 있다고 해도 과언이 아니다. 쉼터는 남편에게서 구타당하고 학대받는 아내들이 위기를 탈출하여 임시로 안전하게 기거하는 곳을 말한다.

쉼터에서는 구타당한 여성을 안전한 곳으로 옮겨 위험으로부터 보호를 받게 하며, 구타로 인해 무기력해진 아내들의 신체적·정신적 안정과 치료를 도울 뿐 아니라 여성이 폭력남편으로부터 완전히 벗어나 독립할 수 있도록 법적·경제적으로 지원한다. 그리고 일시적인 보호와 거주 장소를 제공하고 있으며, 아내의 신체적 안전과 안정, 심리적 안정을 위한 개별상담과 집단상담, 독립적인 삶을 위한 취업알선 등의 프로그램을 제공하고 있다.

⑤ 학대받는 여성에 대한 경제적 자립을 위한 사회복지대책

학대 받는 여성들이 남편과의 폭력관계를 종결하지 못하는 가장 큰 이유 중의 하나가 바로 경제적인 자립문제라고 한다. 쉼터에 거주하는 동안이나 쉼터를 나온 후에도 경제적 자립문제는 아내들의 큰 관심사이며, 한 인간이 독립하기 위해 가장 먼저 해결해야 할 가장 중요한 문제이다.

학대받는 여성들이 직업훈련과 직업알선을 받을 수 있는 곳은 전국 각 지역에 분포되어 있는 지역복지관인데, 이들 시설에 직업훈련의 일부 과목은 경제적 도움이 안되는 것들이 많고, 대부분 저소득층에 속한 구타여성들에게 유용할 뿐 중산층여성에게는 접근성이 떨어진다.

학대받는 여성들의 경제적 자립을 위한 사회복지제도는 거의 없다고 해도 과언이 아닐 정도로 미비한 실정이다. 이렇듯 사회적 지원체계가 부족하기 때문에 용기를 내어 쉼터에 들어와도 경제적으로 독립을 할 수 없어 다시 가정에 복귀하는 경우가 많은 것이다.

(2) 아동학대에 대한 사회복지대책 현황

현행 우리나라의 아동학대에 대한 단독 법은 제정되어 있지 않고, 부분적으로 아동복지법이나 미성년자보호법 같은 관계법에 의해 실시하고 있다. 특히 2000년 개정 아동복지법에서는 학대받는 아동을 위한 긴급전화 1391 및 아동보호전문기관을 설치 · 운영하는 등 학대아동 보호체계를 마련하기 위한 법적 조항이 신설되었다.

우리나라의 학대아동보호사업은 Kadushin에 의한 아동복지사업 모델 중 보충적 아동복지사업으로 분류되며, 보호사업(protective service)으로 쓰이는데, 실제로 학대

아동보호사업은 보충적 서비스뿐 아니라 지지적 · 대리적 서비스가 함께 주어지기도 한다(이소희 외, 2001).

아동학대의 신고에 대해 알아보면 다음과 같다.

아동복지법 제26조 규정에 의하면, 누구든지 아동학대를 알게 된 자는 아동보호 전문기관 또는 수사기관에 즉시 신고하도록 되어 있다. 특히 신고의무자를 지정하여 반드시 신고하도록 되어 있는데, 신고의무자는 초중등교육법 제 19조의 규정에 의한 교원, 의료법 제34조 규정에 의한 의료기관에서 의료업을 행하는 의료인, 아동복지 시설의 종사자 및 그 장, 장애인복지법 제37조 규정에 의한 장애인복지시설에서 장애아동에 대한 상담 · 치료 · 훈련 또는 요양을 행하는 자, 영유아보육법 제7종의 규정에 의한 보육시설의 종사자, 윤락행위 등 방지법 제11조 및 제14조의 규정에 의한 복지시설의 종사자 및 여성 복지상담소의 상담원, 모자복지법 제7조 및 제20조의 규정에 의한 모자복지상담소의 상담원 및 모자복지시설 종사자, '가정폭력방지법 및 피해자 보호 등에 관한 법률' 제5조 및 제7조의 규정에 의한 가정폭력 관련 상담소의 상담원 및 가정폭력 피해자보호시설의 종사자, 아동복지지도원 및 사회복지사업법 제14조 규정에 의한 사회복지 전담공무원 등을 말한다.

2) 폭력가정을 위한 가족복지대책 방향

가정법률상담소가 실시한 조사에 의하면 가정폭력 가해자들은 가정폭력특별법 시행 이후에도 아무런 변화를 보이지 않거나 오히려 더욱 심한 폭력을 행사하는 경우가 대부분인 것으로 나타나서 고질화된 가해자의 폭력습관이 법 시행만으로 하루아침에 고쳐지기 어려우며, 법의 효과적인 운용과 사회적 노력의 뒷받침이 요구된다. 이는 현실적으로 법률상의 규정이나 제도 등이 올바르게 시행하지 못하고 있기 때문이다.

(1) 가정폭력 예방적 차원에서의 대책 방향

① 사회규범의 변화

대부분의 가정폭력의 가해자가 아버지 · 남성인 점은 우리 사회의 가부장적 문화의 타파가 시급함을 알게 해 준다. 여성과 자녀에 대해 지배하고 소유하려는 태도를 지양하고 동등한 인격체로 대할 수 있는 의식의 전환이 사회전반에 걸쳐 이루어져야할 것이다. 뿐만 아니라 가정폭력에 대한 왜곡된 통념을 바꾸고, 가정폭력에 대한 올바른 정보를 제공하며, 가정폭력 실상에 대한 인식을 제고할 운동이 계속 전개되어야 한다. 이는 학교교육과정을 비롯한 사회제도 전반의 성차별적인 요소를 제거하고 폭력을 미화 · 조장하는 대중매체에 대한 강력한 규제도 필요하다. 이를 위해서는 사회단체와 아동 · 여성단체를 통한 의식개혁운동과 매스컴의 평등보도가 중요한 접근방안이라 할 수 있다.

② 가정폭력 상담 전문 인력 양성 및 배치

가정폭력의 재발을 방지하기 위해서는 전문 인력의 양성 · 배치가 시급하다. 이는 가정폭력문제를 전담하는 응급전화인 '1366'이나 기타 상담활동 등이 거의 대부분 자원봉사자에 의해 운영되고 있기 때문에 전문성 확보문제가 시급하다. 가정폭력 가해자로부터 피해자를 보호하고 지원하는 일은 위기개입에서부터 임상적 접근에 이르기까지 전문 인력의 투입을 필요로 하기 때문에 전문 인력의 양성 · 배치를 법적인 차원에서 지원하는 일이 필요하다.

아동상담소에서 활동하는 아동위원의 경우에서도 아동위원의 선정기준이 모호하며, 그들에 대한 대우역시 제대로 이루어진다고 볼 수 없어 아동학대 예방과 해결을 위한 전문가적인 활동을 기대하기가 어려운 실정이다. 따라서 아동학대의 사전예방과 조기에 발견하여 치유하기 위해서는 각 기관의 인력보강과 인력의 전문화가 되어야 한다.

(2) 가정폭력 사후처리 차원에서의 대책방향

① 피해자 보호차원에서의 법적 지원 및 강화

1998년부터 가정폭력범죄특례법이 시행되고는 있지만 가정폭력을 범죄행위로 인식하는 정도는 아직도 낮다. 최근 가정폭력의 심각성으로 인하여 피해자의 신고 없이 적극적인 경찰의 개입이 이루어지게 되었으나(문화일보, 2003. 2. 15.) 뒤늦은 감이 없지 않아 있다. 현행 가정폭력특례법의 가장 큰 문제점은 '가정유지' 보호 목적이 강조되면서 가해자에 대한 법적 처분에만 초점을 맞추다 보니 '피해자의 인권보호'와 '가정폭력의 종식'이라는 초점에 구조화되지 못하여 결국은 가정폭력에 대한 효과적인 위기개입 및 피해자 보호장치가 허술한 결과를 낳았다(김은경, 2002).

당초 여성계에서 가정폭력 대응입법을 추진하게 된 배경과 동기는 '매 맞는 아내'로 표상되는 폭력피해자들에 대한 보호와 효과적인 위기 개입을 위한 것이었으나, 현행 가정폭력특례법은 피해자가 이혼과 형사처벌을 원하지 않고 가해자를 개선시켜 가정을 유지시키겠다는 의사를 가질 때만 유용하다. 실제로 가정폭력의 고위험집단과는 달리 적어도 신고를 할 수 있을 정도로 대항능력과 힘을 가진 피해자들이 특례법의 도움을 받는 주대상층이 되고 있다.

더욱이 '보호처분'을 중심으로 다루려는 현행정책방향은 그렇지 않아도 사소한 문제로 취급되는 가정폭력의 관행을 오히려 심화시키고 있다. 가정폭력의 피해자인 여성의 대부분이 배우자의 행위통제로 학대관계를 종식시키는 것에 대한 어려움을 겪고 있기 때문에 체포나 임시조치 등 일정시간동안의 '격리(분리)'조치를 의무화해야 하며, 경찰은 응급조치 및 임시조치 후 안전한 곳에서 보호받을 수 있도록 신속한 개입을 위한 연계기관과의 협력이 이루어져야 할 것이다.

현실적으로 가정폭력이 발생한 경우 대개 피해자가 이주하여 가해자로부터 벗어나는 형태를 취하고 있지만, 자녀의 학습과 양육과 관련하여 피해자와 자녀가 집에 남아있는 것이 더 필요한 경우가 많고, 여성피해자를 지원하는 보호소시설이나 주택

지원 역시 한계가 있다. 따라서 가옥의 소유문제는 별개로 하더라도 자녀를 양육하는 피해자에게 주거에 대한 우선적 사용권 등의 법적인 권리의 인정, 또는 가해자를 일시 보호시설 등으로 퇴거조치 시키는 제도 등의 개선방안이 필요하다.

② 통합적 서비스 제공

가정폭력피해자들은 대부분 여성과 아동으로 폭력에 의한 심각한 정신적 · 신체적 손상을 가질 수 있으므로 신속하고 안전한 보호를 받을 수 있는 시설이 필요하다. 가정폭력 피해자들에게 가장 시급한 해결책으로 요구되는 쉼터의 경우, 피해여성 및 아동이 접근하기 용이할 수 있도록 소규모로 전국적인 확산이 필요하다. 대부분의 쉼터를 이용하는 여성이나 아동은 지역적으로 그 숫자에 있어 충분하지 않을 뿐만 아니라 여러 다른 서비스들을 받으려면 각기 분리된 서비스기관들을 방문해야 하는 어려움을 갖고 있다. 이는 가정폭력의 경우, 단순한 신변보호만 필요한 것이 아니라 가정폭력에 의한 후유증을 치료할 수 있는 심층적인 치료와 동시에, 가정 · 학교 · 사회에 복귀할 수 있는 재활서비스를 제공해 주어야 가족해체를 방지할 수 있는데, 충분한 자원이 이루어지지 않음을 의미한다. 따라서 이를 위해서는 각 기관간의 유기적인 관계가 필수적이며, 다양하고 포괄적인 서비스가 필요하다. 우리나라의 가정폭력관련 서비스기관 간의 연계활동은 매우 미약하기 때문에 구체적인 연계방안에 대한 모색이 필요하다.

뿐만 아니라 가정폭력피해자에게 초점을 맞춘 서비스로는 가정폭력이 해결되지 않는다. 가정폭력 가해자의 치료가 병행이 되어야 하는데, 이를 위해서 가정폭력 가해자에게 개별심리치료 · 가족치료 등을 의무적으로 행할 수 있는 강제적 · 법적 지원이 이루어져야 한다.

8 결론

가정폭력이라는 문제자체가 사회의 구조적인 문제임에도 불구하고 구조적인 개입 없이 개인의 적응 차이만을 논의한다는 것은 구조적인 모순을 정당화 하는데 기여하는 일시적인 미봉책이다. 즉, 환경 속의 인간이라는 사회사업의 기본 명제에서도 잘못된 환경에 개인을 그대로 적응시키는 것보다 궁극적인 변화를 위한 환경에의 개입이 우선되어야 함을 크게 세 가지 정도로 강조할 필요가 있다(조미숙, 2007).

첫째, 가정폭력에 관한 사후대책뿐만 아니라 사전에 방지하기 위한 정부의 예방정책의 필요성이 제기된다. 가정폭력의 경우 가족에게 미치는 영향이 즉각적으로 드러나지 않기 때문에, 사후 개입도 물론 중요하지만 장기적으로는 사전교육 및 예방의 측면에서 개입하는 것이 무엇보다 중요하다고 본다.

따라서 지역사회 복지관 등을 통한 가정폭력의 폐해와 사실을 적극 홍보해야 할 것이다. 이러한 개입시 지역사회 자원과의 연계와 협조가 절대적으로 필요한데, 그 대표적인 기관들로는 경찰, 종교단체, 학교, 병원, 여성단체나 지역방송국 등이다. 사회사업가들이 이러한 단체들의 인적, 물적 자원들을 연계하고 효과적으로 조직하여 가정폭력에 대한 왜곡된 태도와 행동을 변화시킬 수 있도록 정책적인 배려가 뒤따라야 할 것이다. 또한 정부 및 지방자치 단체에서는 본 연구자가 실천적 함의에서 제시한 다양한 프로그램이 확대 실시될 수 있도록 적극적인 지원이 이루어져야 할 것이다.

둘째, 학교사회사업제도가 시급히 도입되어야 한다. 폭력가정 아동·청소년의 심리·사회적인 부적응에 대하여 예방·개입이 가능하기 위해서는 학교라는 장이 적극적으로 활용되어야 하기 때문이다. 학교라는 장은 대부분의 아동 및 청소년들이 거치는 발달의 장으로서 별다른 낙인 없이 아내구타가정 아동의 심리·사회적 문제를 조기에 발견하거나 미연에 예방할 수 있고, 지속적인 도움을 줄 수 있다는 점에서 매우 유용하기 때문에 학교라는 장을 중심으로 사회복지 서비스를 제공하는 것이 바람직하다고 본다.

셋째, 가정폭력의 사전예방을 위해서는 지역사회(comunity) 자체가 폭력과 가정폭력에 대한 높은 인지도를 갖는 것이 무엇보다 중요하다. 사회의식의 변화란 한두 번의 홍보로 가능한 것이 아니며, "사회복지개입 목표집단"을 대상으로 한 꾸준한 교육과 계몽이 필요하다. 특히 지역사회중심의 학교, 직장 그리고 지역사회복지관의 역할이 중요하며, 이를 위한 중앙과 지방정부의 적극적인 관심과 지원이 필요하다.

참 | 고 | 문 | 헌

김광일 (1989). 가정폭력과 사회. 대한 의학 협회지, 32(9).

김재엽 (1998 a). 한국가정폭력실태와 사회계층 변인과의 관계연구, 한국사회복지학, 35, 133.

김재엽 (1998 b). 한국가정의 폭력실태와 사회복지 개입의 필요성: 부부폭력을 중심으로. 한국가족사회복지학회 제4회 학술세미나, 한국가족사회복지학회.

김재엽 (1998 c). 가정폭력의 태도와 행동 간의 상관관계연구. 한국가족사회복지학, 2, 87-114.

김정희 (1987). 지각된 스트레스, 인지세트 및 대처방식의 우울에 대한 작용. 서울대학교 대학원 박사학위논문.

김정희, 이장호 (1986). 사회적지지 척도 제작을 위한 예비적 연구. 행동과학연구, 8, 143-153.

김충련 (1996). SAS라는 통계상자: 통계분석 및 시장조사 기법을 중심으로. 서울: 데이터리서치.

김태연, 장휘숙 (1988). 발달심리학. 서울: 박영사.

박현선 (1998). 빈곤 청소년의 학교 적응유연성, 서울대학교대학원 박사학위 논문.

신순옥 (1983). 부모의 양육태도 및 부부간 결혼적응과 아동의 부적응 정서행위와의 관계에 관한 연구. 연세대학교 교육대학원 석사학위 청구논문.

오경자, 이혜련, 홍강의, 하은혜 (1997). K-CBCL 아동, 청소년 행동 평가척도. 중앙적성연구소. 3-14.

이명숙, 김영미 (1993). 가족구조와 부부불화가 청소년 자녀의 부적응에 미치는 영향. 한국발달심리학회지, 6(2), 201-216.

이서원 (1997). 열등의식과 성역할 태도가 아내구타에 미치는 영향에 관한연구; 빈곤가구를 중심으로. 연세대학교대학원 사회복지학과 석사학 위논문(미간행).

이선경 (1997). 아동의 적응에 영향을 미치는 위기요인과 보호요인의 이론적과정 모델. 숙명여대 박사학위청구논문.

이순형, 신양재, 김영주 (1991). 빈곤가정 아동의 환경지각 연구. 아동 학회지, 12(1), 114-127.

이시형, 이세용, 정현희, 박현선 (1996). 부모-자녀 관계와 청소년기 심리 사회적 적응. 서울: 삼성생명연구소.

이인재, 이선우, 류진석 (1997). 사회복지 통계 분석. 서울: 나남출판.

이춘실 (1982). 대학생 정상집단과 부적응집단의 자아개념연구. 숙명여대 석사학위논문.

이홍탁 (1995). 사회조사 방법론: 사회조사와 자료분석 기법. 서울: 법문사.

임계원, 홍강의, 이근후 (1991). 소아정신과 환아 부모의 부부관계에 대한 연구. **소아·청소년 정신의학**, 2(1), 160-175.

장연집, 박경, 최순경 (1997). **현대인의 정신건강**. 서울: 학지사.

장휘숙 (1995). **청년심리학**. 서울: 장승.

한국여성개발원 (1993). 가정폭력의 예방과 대책에 관한 연구.

한국형사정책연구원 (1992). 가정폭력의 실태와 대책에 관한 연구: 서울시의 남편의 아내폭력을 중심으로.

Achenbach, T. M., & Edelbrockm, C. (1983). Manual for the Child Behavior Check List and Revised Child Behavior Profiles. Burlington, University of Vermont.

Achenbach, T. M., & Edelbrock, C. (1991). Manual for the Child Behavior Check List 4-18 and 1991 profile. Burlington: University of Vermont.

Bandura, A. (1977). *Social learning Theory*. General LearningPress, New York.

Baum, A., Aielli, R., & Calesnick, L. E. (1978). Crowding and personalControl: Social density and the development of learned helplessness. *Journal of personality and social psychology, 36*, 1000-1011.

Baumrind, D. (1991). Effective parenting during the early adolescent transition. In P. A. Cowan & E. M. Hetherington (Eds.), *Family transitions* (pp. 111-163). Hillsdale, NJ: Erlbaum.

Beardslee, W. R., Bemporad, J., Keller, M. B., & Klerman, G. L. (1983). Children of parents With major affective disorder: A review. *American Journal of psychiatry, 140*, 825-832.

Bloom, B. (1964). *Stability and change in human Characteristics*. New York: Wiley.

Brunquell, D., Crichton, L., & Egeland, B. (1981). Maternal personalityand attitude in disturbances of child rearing. *American Journal of Orhopsychiatry, 51*, 680-691.

Carlson, B. E. (1990). Adolescent observers of marital Violence. *Journalof Family Violence, 5*, 285-299.

Cascardi, M., & O'Leary, K. G. (1992). Depressive mptomatology, self-esteem, and self-blame in battered Women. *Journal of family Violence, 7*, 249-259.

Cicchetti, D., Rogosch, F. A., Lyhch, M., & Hort, K. D. (1993). Resilience in maltreated Childen. Processes leading to adaptive Outcome. *Development and psychopathology, 5*, 629-647.

Cohler, B. J., Gallant, D. H., Grunebaum, H. U., & Kaufman, C. (1983). Social adjustment amomg schizophrenic, depressed, and well mothers and their school-aged Children.

In H. L. Morrison(ED.), *Children of depressed parent: Risk, identification, and intervention*(65-97). New York: Grune & Stratton.

Conger, R. D., McCarty, J. A., Yang, R., Lahey, B. B., & Kropp, J. P. (1984). perception of child, child rearing values, and emotionaldistress as mediating links between environmental Stressors and observed maternal behavior. *Child Development, 55,* 2234-2247.

Cummings, E. M., Vogel, D., Cummings, J. S., & El-sheikh, M. (1989) Children's responses to different forms of expression ofanger between adults. *Child Development, 60,* 1392-1404.

Davies, P. T., & Cummings, E. M. (1994). Marital conflict and adjustment: An emotional security hypothesis. *Psychological Bulletin, 116*, 387-411.

Dryfoos, J. G. (1990). *Adolescents at Risk-prevalence and prevention.* New York: Oxford university press.

Ellison, E. S. (1983). Issues concerning parental harmony and children'spsychological adjustment. *American Journal of Orthopsychiatry, 53*, 73-80.

Emery, R. (1982). Interparental conflict and the children of discord anddivorce. psychol. Bull 92, 310-330.

Emery, R., & Tuer, M. (1993). Parenting and the marital relationship In parenting: An Ecological perspective, ed. by T. Luster & L.

Emery, R., Weintraub, S., & Neale, J. M. (1982). Effects of maritaldiscord on the school behavior of children of schizophrenic, effectively disordered, and normal parents, *Journal of Abnomal Child Psychology, 10*, 215-228.

Emery, R., & O'Leary, K. D. (1982) Children's perceptions of marital discord and behavior problems of boys and girls. *Journal of Abnomal Child psychology, 10,* 11-24.

Fantuzzo, J. W., & Lindquist, C. U. (1989). The Effects of ObservingConjugal Violence on Children: A review and analysis of research methodolgy, *Journal of Family Violence, 4,* 77-94.

Fantuzzo, J. W., Depaola, L. M., Lambert, L., Martino, T., Anderson, G., & Sutton, S. (1991). Effects of Interparental Violence on the Psychological Adjustment and Competencies of Young children. *Journal of Consulting and Clinical Psychology, 59* (2), 258-265.

Fauber, R. L., Forehand, R., Thomas, A. M., & Wierson, M. (1990). AMediational model of the impact of marital conflict on adolescent adjustment in intact and divorced families: The role of disruptedparenting. *Child Development, 61,* 1112-1123.

Fauber, R. L., & Long, N. (1992). Parenting in a broader context: A reply to Emery, Finchman, and Cummings, *Journal of Consulting and Clinical Psychology, 60,* 913-915.

Fergussion, D, M., Lynsky, M. T., & Horwood, L. J. (1994). The effects of parental seperation, the timing of seperation and genderon children's performance on cognitive test. *Journal of Child Psychology and Psychiatry, 35*(6), 1077-1092.

Fergussion, D. M., Horwood, L. J., & Lynskey, M. T. (1992). Familychange, parental discord and early offending. *Journal of Child Psychology and Psychiary, 33,* 1059-1075.

Field, L. D. (1991) The role of social support in Hispanic adolescents academic achievement. Unpublished manuscript Presented at the Biennial Meeting of the Society for Research and Child Development. Seattle, Washington.

Fincham, F. D., & Osborn, L. N. (1993). Marital conflict and children :Retrospect and prospect. *Clinical Psychology Review, 13,* 75-88.

Floyd, C. H. (1995). African-American high-school seniors achieving despite the obstacles. Dotoral. Dissertation Claremont Graduate School.

Foo, L., & Margolin, G. (1995). A multivariate investigation of datingviolence. J. Fam. Viol. 10: 351-375.

Ford, M. E. (1992). Motivating human: goals, emotions, and Personal agency beliefs. Newbury Park, Ca. Sage.

Foster, S. L., & Robin, A. L. (1989). Parent-adolescent Conflict. In E. J. Mash & R. A. Barkley (Eds), *Treatment ofchildhood disorders* (pp. 493-528). New York: Guilford

Garmezy, N. (1983). Stressors of childhood. In N. Garmezy & M. Rutter(Eds.), s*tress, coping, and development in children* (43-84). New York: McGraw-Hill.

Garmezy, N., Masten, A. S., & Tellegen, A. (1984). The syudy of stress and competence in children: A building block fordevelopmental psychopathology. *Child Devel. 55,* 97-111.

Garmezy, N. (1985). Stress-resistant children: The search for protectivefactors. In stevenson, J. D.(ed.), *Recent Research in Developmental psychopathology* (pp.213-233). Pergamon Press, Oxford.

Garmezy, N. (1987). Stress, competence, and development: Continuitiesin the study of schizophrenic adults, children vuluerable to psychopathology, and the search for stress-resistant children. *Amerrican Journal of Orthosychiatry, 57*, 157-174.

Garmezy, N. (1991). Resiliency and Vulnerability to adverse developmentaloutcomes associated with poverty. *American Behavioral Scientist, 34,* 416-430.

Gecas, V. (1979). The influence of social class on Socialization. In W. R. Burr, R. Hill, F. I. Nye & I. L. Reiss. *Contemporary Theories about the family*, ed. NY: The Free press.

Gecas, V. (1982). The self-concept. *Annual Review of Sociolgy, 8*, 1-33.

Gelles, R. J. (1997). *Intimate Violence in Families*. Sage Publishers Inc.

Gentry, C. E., & Eddy, V. B. (1980). Treatment of Children in spouse abusive families. *Victimology: An InternationalJournal, 5*, 240-250.

Giller, B. (1990). All in the family: Violence in the Jewishhome. *Woman and Therapy, 10*, 101-109.

Gottman, J. M., & Katz, L. (1989). Effects of marital discord on young children's peer interaction and health. *Developmental Psychology, 25,* 373-381.

Grych, J, H., & Fincham, F. D. (1990). Marital Conflict and childrens adjustment: A cognitive-contextual framework. *Psychological Bulletin, 108*, 267-290.

Gwartney-Gibbs, P. A., Stockard, J., & Brohmer, S. (1987). Learning courtship violence: The influence of parents, peers, andpersonal experiences. *Fam. Relat. 36,* 276-282.

Hamburg, D. A. (1991). Health and behavior: An evolutionaryperspective on contemporary problem. In R. Jessor(Ed), *perspectives on behavioral Science: Colorado lectures* (pp.177-200). New York: Westview press.

Hashima, P. Y., & Amato, P. R. (1994). Poverty, Social support andparental Behavior. *Child Development, 65*, 394-403.

Hernandez, L. P. (1993). The role of protective factors in the shool resilience of Mexican high school students. Doctoral dissertation. Stanford university.

Hershorn, M., & Rosenbaum, A. (1985). Children of marital violence: A closer look at the unintended victims, *American Journal of Orthopsychiatry, April, 55*. 260-266.

Hetherington, E. M. (1986). *Child psychology: A Contemporary Viewpoint*. NY: McGraw-Hill.

Hetherington, E. M., COX, M., & COX. R. (1979). Play and Social interaction in Children following divorce. *Journal of Social Issues, 35*(4), 26-49.

Hollin, C. R., & Trower, P. (1986). Handbook of Social Skills Training application across the life span, 1, New York: Pergaman press.

Hughes, H. M., & Barad, S. J. (1983) Psychological functioning of children in a battered Women's shelter: preliminary investigation. *American Journal of Orthopsychiatry, 53*, 525-531.

Jaffe, P., Wolfe, D., Wilson, S., & Zak, L. (1986a). Similarities inbehavioral and social maladjustment among child victims and witnesses to family Violence. *American Journal of Orthopsychiatry, 56*, 12-146.

Jaffe, P., Wolfe, D., Wilson, S. K., & Zak. L. (1986 b). Family Violence and Child Adjustment: A Comparative Analysis of Girls'and Boys' behavioral symptoms. *American Journal of Psychiatry, 143*, 74-77.

Jenkins, J. M., & Smith, M. A. (1990). Factors protecting Children in disharmonious homes. *Journal of American Academy of Child andAdolescent Psychiatry, 29*, 60-69.

Jouriles, E. N., Barling, J., & O'Leary, K. D. (1987). Predicting child behavior problems in marital violent families. *Journal of Abnormal Child Psychology, 15*, 165-173.

Jurich, A. P. (1990). Families Who Physically abuse adolescents. In S. M. Stith, M. B. Williams, & K. H. Rosen(Eds.), *Violence hits home: Comprehensive treatment approachesto domestic violence* (pp.126-150). New York: springer.

Kashani, J. H., & Allan, W. D. (1998). *The Impact of Family Violenceon Children and Adolescents*. Sage publication. 33-84.

Kashani, J. H., Darby, P. J., Allan, W. D., Hartke, K. L., & Reid, J. C. (1997). Interafamilial homicide Commirred by juveniles: Examination of a Sample With recommendations for prevention. *Journal of Forensic Sciences, 42,* 873-878.

Katz, L. F., & Gottman, J. M. (1993). Patterns of conflict predictchildren's internalizing and externalizing behaviors. *Developmental Psychology, 29*, 940-950.

Kelso, J., Stewart, M. A., Bullers, L., & Eginton, R. (1984). The Measure of Marital Satisfaction: A questionnaire to screenparents for marital problems. *Child Psychiartry and Humandevelopment, 15*, 86-103.

Kerig, P. K., Cowan, P. A., & Cowan, C. P. (1993). Marital quality and gender differences in parent-child interaction. *Developmental Psychology, 29*, 931-939.

Kirby, L. D. & Fraser, M. W. (1997). Risk and resilience in childhood. In M. W. Fraser(EDS.), *Risk and resilience in childhood.* Washington, DC: NASW press.

Lazarus, R. S. (1963). *Personality and Adjustment.* Englewood Cliff; prentice Hall.

Lovell, M. L., & Richey, C. A. (1991). Implementingagency-based social-support skill training. Families in Society. *The Journal of Cantemporary Human Services, 72,*

563-572

Luthar, S. S. (1991). Vulnerability & resilience: A study of high-risk adolescents, *Child Development, 62,* 600-612.

Lutzker, J. R. (1980). Deviant family systems. In B. B. Lahey & A. E. Kazdin(Eds.), *Advances in clinical child psychology, 3* (97-148). New York: plenum press.

Maccoby, E. E., & Martin, J. A. (1983). Socialization in the context ofthe family: Parent-child interaction. In P. H. Mussen & E. M. Hetherington(Eds.), *Handbook of child psychology: Vol. 4. Socialization, personality, and social development* (1-101). New York: John Wiley and Sons.

Markward, M. J. (1997). The impact of Domestic Violence on Children. *Family in Society: The Journal of Contemporary Human Services,* 66-70.

Masten, A. S., Best, K., & Garmezy, N. (1990). Resilience and development: Contributions from the study of children who over come adversity. *Development and Psychopathology, 2,* 425-444.

McCloskey, L. A., Figuerdo, A. J., & Koss, M. P. (1995). The effects of systemic family Violence on children's mental health. *Child Development, 66,* 1239-1261.

McLoyd, V. C. (1990). The impact of economic hardship on blackfamilies and children: Psychological distress, Parenting and Socioemotional development. *child Development, 61,* 311-346.

Mena, F., Padilla, A. & Maldonado, M. (1987). A culturative stressand specific coping strategies among immigrant. *Journal of Behavior Sciences, 9* (2), 207-225.

Moore, J. G. (1975). Yo-yo Children: Victims of marital Violence. *Child Welfare, 54,* 557-566.

Moos, R. H., Cronkite, R. C., & Finney, J. W., (1990). Health and Daily Living Form Manual, Center for Health Care Evaluation. Stanford university Medical Center, Palo Alto, California.

Murphy, L. B., & Moriarty, A. E. (1987). Vulnerability, coping andgrowth: From infancy to adolescence. New Haven, CT: YaleUniversity press.

Neighbors, B., Forehand, R., & Mcviar, D. (1993). Resilient adolescentsand interparental Conflict. *American Journal of Orthopsychiatry, 63,* 462-471.

O'Keefe, M. (1998). Factors Mediating the Link Between WitnessingInterparental Violence and Dating Violence. *Journal of Family Violence, 13* (1), 39-57.

Osofsky, J. D., Wewers, S., Hann, D. M., & Fick, A. C. (1993). Chronic Community

Violence: What is happening to our children, Psychiatry 56, 36-45.

Patterson, G. R. (1982). Coercive family process. Eugeue OR: Castslia.

Peled, E., & Davis, D. (1995). *Groupwork with children df baltered woman: A practitioner's guide*. Thousand oaks, CA: Sage.

Pellegrini, D. S. (1990). Psychological risk and protective factors in childhood. *Developmental and Behavioral Pediatrics, 11*, 201-211.

Peterson, J. L., & Zill, N. (1986). Marital disruption, parent-childrelationships, and behavior problems in children. *Journal of Marriage and Family, 48*, 295-307.

Porter, B., & O'Leary, D. (1980). Marital discord and childhood behavior problems. *Journal of Abnomal Child Psychology, 8*, 287-295.

Richters, J. E., & Martinez, P. (1993). The NIMH Community Violence project: 1. Children as Victims and Witnesses to Vioence. *Psychiatry 56*, 7-21.

Richters, J., & Weintraub, S. (1990). Beyond diathesis: Toward an understanding of high-risk environments. In J. Rolf, A. S. Masten, D. Cicchetti, K. N. Nuechterlein, & s. Weintraub(Eds.), *Risk and Protective factors in the development of psychopathology* (pp.67-96). combridge: Cambridge University press.

Rosenbaum, A., & O'Leary, K. D. (1981a). Marital Violence : characteristics of abusive couples. *Journal of Consulting and Clinical Psychology, 49*, 63-71.

Rosenbaum, A., & O'Leary, K. D. (1981b) Children: The UnintendedVictims of Marital Violence. *American Journal of Orthopsychiatry, 51*(4), 692-699.

Rosenberg, M. S., & Rossman, B. R. (1990). The child Witness tomarital Violence. In R. T. Ammerican & M. Hersen (Eds.), *Treatment of family Violence: A Sourcebook* (pp. 183-210). New York: John Wiley.

Rosenberg, M. (1985). Self-Concept and psychological welbeing in adolescence. In R. L. Leaky(ED.), *The development of the self* (pp. 205-242). New York: Academic Press.

Rutter, M,, Cox, A., Tupling, C., Berger, M., & Yule. W. (1975). Attainment and adjustment in two geographical areas. *British Journal of psychiatry, 126*, 493-509.

Rutter, M. (1970). Sex differences in children's response to family stress. In The Child in his Family, ed. by Anthoney. NY: Wiley.

Rutter, M. (1987a). Psychosocial resilience and protective mechanisms. *American Journal of Orthopsychiatry, 57*, 316-331.

Rutter, M. (1987b). Resilience in the face of adversity: Protective factors and resistance to Psychiatric disorder. Brot. J. Psychiatry 147: 598-611.

Rutter, M. (1990). Psychosocial resilience and protective mechanisms. In J.rolf, A. S. Masten, D. Cicchetti, K.H. Nuechterlein, & S. Weintraub(Eds.), *Risk, protective factors in the development of psychopathology*(pp. 181-214). Cambridge: Cambridge University Press.

Rutter, M., & Quinton, D. (1977). Psychiatric disorder: EcologicalFactors and concepts of causation. In McGurk, H. (ed.), Ecological Factors human Development, North-Holland, Amsterdam.

Sameroff, A. J., Seifer, R., Barocas, R., Zax, M., & Greenspan, S. (1987). Intelligence of quotient 4-year-old children Social.

Simons, R. L., Lorenz, F. O., Conger, R. D., & Wu, C. (1992). support from spouse as mediation and moderator of the disruptive influence of economic Strain On Parenting. *Child Development, 63*, 1282-1301.

Smetana, J., Kelly, M., & Twentyman, C. (1984). Abused, neglected, and non-maltreated Children's judgements of moral and Socialtransgressions. *Child Development, 55*, 277-287.

Smetana, J. G. (1989). Adolescents' and parents' reasoning about actualfamily conflict. *Child Development, 60*, 1052-1067.

Smith, P. K., & Daglish, L. (1977). Sex differences in parent and infantbehavior in the home. *Child Development, 48*(4), 1250-1254.

Stagg, V., Wills, G. D., & Howell, M. (1989). Psychopathology in earlychildhood witnesses of family Violence. *Topics in Early ChildhoodS pecial Education, 9,* 73-87.

Steinberg, L. R., Catalano, D., & Dooley, D. (1986). Economic antecedents of child abuse and neglect. *Child Development, 52,* 975-985.

Sternberg, K. J., Lamb, M. E., Greenbaum, C., Dawud, S., Cortes, R. M., Krispin, O., & Lorey, F. (1993). Effects of domestic violence on children's behavior problems and depression. *Developmental Psychology, 29*, 44-52.

Straus, M. A. (1991, September 21-23). Children as witness to maritalviolence: A risk factors for life long problems among a nationallyrepresentative sample of American men and women. Paper presented at the Ross Roundtable, Washington, DC.

Straus, M. A. (1979). Measuring intrafamily Conflict and Violence :The Conflict Tactics(CT) Scales. *Journal of Marriage and the Family, 41*, 75-88.

Straus, M. A., Gelles, R. J., & Steinmetz, S. K. (1980). *Behind closeddoors: Violence in the American family.* Garden City: Doubleday, N.Y, Anchor Books.

Suh, E. K., & Abel, E. M. (1990) The imfact of spousal violence onthe children of the abuse. *Journal of Independent Social Work, 4,* 27-34.

Susman, E. J., Trickett, P. K., Iannotti, R. J., Hollenbeck, B. E., & Zahn-Waxler, C. (1985). Child-rearing patterns in depressed, abusive, and normal mothers. *American Journal of Orhopsychiaty, 55*, 237-251.

Tein, J. Y, Roosa, M. W., & Michaels, M. (1994). Agreement betweenparent and child repotrs on parental behaviors. *Journal of Marriage and the Family, 56*, 341-355.

Ulbrich, P., & Huber, J. (1981). Observing parental violence.

Walker, L. E. (1979). *The battered woman.* New York: Harper & Row.

Wallerstein, J. S., & Kelly, J. B. (1980). *Surviving the break-up: How Children Cope With Divorce.* New York: Basic Books

Waxman, H., C., Huang, S. L., & Padron, Y. N. (1997). Motivation andlearning environment differences between resilient and nonresilientLatino middle school students. *Hispanic journal of behavioral science, 19*(2), 137-155.

Werner, E. E., (1990). Protective factors and individual resilience. In S.J. Meisels & J. P. Shonkoff(Eds). *Handbook of early Childhood intervention*(pp. 97-116). Cambridge, Ma: Cambridge university press.

Werner, E., & Smith, R. (1982). *Vulnerable but Invincible: A longitudinal study of resilient children and youth.* New York: McGraw Hill.

Willbach, D. (1989). Ethics and family therapy: The case management of family violence. *Journal of Marital and Family Therapy, 15*, 43-52.

Wilson, S. K., Cameron, S., Jaffe, P., & Wolfe, D. (1989). Children exposed to wife abuse: An intervention model. Social Case work. *The Journal of Contemporary Social Work, 70*, 180-184.

Wolfe, D. A., Jaffe, P., Wilson, S. K., & Zak, L. (1985). Children of Battered Women: The Relation of Child Behavior to Family Violence and Maternal Stress. *Journal of Counseling and Clinical Psychology, 53*(5), 657-665.

Wolfe, D. A., & Jaffe, P. (1991). Child abuse and family violence as determinants of child psychopathology. *Can adian Journal of Behavioral Science, 23*, 282-299.

Wolfe, D. A. (1997). Children Exposed to Marital Violence. in Barnett, O. W. Miller-Perin, C. L., Perrin, R. D. Family Violence Across the Lifespan, Sage Publications.

Wolfe, D. A. (1985). Child-abusive parents: An empirical review and analysis. *psychological Bulletin, 97*, 467-482.

Wyman, P. A., Cowen, E. L., Work, W. C., & Parker, G. R. (1991). Developmental and family milieu correlates of resilience in urban children who have experienced major life-stress. Am. J. comm. *Psychol. 19*, 405-426.

Zussman, J. U. (1978). Relationship of demographic factors to parental discipline techniques. *Developmental psychology, 14*(6), 685-686.

CHAPTER 12

다문화가족

1. 다문화가족의 이해
2. 다문화가족의 문제
3. 다문화가족을 위한 정책 및 서비스

CHAPTER 12 다문화가족

1 다문화가족의 이해

1) 다문화가족의 개념

다문화가족은 넓은 의미로 한국인 남성과 결혼한 이주여성 가족, 한국인 여성과 결혼한 이주남성 가족, 이주민가족(노동자, 유학생) 및 북한 이탈주민 등 서로 다른 문화권의 사람들이 가족을 이루고 생활하는 것을 국제결혼가족이라는 말로 통용되는 개념이다.

「다문화가족지원법」에서의 "다문화가족"이란 재한외국인 처우 기본법」 제2조제3[9]의 결혼이민자와 「국적법」 제3조 및 제4조에 따라 대한민국 국적을 취득한 자와 같은 법 제2조부터 제4조[10]까지의 규정에 따라 대한민국 국적을 취득한 자로 이루

9) 「재한외국인 처우 기본법」 제2조제3: "결혼이민자"란 대한민국 국민과 혼인한 적이 있거나 혼인관계에 있는 재한외국인을 말한다.

10) 「국적법」: 제2조(출생에 의한 국적 취득)

① 다음 각 호의 어느 하나에 해당하는 자는 출생과 동시에 대한민국 국적(國籍)을 취득한다.

1. 출생 당시에 부(父)또는 모(母)가 대한민국의 국민인 자
2. 출생하기 전에 부가 사망한 경우에는 그 사망 당시에 부가 대한민국의 국민이었던 자
3. 부모가 모두 분명하지 아니한 경우나 국적이 없는 경우에는 대한민국에서 출생한 자

② 대한민국에서 발견된 기아(棄兒)는 대한민국에서 출생한 것으로 추정한다.

제3조(인지에 의한 국적 취득) ① 대한민국의 국민이 아닌 자(이하 "외국인"이라 한다)로서 대한민국의 국민인 부 또는 모에 의하여 인지(認知)된 자가 다음 각 호의 요건을 모두 갖추면 법무부장관

어진 가족을 지칭한다.

2) 다문화가족의 형성

다문화가족은 1990년대 이전까지 한국인 여성들이 미군이나 일본인과 결혼하여 가정을 이루는 것이 대부분이었다. 이들은 미군 기지촌 주변에서 가정을 꾸려 생활하거나, 미국으로 귀환하는 남편을 따라 이주하는 경우가 대부분 이었다. 그러나 1980년대 이후 우리나라가 급격한 경제적 성장을 이루면서 외국인 노동자의 국내 유입과 한국의 해외진출이 증가하게 되어 외국인 남성전문직종사자와 한국인 여성의 결혼이 증가하기 시작하였다(안혜옥, 2006). 그러다 1990년 중, 후반부터 한국인 남성과 외국인 여성의 국제결혼이 늘어나면서 기존에 경제 성장으로 유입된 외국인 노동자 가족과 함께 다문화가족이 급격하게 증가하기 시작하였다.

이는 중국과의 수교이후, 1980년대 말부터 시작된 '농촌 노총각 장가보내기' 운동에 대한 해결책으로 중국동포와의 결혼을 추진되었고, 그 후 중국뿐 아니라 동남아 여성들(1990년대 중반이후 필리핀, 태국, 몽골 등으로 외국인 아내의 국적이 확대되었고, 최근에서는 베트남과 구소련 등으로 더욱 다변화되는 양상을 보인다)이 코리안드림의 꿈의 방법으로 국제결혼을 선택하여 현재는 아주 다양한 나라의 여성들이 국제결혼을 통해 우리나라에 유입되어 가정을 이루며 살고 있다.

에게 신고함으로써 대한민국 국적을 취득할 수 있다.
1. 대한민국의 「민법」상 미성년일 것
2. 출생 당시에 부 또는 모가 대한민국의 국민이었을 것
② 제1항에 따라 신고한 자는 그 신고를 한 때에 대한민국 국적을 취득한다.
③ 제1항에 따른 신고 절차와 그 밖에 필요한 사항은 대통령령으로 정한다.

제4조(귀화에 의한 국적 취득) ① 대한민국 국적을 취득한 사실이 없는 외국인은 법무부장관의 귀화허가(歸化許可)를 받아 대한민국 국적을 취득할 수 있다.
② 법무부장관은 귀화허가 신청을 받으면 제5조부터 제7조까지의 귀화 요건을 갖추었는지를 심사한 후 그 요건을 갖춘 자에게만 귀화를 허가한다.
③ 제1항에 따라 귀화허가를 받은 자는 법무부장관이 그 허가를 한 때에 대한민국 국적을 취득한다.
④ 제1항과 제2항에 따른 신청절차와 심사 등에 관하여 필요한 사항은 대통령령으로 정한다.

다문화가족의 증가의 또 다른 원인은 북한이탈주민들의 유입을 들 수 있다. 문민정부 때, 러시아 벌목공 출신 북한이탈주민의 비참한 실태와 인권 침해사례가 보도되자 대통령 지시로 이들을 전원 수용하면서 증가하기 시작하였고, 이 시기 북한의 어려운 생활을 견디지 못한 주민들이 북한을 이탈하는 사례가 증가하면서 많은 이탈 주민들이 우리나라에 유입되었다.

3) 다문화 가족의 현황

(1) 국제결혼가족[11)]

국제결혼가족은 한국인과 외국인이 결혼하여 한국국적 혹은 영주권을 취득하는 가족 형태를 의미한다.

2015년 기준 외국인과의 혼인은 총 21,274건으로 총 혼인(30만 2천 8백 건) 중 7.0%를 차지하고 있다. 그중 한국 남성과 외국 여성의 혼인은 14,700건으로 2014년보다 9.1% 감소한 수치이며 한국 여성과 외국 남성의 혼인은 6,600건으로 전년보다 7.9% 감소하였다.

국제결혼 외국 여성의 국적은 중국, 베트남이 62.7%, 외국 남성의 국적은 미국, 중국, 일본이 58.3%를 차지하였으며, 한국 남성과 혼인한 외국 여성의 국적은 베트남(31.7%), 중국(31.0%), 일본(7.0%) 순이며, 상위 2개국이 차지하는 비중이 62.7%를 차지하고 있다. 그리고 한국 여성과 혼인한 외국 남성의 국적은 미국(24.4%), 중국(21.7%), 일본(12.2%) 순이며, 전년대비 베트남 남자와의 혼인은 증가(52.7%)한 반면, 일본(-31.3%), 중국(-9.2%), 미국(-7.8%) 등은 감소하였다.

11) 통계청 자료 재정리.

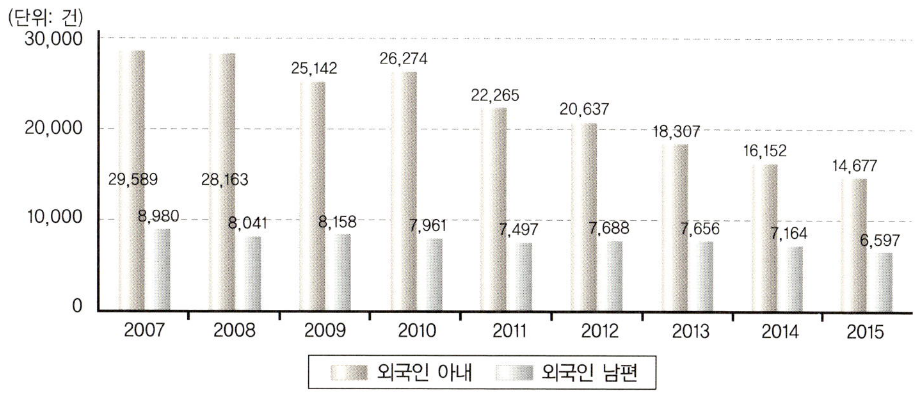

그림 12-1 국제결혼 현황

출처: 통계청(2015). 인구동태통계연보.

표 12-1 국가별 국제결혼건수 (단위: 건)

	2007	2008	2009	2010	2011	2012	2013	2014	2015
국제결혼 총건수	37,560	36,204	33,300	34,235	29,762	28,325	25,963	23,316	21,274
한국남자+외국여자	28,580	28,163	25,142	26,274	22,265	20,637	18,307	16,152	14,677
한국여자+외국남자	8,980	8,041	8,158	7,961	7,497	7,688	7,656	7,164	6,597
– 중국	14,484	13,203	11,364	9,623	7,549	7,036	6,058	5,485	4,545
– 베트남	6,610	8,282	7,249	9,623	7,636	6,586	5,770	4,743	4,651
– 필리핀	1,497	1,857	1,643	1,906	2,072	2,216	1,692	1,130	1,006
– 중국	2,486	2,101	2,617	2,293	1,869	1,997	1,727	1,579	1,434
– 기타	1,334	1,502	1,597	1,532	1,796	1,899	1,640	1,810	1,801
– 미국	1,334	1,347	1,312	1,516	1,632	1,593	1,755	1,748	1,612
– 일본	3,349	2,743	2,422	2,090	1,709	1,582	1,366	1,176	808
– 기타	922	939	936	1,050	1,188	1,331	1,572	1,931	2,024
– 일본	1,206	1,162	1,140	1,193	1,124	1,309	1,218	1,345	1,030
– 미국	376	344	416	428	507	526	637	636	577
– 캄보디아	1,804	659	851	1,205	961	525	735	564	524

- 캐나다	374	371	332	403	448	505	475	481	465
- 태국	524	633	496	438	354	323	291	439	543
- 호주	158	164	159	194	216	220	308	249	254

출처: 통계청(2015). 인구동태통계연보.

(2) 외국인 근로자

1980년대 경제발전으로 값싼 노동력 유입을 위한 방안으로 노동부가 시행하는 산업연수가 진행이 되었고. 이 기회를 이용한 많은 동남아시아권의 노동자들이 유입되기 시작하였다. 그 이후 꾸준히 증가하면서 현재 외국인 노동자 수는 2015년 기준 51,019명이며, 제조업에 가장 많은 근로자가 일을 하고 있고, 출신국으로는 네팔이 가장 높은 비중을 차지하고 있다.

표 12-2 고용허가제 외국인근로자(E-9) 업종별 도입현황 (단위: 명)

업종별	2015	2014	2013
합계	51,019	51,556	58,511
제조업	40,223	40,874	48,967
건설업	2,228	2,299	1,606
농축산업	5,949	6,047	5,641
서비스업	71	91	70
어업	2,548	2,245	2,227

출처: 고용노동부(2015). 고용허가제고용동향.

표 12-3 고용허가제 외국인근로자(E-9) 국가별 도입현황 (단위: 명)

국가별	2015	2014	2013
합계	51,019	51,556	58,511
베트남	4,906	5,495	2,738
필리핀	4,590	4,989	6,087
태국	5,122	4,119	8,010

몽골	1,151	1,306	2,061
인니	5,482	7,354	9,387
스리랑카	5,000	4,303	4,838
중국	279	373	335
우즈베키스탄	2,714	2,660	3,278
파키스탄	679	700	1,090
캄보디아	7,820	7,656	8,802
네팔	5,808	5,935	5,234
미얀마	4,469	4,482	3,994
키르기즈스탄	299	211	260
방글라데시	2,261	1,727	2,118
티모르	439	246	279

출처: 고용노동부(2015). 고용허가제고용동향 등록 외국인 현황.

(3) 북한이탈주민

북한이탈주민(北韓離脫住民,) 또는 탈북자(脫北者), 탈북민(脫北民) 혹은 새터민은 조선민주주의인민공화국에서 이탈하여 대한민국으로 망명한 주민을 가리킨다. 북한이탈주민은 대한민국 법률상 용어로, 조선민주주의인민공화국에 주소 · 직계가족 · 배우자 · 직장 등을 두고 있는 사람으로서 조선민주주의인민공화국을 벗어난 후 대한민국 이외의 국적을 취득하지 않은 사람을 뜻한다.[12]

북한이탈주민의 국내입국 추세는 2005년 이후 지속적으로 증가추세를 유지하다가, 2012년 이후부터는 연간 1,500여 명대로 입국인원 감소하였으며, 2015년도는 1,275명 입국하였다. 이들의 성별 입국비율을 살펴보면 여성의 입국비율은 2002년을 기점으로 남성을 추월하여 현재 전체 70%를 차지하고 있다.[13]

12) 북한이탈주민의 보호 및 정착지원에 관한 법률 제2조(정의).
13) 통일부(www.unikorea.go.kr).

표 12-4 북한이탈주민 입국인원 현황(2016년 8월 말 기준)

구분	~'98	~'01	'02	'03	'04	'05	'06	'07	'08	'09	'10	'11	'12	'13	'14	'15	'16.8 (잠정)	합계
남(명)	831	565	510	474	626	424	515	573	608	662	591	795	404	369	305	251	181	8,684
여(명)	116	478	632	811	1,272	960	1,513	1,981	2,195	2,252	1,811	1,911	1,098	1,145	1,092	1,024	713	21,004
합계(명)	947	1,043	1,142	1,285	1,898	1,384	2,028	2,554	2,803	2,914	2,402	2,706	1,502	1,514	1,397	1,275	894	29,688
여성 비율	12%	46%	55%	63%	67%	69%	75%	78%	78%	77%	75%	70%	72%	76%	78%	80%	80%	71%

출처: 통일부(2016). 입국현황표

2 다문화가족의 문제

1) 사회적응

다문화 가족들이 한국에 정착하면서 가장 큰 어려움을 겪는 것은 사회적응 부분이다. 결혼이민자여성들과 외국인 노동자들은 자신의 나라를 떠나 타국에서 새로운 문화와 새로운 환경에 적응해야 하는 문제에 부딪치게 되고, 북한이탈주민은 그것뿐만아니라 북한이라는 같은 동포이지만 적대국이라는 생각 때문에 더 큰 편견과 차별을 받게 된다. 또한, 전혀 다른 정치적, 사회적 문화를 배우고 이해해 나가는 데 이질감이 클 수밖에 없다.

게다가, 우리나라의 단일민족이라는 사상이 서서히 사라져 가고는 있지만 여전히 사회 구석구석에 남아있어 타문화, 타민족에 대한 편견은 더 클 수밖에 없다. 따라서 타문화, 타민족을 이해하는 수준도 낮을 수밖에 없다. 이로 인한 다문화가족의 어려움은 적응하고 살아가는 문제뿐만 아니라 정신적인 스트레스도 감당해 나가야 하는 이중고를 겪게 되는 것이다. 이러한 차별과 편견으로 다문화가족은 아직도 사회적 소외계층으로 인식되고 있다.

2) 경제적 어려움

다문화 가족에 대한 차별과 편견으로 인해 이들이 겪는 문제는 정신적인 것뿐 만 아니라 생활과 직결되는 경제적인 어려움을 겪고 있다. 취업을 하고자 해도 이들을 채용하는 곳은 그리 많지 않다. 또한 한국어에 능통하지 않는 경우는 더욱더 취업을 하기 어려운 상황이다. 더구나 북한이탈주민들은 언어가 통용이 되어도 사회적인 적대인식으로 더욱더 꺼려하고 있다. 이러한 사회적인 인식 상황 때문에 경제적인 어려움을 겪을 수밖에 없는 실정이다. 따라서 이들이 신분을 속이거나 위장 취업을 하는 경우가 많고, 일명 3D업종이라는 곳에서 일하는 것이 대부분이며, 존엄에 대한 인간의 기본가치도 인정받지 못하고 있다.

3) 가족관계

가족관계에 대한 어려움을 가장 많이 겪는 다문화가족은 국제결혼이주여성들의 가족이다. 이들이 처음에 한국에 들어오는 방식은 여성의 가족에게 돈을 주고 결혼을 하는 것이기에 '돈을 받고 팔려온 사람(여자)'으로 인식이 되어 그들을 바라보는 시선이 부정적이었다. 게다가 일부 한국남성들과 시댁가족들도 같은 인식을 가지고 있어 '가족'임에도 불구하고 많은 폭력과 폭행을 서슴치 않았으며, '가족'이라는 이미지보다 '종'이라는 이미지를 가지고 있는 경우가 많았다. 이러한 것들로 인해 가족의 불화, 가출 등의 문제도 급증하였다.

현재는 이들 여성에 대한 인식이 많이 달라져 폭행, 폭력의 문제가 점점 줄어들고 있지만 이혼문제가 급격하게 들어나면서 다문화가족에 대한 또 다른 어려움을 맞이하고 있는 상황이다.

4) 자녀들의 문제

다문화 가족의 자녀 문제 중 가장 큰 것은 언어적 문제와 차별의 문제이다. 한국어에 미숙한 학생들은 학교의 수업을 이해하지 못해 어려움을 느끼고, 또래 학생들과의 의사소통에도 장애를 느껴 교우관계나 학교적응에 어려움을 느끼게 된다. 또한 한국 학생들의 외국인 엄마, 또는 북한 주민, 외국인이라는 선입견 때문에 이들을 따돌리는 현상도 나타나고 있다. 이러한 이유들로 인해 학년이 높아질수록 학교를 이탈하는 학생 수가 급격하게 늘어나는 현상이 나타나고 있다.

더 큰 문제는 이들을 교육하는 교사들에게 있다. 우리나라의 다문화교육에 대해 교사를 중심으로 하고 있는 연수나 교육이 극히 적어 다문화가족의 자녀들을 접하게 된 교사들은 어떻게 이들과 상호작용하고 교육해야 하는지 무지한 상황이다. 그래서 이들의 학업이나 교우관계, 학교적응에 대해 어떻게 접근하여 교육을 하고 이해해야 하는지에 대해 어려움을 겪게 된다. 이렇게 방향성이 없는 교육을 진행하는 동안 다문화가족 자녀들은 또 다른 상처를 받게 되어 부적응 상황에 놓이게 되고, 이중 문화에 따른 정체성의 혼란도 느끼게 되어 더욱 방황하게 되는 것이다.

이들 다문화가족 자녀의 학교 문제를 교육부는 학교 재량으로 처리하고 있다. 따라서 학교는 부담감을 덜기 위해 이들의 입학을 규제한다. 학교에서 적극적으로 다문화가족 자녀들의 학교적응과 학교이탈 학생들에 대한 문제를 해결하지 않으면 다문화가족 자녀들의 학교 이탈은 더욱더 많아질 것이고, 이것은 또 다른 사회문제로 발전할 것이다.

3 다문화가족을 위한 정책 및 서비스

1) 다문화가족지원을 위한 정책 및 서비스

(1) 국제결혼이주여성가족[14)]

① 생애주기별 맞춤형서비스

여성가족부에서는 국제결혼여성의 빠른 정착을 돕기 위해 결혼 전부터 입국하여 정착하기까지 체계적으로 서비스를 제공하기 위해 생애주기별 맞춤형서비스를 실시하고 있다.

표 12-5 생애주기별 맞춤형서비스

1단계: 입국 전 결혼 준비기	1. 국제결혼 과정의 인권보호와 교육 프로그램	• 결혼중개업의 관리에 관한 법률 제・개정 시행 – 국제결혼중개업 등록제 시행('08년) – 결혼중개계약서 작성 및 중개업자의 신상정보 사전제공 의무화('10년) 18세 미만 및 집단맞선 소개 금지, 국제결혼중개업 등록시 자본금 요건(1억 원 이상) 상향('12년) – 국제결혼 중개행위 관련 외국 현지형사법령 등 위반 시 결혼중개업 운영 3년간 금지('13년) – 국제결혼 실태조사 3년단위 실시('14년) – 결혼중개업체에 표준약관(계약서 포함) 권장, 국제결혼중개업자의 자본금 상시 보유요건 명시('15년) – 국제결혼중개 손해배상 입증책임을 국제결혼중개업자에게 부과('16년) • 결혼중개업자 전문지식 및 윤리의식 향상교육 실시 – 결혼중개업제도, 인권보호, 소비자보호, 상담실무 등을 교육 • 결혼이민(예정)자 현지사전교육 운영의 내실화 – 베트남, 몽골, 필리핀, 캄보디아 현지에서 표준교재(한국문화, 한국어 등)를 활용한 한국입국 전 정보제공(4개국 6개소 실시)

14) 여성가족부 자료 재정리(www.mogef.go.kr).

2단계: 입국초 가족관계 형성기	1. 결혼이민자의 조기적응 및 안정적 생활지원	• 한국어교육, 다문화가족통합교육, 다문화가족 취업연계 및 교육지원, 개인·가족상담 등 종합 서비스 제공 • 다국어판 생활·정책 정보 매거진(Rainbow +, 연4회), 한국생활 가이드북, 다문화가족지원 포털 '다누리' 운영 등 한국생활 정보 제공
	2. 다양한 매체를 통한 한국어교육	• 전국 시·군·구에서 집합 한국어교육 실시(다문화가족지원센터 등에서 운영 실시) ※ 정규과정(1~4단계), 중도입국자녀반, 특별반(한국어 심화과정 등) 운영 • 다문화가족지원센터에서 한국어 방문교육 실시 ※ 2015년 한국어교육지도사(937명)가 다문화가족 6,648명 지원
	3. 위기개입 및 가족통합교육 실시	• 가정폭력 피해 상담·보호를 위해 다누리콜센터 1577-1366 및 전용쉼터, 법률구조기관 등 관련기관간 연계 강화 • 다문화가족의 생활 적응과정에서 발생하는 각종 고충상담 및 생활정보 제공을 위해 다누리콜센터를 '11년 .6월부터 운영(1577-1366으로 통합운영(원스톱 서비스)) ※ 다누리콜센터(1577-1366) 13개 언어, 365일, 24시간 지원, 이주여성쉼터 24개소 운영 • 다문화가족(이혼가족 포함)의 개인·가족 상담 • 다문화가족구성원 간 가족 내 역할 및 가족문화에 대한 이해 향상을 위한 가족통합교육 추진
3단계: 자녀양육 및 정착기	1. 다문화가족 자녀의 양육·교육 지원	• 부모의 자녀 양육 능력 향상을 위해 부모교육서비스 실시 • 학업성취가 낮고 자아·정서·사회성 발달에서 어려움을 겪고 있는 다문화가족 자녀에게 자녀생활서비스 실시 • 다문화가족 자녀 언어발달 지원 – 언어발달 진단, 교육 프로그램 제공(언어발달지도사 300여 명) – 센터 내 다문화 언어교실 개설 및 보육시설 파견서비스 제공 • 이중언어가족환경조성사업 지원 – 다문화가족 자녀가 한국어와 함께 결혼이민자 부모의 언어를 자연스럽게 쓸 수 있도록 지원하는「다문화가족 이중언어가족조성사업」실시 • 다문화가족 학령기 자녀 및 부모 대상 자녀 성장 지원 프로그램 "多재多능" 실시('16년~, 81개소) – 다문화가족 자녀의 정체성 회복, 사회성·리더십 개발을 위한 프로그램 제공
4단계: 역량 강화기	1. 다문화가족의 경제·사회적 자립 지원	• 다문화가족 취업연계 및 취업기초소양교육 실시 • 결혼이민자 적합직종개발 및 직업교육훈련 실시 – 통·번역사, 진료 코디네이터 등 결혼이민자 적합 직종 개발 – 결혼이민여성 특성·선호 및 인력수요 등 고려한 직업훈련 및 직장에 적응할 수 있는 인턴기회 제공 • 자조모임 및 봉사단 등 운영지원

		– 국가별 자조모임 및 일반가족과 함께하는 나눔봉사단 등 운영지원
전단계: 다문화 역량강화	1. 대국민 인식개선 및 홍보	• 다문화가족 모니터링단 운영 • 다문화가족지원 포털사이트 '다누리' 운영 지원 • 다문화 인식개선을 위한 콘텐츠 개발 및 보급
	2. 다문화가족 실태 조사 실시(다문화가족지원법 제4조)	• 전국규모의 다문화가족 실태를 조사·분석해 정책수립에 필요한 기초통계자료 확보 및 맞춤형 서비스 개발 • 조사항목 (다문화가족지원법 시행규칙 제2조제3항) – 성별, 연령, 학력, 취업상태 등 가족구성원의 일반 특성에 관한 사항 – 소득, 지출, 자산 등 가족의 경제 상태에 관한 사항 – 자녀양육, 가족부양 등 가족행태 및 가족관계에 관한 사항 – 가족갈등 등 가족문제에 관한 사항 – 다문화가족 지원관련 교육·상담 등 서비스 수요에 관한 사항 – 그밖에 다문화가족의 현황 및 실태파악에 필요한 사항

② 다문화가족지원센터 운영

지역사회 다문화가족을 대상으로 한국어교육·가족통합교육, 자조모임 육성 등 종합 서비스를 제공하여 다문화가족의 조기 적응 및 사회·경제적 자립지원을 도모할 수 있는 서비스 전달체계 운영 지원을 목적으로 하고 있다.

표 12-6 기본 프로그램

사업영역	내용	
가족	• 다문화가족 이중언어 환경조성프로그램 – 다문화가족 이중언어 환경조성프로그램 • 가족의사소통프로그램 • 가족관계향상 프로그램 • 결혼과 가족의 이해 • 가족의 의미와 역할	• 아버지교육 • 부모-자녀관계 및 자긍심향상프로그램 • 자녀교육프로그램 • 부모역할교육, 자녀건강지도 • 자녀생활지도 등
성평등	• 배우자부부교육 • 배우자이해프로그램	• 예비·배우자교육프로그램 • 부부갈등해결 프로그램 등
인권	• 다문화이해교육 • 인권감수성 향상교육	• 다문화가족 관련법과 제도 • 이주민과 인권

	• 취업기초소양교육 • 구직자 발굴 및 구직처 연계	• 새일센터, 고용센터 등 취업 관련 기관 연계
사회통합	• 다문화가족 나눔봉사단 소양교육 • 다문화가족 나눔봉사단 활동 • 한국사회적응교육 • 소비자 · 경제교육 • 학업지원반(검정고시반 등) 운영 및 연계	• 다문화가족 자조모임 • 다문화인식개선 • 결혼이민자 멘토링프로그램 등 • 결혼이민자 정착단계별 지원 패키지(미래찾기, 길찾기 등 미래설계 프로그램 중 선택)
상담	• 가족상담 • 개인상담 · 집단상담 • 사례관리 · 심리검사	• 위기가족 긴급지원 • 외부상담기관 연계

가. 주요 사업

■ 방문교육사업: 지리적 여건 등으로 센터 이용이 어려운 다문화가족을 대상으로 한국어교육 및 부모교육 · 자녀생활 서비스를 제공한다.

표 12-7 방문교육사업 서비스 내용

서비스	대상	서비스 내용
한국어 교육	입국 5년 이하 결혼이민자, 중도입국자녀(만 24세 이하, 1992.1.1. 이후 출생자)	• 한국어교육 1~4단계 • 어휘, 문법, 화용, 문화
부모교육 서비스	생애주기별 각 1회 지원(최대 15개월, 총 3회 지원) ① 임신 · 신생아기(임신 중~생후 12개월 이하) ② 유아기(12개월 초과~48개월 이하) ③ 아동기(48개월 초과~만 12세 이하)	• 자녀양육 지원을 위한 부모교육 (부모성장, 부모-자녀관계형성, 영양 · 건강관리, 학교 · 가정 생활 지도) • 가족상담 및 정서 지원 서비스 • 기타 한국생활에 필요한 정보 제공
자녀생활 서비스	만 3 ~ 만 12세 이하 다문화가족자녀, 중도입국자녀	• 인지영역: 독서코칭, 숙제지도, 발표토론지도 • 자아 · 정서 · 사회영역: 자아 · 정서 · 사회성 발달을 위한 지도 • 문화역량강화 영역: 문화인식, 정체성 확립, 공동체 인식 지도 • 시민교육영역: 기본 생활습관, 건강 및 안전, 가정생활, 진로지도

■ 결혼이민자 통·번역 서비스 사업: 결혼이민자를 통·번역 전문인력으로 채용하여 의사소통이 어려운 결혼이민자에게 통·번역 서비스를 제공한다.

표 12-8 결혼이민자 통·번역 서비스사업 내용

서비스 내용	이용방법
• 가족생활 및 국가 간 문화차이 등 입국초기 상담 • 결혼이민자 정착지원 및 국적 • 체류 관련 정보제공 및 사업 안내 • 임신·출산·양육 등 생활정보 안내 • 상담 및 교육과정 통역 • 가족 간 의사소통 통역 • 행정·사법기관, 병원, 학교 등 기관 이용시 통·번역 • 위기상황 시 긴급지원, 전화 및 이메일 통·번역 업무 처리	해당 다문화가족지원센터 방문 및 전화·이메일 신청 ※ '16년 통번역 전담인력 282명 활동

■ 다문화가족 자녀 언어발달지원사업: 다문화가족의 자녀에 대한 체계적이고 전문적인 언어발달지원을 통해 이들이 건강한 사회 구성원, 나아가 글로벌 인재로 성장할 수 있도록 지원한다. 다문화가족의 만 12세 이하 자녀에 대한 언어발달 진단 및 교육을 실시한다. 센터에 언어발달지도사를 배치, 센터 내 자체 프로그램 운영 및 인근 보육시설(어린이집, 유치원 등)에 파견해 건강한 성장지원을 돕는다. 2016년 기준 언어발달지도사 300명이 활동 중이다.

■ 이중언어가족환경 조성사업: 가정 내에서 영유아기부터 자연스럽게 이중언어로 소통할 수 있는 환경을 조성, 다문화가족자녀(영·유아기)의 정체성 확립 및 글로벌 인재로의 성장을 지원한다. 부모-자녀 이중언어 상호작용 교육, 부모교육 및 사례관리, 자조모임 지원 등 방문교육사업센터프로그램 등의 서비스를 지원한다.

(2) 북한이탈주민[15)]

① 북한이탈주민 지원정책의 변천과정

- 국가유공자 및 월남귀순자 특별원호법('62.4~): 귀순자에게 국가유공자와 동등한 지위를 부여하여 원호대상자로 우대하며, 최초로 체계적인 지원 실시
- 월남귀순용사 특별보상법('79.1~): 정부는 귀순자를 사선을 넘어 자유민주주의를 택한 '귀순용사'로 간주하며, 이전보다 더욱 체계화된 지원 실시
- 귀순북한동포보호법('93.6~): 귀순자를 국가유공자에서 생활능력이 결여된 생활보호대상자로 전환하며, 정착금 하향조정 등 지원규모를 대폭 축소
- 북한이탈주민의 보호 및 정착지원에 관한 법률('97.1~)
  - 1997~1999: 기존의 「귀순」의 개념을 「북한이탈」로 대체, 자립 · 자활능력 배양에 중점
  - 1999~2004: 교육지원 연령범위 확대 등 북한이탈주민의 생활안정 및 정착지원 강화
  - 2004~2006: 정착금의 인센티브제, 임대주택 제공 확대, 정착도우미제도 도입 등
  - 2006~2008: 이혼특례 조항 신설, 자격인증제도 개선, 취업보호기간 확대
  - 2009~: 해외 장기체류자 보호범위 확대, 지역적응교육, 청소년 · 학교 등 지원근거 마련
  - 2010~: 북한이탈주민지원재단 · 북한이탈주민 예비학교 설립, 취업지원 강화방안 마련
  - 2013~2014: 북한이탈주민 자산형성지원, 취업 · 교육 등 실태조사 근거마련 등

15) 통일부 자료 재정리(www.unikorea.go.kr).

② 북한이탈주민 입국 및 정착과정

보호요청 및 국내이송	보호요청 시 외교부, 관계부처에 상황보고 및 전파 해외공관 또는 주재국 임시보호시설 수용 신원확인 후 주재국과 입국교섭 및 국내입국 지원
⬇	
합동신문	입국 후 국정원, 경찰청 등 관계기관 합동신문 조사종료 후 정착지원시설인 하나원으로 신병 이관
⬇	
보호결정	북한이탈주민대책협의회 심의를 거쳐 보호 여부 결정 보호결정 세대단위 결정
⬇	
하나원의 정착준비	사회적응교육(12주) – 문화적 이질감 해소, 심리안정, 진로지도 상담 등 가족관계등록, 주거알선 등 정착준비를 마친 후 거주지 전입
⬇	
거주지 보호	사회적 안전망 편입(생계 · 의료급여) 취업지원: 고용지원금, 무료 직업훈련, 자격인정 등 교육지원: 특례 편입학 및 등록금 지원 보호담당관제: 거주지 · 취업 · 신변보호 담당관제 운영
⬇	
민간 참여	지역적응센터(하나센터) 지정 운영 정착도우미제: 민간자원봉사자와의 연계 북한이탈주민지원재단(정부예산 지원)– 종합상담, 생활안정, 취업, 교육 및 장학, 연구, 인식개선에 관한 지원 제공과 함께 민간지원 역량을 연계하는 거점 역할

③ 지원제도

정부는 북한이탈주민들이 우리사회 일원으로 자립 · 자활 의지를 갖고 안정적으로 정착하도록 「북한이탈주민의 보호 및 정착지원에 관한 법률」에 따라 다양한 정책적 지원을 시행하고 있다.

- 2012년에는 북한이탈주민정착지원사무소(제2하나원) 시설을 확충하고, 교육프로그램으로 여성특화교육을 강화하고 심리안정 및 건강회복 지원을 강화하고자 노력하고, 조속한 자립 · 자활을 지원하기 위해 북한이탈주민이 가장 큰 애로를

호소하는 취업문제 해결을 위해 노동부 · 기업 등과 유기적 협력관계를 구축하고 '북한이탈주민 일자리 창출 사업'을 진행하고 있다.

- 「북한이탈주민의 보호 및 정착지원에 관한 법률」이 개정되어 북한이탈주민지원재단 · 북한이탈주민 예비학교 설립, 취업지원 강화방안 등의 내용이 포함되어 있으며,
- 「북한이탈주민의 보호 및 정착지원에 관한 법률」에 따라 북한이탈주민 자산형성지원, 취업 · 교육 등 실태조사 근거마련, 기본계획(3년 주기) 신설, 자산형성제도 도입 등 다양한 정책을 실시하고 있다.

표 12-9 지원제도

구분	항목	내용
정착금	기본금	1인 세대 기준 700만 원 지급
	장려금	직업훈련, 자격증 취득, 취업장려금 등 최대 2,510만 원
	가산금	노령, 장애, 장기치료 등 최대 1,540만 원
주거	주택알선	임대 아파트 알선
	주거지원금	1인 세대 기준 1,300만 원
취업	직업훈련	훈련기간 중 훈련수당 월 20만 원 지급(노동부)
	고용지원금(채용기업주에 지급)	급여의 1/2(50만 원 한도)을 최대 4년간 지원
	취업보호담당관	전국 56개 고용지원센터에 지정, 취업상담 · 알선
	기타	취업보호(우선구매), 영농정착지원, 특별임용 등
사회복지	생계급여	국민기초생활보장 수급권자(1인 세대 월 약 50만 원)
	의료보호	의료급여 1종 수급권자로서 본인 부담없이 의료 혜택
	연금특례	보호결정 당시 50세 이상~60세 미만은 국민연금 가입특례
교육	특례 편 · 입학	대학진학 희망자의 경우 특례로 대학 입학
	학비 지원	중 · 고 및 국립대 등록금 면제, 사립대 50% 보조
정착도우미	-	1세대당 1~2명의 정착도우미를 지정, 초기 정착지원(전국 약 530명)
보호담당관	-	거주지보호담당관(약 230명), 취업보호담당관(57명), 신변보호담당관(약 800명)

2) 외국인 근로자 가족[16)]

① 고용체류지원

외국인근로자가 한국에 체류하는 동안 안정된 취업생활을 할 수 있도록 외국인근로자 및 사용자에게 각종 고충상담 및 행정서비스를 제공하는 사업이다.

지원대상	고용관계상 어려움 및 갈등을 겪고 있는 외국인 근로자 및 사용자
지원내용	• 사업장 내 어려움 및 갈등 조정: 사업장내에서 발생한 사용자・외국인근로자의 어려움 및 갈등에 대해 상담 및 중재 등의 행정지원 • 생활고충 및 법률상담: 외국인근로자가 국내에 체류하는 동안 발생한 한국생활적응 문제, 폭행, 인권침해 등에 대한 지원 • 행정서비스 지원: 고용허가제 관련 법령에 의한 신고 및 등록업무 대행 • 출국지원: 체류기간 만료자의 귀국, 휴가 등으로 인한 일시 출국, 조기귀국 시에 출국 지원 • 재해/사고지원: 사업장내・외에서 발생한 재해(상해, 장애, 사망 등)가 발생했을 때 원인조사, 현지방문 사실조사, 관련기관 협의, 각종 보험금 신청 등의 업무를 협조 및 지원 • 언어지원: 사업장 내・외에서 통・번역이 필요한 경우, 방문・전화・번역 등 지원
통역서비스	• 지원대상: 합법체류 외국인근로자(E-9) 사용자 • 통역언어: 15개 국어 (베트남어, 필리핀어, 태국어, 인도네시아어, 스리랑카어, 몽골어, 러시아어, 우즈베키스탄어, 키르기스어, 캄보디아어, 미얀마어, 방글라데시어, 파키스탄어, 동티모르어, 중국어) • 통역지원 내용 -외국인근로자 및 사용자 고충상담 및 갈등 중재 -사업장 내 외국인근로자 직무교육 및 교육관리

② 외국인근로자 지원기관

• 외국인근로자지원센터 및 제3자 통화서비스: 외국인근로자지원센터는 한국산업인력공단이 예산지원 및 지도・감독하는 외국인근로자 지원기관으로서, 외국인근로자 고충상담, 한국어・생활법률, 통역 등을 지원한다.

• 외국인근로자 돌봄 기관: 고용노동부가 지정한 기관으로서, 국내 체류 중에 불

16) 산업인력공단 자료 재정리 www.hrdkorea.or.kr

가피하게 사업장 변경을 신청한 외국인 근로자에게 구직활동 기간 동안 숙박 · 식사 · 취업정보 등을 지원한다.

- 외국인근로자 서포터즈 기관: 외국인근로자를 위해 활동하고 있는 비영리법인 또는 단체로서, 외국인근로자 노동상담, 쉼터 및 통역제공, 한국어 등 교육지원, 의료지원 등의 업무를 담당한다.

③ 귀국지원

한국산업인력공단은 체류기간이 만료된 외국인근로자의 자발적인 귀환 및 본국에서의 안정적인 재정착을 지원하고 있다.

■ 공단의 귀국지원서비스 절차

의식교육(귀국 준비교육) → 체류 중 각종 취업 · 창업교육 → 체류기간 만료시 각종 보험 및 귀국 절차 안내 → 체류기간 만료자 대상 현지진출 한국기업에 취업알선

■ 귀국을 위한 준비

- 한국으로의 이주노동에 대한 사전계획 수립: 출국 전 단계에서 가족들과 함께 이주노동의 첫 단계부터 귀환할 때까지 계획을 세우고, 귀국하여 정착할 준비를 하는 것이 중요하다.
- 외국인근로자 전용 보험가입: '고용허가제 4대 보험'에 가입해야 한다.

※ 출국만기보험, 보증보험, 귀국비용보험, 상해보험(고용허가제 4대 보험 안내)

- 근면 · 성실한 직장생활을 하며, 한국어를 빨리 습득할 수 있도록 한다.
- 미래설계 및 준비: 저축, 기술 및 한국어 습득 등 미래를 위한 준비를 한다.
- 귀국 후 송출국(현지)에 진출한 한국기업에 취업 준비: 공단에서는 체류기간 만료 예정자를 대상으로 취업을 알선해 주고 있다.

참 | 고 | 문 | 헌

송정애, 정해은 (2010). 가족복지론. 파주: 양서원.
이영주, 최정아 외 (2015). 가족복지론. 파주: 양서원.
이원숙 (2016). 가족복지론. 서울: 학지사.
한인영 (2015). 가족복지론. 서울: 학지사.

여성가족부(www.mogef.go.kr)
산업인력공단(www.hrdkorea.or.kr)
통일부(www.unikorea.go.kr)
법제처(www.moleg.go.kr)

CHAPTER 13

알코올 중독 가족

1. 알코올 중독의 이해
2. 알코올 중독 가족에의 개입
3. 가족치료
4. 가족교육

CHAPTER

13 알코올 중독 가족

1 알코올 중독의 이해

1) 개념

알코올 중독(alcohol addiction)은 일반적으로 알코올리즘(alcoholism)이라고 부르며, 이는 일반사회에서 허용되는 영향 또는 사회적 용도 이상의 주류를 과량으로 계속해서 마심으로써 신체적 · 정신적 · 사회적 기능을 해치는 만성적 행동장애이다. 최근에는 알코올 중독을 의학적 진단이 가능하고 치료 및 관리를 요하는 질병의 실체(disease entity)로 보는 경향이 커지고 있다.

미국의사협회(American Medical Association)는 1977년에 알코올 중독을 '지속적이고 과다한 음주와 직접적으로 관련된 상당한 기능장애가 특징적으로 나타나는 질병'이라고 하였다.

미국 국가알코올 중독회의(National Council on Alcoholism: NCA)는 알코올 중독을 '만성적, 진행적, 잠재적, 치명적인 질환이며, 특징적으로 내성, 신체적 의존 및 신체기관의 병적인 변화가 발현되는 상태'라고 정의하였다. 세계보건기구(World Health Organization: WHO)는 알코올의존증후군(alcohol dependence syndrome: ADS)의 개념을 채택하여 ICD-19에 반영시켰는데, 이는 지속적 · 주기적으로 술을 마시려는 강박행동이 기본양상으로 되어 있다.

DSM-5에서는 알코올 중독 또는 알코올리즘을 알코올 사용장애(alcohol use disorder)로 통합하였다. 이 개념들은 대체로 WHO의 알코올의존증후군(ADS) 개념을 받아들이고, 더 나아가 생물학적 · 사회적 · 행동이론적 · 다차원적 관점의 핵심의존증후군(core dependence syndrome)의 개념을 도입하고 있다(민성길 편, 2015; 이영실 외, 2016; American Psychiatric Association, 2013; Hales, Yudofsky & Roberts(eds), 2014).

2) 진단

알코올 중독의 필수적인 특징은 임상적으로 심각한 문제적 행동 변화 및 심리적 변화(예: 부적절한 성적 혹은 공격적 행동, 기분 가변성, 판단력 손상)가 알코올을 섭취하는 동안 혹은 직후에 발생한다는 것이다(진단기준 B). 이런 변화들은 기능 손상, 판단력 손상의 증거들과 동반되고, 만약 중독이 심하면 생명을 위협하는 혼수상태가 될 수도 있다. 이 증상들은 다른 의학적 상태(예: 당뇨병성 산증) 때문이어서는 안 되고, 섬광과 같은 상태를 반영하는 것이 다른 진정 작용이 있는 약물(예: 벤조디아제핀)의 중독과 연관된 것이 아니어야 한다(진단기준 D). 운동실조의 정도는 운전 기능 수행과 일상생활 수행을 방해해서 사고를 유발할 수 있는 정도를 말한다. 알코올 사용의 증거는 개인의 호흡에서 나는 알코올 냄새로 알 수 있고, 개인이나 다른 관찰자에게서 병력을 밝힐 수도 있으며, 필요시에는 호흡, 혈액, 소변 표본으로 독성 분석을 할 수 있다. 또한, 알코올 중독은 자살 행동의 중요한 원인이 된다. 알코올에 중독되어 있을 때 자살 행동 발생률이 높아질 뿐만 아니라 자살 완수율도 높아진다.

DSM-5에 의한 알코올 중독의 진단기준은 다음의 〈표 13-1〉과 같다(권주수 역 외(APA), 2013; 민성길 편, 2015; 이영실 외, 2016; American Psychiatric Association, 2013).

표 13-1 알코올 중독의 진단기준(DSM-5)

A. 최근의 알코올 섭취가 있다.
B. 알코올 섭취하는 동안, 또는 그 직후에 임상적으로 심각한 문제적 행동 변화 및 심리적 변화가 발생한다(예, 부적절한 성적 또는 공격적 행동, 기분 가변성, 판단력 손상).
C. 알코올을 사용하는 동안 또는 그 직후에 다음 징후 혹은 증상 중 한 가지(혹은 그 이상)가 나타난다.

1. 불분명한 언어	2. 운동 실조
3. 불안정한 보행	4. 안구진탕
5. 집중력 또는 기억력 손상	6. 혼미 또는 혼수

D. 징후 및 증상은 다른 의학적 상태로 인한 것이 아니며, 다른 물질 중독을 포함한 다른 정신질환으로 더 잘 설명되지 않는다.

부호화 시 주의점: ICD-9-CM 부호는 **303.00**이다. ICD-10-CM 부호는 동반된 알코올 사용장애에 따라 정해진다. 만약 경도 알코올 사용장애가 동반되면 ICD-10-CM 부호는 **F10.129**이며, 만약 중등도 또는 고도 알코올 사용장애가 동반되면 OCD-10-CM 부호는 **F10.229**다. 만약 동반이환된 알코올 사용장애가 없으면 ICD-10-CM 부호는 **F10.929**다.

3) 원인

알코올 중독의 원인은 생물학적(유전적), 정신적(정신역동적), 사회적(사회적 압력 등), 스트레스에 의해 음주가 시작되고, 음주빈도가 증가하게 되면 남용에 이르고 의존이 생겨 생물학적 · 정신적 · 사회적 여러 가지 후유증이 나타나며, 이 후유증은 또 다른 스트레스가 되어 음주를 반복시켜 사태를 악화시키는 악순환이 거듭된다. 유전적 요인은 전체 위험도의 약 60%에 해당되고 정신사회적 요인은 40%에 해당된다고 한다.

알코올 중독의 원인은 크게 유전적, 생물학적, 심리학적, 사회문화적 원인으로 구별할 수 있는데, 그 주요 내용은 다음과 같다(민성길 편, 2015; 이영실 외, 2016; American Psychiatric Association, 2013; Nestler, 2013; Thomas, Fullerton & Kim, et al., 2014).

(1) 유전적 요인

유전적인 요인은 주요한 관심의 대상이 되고 있는데 알코올 중독은 가족연구, 쌍생아연구, 양자 연구 등에서 유전적 요인과 관련되어 있음을 보고하고 있다. 알코올 중독의 유전성을 조사하고자 시행했던 많은 연구에서 유전성이 입증되었다. 부모가 알코올 중독인 이들의 자녀는 부모가 알코올 중독이 아닌 자녀보다도 알코올 중독이 될 가능성이 4배 높았다. 알코올 중독자의 자녀는 술을 마시는 양도 많았고, 술로 인해서 발생하는 문제점들도 보다 심하게 나타났다. 이러한 현상은 여자보다도 남자에게서 더욱 현저하게 나타났다. 알코올 중독은 정상인 경우보다 3~4배에 이르는 가족력으로 증명되었고, 동물연구에서 술을 선호하는 유전적 요인이 발견되었는데 알코올을 대사하는 알코올 탈(脫)수소 효소(alcohol dehydrogenase)와 탈(脫)수소 효소의 유전자의 변이가 있어 음주 후 부작용이 심한 경우 술을 덜 마시는 것으로 나타났다.

보상회로(reward circuits)와의 관련성은 일반적 물질남용에서와 같다. 알코올에 대한 민감도와 도파민 보상체제(dopamine reward system)에 영향을 미치는 여러 유전인자들이 발견되고 있으나, 각각의 위험도에 대한 기여도는 크지 않다고 한다. 조현병, 양극성 장애, 중독성 술 효과에 대한 낮은 민감도 등은 높은 위험도와 관련된다. 이 장애의 위험도가 높은 어린이들에서 뇌파상 신경인지적 결핍과 알코올 효과에 대한 둔감성이 보고되고 있다. 소아기의 ADHD와 행동장애도 이후 알코올 관련 장애에 대한 높은 위험도와 관련된다고 한다.

(2) 생물학적 요인

알코올 중독과 관계된 유전적 요인이나 뇌의 신경전달물질 화학작용을 연구하는 연구자들은 중독자들이 중독으로 발전되기 쉬운 생물학적, 체질적 소인을 가지고 있다고 가정한다.

도파민(dopamine)이나 세로토닌(serotonin)과 같은 신경전달물질이 중독과 관련이 있다는 관점도 보고되고 있다. 도파민 수용체나 세로토닌의 함량이 적은 사람들이 알코올을 잘 마신다는 주장이 있기 때문에 알코올 중독이 된다는 보고도 있다. 즉, 알코올을 적당히 마시면 중추 및 말초신경이 흥분되고 위산분비가 촉진되며 도파민이라는 신경전달물질이 분비되어 기분이 좋아지게 한다. 알코올 중독을 질병의 개념으로 설명하는 의학적 모델에서 생물학적인 요인에 대하여 가장 많이 다루고 있다.

(3) 심리학적 요인

① 정신분석학적 관점

학자마다 강조점이 조금씩 다르긴 하지만 개인의 정신내적 · 무의식적 욕구들이 작용하여 계속해서 문제 음주를 야기하게 된다고 설명한다. 인간은 생후부터 만 1세까지 빠는 행위로 만족감을 느끼는 시기인데 이 시기 동안 충분히 젖꼭지를 빨지 못했다면, 이시기의 불만족감이 평생 동안 무의식 속에 존재하게 되고 부족함을 느끼게 된다고 한다. 부족감을 해소하기 위한 방법 중의 하나가 음주인데, 음주가 반복됨으로써 결국 알코올 중독이 된다는 것이다.

알코올 중독자는 대인관계를 쉽게 하고자, 긴장완화, 힘을 가졌다는 느낌의 강화, 정신적 고통의 완화, 스트레스 해소, 성적 해방, 다행감 등의 이유로 술을 마신다. 술을 권하는 동료, 술의 긍정적 효과에 대한 과장된 정보와 기대, 술을 마셨을 때 긍정적(또는 부정적)인 개인경험도 이후 술을 자주 마시게 하는 요인이 된다. 의존이 생긴 이후는 금단증상을 피하기 위해 술을 마신다.

② 인지 행동주의적 관점

이 관점에서는 알코올이 불안, 스트레스, 혹은 긴장 같은 심리적 상태를 완화시키는 효과가 있으므로 결국 알코올 사용을 강화시킨다고 가정한다.

사람들이 술을 마시거나 알코올 중독자가 되는 것은 음주행동이 강화되었거나 보상되었기 때문이라고 보고 있으며, 관찰과 학습이 알코올 중독의 원인이 된다고 본다. 인지학습이론에서는 알코올 효과에 대한 긍정적인 신념이 술을 마시게 학습된다고 보고 있고, 학습이론은 술을 마심으로써 불안해소, 공포, 갈등의 이완작용 등 알코올 효과에 대한 신념이 있어 술을 마시게끔 학습된다고 한다.

③ 사회문화적 요인

인종이나 문화권에 따라 알코올 중독 기준이나 빈도가 다르다. 빈도는 유대인에서 낮고, 프랑스인, 아일랜드인, 미국 인디언부족 등에서는 높다. 이는, 음주와 술취함, 음주 결과에 대한 개인책임에 대한 추궁 등의 사회적 태도가 다르기 때문이다. 술을 얼마나 쉽게 구할 수 있는가도 중요한 요인이다. 폭음은 아시아인에게 적은데, 서양인에 비해 알코올 중독자가 적다고 한다. 또한, 대학의 남녀 클럽, 문화권마다 중요한 어떤 날(예: 새해 전날), 어떤 그룹에서의 특별한 행사(예: 장례식 이후), 는 알코올 섭취를 빈번하게 하여 알코올 중독을 격려할 수 있다. 일부 그룹(예: 모르몬교인, 기독교 근본주의자, 이슬람교인)에서는 강하게 음주와 중독을 막기도 하지만, 일부 종교적 축하 행사(예: 유대교와 가톨릭 축일)에서는 음주를 부추기기도 한다. 이와 같이 지형과 기후, 사회 경제적 수준, 도시화의 정도 등의 범주는 물론 모든 종류의 문화적, 하위 문화적 표준은 음주패턴의 차이에 상당한 관련이 있다.

4) 알코올 중독 가족의 문제점

(1) 배우자에게 미치는 문제

알코올 중독자 가족은 중독자가 음주를 하지 않는 날에 비하여 음주를 한 날에 가족폭력이 발생하는 비율이 훨씬 높았으며 또한 중독자들은 그렇지 않은 사람들에 비하여 성적인 기능이 급격히 떨어짐으로써 부부간에 문제가 생길 가능성이 높은 것으로 나타났다.

알코올 중독자의 부인은 남편의 알코올 중독으로 정신적, 신체적 증상을 호소하고 있다는 보고들이 있으며, 우울증이나 불안 등이 많이 나타난다고 한다. 일반적으로, 알코올 중독자의 아내는 다음과 같은 특징이 있다(이영실 외, 2013; Nicholi, 1983).

① 자발적 경향이 강한 형: 가사에 전심할 뿐, 가정의 교제가 거의 없고 취미가 없으며, 옷차림에도 관심이 없다. 불평이 있어도 참고 견딘다.
② 남편이 만취된 시간에도 가정을 통합하려 애쓰는 형: 외부 압력이나 타인의 의견을 따르며, 남편의 음주에 화를 내긴 하지만 애정은 지속된다.
③ 생활의 전부를 지배하는 형: 남편의 행동을 비판하고, 분개하며 신뢰관계가 없어 부부갈등을 일으키기 쉽다.
④ 가사보다는 사회적 업적에 정열을 쏟는 형: 남편의 주장에 대해 처벌하는 식의 모친적인 아내로서 남편의 의존심을 조장한다.

알코올 중독 가족의 부부간에는 여러 문제 상황과 갈등을 초래하여 기능적인 의사소통보다는 역기능적인 의사소통의 형태를 사용한다. 역기능적 의사소통형태를 사용하는 알코올 중독자의 부부관계의 장애는 크게 정서적 측면, 경제적 측면, 성적 측면의 세 가지 형태로 나타난다(서혜석, 2015; 이영실 외, 2013; 이영주 · 최경화 외, 2015; Nichols, 2001).

① 정서적 측면

남편의 알코올 중독은 부인으로 하여금 정서적으로 불안하게 만든다. 남편의 알코올 중독은 부인을 편안하지 않게 만들고 이로 인해 부인은 남편에게 화를 내게 되고 신경질적이 되며 그에 대한 적대적인 반응을 하게 된다. 이런 반응은 남편으로 하여금 부인이 자신을 이해해 주지 못한다고 생각하게 만들며 음주를 되풀이 하게 된다. 알코올 중독자 부부관계의 정서적인 측면이 안정되지 않기 때문에 부부사이의 갈등이나 불화를 해결하고 가족의 분위기를 안정되게 하는데 큰 어려움을 겪는 것이다.

② 경제적 측면

남편의 알코올 중독은 직업의 일시적 상실이나 중단에 처하게 되며 이에 부인은 가정경제를 전적으로 책임을 지게 된다. 부인은 가정경제를 책임지는 부담감과 더불어 불성실한 남편에 대한 간섭과 통제가 가해지게 된다. 여기서 남편은 점차적으로 부인에게 의존적인 성향을 띄게 되며, 이에 부인은 지배적이고 과보호적인 성향을 나타내게 된다. 이러한 역할 변화는 부부갈등을 불가피하게 한다. 이러한 경우 알코올 중독자의 의존성은 커져가며 가족을 부양하는 것의 반대 측면에서 가족을 지배하게 된다. 예를 들면 폭력이나 파괴적인 행위를 통해 지배하려 한다.

③ 성적인 측면

의존적인 남성 알코올 중독자는 성적인 면에서 지배하는 것에 의해 그의 위치를 되찾으려고 한다. 그러나 과도한 양의 알코올섭취는 성적인 기능을 약화시키므로 성생활의 불만족을 가져오게 되고 성생활의 불만족은 그들 관계의 불만족으로 드러날 것이며, 결국 이는 불화나 갈등을 자아내는 요인으로 작용하게 될 것이다.

(2) 자녀에게 미치는 문제

알코올 중독은 가족구성원들에 상당한 영향을 끼치며, 특히 이러한 가족환경에서 생활하는 어린이들은 부모 사이에서 나타나는 심한 갈등을 보게 되고 또한 부모 중 한사람 혹은 양쪽 모두에서 나타나는 역기능도 경험하게 된다. 따라서 알코올 중독자의 자녀들은 정서적으로 불안과 긴장을 느끼게 되며 이런 상태가 장기적으로 지속하게 되면 다양한 정신과적 문제들을 가지게 된다. 자녀들의 요구, 느낌, 행동은 항상 알코올 중독자의 그것에 밀려 2차적이 되고 자주 중독자의 요구 때문에 통제된다. 한편, 알코올 중독자의 자녀들은 가끔씩 부모의 음주가 자기의 잘못 때문이라고 믿기 때문에 괴로워하기도 한다. 자녀들은 문제를 더 이상 확대시키지 않고, 더 이상 고통을 당하기 싫어서 마음속으로부터 끓어오르는 두려움, 분노, 죄의식, 외로움들을 혼자서 삭혀야만 한다(민성길, 2006; 이현수, 2002).

알코올 중독자의 자녀는 부모와의 관계, 비알콜중독 어머니와의 관계, 병이 발병된 때의 자녀의 나이, 가족의 사회적 지위 등에 따라 손상을 입는다. 특별히 알코올 중독자가 자녀에게 미치는 영향 요인을 구체적으로 살펴보면 다음과 같다(이영실 외, 2013; 이영주 · 최경화 외, 2015; Nicholi, 1983; Nichols, 2001).

① 예견할 수 없는 혼란상태에서 부모 역할의 변화: 알코올 중독자 아버지로 인해 어머니가 그 역할까지 떠맡음으로써 자녀는 남성의 역할을 동일시하는데 심각한 결함을 갖는다.

② 일관성 없고, 예측할 수 없는 알코올 중독자와의 관계: 알코올 중독자는 냉정하고, 무관심하며 자녀가 납득할 수 없는 이유로 지나치게 방임한다.

③ 비알코올 중독 부모의 장애는 아동이 욕구충족에 무관심: 아내는 남편의 음주 사실에 매우 강박적이고, 두려워하므로, 부모역할을 하는 데 어려움이 있다. 또한 부부생활에서 욕구를 충족하기보다는 혼자 떠나려하고, 욕구불만을 갖고 있으므로 자녀는 건전한 정서발달에 손상을 입는다.

④ 가족의 사회적 고립 증가: 친구나 지역사회로부터 소외됨으로 가족 전체의 사기가 떨어지고 자녀는 또래집단에서 무시당하고 친구를 집에 데려오길 꺼린다. 이같이 가족 상처 등 노출시키지 않으려고 애쓰지만 자녀는 그 집단에서 철회되고 만다.

2 알코올 중독 가족에의 개입

1) 가족친목

부모의 상습음주 및 알코올 중독은 가정불화를 유발시키며 그것은 또한 자녀가 알코올 중독이 되는 요인이 된다. 그러므로 현재 알코올 중독자를 치료하기 위해서는 부모의 치료 및 이해를 시키는 것이 선행되어야 한다. 알코올 중독자 가족들이 가장 쉽게 이용할 수 있는 서비스는 가족친목(Al-Anon)이다. 가족친목은 전문가가 관여하지 않는 자조집단(self-help)이다. 가족친목은 1940년대 후반에 단주친목 성원의 배우자와 친척들이 모여 알코올 중독자와 함께 살아가면서 공유하는 공통적인 문제들을 토론하기 위해 모인 것이 그 효시가 되었고 현재 세계적으로 140여 개국 이상에 조직되어 있고, 수백만의 알코올 중독자가 전 세계적으로 파급되어 금주와 환자의 자조 및 사회복귀를 도와주고 있으며, 우리나라에서도 비교적 활발히 활동 중에 있다(American Psychiatric Association, 2013).

가족친목은 단주동맹(Alcoholics Anonymous: A. A.)과 관계를 맺으면서 단주동맹의 12단계를 따르고 있다(〈표 13-2〉 참조). 가족 친목은 알코올에 대해 무력하다는 알코올 중독의 질병모델 교리를 따르기는 하지만 알코올과 연관된 행동을 변화시킬 수 있는 힘이 있다는 것이 핵심이다. 그러한 힘은 자신들이 선택한 위대한 영적인 힘(higher spritual power)에 의해 일어난다고 본다. 알코올 중독자가 자신의 음주행위에 대해 책임이 있긴 하지만, 부인 또한 알코올 중독자의 음주에 대해 불안과 분노로 반응함으로써 본의 아니게 알코올 중독을 촉진시킨다고 본다. 질병모델은 알코올 중독자 부인들이 갖고 있는 적대감이나 죄의식의 제거에도 도움이 된다.

가족친목에서는 음주의 변화는 알코올 중독자가 책임을 져야 할 부분이라는 사실을 알코올 중독자 부인이 수용해야 한다는 입장이다. 혼란스러운 알코올 중독자와의 결혼 생활에서도 알코올 중독자 부인은 생활의 다른 부분에서 행복할 수 있는 잠재력을 가지고 있기 때문에 자신이 흥미를 가지고 만족할 수 있는 독립적인 영역을 개발할 것을 강조한다. 알코올 중독자의 음주 문제와 분리시키면서 자신이 성취할 수 있는 자신만의 영역을 가질 것을 권한다. 부인의 그 같은 행동 변화는 알코올 중독자 남편이 술을 끊겠다고 결심할 때 아주 도움이 된다. 가족친목은 매우 다양한 특성을 가진 성원들로 이루어지긴 하지만, 알코올 중독자를 남편(혹은 아들, 부모)으로 둔 사람들이 모여서 가족친목의 교리를 바탕으로 경험담을 나누고 대응전략을 구사한다. 가족친목의 기본적인 요소는 집단 성원들 간의 사회적 지지의 제공이다. 이는 집단의 상호작용 맥락에서와 집단모임 밖의 사회적 접촉이나 전화를 통하여 일어난다. 가족친목은 남편의 알코올 중독으로 인해 사회적으로 고립된 여성들의 친구역할을 해 준다(민성길 편, 2015; 이영실 외, 2013; American Psychiatric Association, 2013).

표 13-2 단주동맹(AA)의 12단계 전문

1단계	우리는 알코올에 무력하였으며 우리의 삶을 수습할 수 없게 되었다는 것을 시인하였다.
2단계	우리보다 위대하신 힘이 우리를 본정신으로 돌아오게 해주실 수 있다는 것을 믿게 되었다.
3단계	우리가 이해하게 된 대로, 그 신(神)의 돌보심에 우리의 의지와 생명을 맡기기로 결정하였다.
4단계	두려움 없이 우리 자신에 대한 도덕적 검토를 하였다.
5단계	우리의 잘못에 대한 정확한 본질을 신과 자신에게, 그리고 다른 어떤 사람에게 시인하였다.
6단계	신께서 이러한 모든 성격상 결점을 제거해 주시도록 완전히 준비하였다.
7단계	겸손하게 신께서 우리의 단점을 없게 해주시기를 간청하였다.
8단계	우리가 해를 끼친 모든 사람의 명단을 만들어서 그들 모두에게 기꺼이 보상할 용의를 갖게 되었다.
9단계	어느 누구에게도 해가 되지 않는 한, 할 수 있는 데까지 어디서나 그들에게 직접 보상하였다.
10단계	인격적인 검토를 계속하여 잘못이 있을 때마다 즉시 시인하였다.

11단계	기도와 명상을 통해서 우리가 이해하게 된 대로의 신과 의식적인 접촉을 증진하려고 노력하였다. 그리고 우리를 위한 그의 뜻만 알도록 해주시며, 그것을 이행할 수 있는 힘을 주시도록 간청하였다.
12단계	이런 단계들의 결과, 우리는 영적으로 각성되었고, 알코올 중독자들에게 이 메시지를 전하려고 노력하였으며, 우리 일상의 모든 면에서도 이러한 원칙을 실천하려고 하였다.

출처: 민성길 편(2015). p. 553 재인용(AA Korea 제공).

3 가족치료

알코올 중독자가 질병을 가지고 있다는 사실을 받아들이는 것은 알코올 중독자에 대한 도움에 있어서 가족의 협력을 확고히 하는 가장 중요한 것이다. 가족, 특히 배우자는 알코올 중독자의 기벽을 이해하고 가능하면 심리적 기제까지도 이해하여 그 난관을 극복하는 협력자가 되어 가족적으로 치료분위기를 형성해야 한다. 치료에는 언제나 관심과 애정이 함께하여야 한다. 알코올 중독자에 대한 가족의 위협이나 비난은 오히려 역효과를 가져온다. 알코올 중독자는 무엇보다도 이해와 관용을 필요로 한다. 이것은 값싼 동정을 의미하는 것이 아니라 진정으로 '우리 가운데 한사람'으로 여기는 것을 말한다. 이상과 같은 사고가 가족에게 이해가 되면 환자에 대한 가족들의 태도와 생각이 개선되고 가족 역할이 호전되는 속에서 효과적인 치료가 행해질 수 있다. 가족의 상호역동적인 특성에 비추어 볼 때 알코올 중독은 서로 상호역동작용에서 이루어진다고 할 수 있겠다. 더욱이 알코올 중독이 개인의 질병이 아닌 가족의 질병이라고 규정했듯이 치료적인 면에서도 개인의 치료뿐만 아니라 가족치료의 병행은 필수적인 것이다. 그중에도 가족이 중요한 치료 매개체로 활용되어야 하며 가족개입은 알코올 중독자와 그 가족의 성공적인 재활을 위하여 필수적이고 가족 중 특히 배우자의 대응방식이 중요한 요인으로 알려져 있다(이영실 외, 2013; Nicholi, 1983; Nichols, 2001).

실제 만성적인 알코올 중독자가 회복을 위한 프로그램에 자발적으로 참여하는 경우는 거의 드물며 회복에 대한 저항을 강하게 하며 자신이 알코올 중독자라는 사실을 받아들이지 않는 방어적 부인은 중독자를 치료에 참여시키는 데 큰 장애물이다. 따라서 실제 상담센터를 찾아오는 이들은 알코올 중독자 자신보다는 가족들의 경우가 대부분이고 알코올 중독자 당사자들은 회복 프로그램에 비협조적이라고 볼 수 있다.

우선 센터에 찾아온 배우자를 위한 가족치료 프로그램이 시행되는데, 배우자부터 일방적 가족치료를 시행하는 것은 알코올 중독자가 회복하도록 동기화시키는 데 가족의 영향력을 활용하기 위해서인 것이다. 중독자 배우자나 그 가족은 중독자에게 의미 있는 사회적 망으로서 알코올 중독자가 회복을 시도하고 이를 고수하도록 할 가능성을 향상시킬 수 있는 영향력을 가진 존재이며, 초기 단계에서부터 가족을 관여시키는 이 치료는 가족원을 회복과정에 끌어들이는 기회를 제공하며 그럼으로써 알코올 중독자의 회복과 가족의 회복이 동시에 이루어질 수 있다는 기본전제를 가지고 있다.

이러한 일방적 가족치료(unilateral family therapy)는 비협조적인 알코올 중독자가 음주를 중단하고 치료를 받도록 혹은 이 두 가지를 모두 실행하도록 영향을 주기 위해서 협조적인 비 알코올 중독자 배우자를 돕는 접근법이다. 여기서 비 알코올 중독자 배우자는 치료자에게 있어서 접근 가능한 주요한 혹은 유일한 재활적 영향력을 가진 사람으로 간주된다. 이 접근법은 크게 개인적 초점, 상호작용적 초점, 제삼자 초점 이렇게 세 가지 초점을 가지고 있다. 개인적 초점은 중독자의 음주로 인한 배우자의 스트레스와 불안을 감소시키고, 배우자가 음주문제를 다루는 구체적 노력을 행하도록 협조적인 배우자를 보조하는 데 있다. 상호작용적 초점은 일방적 관계향상을 통해서 부부불화를 감소시킨다. 잔소리나 다른 습관적인 음주통제노력을 감소시키고 또한 배우자들이 자신 앞에서 먹는 것이 안전할 것이라는 잘못된 알코올 섭취 분위기 조장습관을 줄여나감으로써 부부 및 가족기능의 변화를 가져오고자 한다. 제삼자 초점에는 알코올 중독자가 치료나 단주 혹은 이 두 가지를 모두 행하도록 유도함으로써, 비협조적 가족원에게 변화를 가져오도록 배우자와 함께 노력하는 것이 포함된다(이영실 외, 2013; American Psychiatric Association, 2013, Nicholi, 1983;).

일방적 가족치료는 크게 세 단계로 나누어 볼 수 있다(이신영 · 박선영, 2015; 이영실 외, 2013; 이영주 · 최경화 외, 2015; American Psychiatric Association, 2013, Nichols, 2001;).

첫 번째 단계에서는 비 알코올 중독자의 재활적 역할을 준비시키는 단계에서는 먼저 치료오리엔테이션으로 일방적 가족치료의 특성에 대해 설명해 주게 되고, 알코올 중독에 대한 교육이 이루어지며, 알코올 중독 배우자를 모니터링하도록 요청한다. 그러고 나서 비 알코올 중독자 가족구성원들의 마음의 상처를 치료할 수 있도록 조력하면서 그들의 자존감이나 그들이 가진 마음의 상처나 그들의 문제들을 다루어 주면서 긍정적인 재활적 영향력을 발휘할 수 있도록 준비시켜 준다. 또한 배우자의 습관적 음주통제 방식에 대한 교육이 이루어지게 되는데 대부분 알코올 중독자 남편이 술을 마시지 못하게 하기 위해 잔소리나 불평 등의 방법을 사용하게 된다. 이러한 것들은 결과적으로 배우자의 알코올섭취라는 부정적 결과를 가져오게 하는 게 대부분이다. 이러한 잘못된 방법을 중단하도록 교육받게 되며 더 나아가 술을 마시도록 조장하는 배우자의 태도에 대한 교육도 함께 이루어지게 된다. 이렇게 배우자 자신들의 재활적 영향력과 힘을 충분히 키운 후에 중독배우자를 치료에 참여시키기 위한 개입의 단계가 시작된다.

바로 그것이 두 번째 단계, 중독자를 향한 개입을 실행하기 단계로서 이 단계에서는 배우자가 중독자에게 음주에 관해 단호하게 직면하고 치료를 권유할 수 있도록 하는 단계로서 크게 비직면적 개입과 직면적 개입으로 나누어 볼 수 있다. 비직면적개입은 치료자가 배우자로 하여금 중독자의 단주를 지속적으로 지지 해주도록 하여 단주의 의지를 강화시키면서 중독자가 알코올 중독에 대한 검진을 받도록 하게 하는 것이다. 하지만 이러한 개입만으로 중독자가 치료에 참여하고자 하길 원하지 않는다면 직면적 개입이 이루어지게 되는데 단호하게 중독자를 치료현장에 참여하도록 하게 조력해 주는 단계이다. 이 경우에는 중독자가 치료를 거부하였을 때 취해나갈 조처를 단행할 의사와 함께 이루어지도록 한다. 중독자가 치료현장에 참여하였다 할지라도 치료자는 사후개입을 통해 끊임없이 지속적으로 사례관리를 하면서 계속적으로 치료가 이루어질 수 있도록 하게 된다.

마지막 세 번째 단계로 배우자와 중독자가 치료적 이득을 유지하도록 하는 단계로서 배우자 지지와 재발방지 훈련을 통해 배우자가 치료과정에서 획득한 긍정적 변화를 유지하도록 하고 일반화하도록 돕기 위한 것이다. 즉 배우자 지지는 습관적인 음주통제 패턴을 자제하도록 하고, 배우자와의 관계개선과 단주지지를 지속시키도록 돕는 것이다. 재발방지 훈련으로는 음주위험이 높은 상황의 규명, 유혹저항훈련, 비음주행동의 활성화, 재발에 대한 대처, 재발의 본질과 예방에 대한 교육, 생활양식의 균형 회복을 포함하게 된다.

4 가족교육 프로그램

Pittman(1978)은 가족치료자들이 다음과 같은 점에 대하여 가족을 교육시켜야 함을 강조했다.

① 가족들은 알코올 중독자들을 통제할 수 없다. 가족들의 통제는 또 다른 음주문제를 야기할 수 있다.

② 가족들은 죄책감과 책임감으로부터 헤어 나와야 하며 중독자에 의하여 휘둘리지 말아야 한다.

③ 가족들은 알코올 중독자들과 상관없이 그들의 삶을 직면하고 위기에 대처할 수 있는 능력을 키워야 한다.

④ 환자 자신들이 그들의 음주행동의 결과를 감수하도록 하고 가족은 환자를 구

출해 주어서는 안된다.

⑤ 환자가 음주상태에서 요구하거나 말하는 내용을 심각하게 받아들이지 말아야 한다(이영실 외, 2013 재인용).

Bepko와 Krestan(1985)는 알코올가족의 진정한 치료는 단주에서 끝나는 것이 아니라 오히려 거기서 시작된다고 보았다. 설사 단주가 되었다 하더라도 성문제, 부부간의 권력구조의 변화 등이 해결되지 못할 경우 재발 혹은 음주 이외의 다른 문제들이 발생할 가능성이 높다. 알코올 중독자의 치료단계를 살펴보면 병원(센터) 도착단계–가족개입–문제의 정의–일반적 처방–구체적 처방–저항을 협상하기–종결단계로 진행된다(이영실 외, 2013 재인용).

참 | 고 | 문 | 헌

권석만 (2013). 현대 이상심리학. 서울: 학지사.

권석만 (2014). 이상심리학의 기초: 이상행동과 정신장애의 이해. 서울: 학지사.

권준수 역(APA) 외 (2013). DSM-5 정신질환의 진단 및 통계 편람. 서울: 학지사.

김영화 (2016). 성인지적 가족복지론. 파주: 양성원.

김이영 외 (2015). 정신건강론. 파주: 양서원.

김정희, 문혁준 외 (2015). 정신건강론. 서울: 창지사.

문혁준 외 (2015). 정신건강론. 서울: 창지사.

민성길 편 (2015). 최신정신의학. 서울: 일조각.

서혜석 (2015). 가족복지론. 일산: 공동체.

이신영, 박선영 (2015). 가족복지론. 일산: 공동체.

이영실 외 (2013). 가족복지론. 파주: 양서원.

이영실 외 (2016). 정신건강론. 서울: 창지사.

이영주, 최경화 외 (2015). 가족복지론. 파주: 양서원.

임혁, 채인숙 (2015). 정신건강의 이해. 일산: 공동체.

전석균 (2016). 정신건강론. 일산: 공동체.

최덕경 외 (2015). 정신건강론. 서울: 창지사.

American Psychiatric Association (2013). *Diagnostic and statistical manual of mental disorders*. 5th ed. Washington D.C.

Hales, R. E., Yudofsky, S. C., & Roberts, L. W. (eds). (2014). *Textbook of psychiatry*. 6th ed. American Psychiatric Publishing. Washington D.C.

Nestler, E. J. (2013). Cellular basis of memory for addiction. *Dialogues in Clinical Neuroscience, 15*(4), 431-443.

Nicholi, A. M. Jr. (1983). The inhalants: An overview. *Psychosomatics 24*, 914-921.

Nichols, M. P., & Schwartz, R. C. (2001). *Family therapy: Concepts and methods(5th ed)*. Boston: Allyn & Bacon.

Thomas, C. P., Fullerton, C. A., & Kim, M., et al. (2014). Medication-assisted treatment with buprenorphine: Assessing the evidence. *Psychiatric Services DOI, 10*(1), 176.

찾 | 아 | 보 | 기

저/자/약/력

강윤경 미래복지경영 연구위원

권향임 백석문화대학교 사회복지학과 교수

김덕주 백석문화대학교 사회복지학과 강사

김현옥 백석문화대학교 사회복지학과 겸임교수

박미정 대원대학교 사회복지학과 교수

박정숙 선문대학교 사회복지학과 겸임교수

이영실 성결대학교 사회복지학과 교수

조미숙 삼육대학교 사회복지학과 교수

가족복지론(2판)

2017년 6월 5일 2판 1쇄 인쇄
2017년 6월 10일 2판 1쇄 발행
2019년 3월 10일 2판 2쇄 발행
2020년 3월 10일 2판 3쇄 발행

엮 은 이 한국임상사회사업학회
펴 낸 이 최용구
펴 낸 곳 도서출판 신정

주 소 (04316) 서울시 용산구 원효로89길 19 (원효로1가)
전 화 3211-4782, 0266(영업부), 3211-4783(편집부), 3211-4784(팩스)
이 메 일 shinjeong72@naver.com
홈페이지 www.sjbook.co.kr
등 록 2001년 5월 11일 제13-702호

기획마케팅 최용구 장만동 송대용 최충구
책임편집 석기은 황가연
본문편집 예나루
표 지 SDY

ISBN 978-89-5912-419-0 93330

정가 20,000원